쾌락혁신

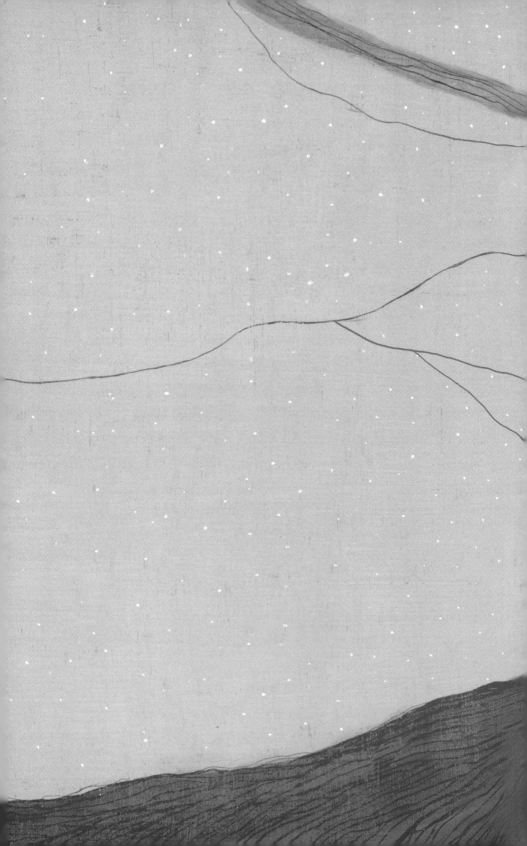

캐릭혁신

이석준·이혁 지음

어문학사

당초의 넥스트는 『누가 딜레탕트를 무시하랴』였다

너무나도 깊이 사고를 발산시켜 그런가? 『나는 발가벗은 한 시간 동안 자유로와진다. 그래, 나는 딜레탕트다!』(이하 『나발한자』)를 집필하면서, 딜레탕트의 매력에 흠뻑 젖어 도무지 빠져나올 수 없었다.

누구나 이야기하듯 다가오는 시대는 근면, 성실보다 창의성을 요구할 것이며, 이러한 시대의 주역은 지금까지 스포트라이트를 받아 왔던 프로페셔널도, 즐길 줄 알지만 일정 수준의 한계를 넘어서지 못하는 아마추어도 아닌, 이들의 특장점을 섞어놓은 존재자, 즉 딜레탕트라는 메시지를 널리 퍼뜨리고 싶었다.

'다시 비즈니스 현장으로 돌아갈 것인가? 아니면 내친김에 책을 한 권 더 쓸 것인가?' 수일간의 고민 끝에 난 예의 딜레탕트 예찬론을 갖고 많은 이들을 콕콕 찔러 보기로 결심했고, 즉시 키보드를 두드리기 시작했다. 그런데 그렇게도 확고한 의지하에 시놉시스와 목차까지 잡고 열심히 자료를 수집하던 어느 날, 뜻밖에도 내 모든 계획은 틀어지고 말았다.

2014년 어느 따듯한 봄날, 록커 이혁을 만났다

대중 가수라 하기엔 무명에 가깝고 그렇다고 언더그라운드라 하기엔 유명한 록 밴드가 있다. 묘한 회색빛의 경계적 정체성을 지닌 '내귀에 도청장치(이하 '내귀')'. 열렬한 팬인 한 선배가 나와 코드가 잘 맞을 것 같다며, '내귀'의 리더이자 보컬인 이혁과의 만남을 주선해 주었다.

2014년 2월 12일 밤, 양수리의 장어구이집과 카페를 오가며 한 4시간 이야기를 나눴을까? 난 선배의 감이 틀리지 않았음을 깨달았으며, 그 자리에서 이혁에게 제안했다. 『나발한자』의 추천사를 써보지 않겠냐고. 물론 그 역시 추호의 망설임 없이 받아들였고, 5집 앨범 준비와 공연으로 바쁜 와중에도 추천자 중 유일하게 납기를 지켜주었다. 이게 바로 우리 인연의 시작이었다.

거의 두 달이 흘러 마침내 『나발한자』가 출간됐고, 난 감사의 뜻으로 추천사를 써주신 분들께 릴레이식으로 저녁 식사를 대접했다. 이혁과는 4월 25일 저녁 연남동의 한 이탈리안 레스토랑에서 만났는데, 결과적으로 그 소소한 만남이 나비 효과를 일으킨 셈이다. 그 무렵 이혁은 '스페이스 밀크'라는 프로젝트 그룹 활동을 준비하고 있었고, 자연스레 이와 관련된 여러 가지 이야기를 들려주었다. 그중 내 귀를 솔깃하게 만든 내용이 있었으니, 이는 '스페이스 밀크'의 길거리 마케팅 방안에 관한 것이었다. 구체적 내용이 꽤나 참신하게 느껴졌다. 그의 몇 마디 말이, 오랜 기간 전략 컨설팅을 해오면서 어떤 컨설턴트에게서도, 어떤 대기업의 전략기획·마케팅·신사업개발 담당 임직원에게서도, 어떤 경영학과 교수에게서도 접할 수 없었던 생생한 아이디어로 다가왔다. 우리 동네에 득시글거리는 훌륭한 자들은 특유의 냉철한 이성과 구조적 사고력을 역량 삼아 기업이 나아가야 할 '방향'을 참으로 잘 설정한다. 하지만 딱 거기까지다. 방향, 범주를 결정했다면 이에 부합하는 구체적 모델까지 떡하니 멋지게 만들어 내야 비로소 '요이~땅!' 하고 실행에 옮길 수 있건만, 거기까지는 다가가지 못한다. 멍청해서, 게을러서, 의욕이 없어 그런 게 아니다. 우리 동네가 지닌 구조적 한계 때문에 그런 것이다. 즉, 전략의 타고난 한계 때문이다. 좀 더 깊이 파고들어 가자면 논리 및 분석의 태생적 한계 때문이다.

요컨대, 우리 동네 사람들은 탄탄한 논리력을 바탕으로 선택지적 상황에서 옵션별 장·단점을 분석해 가며 최적 대안을 선택하는 것까지는 탁월하다(여기서 오해해서는 안 되는 게, 모든 전략 컨설턴트들이 다 뛰어나다는 말이 절대 아니다. 여타 영역과 마찬가지로 컨설팅 도메인 역시 뛰어난 극소수가 시장을 이끌고 있으며, 그저 그런 대다수와 처지는 소수는 그들에게 묻어가고 있다). 그러나 방향에 부합하는 '섬씽 뉴'를 창의적으로 사고해 만들어 내는 것에는 영 젬병이다. 이러한 그들이기에 혹 창의력을 요구하는 미션을 부여받으면, 마치 조작적 정의를 하듯 이를 논리적 사안으로 변형하고자 아등바등한다. 결과? 당연히 그저 그렇다.

함께 책을 쓰기로 결의했다

'아니, 이 친구들은 대관절 어떻게 이런 참신한 아이디어를 낼 수 있었을까?' 당연히 난 관련 질문들을 연이어 던졌고, 이혁은 자신의 경험과 견해를 성심성의껏 들려주었다. 명쾌한 답이 나오지 않았어도 오고 가는 대화 속에서 흥미로운 점은 발견할 수 있었다. 이혁의 대답은 의외로 내가 그렇게도 한심하게 여겼던 우리 동네에 대한 칭찬으로 시작되었다. 음악하는 사람들끼리 모여 회의를 하면 간혹 재미있는 아이디어가 튀어나오기도 하지만, 대부분의 경우는 배가 산으로 간단다. 비체계의 극치를 달리고, 여기저기 왔다 갔다 하고, 비약이 난무하며, 정리는 전혀 안 되고……. 따라서 누군가 중심을 잡아줬으면 좋겠는데 그 동네 친구들 모두 그런 깜냥은 안 된단다. 하지만 '스페이스 밀크'의 첫 브레인스토밍 자리는 달랐단다. 늘 아티스트와 기획사 스태프들만 모이다가, 퍼실리테이터facilitator라는 낯선 역할을 하는 사람들도 자리를 함께 했단다. 처음엔 '저 사람들은 왜 온 거야?'라는 냉소적 시선으로 바라보았으나, 미팅 말미에는 그저 고마운 마음뿐이었단다. 그들이 논의의 체계도 잡아 주고 또 이야기가 삼천포로 빠지지 않도록 가이드도 해주었기에 자신들의 두뇌 또한 여느 때보다 활성화되었으며, 덕분에 사고의 편린들을 끊임없이 내던질 수 있었단다. 결국, 그 파편들은 스토리가 살아 있는 튼튼한 아이디어로 거듭났고.

아마 그 순간이었던 것 같다. 내 머릿속에서 섬광이 반짝거렸다. 언뜻 보자면 컨설팅과 록 음악은 180도 상반되기에, 이쪽의 강점이 저쪽의 약점으로, 이쪽의 약점이 저쪽의 강점으로 작용할 수 있다는 생각이 들었다. 이쪽에서의 일탈이 저쪽에서는 일상이, 이쪽에서의 일상이 저쪽에서의 일탈이 될 수 있다는 생각도 들었다. 이쪽에서의 미지의 세계가 저쪽에서는 익숙하다 못해 지겨운 세계가, 이쪽에서의 밍밍한 세계가 저쪽에서는 짜릿한 세계가 될 수 있다는 생각도 들었다. 좌우지간 이와 등가 류의 이야기들을 거의 무한정 뇌까릴 수 있을 것만 같았다. 그 결과, 찰스 퍼시 스노의 『두 문화』나 학제니 융·복합이니 하는 거대 담론을 끌어들이지 않더라도, 양자가 잘 어우러지기만 한다면 각자 답답해했던 부분에 대한 해결책을 찾을 수 있지 않겠냐는 기대감을 갖게 되었다. 물론 난 무모한 사람이 아니기에 이 기대감이 단칼에 현실화될 거라고 생각진 않았지만, 그래도 당사자들이 자발적 상호작용을 꾸준히 하다 보면 오래 지나지 않아 결실을 맺으리라 희망을 품었다. 생각해 보니 그런 것 같기도 했다. 컨설팅이 어떤 동네인가? 이성과 논리, 철두철미한 계획 및 관리로 버무려진 영역 아니던가? 반면, 록 음악이란 동네는 감성과 영감·직관, 그리고 즉흥성 및 자유로 충만해 있지 않은가? 언뜻 보기에는 공약불가능해incommensurable 보이지만 사사건건 정반대인 두 영역의 서식자들이 만나 허심탄회하게 수다를 떤다면, 이 시대에 보탬이 될 만한 전무후유前無後有한 견해가 나오지 않을까? 최소한 주워 먹어도 좋을 만한 몇 조각의 부스러기라도 흘리지 않을까? 이런 결론에 다다르자 가슴이 벅차올랐고, 마침내 난 이 두 번째 만남에서도 여지없이 이 즉흥적인 제안을 날렸다. '이번엔 아예 대담집을 같이 쓰심이⋯⋯?' 역시나 이혁이 고개를 끄덕였음은 물론이다. 아마 우리 사이에 양자 파동이 잘 맞았기 때문이리라.

그 내용은 개성 찬란한 컨설턴트와 록커가 만나⋯⋯

고교 시절, 수학과 완전히 담을 쌓고 산 사람이 아니라면 교과서 말미에 등장하는 종 모양의 곡선을 본 적이 있을 거다. 표준정규분포 곡선. 중앙은 불쑥 솟아 있고, 좌우로 멀어질수록 기울기가 비선형으로 급하게 하강하다 어느 순간부터는 완만해진다. 이 곡선의 양 끄트머리에는 '기각역'이라는 공간이 있다. 신뢰도가 99%냐, 95%냐에 따라 그 크기가 달라지나, 어찌 됐든 표준 혹은 평균에서 많이 벗어난 희귀 종자들이 살아가는 지대다.

반추해 보건대, 난 컨설팅 표준정규분포 곡선의 기각역에서 살아왔고, 심적 지각변동이 일어나지 않는 한 앞으로도 그럴 것 같다. 이런 나이기에 평균적 컨설턴트가 가진 본연의 속성은 물론 일탈적 속성 또한 적잖이 지니고 있다. 어쩌면 일탈적 속성들이 차지하는 포션이 더 클지도 모르겠다. 경영학 기반의 컨설팅은 인류의 쾌락 증진에 별 도움이 되지 못한다고 생각하기에 그 대안의 요체로 인지과학을 선택, 컨설턴트로 활동해온 기간 동안 인공지능 및 철학, 물리학, 문학, 영화, 시트콤 등에 심취해 딜레탕트적 삶을 병행해 왔다. 주경야독이 맞는 표현일 게다. 낮에는 컨설턴트로, 밤에는 이 같은 분야들을 넘나드는 독학자로 살아왔으니 말이다. 수년 전부터는 논리, 분석 기반의 컨설팅이 혁신적 서비스 창출과 같은 기업의 미래 핵심 문제들을 실질적으로 해결해주지 못한다는 확신하에 대안 찾기에 박차를 더욱 가해 왔다. 물론 융·복합의 정의가 뭐니, 창조 경제의 정의가 뭐니 하는 개념 타령에만 빠져 있는 우리 사회에서는 여전히 소귀에 경 읽기일 수밖에 없기에, 아직은 개인 차원에서 추진하고 있다. 또한, 컨설팅이라는 업의 인습상 밤을 지새우는 경우가 부지기수였다. 휴일 근무 또한 비일비재했다. 그 결과 만성피로와 편두통을 달고 살았고, 불면증에 강박증도 늘 따라다녔다. '폼포코 너구리' 같은 다크 서클도 점차 그 세를 확장해 어느덧 나를 대변하는 트레이드 마크가 돼버렸지만, 그래도 난 아무 생각 없이 본능적으로 이 딜레탕트적 독학자 놀음을 즐기며 천착해 왔다. 고로 전혀 의도하지는 않았으나, 우리 동네에서의 경험담 외에 이런 학제적 거리들도 재료화해 대담에 임했음이 틀림없다.

추측해 보건대, 이혁은 록 표준정규분포 곡선의 기각역에 있는 사람인 듯하다. '두 얼굴의 사나이'인 양, 언더그라운드 록커 본연의 속성도 갖고 있지만 동시에 그 반대 속성 또한 꽤 많이 지니고 있다. 창의성의 원천이라며 버트런드 러셀도, 심지어 까칠한 거트루드 스타인마저 찬양하는 그 잘난 게으름(정확히 하자면, 러셀이 말한 게으름은 일반적 의미의 게으름과는 다르다. 그리고 스타인이 강조한 것은 지루함이다)을 되레 경계하며,

규칙적이고 체계적인 생활을 하려 몸부림친다. 끌림과 자유는 소중하지만 절대로 남에게 피해를 줘서는 안 된다는, 어찌 보면 록커의 전형이라 할 수 있는 야수성도 극히 절제한다. 존 스튜어트 밀의 철학을 묵묵히 따르는 이른바 '젠, 젠, 젠, 젠틀맨'인 셈이다. 하지만 이는 일상에 국한되는 이야기일 뿐이다. 무대에 올라서는 순간 이혁이라 불리는 육체 덩어리는 다른 자아가 잠식한다. 아침과 대낮의 친절한 물리치료사이자 남편이자 아빠는 온데간데없이 사라진다. 이제부터는 해괴한 분장을 하고, 그로테스크한 옷을 입고, 이상야릇한 손짓과 몸짓을 연거푸 해댄다. 중간중간 멍 때리며 여백의 순간을 두기도 한다. 자신의 머리를 채워지지 않는 컵 삼아 물을 따르고, 물을 완전히 뱉어내지 못한 페트병은 어느새 관객들을 향해 비행한다. 병을 박차고 나온 몇 방울의 파편들은 어두컴컴한 클럽 공연장의 조명을 받아 각양각색을 띠며 간택된 자의 건조한 피부를 적신다. 골수 팬들은 빈 병이 땅에 떨어질세라 서로 차지하기 위해 몸싸움을 마다치 않는다. 이 치열한 전장에서는 왜소한 여자도 예외가 될 수 없다. 성性과 체급을 초월한 무규칙 이종격투기가 벌어진다. 그들에게는 곧 성수이고 성찬이기 때문에 악착을 부릴 수밖에 없다. 한마디로 공연장에서의 이혁은 내키는 대로 행동하는 개성 가득한 교주다.

이혁에게서 발견할 수 있는 여타 록커와의 차별점은, 즉흥성을 고매하게 여기듯 정반대편에 있는 '계산'이나 '체계'도 인정할 줄 안다는 점이다. 한마디로 그는 열려 있는 사람이다. 논의 와중에 깜짝깜짝 놀라기도 했다. 로저 펜로즈식 인공지능 관점 구분을 따르자면, 신비주의자에 가까울 것 같던 그에게서 강 인공지능주의자적인 면모가 풀풀 풍겼기 때문이다. 물론 그는 대담 전까지만 해도 인공지능이 무엇인지 잘 몰랐으며, 별다른 흥미도 갖고 있지 않았다. 하지만 생각나는 대로 자연스레 떠드는 그의 견해는 계산주의를 신봉하는 강 인공지능주의자의 주장과 별반 다를 바 없었다. 진정성 있는 모든 록커들의 공통점인 히피적 측면도 다분하지만, 이 같은 오픈 마인드와 명상, 그리고 다방면에 대한 스폰지적 성향이 표준적인 혹은 평균적인 록커들과 사뭇 다른 이혁을 만들어 준 게 아닐까?

…… 쾌락과 그 언저리에 대해 이야기를 주고받는 것이다

난 어릴 적부터 세상 모든 것들을 쾌락으로 환원시키는 놀이를 홀로 즐겨왔다. 세 살 버릇 여든까지 간다고 지금도 매한가지인데, 알고 보니 이혁 역시 나와 같은 과였다. 그러니 우리 논의의 시발이 '쾌락'으로 정해진 것은 당연지사였다.

이 책에서 의미하는 쾌락은 흔히들 생각하는 육체적 탐닉에만 국한되지 않는다. 물론 육체적 측면도 포함하고 있지만 그게 전부는 아니다. 상대주의적이면서도 메타 관점을 견지하기에 경우에 따라 절제가 쾌락의 범주에 포함될 수 있으며, 반대로 유희가 그 범주 밖으로 내동댕이쳐질 수도 있다. 이의 구체적 정의와 속·특성, 그리고 종류, 요건 등은 본문에서 상세히 기술되므로, 여기서는 보편적 선입견에 따른 오해를 피할 수 있는 정도에서 갈무리하도록 하겠다.

자율성과 즉흥성이 창의성과 진정성을 잉태할 거라는 믿음하에 대담을 위한 하부 토픽이나 세부 시나리오를 별도로 준비하지는 않았다. 그저 그날그날 논의할 테마들로 구조화된 간단한 골격만 숙지한 채, 각자 살아오면서 겪거나 느끼거나 형성한 경험, 감성, 철학, 소신, 그리고 생각에 입각해 의식의 흐름에 맡겨 대화를 전개해 나갔다.

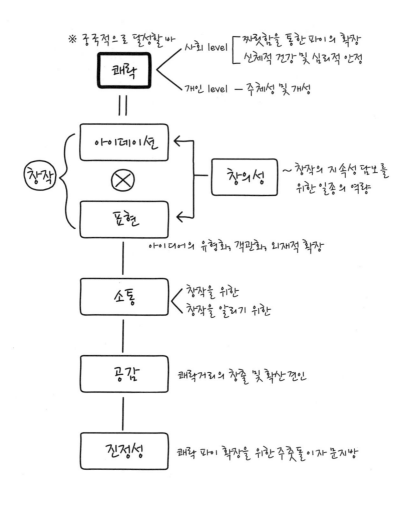

※ 궁극적으로 달성할 바

쾌락
- 사회 level ┌ 짜릿함을 통한 파이의 확장
            └ 신체적 건강 및 심리적 안정
- 개인 level ― 주체성 및 개성

=

창작 {
아이데이션
⊗
표현
}

창의성 ~ 창작의 지속성 담보를
           위한 일종의 역량

아이디어의 유형화, 객관화, 외재적 확장

소통 < 창작을 위한
       창작을 알리기 위한

공감   쾌락거리의 창출 및 확산 견인

진정성   쾌락 파이 확장을 위한 주춧돌이자 문지방

―――――――
대담 구조의 설계

2014년 여름, 운길산 기슭의 평화롭고도 고요한 사찰에서, 삭막하나 방음이 잘 되는 조그마한 회의실에서, 록커의 창작실로 용도 변경된 모某 정형외과의 입원실에서, 포크와 나이프의 달그락거리는 소리가 유난히도 크게 들렸던 천장 높은 레스토랑에서, 여러 칸의 한옥으로 구성된 마당 넓은 커피 하우스에서, 자동차 소음이 대화를 삼키곤 했던 연남동 골목의 작은 바bar에서, 공기를, 물을, 녹차를, 탄산음료를, 커피를, 맥주를 마시며, 스테이크를 썰며, 담대하게 이야기를 나누었다. 무릇 인간이란 자신을 둘러싼 환경에서 완전히 자유로울 수 없는 법, 어떤 시간·장소·날씨·상황 속에서, 어떤 것을 곁들였는지에 따라, 더불어 대담 당시의 시류가 어떠했는지, 어디에 필feel이 꽂혀 있었고, 정신적·육체적 컨디션이 어떠했는지에 따라, 이야기의 구체적 내용과 깊이, 그리고 흐름이 결정된 면도 없지 않아 있는 것 같다. 즉, 대담 과정에 있어 위와 다른 환경이 조성됐더라면 이 책의 세부 스토리 흐름이 많이 달라졌을지도 모른다.

대담의 이정표라 할 수 있는 '간단한 골격'은 'y=f(x)'라는 익숙한 함수 형태로 표현할 수 있을 것 같다. 사실 정확히 표현하자면 합성 함수 스타일이어야 하나, 그 경우 정확성과 복잡성 간에 트레이드오프가 발생하기에, 약간의 주저 끝에 그냥 단순 함수 형태로 표현해 보았다. 어차피 이 함수는 메타포 차원에서 활용되는지라 굳이 정확성에 목맬 이유가 없기도 하고.

쾌락 = f(아이데이션, 표현, 창의성, 소통, 공감, 진정성)

해석하자면 이렇다. 종속 변수이자 궁극적 목적은 사회적 쾌락이다. 즉, 우리가 꿈꿔야 할 세상은 쾌락이 넘쳐나는 세상이고, 이를 위해서는 위에 열거된 독립 변수들을 잘 조작해야 한다는 게 이 책의 주된 주장이다. 사실 독립 변수 하나하나의 면모를 보면 감히 내 맘대로 조몰락거릴 수 있을 만큼 만만한 것들이 아니지만, 노력 여하에 따라 쾌락을 꽃 피우기 위한 최소한의 요건은 갖출 수 있을 것 같다. 노파심 차원에서 한 가지 첨언하자면, 이 책은 아카데미 세계의 규칙을 따르는 논문이 아니다 보니, 쾌락 함수 도출 과정에 있어 엄격한 조사 분석 과정을 거치지 않았다. 그저 우리의 즉흥적 직관에 살짝 기댔을 뿐이다.

'낡아 빠지고 남루한 쾌락거리의 과포화 상태.'

작금의 우리 사회에 대해 이러한 시대적 정의를 내릴 수 있지 않을까? 인간이란 본디 싫증을 잘 느끼는 동물이다. 게다가 과학기술의 발전으로 웬만한 쾌락거리들은 이미 다 접해 봤기에, 여간 대단한 거리가 나오지 않는 이상 짜릿함을 느끼기 쉽지 않다. 물론 요즘도 새로운 거리들이 꾸역꾸역 나오긴 하지만, 대부분 이전 무언가에 대한 카피이거나 미미한 개선 수준에 불과하기에 임팩트가 그리 크지 못하다. 제아무리 '몸도 튼튼, 마음도 튼튼' 상태를 누리는 자라 해도, 이처럼 짜릿함이 가미되지 않은 채 시간을 하염없이 흘려보내게 된다면 쾌락적 삶에서 멀어질 수밖에 없을 것이다. 그가 도인이나 수도자가 아닌 이상……

그렇다면 대관절 어떻게 해야 할 것인가? 간단히 말해 새로운 거리가 끊임없이 탄생해야 한다. 그것도 기존 대비 체감 변화의 폭이 미미해서는 곤란하고, 세상 사람들이 단 한 번도 경험하지 못한 획기적 거리들이 제법 터져 나와야 한다. 그래야 늪같이 지긋지긋한 과포화 상태에서 헤어날 수 있으며, 이런 것들이 하나, 둘 쌓여야 비로소 사회적 쾌락 파이가 확장될 수 있다.

그 시드seed는 무언가에 대한 아이데이션이다. 당연히 쾌락거리에 대한 그럴싸한 아이디어 형성이 그 근원이 될 것이다. 하지만 아이디어 착상만으로는 충분치 않고, 이것과 다른 변수들과의 유기적 연계가 필히 이루어져야 한다. 가령, 누군가에게 영감이 번뜩여 좋은 아이디어가 떠올랐다 치자. 그렇다면 그는 자기 머릿속에 생성된 그 무언가를 밖으로 내놓아야 한다. 누가 볼세라 그 안에만 고이 간직해서는 아무런 의미가 없다. 그래서는 단지 혼자서만 즐기고 마는 개인적 차원에 그칠 뿐, 세상 변화에 아무런 기여도 할 수 없기 때문이다. 즉 개인적 쾌락 파이는 일시적이나마 커질지언정 사회적 쾌락 파이 확장에는 아무런 도움이 될 수 없다. 필히 표현해야 한다. 더도 말고 덜도 말고 자신이 떠올린 혹은 자신에게 떠오른 딱 그만큼 왜곡 없이 가감 없이 표출해야 한다. 이렇게 아이데이션과 표현이 결합되는 것, 이 행위가 바로 창작이며, 창작의 형상화된 결과가 곧 창작물이다. 만일 여기에 창작가의 개성과 철학, 그리고 진정성이 녹아들어 있다면, 사회의 반향과 무관하게 우리는 이를 예술 작품이라 불러도 무방할 것이다. 그런데 그럴싸한 쾌락거리를 한 번 싸버리고 이후엔 변비로 일관한다면? 역시나 쾌락이 넘치는 사회가 될 수 없다. 설사, 거리의 탄생이 무작위적 패턴을 띤다 하더라도 지속성을 담보할 수 있어야 한다. 최소한의 수준일지라도 필요할 때면 언제든지 꺼내어 활용할 수 있도록 내재화시켜야 한다. 이를 가능케 해주는 역량이 바로 창의성이다. 창의성의 특성상 그 발현을 위한 구체적 방법론을 만드는 것은 불가하지만, '이렇게 하면 촉발 가능성을 높일 수 있다'는 식의 가이드 정도는 제시할 수 있을 듯하여 이 역시 변수로 삼았다.

자, 이제 획기적 아이디어도 나왔고, 그 주체가 그것을 단지 머릿속에서 홀로 즐기는 단계를 넘어 밖으로 노출시켰다. 게다가 이러한 것들이 일회성으로 그치지 않고 되풀이될 수 있도록 역량화까지 했다. 그렇다면 그다음 신경 써야 할 변수는 소통이다. 형상화된 아이디어를 갖고 타자와 상호작용해야 한다. '손바닥은 마주쳐야 소리가 난다'는 클리셰도 있듯, 창작가가 제아무리 그럴싸한 아이디어를 유형화해도 호응해주는 이가 전무하다면 그 잠재적 쾌락거리는 사장되거나 판단 유보될 수밖에 없기 때문이다. 우리가 그런 사례를 어디 한두 번 접해 보았나? 저주받은 작품이라 불리며 창작 당시에는 무시당하다가 기나긴 세월이 흐른 후에야 비로소 재평가받는 경우가 허다하지 않은가? 그것이 시대를 너무나 앞서 나간 창작가에게 기인하건, 무지몽매한 대다수 평균적 인간들의 탓이건, 여하튼 그 두 그룹 간의 소통이 원활하게 이루어지지 않는다면 적어도 그 순간에서만큼은 쾌락 파이가 커질 수 없다.

그다음은 공감이다. 소통은 공감의 영향을 받는다. 누군가가 외적으로 내놓은 아이디어가 얼마만큼 공감대를 형성할 수 있느냐에 따라 소통의 폭과 깊이가 결정된다. 물론 가장 이상적인 케이스는 여러 사람에게 열렬한 호응을 일으킬 수 있는, 즉 소통의 폭도 넓고 깊이도 깊은 경우이긴 하나, 지각변동을 일으킬 만한 혁신적인 것들은 처음부터 폭이라는 토끼까지 잡기가 쉽지 않다. 왜? 그런 것들은 대개 대중의 기대와 예상, 그리고 수준을 한참 넘어서기 때문이고, 반면 수용 가능한 혜안을 가진 자는 극소수이기 때문이다. 어찌 보면 그게 혁신의 특성이기도 하다. 따라서 이 맥락하에 군이 양자택일을 해야 한다면 소통의 깊이가 폭보다 중요하다 할 수 있는데(여기엔 현실적 이유도 있다. 컬트라는 예외도 있으나 혜안을 가진 자들은 대체로 오피니언 리더일 가능성이 높기 때문에, 이들과 끈끈하게 얽히기만 한다면 폭의 문제는 자연스레 해소될 수 있다), 이에 비례하는 것이 공감의 수준이다. 우리가 일상에서 자주 사용하는 '코드가 맞다'는 표현도 공감의 수준에 관한 것으로 볼 수 있겠다. 즉, 코드가 잘 맞음은 대부분의 경우, 공감 수준이 깊음을 의미하고, 이는 쾌락거리의 창출이나 확산 과정에 있어 굉장한 힘을 발할 수 있다.

　　마지막은 진정성이다. 진정성에 있어서도 쾌락 못지않은 다채로운 정의를 내릴 수 있다. 표리부동 관점에서의 해석이 있을 수 있고, 도덕성 관점에서의 해석도 있을 수 있다. 목적이나 의도, 계산의 관점도 견지할 수 있다. 또한 이놈의 사회가 황금만능주의에 빠져 있는 만큼 경제 관점에서도 해석할 수 있다. 당연히 우리 대담에서도 다양한 해석이 대두됐었는데, 좌우지간 이 관점들을 관통하는 것은 순수함과 자연스러움으로 정리할 수 있을 듯싶다. 얼마나 순수하고 자연스럽게, 자신이 원하는 바를 찾아 매진했으며, 그 결과를 어떻게 자신만의 아이디어로 표현해 타자와 소통했는가? 당연한 말이지만, 진정성이 있다고 해서 자동적으로 쾌락 파이가 확장되는 것은 아니다. 하지만 진정성이 없다면, 즉 꼼수를 써서는 '혁신적 섬씽 뉴'가 절대 나올 수 없다. 설사 잔머리 효과에 의해 운 좋게 형성된다 하더라도, 그것은 이내 와해되고 만다. 비록 우리 사회가 창의력이 절대 빈곤한, 한심한 사회이긴 해도 그런 것들을 간파할 수 있는 눈 만큼은 갖고 있기 때문이다. 이런 점에서 진정성이란, 쾌락 파이 확장을 위한 주춧돌이자 일종의 문지방threshold 역할을 한다고도 볼 수 있겠다.

본문으로 넘어가기 전에 알아두어야 할 몇 가지 것들

　　쾌락, 그리고 아이데이션, 표현, 창의성, 소통, 공감, 진정성.

주지했듯, 쾌락 함수를 구성하는 1개의 종속 변수와 6개의 독립 변수가 그날그날의 논의 테마로 활용됐으며, 그것들은 고스란히 이 책의 장章으로 거듭났다. 어찌 보면 단 7개 단어들의 단순 조합에 불과하지만 각각 많은 의미를 머금은 채 유기적으로 얽혀 있기에, 흐르는 대담 속에서 수많은 용어들과 거기에 내재된 숱한 개념들을 파생시켰다. 그러다 보니 독자들이 생경하게 생각할 것들도 꽤 튕겨 나온 것 같다. 그게 다소 어렵다 해도, 보편적으로 통용되는 용어 혹은 개념이라면 포털 검색을 통해 충분히 파악할 수 있다. 하지만 제임스 조이스의『율리시스』를 통해서도 알 수 있듯, 그것들이 지식의 높고 낮음을 떠나 작가의 조어造語이거나 그만의 개념이라면 이야기가 달라진다. 즉, 제3자 입장에서는 대체 이게 뭔 소린지 도통 헤아릴 수 없으며, 어디 찾아볼 마땅한 곳도 없다. 그냥 작가와 '다이 다이' 뜰 수밖에 없는 노릇이다. 이러한 우려감에 독자들이 난감함을 피할 수 있도록 나만의 핵심 용어나 개념들을 발췌해 정리하였다. 이 책의 저자로서, 독자들이 이 개념들을 먼저 숙지한 후 본문으로 넘어갈 것을 권한다. 물론, 본문으로 곧장 갔다가 필요할 때마다 이곳을 찾는다 해도 문제 될 건 없다. 이건 전적으로 낯섦을 대하는 개인의 취향이기 때문이다.

각주 스타일의 단편적 설명을 피하기 위해 상당 부분에 있어 전작, 『나발한자』의 관련 내용을 인용하였다.

1) 존재적 세계 vs. 인식적 세계

카잔차키스
(이하 '카') 먼저 이를 이해하기 위해서는 존재적 세계(이하 '존재')와 인식적 세계(이하 '인식') 간의 관계를 알아야 해요. 존재란 누구나 공히 이야기하고 동일한 것을 경험하게 되는 고전 물리적 세계를 의미합

니다. 쉽게 말해 지금 우리가 모두 현실이라 믿고 체감하고 있는 이 세계인 거죠. 어때요? 당연히 객관적이겠죠? 누구에게나 다 똑같을 거고. 반면 인식이란, 무한의 전체 집합이 있다는 전제하에 존재의 여집합으로, 누군가가 강력히 체감하여 몰입되어 있는 정신적 세계를 의미합니다. 따라서 주관적일 수밖에 없어요. 사람마다 다를 것이고, 설사 같은 사람이라 해도 상황마다 다를 거예요. 물론 같아지는 경우를 완전히 배제할 수는 없는데, 이는 무시해도 좋을 만큼 가능성이 매우 낮겠죠. 여하튼 이 경우, 의식의 주체는 인식적 세계를 현실로 인지하게 됩니다. 주지했다시피 경우에 따라 '존재=인식'이 될 수도 있고요. 또한, 존재와 인식을 바로 위 차원에서 관조하는 메타 세계가 존재할 수 있습니다. 이 메타 세계상에 존재하는 자는 십중팔구 인식주의자겠죠. 왜냐하면 존재주의자는 인식주의에 무관심하거나 아예 그 자체를 모르기 때문이에요. 동일 차원 내에 자기들이 숨 쉬고 있는 세계의 반대편이 존재함을 인지해야, 이 양측을 아우를 수 있는 다른 차원의 세계를 생각해 보게 되잖아요? 존재주의자들에게는 이 세계가 오직 하나뿐이니, 굳이 다른 차원, 즉 메타 수준을 도입할 하등의 이유가 없어요. 고로 억지로 밀어붙인다면 그들에게는 개념·실체의 과잉 혹은 어불성설로 다가올 겁니다. 하지만 인식주의자들은 어떤가요? 그들은 기본적으로 존재를 인정합니다. 따라서 최소한 두 개의 세계가 존재함을 인지할뿐더러 무한 세계의 공존 가능성도 당연시하고 있습니다. 왜냐? 인식의 세계는 테마에 의해 형성되는데, 그 테마라는 것은 상상력과 창의력에 따라 얼마든지 무한히 존재할 수 있으니까 말이에요.

조르바
(이하 '조') 그럼 이제 이해도 제고 차원에서 인식 중심의 세계에 대한 예를 들어 보도록 하죠.

카 그래요. 내가 존재적 세계의 침대 위에서 꿈을 확실히 꾸고 있을 경우, 이 세상 절대다수인 존재주의자는 내가 침대 위에서 자는 것을 현실이라고 말할 겁니다. 반면 인식주의자는 그 순간 꿈의 주체가 강력하게 인지하고 있는 세상을 현실이라고 말할 겁니다. 고로 인식주의자의 경우, 보편적으로 통용되는 가상 현실이라는 말을 혐오하게 되죠. '그게 왜 가상이냐? 내겐 이게 더 생생하고, 극단적으로 말하면 어떤 경우에는 오로지 이것만 체감되는데 말이야.' 한 발 양보해서 객관적 가상 현실이라는 말까지는 어떻게 수용할 수 있지만, 주관적 가상 현실이란 말은 절대 받아들일 수 없어요. 위 사례의 경우 객관적 가상 현실은 곧 꿈이 되는 겁니다. 그러니까 이런 거예요. 꿈속에서 너무 행복에 겨워 잠꼬대하는 어떤 사람이 있어요. 그 사람에게 꿈속 세상은 현실 그 자체인 거죠. 그런데 그 친구가 황홀경에 빠져 크게 웃으며, 무언가를 만끽하는 몸짓까지 하며 자고 있다고 생각해 보자고요. 그 모습을 녀석의 엄마가 본 거예요. 그때 엄마가 이렇게 말할 수 있을 거예요. '짜~식, 웃고 잠꼬대까지 하고 그러는 걸 보니, 재밌는 꿈을 꾸고 있구먼' 혹은 '짜~식, 객관적 가상 현실에 들어가 즐기고 있구먼.' 하지만 엄마를 포함한 타자는 그렇게 말할 수 있을지언정, 주체인 꿈꾸는 자만큼은 예외라는 거. 그의 여집합들과 달리 그는 꿈속 세상에 지배되고 있으며, 고로 그에게는 그것이 곧 현실이라는 거. 존재적 세계의 방이나 침대는 그 현실을 위한 인프라에 불과하다는 거. **[이상 3장. '오기' 중에서]**

2) f-business

카 내가 이 얘기를 처음 꺼냈을 때 사람들의 첫 질문은 대체 'f'가 뭐냐는 거였지. 뭐긴 뭐야, 'e' 다음에 오는 알파벳 철자지. e는 누구나 알고 있듯, 비즈니스라는 명사와 붙으면 뼈, 구조, 형식, 메커니즘, 아키텍처로 대변되는 IT 비즈니스, 즉 e-business를 의미하게 되죠. 비즈니스에 한정 짓는다면, '이가=價'의 대명사, 아니 그 자체가 곧 이가를 의미하는 디지털이라는 녀석도 당연히 여기에 흡수될 수 있어요. 그런데 뭔가 느껴지지 않나요? 후후, 당연히 모르겠죠. e-business 그 자체만 보면 의미와 내용, 알갱이라는 게 없어요. 아까 기호 이야기를 잠시 했었잖아요? 그거와 똑같은 거예요. 즉 e를 통해 형식적, 구조적 효과의 극대화는 맛볼 수 있을지언정, 딱 거기까지라는 거지요. 하지만 사람의 욕망이라는 게 어디 그런 데서 멈추나요? 아니잖아요. 그 이상을 요구하잖아요? 구조로써, 형식으로써 사람을 행복하게 해주는 데에는 자명한 한계가 있어요. 그래서 난 e를 이을 진화의 다음 단계란 차원에서 f라는 철자를 유심히 살펴본 거랍니다. 아, 제가 비록…….

[중략]

카 하하하. 맞아요. 그런데 내가 아까 어디까지 이야기했더라? 그래요. 내 비록 반실재론자고 쿤의 견해를 지지하고 있지만, e에서 f로 넘어가는 것을 패러다임 시프트로 보진 않아요. 왜냐? 이는 일종의 누적적 진화니까. 만일 패러다임 시프트로 생각했다면, 알파벳 연쇄라는 규칙을 파괴했겠지. 아무튼 그래서 e 다음에 올 것이 f라는 것도 있지만, 정작 중요한 것은 시종일관 강조하는 인식의 문제랍니다. 여기서 f의 의미가 보다 명확해지죠. 즉, f는 판타지를 의미하며, 판타지란 한 주관의 인식적 세계 그 자체를 말하는 거예요. 그렇다면 자연스레 f-business가 정의될 수 있겠죠? '인식 지향의 서비스를 통해 이루어지는 비즈니스.' 어느 순간 누군가의 주관적 세계를 지배하는, 그래서 최소한 그에게 있어 그 순간만큼은 그것을 생생한 현실로 인지하게끔 만들어주는 서비스. 판타지를 만들겠다는 사람들은 십중팔구 그리스·로마 신화 등부터 후벼 파죠. 그리고 머릿속에는 『해리 포터』나 『반지의 제왕』 같은 전형들을 박아 둬요. 뭐든지 그 시작점은 벤치마킹이에요. 따라서, 그들에겐 '차이 자체'라는 게 없어요. 하지만 f-business는 그런 것들과는 사뭇 다르죠. 난 철학에서, 그것도 인식의 철학에서 시작해요. [이상 3장. '오기' 중에서]

3) 딜레탕트

이탈리아어의 딜레타레dilettare에서 유래된 말로, 주류적 전문성 없이 열정과 애정만으로 예술이나 학문을 하는 사람을 일컫는다. 대개의 경우 부정적 의미로 쓰이지만, 프롤로그의 도입부에서도 언급했듯, 나는 이들을 앞으로의 세계를 이끌 주역으로 긍정한다. 이해를 돕기 위해 『나 발한자』의 관련 내용을 덧붙인다.

딜레탕트는 제도권 패러다임에 딱 들어맞는 자원들이 빈약하고, 동향 체크나 인적 네트워킹이 프로페셔널보다 어렵다뿐이지 뚜렷한 장점도 갖고 있단다. 이런 속설도 있잖아. '천재는 노력하는 자를 이길 수 없고, 노력하는 자는 즐기는 자를 이길 수 없다.' 사실 이것도 트집 잡을 구석은 무척 많아. 이 세상 사람들을 현혹시키기 위한 무수한 명언 중 하나이기도 하고 실경험을 통해 귀납 추론해보면 천재가 노력하는 자에게 이기는 경우가 허다하다는 점도 그렇지만, 무엇보다 핵심적인 문제는 천재, 노력, 즐김, 이 세 개가 상호배타적이지 않다는 사실이야. 하지만 난 지금 이 순간만큼은 요모조모 따지고 싶지 않고 있는 그대로 가져다 쓰고 싶어. '즐기는 사람이, 그러기에 스스로 모티베이션되는 사람이 장땡이다.' 고로 난 자랑스러운 딜레탕트다. 딜레탕트 특유의 장점에 꾸준한 소명 의식과 뚝심만 들어간다면 정말 더 좋은 성과를 창출할 수 있을 거야.

[중략]

때 묻지 않은 아이디어, 학제가 절실히 요구되는 이때, 보다 요긴한 존재자는 제도권 프로페셔널이 아니라 우리네 비제도권 딜레탕트일 거야. 먹고살기 위해 하는 것이 아닌 만큼 진정성과 열정, 기품, 그리고 여유도 있지. 자, 보라고. 제도권에는 늘 만나는 그들만 있어. 아니라고? 신선도 넘치는 신입 회원들도 꾸준히 수혈된다고? 그렇지 않아. 설사 그렇다 해도 제도권의 시스템에 녹아들어 가야만 그 잘난 커뮤니티의 회원권뿐 아니라 '너 이걸로 먹고살아도 좋아'라는 라이선스를 부여받을 수 있는 거잖아? 그러니 웬만한 똘끼와 소신으로 중무장한 반골이 아닌 이상 햄릿 같은 갈등에 빠질 수밖에 없지. '시스템이 요구하는 표준을 따를 것인가, 내 꼴리는 대로 할 것인가? 이것이 문제로다.' 즉, 자신의 생각이 제도권 표준과 다름을 깨닫는 경우, 선택 대안은 자기 변절 혹은 딜레탕트화化 둘 중 하나인 거지. 제도권 그 동네에는 늘 이야기하는 프레임워크니 방법론이니 하는 것들이 있어. 누적된 지식 풀pool도 있고, 휴먼 네트워크가 있고, 그걸 활용하면 비교적 쉽게 잘 먹고 잘 살 수 있지. 즉, 이들은 새로운 현상에 대해 해석을 효율적으로 할 기회를 쉽게 얻을 수 있긴 해. 하지만 그건 산업 시대에 적합할 뿐이야. 표준화, 대량 생산, 효율적 관리가 미덕인 그런 시대에 말이야. 그런데 다가올 미래는 어떠할까? 탈산업, 탈권위, 탈중심의 징후는 이미 여러 군데서 포착되고 있고, 그들이 애지중지하는 자산으로서의 방법론은 오히려 아이디어 발산의 족쇄가 되기에 기존 누적된 지식의 상당 부분과 절교를 해야만 하는 상황이지. **[이상 3장. '오기' 중에서]**

4) G_AI(Genuine Artificial Intelligence, 참 인공지능)

내 필생의 꿈은 신이 되어 모든 면에 있어 인간과 흡사한 피조물을 만드는 것이다. 하지만 제도권에서 고수하는 계산주의, 디지털 기반 인공지능으로는 실현 가능성이 없기에, 이처럼 자명한 한계가 존재하는 제도권의 접근을 유사Quasi 인공지능으로 규정, 이에 대비하여 내 스스로 창안한 개념이다. 이해를 돕기 위해 역시나 『나발한자』의 관련 내용을 덧붙인다.

폰 노이만의 어린 시절 천재기가 언급될 때 늘 등장하는 사례가 있다. 그 양반, 비록 내 존경하는 3대 인물 중 한 명이긴 하나, 이점만큼은 결코 높게 평가하지 않는다. '두꺼운 전화번호부를 단숨에 암기했다.' 그게 뭐가 대단한 건데? 그건 이미 기계가 알아서 잘하고 있고, 앞으로 더욱더 잘할 영역이야. 스토리지, 데이터베이스, 빅 데이터……
암기왕, 주관왕, 암산왕 이런 식의 이벤트를 보면 그걸 주관하는 인간이나 참여시키는 인간이나, 나와 같은 하늘 아래 살고 있다는 게 참 한심하게 여겨져. 그렇죠? 조하문 씨? 논리, 체계의 추구? 다 마찬가지야. 현 디지털 기계는 계산주의에 기반하고 있고, 그게 연역이냐 귀납이냐를 떠나서 이의 시작은 결국 '이가' 논리지. 그런데 사람들은 잘 외우면 '와~ 대단해!', 잘 계산하면 '와~ 대단해!', 논리적으로 이야기하고 결론을 내리면 '와~ 대단해!'라고 감탄들을 하지. 자기들도 모르게 기계를 동경하고 심지어 추앙하고 있어. 인간이 기계를 동경해야 할 이유는 없어. 기계가 저런 류의 문제들은 알아서 잘 해결해주고 있으니, 우리네 인간들은 전 인류적 쾌락 확장을 위해 저 기계들이 할 수 없는 환상적인 영역에 집중해야 해. 이제 쾌락거리의 증식이 상당히 더뎌졌거든. 느낌, 이해, 광기, 감성, 지향성, 의지, 상상력, 창의성, 도덕, 윤리, 예술. 이런 것들에 집중해야 한다는 말이야. 인공지능이나 기계들도 이런 거 구현할 수 있는 거 아니냐고? 물론 내게도 강 인공지능주의적 성향이 다분하기에, 기계가 이런 일에 기여할 수 있는 날이 빨리 왔으면 좋겠어. 그런데 이가 논리 기반으로 진화하는 한, 태생적 한계에서 벗어날 수는 없을 거야. 이런 것들? 성사된다 해도 죄다 시뮬레이션에 불과할걸? 그런데 비록 과정은 시뮬레이션일지언정 결과만 좋다면야? 너 지금 튜링 테스트하는 거니? 우리네 인간도 인식하지 못해서 그렇지 사실은 신들이 만들어 놓은 기회의 장에서 시뮬레이션될 수도? 물론 그럴 수도 있지. 하지만 그것 때문에 디지털이, 이가 논리가 궁극 혹은 절대라는 실재론적 주장엔 절대 동의할 수 없어. 그러면 적어도 내게는 이 세상이 전혀 살아갈 만한 곳이 될 순 없을 거야. 궁극적 목표가 없는 삶, 무척이나 허무한 삶. 그래서 고층 빌딩이나 한강에서 뛰어내리게 되는 삶. 그 결과 저승에서 누리게 되는 삶. 그런데 저승이라고 해서 별수 있겠어?

정말 인간 같은 피조물을 만들기 위해서는 탈논리, 아니 어쩌면 탈이가 논리가 되어야 할 거야. 탈이가 논리? 이것만으로 충분할지 확신하지 못하겠어. 다가多價 논리나 퍼지 논리를 적용한다고 해서 꿈이 이루어질 거라는 보장은 없으니까. 느낌상 그럴 것 같지도 않고 말이야. 그렇다면 탈이가 논리가 아니라 탈논리 그 자체만 맞는 표현이 될 수밖에 없지. 몰내용적, 몰의미적 형식 시스템. 그런데 기계는 인간을 동경한다며? 당연히 오늘날의 기술이 그 수준에 도달하지 못했기에 아직 현실화된 건 없지만 말이야. 아직은 영화나 책에서만 나오는 이야기일 뿐. 그런데 그들이 동경하는 포인트는 바로 감성, 창의성, 윤리 등등, 아까 내가 이야기한 그런 것들이지. 그럼 그네들은 그걸 왜 동경하게 되는 걸까? 인간들이 그렇게 코딩하지 않았을, 아니 못했을 텐데 말이야. 창발의 결과라고? 좋아, 창발이라 해보자. 그렇다면 외부의 특정 환경적 요인들이 맥락을 형성해야 소위 진화론 관점에서 일정한 패턴을 보이게 되는 걸 텐데 대관절 그 환경적 요인이란 게 무얼까? 사회적 차별이 아닐까? 인간과 기계의 차별. 그러나 차별받는 자가 두 가지를 갖고 있지 않다면 그냥 그런가 보다 하고 넘어가게 될 거야. 하나는 똑똑함, 다른 하나는 자존감. 전자는 상황 파악 능력이고, 후자는 분노의 원천이지. 현 이가 논리에 기반을 둔다면 100%는 아니어도 똑똑함은 어느 정도 충족시킬 수 있을 거야. 하지만 자존감은 그게 광기니 감성이니 이해, 느낌, 시기심, 질투 등의 요소들도 포함해야만 발휘되는 것이기에 시뮬레이션 수준에서 벗어나지 못할 거고. 여하튼 기계를 동경하는 인간, 인간을 동경하는 기계는 결국 짬짜면을 주문하면서 중성화되지 않을까 싶어. **[이상 3장. '오기' 중에서]**

5) GDM(General Delivery Model) & 디지털 프로페서

GDM이란 f-business 전개를 위해 마련한 근간 모델로, '사람들이 단 한 번도 경험하지 못했던 새로운 쾌락 창출'을 지향한다. 물리적 제약을 벗어나 사용자와 오감 소통을 하기 위한 홀로그램 스킨skin, 사용자의 수준·성향·컨디션 등을 파악하여 적절히 상호작용하기 위한 학습learning, 특정 분야의 정보와 지식을 담고 있는 지식 베이스knowledge base 등 크게 3개 모듈로 구성되며, 적용되는 산업에 걸맞은 구체적 비즈니스 모델로 커스토마이징customizing된다. 이중 교육 산업에 적합하게 특화된 것이 바로 '디지털 프로페서'다. 역시 이해도 제고 차원에서 『나발한자』의 관련 내용을 덧붙인다.

카 전숲 지구적 테크놀로지의 표준인 ICT를 기반으로 '어떻게 f-business 지향적 서비스를 딜리버리할 거냐?'라는 데에 주안점을 부여한 모델인데 자세한 건 나중에 기회 될 때 이야기하도록 하고요, 일단 교육 서비스에 집중해 봅시다. 간단히 말해서 교육의 효과가 극대화되기 위해서는 뭐니뭐니 해도 학습자가 모티베이션되는 게 가장 중요해요. 그런데 어떨 때 학습자의 눈빛이 가장 반짝반짝 빛나게 되느냐? 바로 자기가 존경하거나 흠모하는 사람과 함께하는 그 순간이죠. 하지만 프로젝트 때문에 3박 4일 날밤 깐 직후에 그런 양반이 나타나 봐. 그래도 반가울까? 전혀. 오히려 '아, 저 새끼 왜 온 거야? 나 지금 자야 하는데'라고 원망하게 되지. 그러니 교육 서비스의 핵심은 '내가 원할 때 원하는 자를 파트너로 모실 수 있어야 한다'가 돼야 해요. 그런데 내 흠모의 대상은 이미 고인故人일 수도 있고, 설사 생존해 있다 해도 지금 이 순간 지구 반대편에서 잠을 자고 있거나 다른 사람들에게 강의하고 있을 수 있잖아요? 그럼에도 난 바로 지금 이 양반을 꼭 모시고 싶은 거라. 이런 걸 존재적 세상에서 존재적 방법으로 실현할 수 있을까요? 가령, 이 시각 오르한 파묵이 하버드에서 교양 특강을 하고 있는데, 내가 그와 '소박한 작가와 성찰적 작가'를 주제로 디스커션하고 싶다고 해서 당장 한국의 내 방으로 모실 수 있을까요? 절대 불가능하죠. 뭐 다양한 이유가 있겠지만 때려죽여도 안 되는 까닭인즉슨 파묵이라는 사람은 '저 멀리 떨어져 숨 쉬고 있는, 세상 유일무이한 하드웨어'라는 물리적 제약 때문이에요. 거기다가 시차라는 시간적 문제까지 공존하니 뭐. 그러니 이를 평행 우주론으로 풀 수 있는 것도 아니고, 나노 기술이 보편화돼 있다면 모를까 결국 우리는 소프트웨어적인 방법을 쓸 수밖에 없어요. 무한 복제가 가능하고, 거의 광속으로 아무 때나 지구 곳곳을 누빌 수 있는. 거기다 변화무쌍하기까지 하고. 감이 좀 오나요? 아직까진 다분히 UI적 이야기만 했는데, 이건 학습자에게 생생함, 실재감을 주기 위한 표피적이고 감각·지각적인 부분이고요, 그 기저에는 두 개의 원격 엔진이 장착되어 무선 통신을 통해 학습자와 양방향 인터랙션하게 된답니다. 하나는 지식 베이스로 중무장된 전문가 시스템이고요. 다른 하나는 학습자의 스타일, 취향과 수준에 맞춰 상호작용 양태를 조정하기 위한 머신 러닝machine learning, 즉 신경망 시스템이에요. 아, 여기서 머신 러닝의 러닝이란 흔히 말하는 공부로서의 학습이 아니라, 사용자에 대한 기계의 이해와 반응이라고 생각하면 돼요. 그러니까 상호작용해 가면서 '아, 이 학습자의 수준이 이렇구나, 호불호가 이렇구나, 성격이 이렇구나' 뭐, 이런 걸 파악해서 적절하게 대응해 주는 거죠. 물론 아직은 시뮬레이션 차원이에요. 기계 스스로 이해할 수 없다는 거죠. 누구이 이야기했지만 계산주의를 버리지 못한다면 항구적 시뮬레이션이 될 수밖에 없고요. 다음은 양방향 상호작용이에요. 즉 단방향 강의보다는 양방향 디스커션이 학습에 있어 보다 효과적이라는 거죠. 그래야 잠도 안 오고 학습자 스스로 확실하게 내재화시켜 완전히 자기 것으로 만들 수 있습니다.

[중략]

카 좋아요. 그럼 시나리오를 한번 구상해 봅시다. 그날도 난 자연인 고객 앞에서 열라 구라 치고 돌아왔지. 귀가 후 샤워하고 욕실에서 나왔더니 벌써 새벽 1시가 넘었더라고. 그렇지만 절대시간absolute time 누리기 차원에서 괴델의 불완전성 정리 좀 다시금 살펴보려 한 거야. 그런데 빽빽한 책을 펴면 스르르 잠이 들 것 같아 책상 서랍에서 성냥갑만 한 무언가를 꺼내 터치했지. 거긴 디스플레이도 없고, 버튼도 없어. 빔이 나오는 듯한 구멍들은 좀 있더군. 난 익숙한 듯 어딘가를 터치했어. 그랬더니, 계기판cockpit 같은 2차원 평면 홀로그램이 책상 위에 쫙 펼쳐졌어. 드롭박스나 각종 버튼이 있었는데, 학습 파트너로 괴델을 선택했지. 물론 음성으로도 한 번에 할 수 있어. 이렇게 말이야. '괴델 선생님, 어서 와주세요.' 과목이나 논의 주제도 따로 지정할 이유는 없어. 그냥 괴델을 선택하면 그가 연구한 모든 것들을 갖고 자유 토론을 할 수 있으니까 말이야. 그랬더니 내 맞은편 의자 위에 3차원 홀로그램으로 구현된 소프트웨어 괴델이 '짜잔' 하고 나타난 거야. 위에서 봐도, 앞에서 봐도, 옆에서 봐도, 뒤에서 봐도 괴델이 맞다 이거지. 난 더 이상 시건방지게 앉아 있을 수 없었어. 어떻게 그럴 수 있겠어? 이 세상에서 가장 존경하는 분이 행차하셨거늘. 얼른 자세를 고쳐 앉았지. [이상 3장. '오기' 중에서]

6) thinkability

사고의 수렴과 발산을 통해 쾌락을 향유할 수 있는 인간 고유의 탁월한 능력을 의미하며, 인식적 세계로의 여행을 위한 필수 요건이기도 하다.

2015년 10월
연남동을 거쳐 합정동에서
이석준

❚차례❚

2장 쾌락

3장 아이데이션

4장 창작

5장 소통, 공감, 그리고 진정성

6장 반추 혹은 잉여

1장

이런 사람들

1. 전략이라는 로망의 태생적 한계

이석준 비즈니스계에서도 아이디어 도출을 위해 브레인스토밍을 많이 합니다. 그런데 그렇게 많이들 경험했음에도 불구하고 제대로 할 줄 아는 사람이 거의 없어요. 좀 할 줄 안다는 사람들끼리 모여도 소기의 목적을 달성하지 못하는 경우가 다반사고요. 나름 머리 좋다는 사람들, 명문대에서 공부 많이 했다는 사람들이 모여 고생을 해도 구체적인 아이템은 잘 나오지 않습니다. 그저 '환경이 어떻고, 보유 자원 및 역량이 어떻고, 이 환경과 저 자원을 복합적으로 고려할 경우 요러한 방향으로 가는 게 바람직하다'라는 정도에서 딱 멈추거든요. 그러니까 '요러한 방향으로 간다는 것에 대한 구체적 실체가 대체 뭐냐?'라는, 결론적으로 알고 싶은 질문에 대해서는 대답을 잘 못해요. 아, 이런 비유가 적절하겠네요. 스티븐 스펜더란 영국 시인이 이런 말을 했어요. '내가 쓰고 싶은 시를 설명하는 것은 참으로 쉬운 일이다. 그러나 막상 시를 쓰는 것은 대단히 어려운 일이다.' 그 말이 딱 맞는 거죠.

이 혁 창의력이 부족한 탓도 있겠지만 방법적인 면도 생각해볼 필요가 있지 않을까요? 제약 없이 상상한 후에 정리해야 하는데, 미리 한정 지어 놓고 시작해서 그런 게 아닐까 싶네요. 한계를 정해 놓고 아이디어를 짜내려는 방식은 제한된 소품으로 방을 꾸미는 것과 같거든요.

이석준 'SWOT 분석'이란 게 있어요. 낡고 낡았지만 수많은 기업들이 여전히 활용하고 있죠. SWOT은 약어를 조합한 겁니다. 각각 Strength강점, Weakness약점, Opportunity기회, Threat위협을 의미해요. 강·약점은 기업 수준에서 통제 가능한 내부 조직 측면으로부터, 기회와 위협은 통제 불가한 외부 환경 측면으로부터 도출됩니다. 개략적인 분석 절차는 이래요. 먼저 해당 조직의 강·약점과 기회·위협 요인을 파악합니다. 이후, 내부 조직 측면과 외부 환경 측면을 섞어서 들여다봐요. 그러면 4개의 쌍이 나오겠지요? 강점-기회, 강점-위협, 약점-기회, 약점-위협. 마지막 단계는 각각의 경우에 대해 전략적 시사점을 도출하는 겁니다. 가령, 'LG U+의 강점과 기회를 복합 고려한다면 어떠한 시사점을 도출할 수 있을까?', 'LG U+의 약점과 위협을 복합 고려한다면 어떠한 시사점을 도출할 수 있을까?' 등과 같은. 그런데 이렇게 하는 게 별 의미가 없어요. 관성에 따라 그저 스쳐 가는 요식 행위가 돼버렸다는 점도 그렇고, 무엇보다 너무 막연하고 작위적입니다.

예 하나 더 들어볼게요. '마켓 다이내믹스 분석'이라는 것도 있어요. 제가 사업 전략 수립할 때 즐겨 사용했던 분석 기법인데, 조금 전 말씀드렸던 SWOT 분석보다는 상태가 좀 좋아요. 주된 용도는 현 시장의 주목할 만한 현상을 토대로 향후 시장 변화 방향을 예측하고 시사점을 도출하는 거죠. 단계는 이렇게 구성됩니다. 먼저, 시장 흐름에 주요한 영향을 미치는 범주를 정의해요. 가령, 통신 산업에 큰 영향을 미치는 주요 범주로 고객, 경쟁, 기술, 정책 등을 꼽을 수 있어요. 고객이야 돈을 주는 존재자니 당연지사고, 경쟁도 독점 시장이 아닌 이상 필수 불가결할 수밖에 없겠죠. 그리고 아시다시피 스마트폰 등장 이후의 통신 시장은 각종 첨단 기기가 총망라되는 영역이니만큼 기술 측면도 꽤나 핫hot 합니다. 마지막으로, 방송과 더불어 공공성을 띤 대표적 산업이기에 정책에도 민감할 수밖에 없고요. 바로 이렇게 4개 범주별로 작금의 예의주시해야 할 현상이 무엇인지 파악합니다. 다음 단계에서는 왜 이러한 현상이 부각될 수밖에 없었는가에 대해 치열하게 고민하죠. 이때 끊임없이 'why?'를 내뱉습니다. 그러면서 이 현상을 야기한 근본 원인을 추론합니다. 자, 근본 원인을 추론했다면 이번엔 전망을 해야겠죠? 향후 통신 시장에서는 과연 어떠한 것들이 이슈화될 것인가. 전망, 예상, 예측 등 통제 불가한 미래형은 당연히 확률적일 수밖에 없습니다. 특히나 요즘처럼 시장 변화가 극심한 경우는 어떻겠어요? 자연스레 시나리오 분석을 수반하는 경우가 많아지죠. 우리가 전망한 포인트 하나하나가 과연 통신 시장에 얼마만큼 큰 영향을 미칠 것이며, 그 발생 가능성은 어느 정도인가. 이때 소소한 임팩트가 예상되는 사안은 신경 쓸 필요가 없어요. 그리고 발발 가능성이 확실한 사안에 대해서도 번거롭게 시나리오 분석을 거칠 이유가 없죠. 요컨대 시나리오 분석은 미래에 큰 영향을 미칠 사안이면서 불확실성이 높은 경우에만 활용하면 됩니다. 이제 시나리오 분석까지 다 마쳤다고 칩시다. 그러면 다음 단계로, 발생 가능한 주요 사안 별로 시사점을 도출합니다. '향후 시장이 이런 모습이 될 경우, 우리는 이렇게 대응해야 한다. 반면 저런 모습이 형성된다면, 저렇게 대응해야 한다.' 어때요? SWOT 분석보다는 한결 디테일하고 체계적이죠? 하지만 역시나 한계는 자명합니다. 그래 봤자 결과물은 역시나 전략적 시사점이거든요? 도출되는 메시지가 두루뭉술해요. 뜬구름 잡는 소리죠.

이 혁   그냥 형식적인 분석 시스템인 거네요?

이석준   그렇죠. 다분히 형식에 고착돼버렸어요. 방금 말씀드렸다시피 제아무리 유연성 있는 시스템이라 해도 디테일까지 담보해 줄 순 없거든요. 뭐, 방향 정립 수준까지는 그럭저럭 쓸 만합니다. 그리 어려운 게 아니거든요. 선택지적이고 논리적인 사안이기 때문에 구조적 사고만 제대로 할 줄 안다면 어떻게든 답이 나오기 마련이에요. 가령, 우리가 현 위치에서 움직일 수 있는 방향을 단순하게 생각해 보면, 동서남

북 4개의 옵션이 있잖아요? 여기서 '동쪽으로 가면 좋은 점이 뭘까? 반면 안 좋은 점은 뭘까?', 서, 남, 북 다 이렇게 헤아려 보는 거죠. 이후, '장점이 단점보다 가장 많은 방향이 서쪽이니 우린 서쪽으로 가자'라고 결정 내리는 건데, 논리력만으로 충분하죠.

이 혁 논리를 표방한 두루뭉술함이군요.

이석준 실질적으로는 도움이 안 돼요. 이게 유의미하려면 '그래, 서쪽으로 간다는 것의 구체적 실체가 뭔데?'라는 물음에 대한 상세한 답까지 떡하니 내놓을 수 있어야 하는데, 그저 머리만 긁적긁적. 이게 바로 경영 전략의 한계예요.

2. 계산computing을 바라보는 차가운 시선

이 혁 좀 전에 구름을 언급하셨는데요, '구름의 모양이 변하는 게 우연인 것 같지만 사실은 계산된 결과가 아닐까?'라는 생각을 해봤어요. 바람의 방향이라든지 대지의 온도, 지리적 환경 등을 세밀하게 분석해 구름이 어떻게 변할지 완벽하게 계산할 수 있다면, 자연의 일부인 인간의 미래도 예측할 수 있겠다는 생각이 들더군요. 예를 들어 제가 어떤 행동을 했을 때 언뜻 보면 우연히 그렇게 행동한 것 같아도 실은 그렇지 않을 수 있다는 겁니다. 그 행동은 타고난 유전자를 배경으로, 그 위에 경험이나 과거에 읽은 책 등 여러 가지 수많은 요인들이 복합적으로 작용해 결정된 것일 수 있다는 말이죠. 이처럼 정확하게 데이터를 저장, 분석할 수 있다면 예측도 가능하게 될 것이고, 이런 관점에서 볼 때 이미 모든 것은 정해져 있을 수도 있다는 생각이 들었어요.

이석준 그 말씀은 제 지론과 상반되는 것 같네요. 그러니까 단지 무의식의 발로일 뿐, 우연이란 없다는 말씀이잖아요? '은연중에 무언가 내게 차곡차곡 쌓여왔고, 그것들이 내 몸, 머리 속에서 꿈틀대다가 특정한 말이나 행동으로 튀어나왔다. 그런데 내가 그 흐름을 인지하지 못하니까 우연이니, 뜻밖이니 이렇게 이야기하는 거다.' 제가 계산주의 기반의 인공지능에 있어 고민하는 포인트가 바로 그거예요. 아, 여기서 의미하는 계산주의란 현재의 컴퓨터 작동 방식이라고 이해하시면 됩니다. 아무튼, 진정성 있게 인공지능을 고민하는 사람들은 나름의 임하는 자세를 갖고 있기 마련인데, 제 경우는 '우리가 신으로 생각하는 존재자들이 인간에게 느낄 수 있는 바를 나 역시 만끽하고 싶다'라는 데에서 비롯됐어요. 즉, 인간에 필적하는 피조물을 만들겠다는 일념 하에 인공지능을 파고들게 된 거죠. 하지만 현재의 기술 표준인 디지털에 입각해서는 제 꿈을 실현할 수 없을 것 같아요. 그 기저에 계산주의가 떡하니 자리 잡고 있기 때문이죠. 근원으로 올라가다 보면 계산주의는 결국 바이너리, 즉 true or false, 1 or 0으로 표상되는 이가=價 논리로 귀결되기 때문에, 이런 기제를 갖고는 신이 우리를 통해 만끽할 것들을 죄다 구현할 수 없습니다. 생각해 보세요. 자의식, 감성, 자유의지, 이해, 느낌, 기쁨, 슬픔, 광기, 시기심, 질투, 분노, 변덕, 사랑, 고뇌, 싫증, 자존감, 열등감, 쾌락, 추억 팔이, 그리고 페티시 같은 것들, 이런 것들을 상징 조작을 통해 어떻게 구현할 수 있겠어요? 설사 그럴싸하게 보이게 한다 해도 그건 단지 시뮬레이션에 불과할 거예요.

이 혁 주장이라기보다는 관심 있는 책이나 다큐멘터리 등을 보고 그냥 생각해 본 거예요. 광유전학optogenetics*도 결국 빛과 전류로 뇌를 통제하는 방법이거든요. 그렇다면 뇌도 단백질과 뉴런으로 이루어진, 빛과 전류의 영향을 받는 자연의 일부라 할 수 있고, 구름의 변화가 우연이 아니라고 가정했을 때처럼 뇌의 변화도 제멋대로거나 즉흥적이진 않을 거라는 생각이 들어요.

이석준 구름에게는 스스로를 구동시킬 수 있는 추진 엔진이 없죠. 바람이나 대기의 힘에 의해 움직이니까요.

이 혁 예. 그렇지만 사람도, 뇌도 자연의 일부라는 생각을 해 본 거예요. 낭만적이지 못한 생각이지만 감정 변화도 뇌에 의한 호르몬 변화라고도 생각할 수 있고요.

이석준 『스피노자의 뇌』라는 책이 있습니다. 스피노자는 인간이 다른 동물과 구별될 수 있는 포인트를 감정affect에서 찾잖아요? 안토니오 다마지오란 신경과학자가 스피노자를 굉장히 좋아해서 감정의 세부 요소들, 그러니까 충동drive, 동기motivation, 정서emotion, 느낌feeling, 이런 것들을 신경과학 관점에서 설명한 게 이 책이에요. 우리가 방금 나눈 것과 유사한 이야기도 여기서 언급되거든요. 일례로 파킨슨병 있잖아요? 이 책에 파킨슨병 환자에 대한 에피소드가 나옵니다. 어떤 의사가 치료 도중 실수로 환자의 뇌간핵으로 전류가 흘러들어 가게 했대요. 그러자 평안하고 밝은 표정으로 이야기하던 그 환자가 갑자기 마구 울기 시작했답니다. 눈물도 줄줄 흘리고 소리도 내며 흐느끼더니, 급기

---

* 빛opto과 유전학genetics을 결합한 용어다. 빛과 유전공학 기술을 통해 뇌 신경세포(뉴런)의 활동을 조절하는 바이오 기술 분야의 하나로, 빛을 이용해 전기신호 전달을 컨트롤하여 뇌 신경회로를 조정할 수 있다.

야 자신이 지금 아주 슬프고 절망한 상태라고 하소연까지 했다네요. 당연히 의사가 깜짝 놀라 전류 공급을 중단했어요. 그랬더니 약 90초 후, 그 환자가 언제 그랬냐는 듯 다시금 미소를 지었답니다. 슬픔이라는 일종의 정서가 결국 뇌에 가한 전기 자극에 의해 비롯됐다는 거죠.

이　혁　뇌의 특정 부위를 자극하면 호르몬이 분비되면서 심장이 좀 더 빨리 뛰게 된다든지, 또는 비장이 위축된다든지 하잖아요? 그때 뇌가 그 신체적 변화를 자각하고 받아들여서 감정이 나오는 것 같아요.

미래를 배경으로 한 영화를 보면 헬멧만 써도 오감을 느낄 수 있다는 내용이 많이 나오는데, 결국 뇌에 자극을 준다는 설정이에요. 말씀하신 것도 뇌과학으로 봤을 때는 시작 단계라고 볼 수 있을 것 같은데, 이게 더 정교해지고 수준이 올라간다면 실현될 수도 있는 일 같거든요. 생각해보면 역학易學도 그래요. 운세를 본다는 것도 어쩌면 자연의 이치를 통한 음양오행 등을 분석해서 '운이 어떨 것이다'라고 예측하는 건데, 단지 그 이상의 필요한 양의 정보와 세밀한 계산이 들어가지 않은 상황이기 때문에 한계가 있는 것 같고…… 만일 정확한 계산이 가능한 시대가 되면 미래도 알 수 있고, '저 사람에게 지금 무슨 일이 일어났고, 어떤 생각을 하고 있을 것 같다'는 것도 파악할 수 있을 것 같아요.

이석준　저는 제도권 비즈니스나 아카데미 영역에 오랫동안 발을 담가 왔잖아요? 그리고 제가 열거한 사안들을 전제할 경우, 우리 쪽에서 제시하는 많은 대안이 근원적 문제 해결에 요원하다는 의구심이 들었던 거고요. 그래서 혹시나 하는 기대감에 이처럼 반대편에서 대안을 찾으려 하는 거죠. 그런데 그 대안을 품고 있을 거라 기대했던 동네

에 사시는 분이 오히려 우리 동네에서 늘 회자되는 식으로 말씀하시니…….(웃음)

이 혁   컴퓨터는 말씀하신 대로 0과 1의 조합이다 보니 한계가 있을 것 같아요. 그런 면에서 저는 감정을 음악으로 표현하는 것에 대해 분석하려는 시도를 좋지 않게 생각하거든요. 어떤 사람이 좋을 때, '왜 저 사람이 좋은지 분석해보자'고 하는 것은 불필요하다고 생각해요. 저는 곡을 쓸 때 멜로디를 듣고 '코드가 이렇게 진행되니까 좋다'는 식의 분석을 하지 않아요. 그저 들어서 기분 좋고 제가 원하는 뉘앙스를 주면 '어, 좋은 멜로디다' 이렇게 생각하며 만들어 왔어요. 원자물리학도 그렇고『태초에 말씀도 만유인력도 없었다』라는 책에 나온 우주 통일장 이론*과 부처님 말씀 중 파동에 대한 언급이 많은 걸 보면, '현대 과학과 종교를 뛰어넘는 무언가는 파동으로 인해 밝혀지지 않을까?'라는 생각도 들어요. 음악 또한 진동과 파장으로 이루어진 가장 원초적인 분야다 보니, 감정이나 영적인 것 이상의 어떤 것을 추구하게 됐던 것 같아요. 결국, 과학과 종교와 음악을 포함한 모든 분야가 서로 만나는 지점이 있을 것 같다는 생각에 이른 거죠. 그리고 그 해법으로 '컴퓨터가 아닌 다른 대안을 찾는다'라는 부분에 동감한 거고요. 물론 지금까지 컴퓨터를 통해 이루어진 것들은 굉장하다고 생각해요. 최근 들어 저의 가치관에 변화가 생겼어요. 어떤 것이든 절대적으로 '이렇다'라고 주장해서는 안 되고, '이럴 수도 있겠다'라고 생각해야 한다고. 이럴 수도 있고 저럴 수도 있고, 그러면 유동적이면서도 자연에

---

* 생명과 물질의 통합을 말하며, 비가시적 에너지와 물리적 긴장 사이에 나타난 보이지 않는 에너지는 불경에서 이야기하는 '색즉시공 공즉시색', 즉 눈에 보이는 것은 실체가 없고, 눈에 보이지 않는 것은 실체가 있다는 부처님의 말씀과 맥을 같이한다. 요컨대 보이지 않아도 에너지가 우리 주변에 항상 존재하고 있으며, 그 에너지에 의한 파장은 끊임없이 상호작용함으로써 세상의 모든 것들에 변화를 야기한다.

순응하는 기분이 들어요. 인류의 조상이 단세포였다면, 오행의 기운을 받은 화학적 결합이라고 생각할 수도 있어요. 처음에 아기가 착상될 때는 세포 하나에 불과하잖아요? 이후 태아가 자라면서 손에 물갈퀴가 생겼다 없어지고요. 이는 인간이 물속에 살았다는 흔적일 수 있죠. 계속 진화해 왔다는 뜻이기도 하고요. 이러한 관점으로 봤을 때 작가님이 생각하시는 대안이 획기적일 수도 있어요. 제 경우에는 그 해답을 '파동'이라 생각한 거고요.

이석준 저 역시 파동에 관심이 많습니다. 모든 것에 있어 근원을 파고들어가는 데 흥미를 느끼기 때문이기도 합니다만, 여기엔 실용적 이유도 있어요. 일전에 제가 만들고자 하는 서비스 중에 홀로그램에 촉각을 얹히는 게 있다고 말씀드렸잖아요? 이때 가장 이상적인 모습은 HMDHead Mounted Display나 안경 같은 것도 걸치지 않고 특수 장갑 없이, 직접 홀로그램을 만지며 촉각을 느끼는 겁니다. 물론 단번에 그 수준으로 도약할 수 없는 노릇이기에 과도기 동안은 보조 디바이스를 써야 할지도 모르겠어요. 하지만 빛을 어느 정도 통제할 수 있다면 이 고민은 해결될 수 있거든요. 전 이에 대한 팁을 얻기 위해 양자 물리학이나 초끈 이론, 심지어 아직 스스로의 입장 정리가 끝나지 않았지만, 물리학자 데이비드 봄이 주창한 '홀로그램 우주론'이라는 비주류적, 이단적 견해까지도 기웃거리게 됐습니다. 거기서는 촉각도 다 파장이라고 주장하니까요. 물론 정통 전자기력에서도 촉각 이야기를 하긴 합니다만……. 그런데 문제는 이런 것들이 극미세한 양자적 세계에서는 가능하다 해도, 우리가 체감할 수 있는 고전적 세계에서는 완전히 흐트러져요. 따라서 '이 속성들을 어떻게 고전적 세계로 끌어올려 구현할 것인가?'라는 과제를 해결해야 합니다. 주변의 양자 물리학 박사들에게 자문을 구하고 있긴 합니다만, 솔직히 이게 구조적으로 가능한 일인지도 잘 모르겠어요. 제 양자 물리학 지식이 젬병이기도 하고. 어쨌든 물리학자 로저 펜로즈가 인공지능 구현에 있어 느끼는 난제와도 연결된다고 볼 수 있죠. 이런! 처음부터 복잡다단한 이야기를 하면 소화불량에 걸릴 텐데. (웃음)

3. 말로는 참 쉬운 그것, 협업

이석준 우리 서로가 대화 파트너로 적합한 게, 이런 이유 때문인 것 같아요. 각자 자기가 발을 디딘 영역에 100% 충실한 표준적 인간이라면 재미있는 이야기가 나올 수 없을 거예요. 당연히 협업적이고 학제적인 대화가 오가기 어려울 겁니다. 협업이 원활하게 이루어지려면 기본적으로 자기 영역에 대한 나름의 견해도 있어야 하지만, 오픈 마인드로 타 영역의 의견을 경청하고 헤아릴 줄 알아야 하거든요. 예를 하나 들자면, 모 통신사는 서비스 기획 조직과 개발 조직을 별도로 갖고 가요. 그런데 거기서 발생하는 고질적인 문제가 뭔지 아세요? 이 두 조직이 원활한 협업을 수행하기는커녕 반목과 질시가 상존한다는 사실입니다. 제가 예전에 수행했던 프로젝트들 중에 서비스 기획 조직과 개발 조직이 원활하게 협업할 수 있는 방안을 찾는 것도 있었어요. 그 두 조직은 서로 자기가 잘났다고 늘 싸우거든요. 직원들은 직원들대로, 임원들은 임원들대로.

이 혁 서로 경쟁하게 만들어놔서 그런 건가요?

이석준 이 맥락에서는 경쟁이 핵심은 아니에요. 전통적 의미의 경쟁이란, 한정된 파이 안에서 동일한 기능을 수행하는 복수 주체들 간의 치고받음이잖아요? 물론 그 주체들은 유사한 목적과 스타일을 갖고 있겠죠. 그런데 이 사례의 경우, 한쪽은 서비스에 대한 그림을 그리고, 다른 한쪽은 그 그림대로 구현하는 것이기에 그런 경쟁 이슈가 발생하지 않아요.

이 혁 분야가 다르군요.

이석준 그렇죠. 많이 달라요. 구사하는 용어도 상이하고요. 기획 부서 직원들의 불만은 이렇습니다. '우리가 시장 조사도 하고 날밤 까면서 좋은 아이디어를 제시해줬건만, 개발하는 놈들 머리가 덜떨어져서 도무지 이해를 못 해.' 반면 개발 조직 직원들의 의견을 들어보면 이래요. '저 기획자 나부랭이들은 기술을 몰라도 너무 몰라. 터무니없고 허무맹랑한 이야기만 늘어놓고, 언제까지 만들어 내라며 쪼기만 하지.' 그런데 그들 뒤에 담당 임원들이 뒷짐 지고 서 있거든요. 개발자 뒤에도 임원이 있고, 기획자 뒤에도 임원이 있어요. 제가 프로젝트를 수행했던 그 업체의 경우에는 기획자 배후의 임원이 직급도 더 높고, 따라서 힘도 더 셌습니다.

이 혁 왜 그런 식의 구도가 된 거죠?

이석준 글쎄요. 아마 이런 이유도 있지 않을까요? 동서를 막론하고 우리네 인생 세간에 확고부동하게 자리 잡은 머리와 몸의 이분법적 구도 있잖아요. 머리가 생각하고 판단하고 의사결정을 내리면 몸은 단지 여기에 맞춰 움직일 뿐이라는, 머리가 핵심이고 몸은 보조라는 고정관념 말입니다. 그런 편견? 아무튼 이의 연장 선상이 아닐까 싶어요. 기술자보다는 정책 입안자처럼 방향 잡는 사람들이 더 고매하다는 뿌리

깊은 의식. 학자. 정책 입안자들은 위에서 군림하고, 대장간에서 두드리고 만들어 실세계 속에 유형화시키는 장인들은 아래에서 지배당하고.

이　혁　적절한 예가 될지 모르겠지만 영화 「킬빌」을 보면 주인공이 칼을 만드는 장인에게 좋은 칼을 받기 위해 일본까지 가서 수련하고 일해주고 그러면서 부탁을 해요. 장인이 칼을 받고자 하는 사람을 인정해야 칼을 건네주거든요. 이런 맥락에서 보면 오히려 기획자들이 기술자들에게 물어봐야 할 거 같아요. '내가 이러이러한 생각을 했는데 기술적으로 가능한가요?'라고 하면, 기술자들이 '할 수 있을 것 같다' 또는 '시도는 해 보겠다'는 식으로 답하는, 그런 커뮤니케이션이 필요할 것 같은데요?

이석준　저도 같은 생각이에요. 그래서 프로젝트 수행할 때 그런 식으로 접근했어요. 기획자들과 커뮤니케이션할 때는 개발자들을 비판하지 않고, 오히려 논의 파트너인 기획자들을 공격했습니다. '지금 협업이 제대로 안 되는 이유는 전적으로 기획자 당신들에게 있다. 당신들이 원하는 결과를 이끌어내기 위해서는 개발자들이 쉬 이해할 수 있는 용어와 스토리를 갖고 접근해야 한다' 이런 식으로요. 마찬가지로 개발자들과 이야기할 때는 개발자들을 깼습니다. '기획자들이 맨날 헛소리만 지껄인다고 비난하는데, 당신들 피부에 와 닿는 이야기가 되려면 어떤 성격에, 어떤 용어에, 묘사의 수준이 어떤 레벨이어야 하는지 구체적으로 언급해본 적이 있냐? 없지 않냐?' 사실 이렇게 해도 문제 해결이 잘 안 돼요. 아까 말씀드렸다시피 팀장 이하 실무진끼리는 '일리가 있네요. 생각해 보니 너무 우리 입장만 내세웠네요'라고 반성하기도 합니다. 하지만 뒤에 도사리고 있는 임원이란 사람들, 이 사람들은 좀처럼 받아들이지 않죠. 이미 그런 위치에 올라와 있는 사람이라면 정치적 싸움을 최우선시하니까요. 이 양반들에게 서비스란, 자신을 조직의 꼭대기까지 올라가게끔 도와줄 수 있는 소위 출세 수단일 뿐입니다. 이러니 양 조직 간에 영원한 반목이 존재할 수밖에요.

이 혁 저희 팀이 곡 쓰는 방식도 좀 비슷한데요, 너무 추상적으로 커뮤니케이션하면 힘들어할 때가 있어요. 가령 '안개 속에서 밀려오는 스멀스멀한 기운' 같은 표현보다는 구체적인 음악 용어나 코드 네임이 필요할 때가 있거든요.

이석준 그 경우 이런 문제가 있지 않나요? 감성 언어로써 우회적으로 표현했던 것들을 코드로 통해 전달하면, 원래 담고자 했던 느낌이 상당 부분 사라지고 만다는.

이 혁 그렇게 사라지고 아쉬울 때도 있는 반면 잘 될 때도 있어요. 제가 의도하지 않은 이상한 게 나올 때도 있지만 좋은 분위기가 나오기도 하거든요. 예를 들면 뭐 새벽안개 속에서 무섭다는 표현을 '으흐흐' 이렇게 말할 수도 있지만, 어떤 멤버는 '쉬이익' 뭐 이렇게 표현할 수 있어요. 그럴 때 '오, 저렇게도 나오는구나' 하고 그것에 맞추어 멜로디를 바꾸고, 따라가는 경우도 많아요.

이석준 이렇게 이해해도 될까요? 이혁 씨가 전달하고 싶은 감각이나 감정이 있었다. 하지만 그 느낌 그대로 표현할 수 없어 객관적으로 소통할 수 있는 코드나 음악 용어를 사용해 설명했더니, 멤버들이 거기에 각자 나름대로 감정 이입을 해서 예상치 못했던 멜로디를 만들어 내더라.

이　혁　네, 맞아요.

이석준　그럼 이런 얘기를 할 수 있을 것 같은데요? 음악에 있어 코드란 누군가 자신이 갖고 있는 감정과 이성을 담을 수 있는 그릇이다. 물론 그의 협업 파트너 또한 그것을 자기 관점에서 같은 용도로 활용할 수 있다. 그러니까 상호 간의 인코딩-디코딩 과정이 되풀이되면서, 최초에 품었던 것을 넘어서거나 완전히 새로운 것을 창출할 수도 있다.

이　혁　맞아요. 실제로 새로운 코드로 대체되는 경우가 많아요.

이석준　아예 다른 성격이 될 수도 있다.

이　혁　'다른 성격인데 그것도 좋네?' 이렇게 되는 거죠. 예를 들어 제가 우유에 대한 아이디어를 말하는 과정에서 어떤 멤버가 막걸리 얘기를 했는데 '어, 더 재밌을 수도 있겠는데?' 하는 상황이요.

이석준　아, 맞다. 우유 이야기가 나온 김에 '스페이스 밀크'에 대해 말씀해 주시겠어요?

이　혁　예. '스페이스 밀크'라는 팀명을 정하게 된 계기는 이래요. 우주가 계속 확장한다는 가정하에 인간도 우주의 일부라고 봤을 때, 단순하게 생각하면 우유를 마시고 아기가 성장하는 모습이 연상되지만, 인류가 전체적으로 그 우유를 통해, 즉 제가 하는 음악을 통해 더 확장되고 성장한다는 의미였거든요. 한번은 마케팅 본부장님께서 새로운 우유인 척 홍보해 보면 어떻겠냐고 제의했고 저도 그렇고 다른 사람들도 다 좋다고 했지만, 비용 문제가 생겼어요. 이게 사람들이 '새로운 우유가 나왔나?'라고 인식하게끔 만드는 건데 마케팅 비용이 많이 들어가거든요. 길거리에 포스터 좀 붙여 놓는다고 해서 효과적일 것 같진 않고, 최소한 포털에 배너라도 떠야 사람들이 새로운 우유가 나왔다는 사실을 알 수 있을 텐데, 그렇게 하려면 비용이 꽤 많이 올라가서요.

이석준 음, 그때 디지털 사이니지 같이 뭐 한다고 하지 않았었나요?

이 혁 네, 그래서 지금은 디자인도 뽑아내고 진행하고 있다고 들었어요. 입체적인 가슴 모양 포스터를 벽에다 붙여 놓고 어느 부분을 누르면 음악이 나오는 걸 준비하고 계신 것 같아요. 포스터에서 BGM이 나오는데 사람들이 '이게 뭐야. 우유 포스터인데 음악이 나오네?' 하고 신기하게 생각하게끔 만들고, 몇 개월 후에 〈스페이스 밀크〉가 이 음악을 만든 팀이다'라는 식으로 홍보하는 거죠.

이석준 바로 이 포인트예요. 이 구체적 아이디어가 제게 참신하게 와 닿은 겁니다. 대다수 기업에서는 요소다, 요건이다 해서 두루뭉술하거나 판에 박힌 이야기만 하거든요. 차마 아이디어라고 말하기도 뭐한 수준입니다. 그저 '각 매체별 특징은 어떻다, 매체별로 어떤 계층이 많이 이용하고, 핵심 성공 요인은 뭐고, …… 그러니 매체 포트폴리오를 이렇게 갖고 가야 한다.' 역시나 스티븐 스펜더가 떠오르는 상황이죠.

이 혁 다행히 이번 음악이 좀 괜찮게 나왔어요. 결국은 소스의 힘인 거 같아요. 음악이 그다지 좋지 않았다면 회사에서도 별로 생각이 없었을 텐데, 음악이 괜찮게 나와서 마케팅하려는 것 같아요. 음식으로 말하면 일단 맛있으니까 이걸 어떻게 팔까 고민하는 거죠. 그런데 소스가 좋으면 돈이 없어도 잘 될 수 있을까요?

이석준 사실 마케팅이 심하게 변질된 경향이 있습니다. 서비스가 3 정도의 가치를 갖고 있다고 판단되면, 더도 말고 덜도 말고 딱 '3 정도의 가치를 갖고 있다'고 소비자에게 인지시켜줘야 하거늘, 지나치게 침소봉대해요. 마치 가치를 30 정도 갖고 있는 듯 말입니다. 이 경우 설사 판매 효과가 있다 해도, 결국엔 불신 문제가 생겨 반짝 효과에 그칠 수밖에 없어요. 그래도 제도권 그들은 늘 이런 짓을 고수하더라고요.

이 혁 음악계는 좀 다른 것 같아요. 음악에 대한 과대 포장이 문제가 아니라, 있는 그대로의 음악을 한 번이라도 더 대중들에게 들려주기를 원하죠.

4. 두 얼굴의 사나이

이석준 자, 이혁 씨에 대해 파고들어 볼까요? '난 어떻게 해서 이런 인간이 됐는가?' 표준정규분포의 극단에 있는 독특한 분이잖아요? (웃음)

이 혁 제 얘기를 하자면 3남매 중 첫째고, 어머니께서 교육열이 높으셔서 어려서부터 많이 혼났어요. (웃음) 알레르기가 심했던 것도 특이한 점이었던 것 같네요. 공부에 대한 압박으로 주눅이 들어 내성적이었던 것 같아요. 어릴 때는 모르고 살았지만 크면서 힘들었던 걸 알게 된 것 같고요. 제 어린 시절 대부분의 어머니들이 다 그랬을 거예요. 또 먼지, 계란, 과일 등에 알레르기가 있었는데, 알레르기라는 게 반응을 안 해야 하는 것에 반응하는 병이잖아요? 예를 들어 벌에 쏘이면 침독과 싸우기 위해 피부가 빨개지잖아요? 하지만 대다수 사람들은 먼지나 과일즙에는 그런 반응을 하지 않죠. 그래서 저 스스로 외부의 자극에 대해 둔감하려고 노력했던 것 같아요. '항히스타민제'라는 약이 있는데, 그걸 복용하기도 했어요. 그 약의 역할은 몸에 자극이 와도 무디게 만들어주는 거예요. 반응해서 긁거나 하면 2차 감염이 생기니까요. 또 스트레스를 받으면 열로 인해 악화되니까 저도 모르게 스트레스에 대해서도 무감각해지려는 노력도 많이 했고요. 그런데 그렇게 많이 참다 보니 한편으론 내적으로 쌓이는 것도 많았던 것 같아요. 그러다가 고등학교 때 록 음악을 접했는데, 정말이지 탈출구를 찾은 기분이었어요. 처음에는 듣기만 하다가 직접 하고 싶어졌고, 같은 학교에서 음악하려는 친구들과 밴드를 만들게 됐어요. 록의 정신 자체가 현재 상황에 대해 저항적이고 혁명적이다 보니, 반항적이면서 스트레스 많이 받은 고등학생에게는 그런 점이 매력적으로 다가왔죠. 그리고 점차 가치관이 그쪽으로 형성돼 '록'적인 책이나 영화를 많이 보게 됐고요.

이석준　'록'적인 책이나 영화란 어떤 건가요?

이　혁　록을 단순하게 정리하면 장르적 뿌리는 블루스고, 그 정신은 1960년대 히피에서 왔어요. 히피는 자유, 평화, 사랑을 외치며 인종 차별과 전쟁에 반대하는 것에서 시작되었는데, 유럽인들이 인도를 통해 동양 철학에 관심을 가지면서 생겨났어요. 60년대 뉴에이지와 포스트모더니즘 시대와 맥을 같이하죠. 자유를 볼모 삼아 약물 또는 각종 범죄를 일삼는 소수 히피 무리들 때문에 안 좋은 이미지가 생겼지만, 그 정신만큼은 분명 아름답고 예술적이에요. 사실 60년대에 우드스톡 록 페스티벌에서 공연했던 제니스 조플린, 지미 헨드릭스 같은 뮤지션들이 다 히피였어요. 음악적인 사운드는 서양 쪽에 편중화돼 있지만 정신적 근원은 동양 철학이다 보니 록 정신은 어쩌면 동양인에게 더 적합하다는 생각이 들었어요. 그런 생각과 함께 록을 들으며 홍신자 씨의 『자유를 위한 변명』이라는 책을 읽기도 했는데, 책 표지에 쓰여 있는 '배는 항구에 정박해 있으라고 만든 게 아니다'라는 메시지가 무척 '록'적이라고 생각했어요. 그 후에 홍신자 씨의 인도 스승이신 오쇼 라즈니쉬에 관련된 책도 많이 읽게 되었고요. 그러던 어느 날 제가 어렸을 때부터 고등학교 때까지 받았던 세뇌, 주입식 교육이 일제 강점기 이후로 세팅된 노예 교육이었다는 걸 알게 되었어요. 이런 교육을 받은 와중에 제 자신은 '록'적인 것을 추구하다 보니 가치관이 왔다 갔다 하지 않나 싶어요. 어떤 때에는 보수적이고 일반화시키는 우리나라 상황에 맞추기도 하고, 다른 어떤 때에는 완전히 '록'적인 사람으로 변해버리는 이중적 인간이 된 것 같아요.

이석준 보통 록 하는 밴드분들은 어떤가요? 이혁 씨와 많이 다른가요? 일례로 선배 세대분들은 어떠셨는지…….

이 혁 들국화, 시나위, 백두산, H2O 형들을 보자면, 저희 세대보다 더 '록'적이었던 것 같아요.

이석준 본인에 대해 '이중적이고 왔다 갔다 한다'라는 표현을 쓰셨는데, 그분들의 경우는 어땠나요?

이 혁 제가 볼 때 그분들은 왔다 갔다 하지는 않았어요. 지금보다 '록'적인 정신 무장이 투철했던 것 같아요. 그러다 보니 사회에서 받아주지 않는 경우도 많았고요. 특히 그때는 5공 시절이어서 가사가 조금만 이상해도 싫어했는데, 머리 기르고 반항하는 분위기라서 더 미워했던 것 같아요. 거기다 1977년 이후 대마관리법이 시행되면서 국가적 차원에서 록의 씨를 말리는 분위기가 한층 강화됐죠. 여론몰이를 위한 독재 정치의 희생양 중 하나가 록이었던 셈이죠.

이석준 제가 '이혁이란 인물은 밴드니 혹은 록커니 하는 사람들에게서 공통으로 나타나는 속성도 갖고 있지만, 그들에게서 좀처럼 찾기 어려운 다른 속성들도 갖고 있는 것 같다'라고 말한 적이 있었죠? 전형적인 록커의 속성도 갖고 있는 반면 정반대의 속성도 갖고 있다. 여기서 주목해야 할 건 그 '정반대의 속성'이라는 겁니다.

이 혁 네, 말씀드렸듯이 환경적인 요인으로 인해서 그런 면이 생긴 것 같아요. 어릴 때 생각했던 록커는 사춘기 때의 사회적 반항을 일관성 있게 유지해서 자유롭게 사는 거였는데……. 물론 지금도 그런 부분들을 약간 동경하기도 해요. 하지만 제가 만일 일상생활을 공연하듯 살아간다면 오히려 음악을 오래 못 할 수도 있다는 생각이 들어요. 잡혀 갈 수도 있고, 다른 사람들에게 폐를 끼칠 수도 있고요. 예술의 요소 중 하나인 원시적 본능 같은 걸 표출할 수 있는 부분을 좋아하는 편이지만, 그런 것들을 평상시에 표현해 버리면 다른 사람들에게 피해를 줄 수 있기 때문에 절제할 필요가 있다고 생각해요. 그래서 오히려 예술에 제약을 가할수록 사회 문제가 더 생기는 것 같아요. 인류는 불과 몇 천 년도 안 되는 사이에 근대화돼서 문명인답게 사는 거지, 수만 년 동안 원시적으로 살아왔고 그래서 우리의 유전자에는 원시성이 많이 들어 있다고 생각해요. 원시적인 특성을 동물적인 특성과 다를 게 없다고 봤을 때, 우리 안에는 폭력, 강간, 침략, 전쟁 등의 본능이 숨어 있다는 말이죠. 이런 것들을 긍정적으로 해소하는 게 예술의 기능 중 하나라고 봐요. 그래서 예술을 억압하면 사회 문제가 더 생긴다고 생각하고요.

이석준 그렇다면 청소년들이 영화를 보고 폭력, 강간, 살인 같은 중범죄를 모방한다는 의견에 대해서는 어떻게 생각하세요?

이 혁 그래서 청소년 관람 불가와 같은 제도가 있긴 하지만, 문제는 청소년이라도 마음만 먹으면 다 그런 매체를 접할 수 있다는 거죠. 그리고 그들은 영화 모방이 아니라 다른 방법으로도 범죄를 저질렀을 가능성이 커요. 방법이 중요한 게 아니라 행동을 했다는 것에 초점을 두어야죠. '비닐로 어떻게 했다, 칼로 어떻게 했다'보다는 '왜 남에게 피해를 주는 행동을 했는가?'에 초점을 두다 보면 근본적인 문제로 접근하게 되고, 그럼 결국 가정 문제, 사회 문제로 연결돼요. 가정의 억압과 사회의 억압과도 연결되고요. 이때 예술이 어느 정도 탈출구가 될 수 있죠. 완전한 대안은 되지 못하더라도요. 탈출할 수 없고 해소할 수 없으면 참다 참다 터지는 거죠. 사회적 문제아가 될 수도 있고, 건강 악화로 나타날 수도 있고요.

이석준 평균적인 록커와는 좀 다른 성격이라고 말씀하셨잖아요. 그렇다면 록커 사회에 있어 비주류에 가깝다고 볼 수 있겠는데, 주류와 소통하거나 협업할 때 힘든 점이 적지 않을 것 같습니다.

이 혁 어떤 면에서는 비주류라고도 할 수 있지만 이중적인 면이 오히려 양쪽 모두와 잘 소통할 수 있어 유리하기도 해요. 양쪽 다 이해하니까요. 단지 받아들일 수 있는 문이 없는 분들과는 나이와 상관없이 소통하기 힘들어요. 가치관의 거름종이는 있되, 자신과 다른 의견을 만났을 때 받아들일 줄 알고 자신이 틀릴 수도 있다는 전제를 항상 깔아놓아야 하는데, 의외로 그런 문을 갖고 있지 않은 사람들이 꽤 많아요. 그런 문이 있는지 없는지조차도 모르죠. 저의 경우, 그런 문이 없어질 것을 대비해서 쓰는 방법이 있는데요, 제가 받아들이기 싫거나 새로운 의견에 대한 최대치의 부정으로 '그럴 수도 있겠다'라고 하는 거예요. '너 그거 아니야'라는 단정적인 말을 잘 쓰는 사람들에게는 문이 없는 경우가 많죠. 아무리 작은 그릇이라도 확장할 수 있는 문이 있다면 즐거워요. 하지만 아무리 우주만큼 넓더라도 문이 없다면 죽은 거고 암울해요. 이게 제가 생각하는 록이에요.

이석준 그렇군요, 그 이중성이 실보다 득을 더 많이 가져다주는군요.

이 혁 예, 득이 많아요. 그런 의미에서 '딜레탕트'라는 단어에 대한 범위를 직업이 아닌, 분야의 딜레탕트로 확장시켜야 할 것 같아요. 그렇게 된다면 하기 싫어도 해야 하는 직업에도 도움이 될 수 있을 거예요. 이건 음악계뿐 아니라 전체적인 시대 흐름인 것 같아요. 여러 가지 요인이 있겠지만 많은 사람이 지금은 평화와 자유의 시대라고 생각하고 있어요. 그만큼 국가가 원하는 세뇌 교육이 정점을 이루고 있는 것 같아요. 단순한 예를 들면 사람들이 5공 시절에 '독재 타도'를 외친 것은 독재 국가라는 걸 아니까 외쳤던 거고, 지금은 독재 국가라도 독재 국가인지 모르거나 알아도 표현하지 못하도록 예전보다 더 철저히 컨트롤당하고 있죠. 정치, 교육, 예술, 모든 분야에 있어 이런 현상이 두드러지고 있어요. 점점 바보, 노예화되고 있죠. 여기엔 인터넷도 한몫했어요. 인터넷이 대중화되기 전에는 국가에 반하는 기사를 쓰면 기사가 뿌려진 후에 기자를 잡아갔지만, 지금은 인터넷에 뜨면 바로 지우고 서버를 추적해서 잡아가기 때문에 그런 기사를 읽을 수 있는 사람도 몇 안 되고 컨트롤하기가 훨씬 쉬워졌어요. 편지도 서면으로 할 때는 하나씩 다 뜯어보지 못했지만 지금은 메일뿐만 아니라 메시지도 검열할 수 있게 됐고요. 그런 면에서 요즘은 록커들까지도 기가 죽었어요. 세상에 외치지 못하고 아무도 모를 것 같은 은유로 자위하고, 그 뉘앙스와 의미를 아는 사람들끼리만 즐기게 됐어요. 또 유명해지고는 싶은데 대형 기획사에는 못 들어가거나 들어갈 자신이 없어서 클럽 활동을 하는, 멤버 구성만 밴드일 뿐 사실상 아이돌 댄스 그룹 같은 마인드를 가진 밴드도 많아진 것 같아요.

이석준   아, 우리 논의 테마들 중 하나인 '진정성'과도 연결되네요.

이 혁   진정성이라는 게 진실한 마음이라는 건데, '초점을 어디에 두는가?'가 중요한 것 같아요. 예를 들어 산을 오르는 사람이 좋아서 오르는 거라면 진정성이 있는 거고, 산도 좋지만 산을 오르면서 돈을 벌고 유명해지는 게 우선시된다면 진정성이 없는 것이라고 생각해요. 목적이 산인데 스폰서가 생겨 돈을 준다면 고맙죠. 하지만 그런 게 없더라도 산에 오를 수 있어야 정말 산을 즐기는 거고 진정성이 있다고 볼 수 있는 거죠. 반대로, 유명해지고 돈을 벌면 진정성이 없다고 오해하시는 분들이 계시는데, 목적을 산에 두었다면 진정성이 있는 거죠. 오히려 좋은 장비로 더 잘 오를 수 있으니까 좋은 거고요. 포커스를 어디에 두느냐가 기준이라고 생각해요. 정리하자면 어떤 일이든 돈이 최우선시된다면 일에 대한 진정성이 없는 거라고 생각해요.

5. 아카데미 세계를 들여다보면

이　혁　오디션 프로그램이 방송된 이후로 대학에 실용음악과가 많이 생겼어요. 실용음악과의 문제점은, 어릴 때 피아노 학원에 다니듯 특별히 하고 싶은 건 없고 음악은 재미있을 것 같고 연예인이 될 수 있을 것 같아서 진학하는 학생들이 많다는 거예요. 그런 마음이라면 다른 과를 선택하는 게 좋거든요. 제가 알기론 유명해지기는커녕 취업조차 안 되는 학과고, 엔지니어나 방송 스태프로 취업해도 편의점 알바보다 못한 월급을 받으며 고생하죠. 반면 방송국을 이끌어 가는 사람들은 고학력자들이고요. 음악을 듣다가 너무 음악이 하고 싶어서 혼자 해 보다가 막히는 게 있어서 실용음악과에 들어가는 학생은 아주 드물어요. 오디션 프로그램이 낳은 폐해죠. 저도 실용음악과에서 학생들을 가르쳐 봤는데 '무엇을 표현하고 싶은가?'라고 물어보면 대부분 없다고 대답해요. 그림을 그리더라도 그리고 싶은 게 있고 그다음에 그것을 표현하기 위한 테크닉을 배우는 것이 순서인데, 분노, 우울, 즐거움 같은 아주 단순한 감정조차 없이 그냥 '노래 좀 하고 음악 듣는 거 좋아해서'가 너무 많아요. 가치관이나 표현하고 싶은 것 없이 테크닉만 익히게 되면 예술가가 아닌 기술자를 양성하는 게 돼요. 철학이 동반된 음악 교육이 절실하게 필요한 것 같아요.

이석준　논의하면 할수록 '학문', '학', '학교' 이야기가 많이 나올 것 같은데요. 학문을 화두로 삼으면 표준화 문제가 대두될 수 있습니다. 일례로 커리큘럼이란 미리 정해 놓은 거잖아요? 이수해야 할 과목들이 딱딱 정해져 있으니 아무 생각 없이 기계적으로 코스를 밟아 나가다 보면 다들 비슷해집니다. 설사 자기 자신의 철학이나 무언가 표현하고자 하는 욕구가 있었다 하더라도 희석돼 버리고, 그저 테크닉이나 스킬

위주로 흘러가죠. 그러다 보면 너나 할 것 없이 대동소이해져요. 극단적으로 말하면 세상은 몰개성화될 수도 있어요. 사실 이런 이유 때문에 저는 자기 주도성이 결여된 아카데미 세계에 대해 회의적입니다.

이 혁 네, 맞아요. 학생들에게 가이드를 해준다면 좋겠어요. 학생들이 스스로 찾을 수 있게 도와줘야 하는데, 음악까지도 '이건 이거다'라는 식으로 답을 정해놓고 주입식으로 가르친다면 그냥 음악 잘하는 기술자만 양산하는 거죠. 아무런 감동도 못 주는…….

이석준 '메시지나 표현하고 싶은 콘텐츠는 오롯이 자기 것이어야 한다. 그런데 그런 걸 무궁무진하게 갖고 있어도 연주할 줄 모른다면, 바로 그때 기타를 들어야 한다.' 이런 말씀인가요?

이 혁 네, 동시에 할 수도 있고요. 처음 음악을 시작할 때 그런 생각을 갖는 사람은 드물어요. 대게 멋있어 보여서 시작하긴 해요. 물론 그게 절대적으로 나쁘다는 건 아니에요. 다만 시작을 하면서 동시에 가치관을 정립해 나가야 하는데, 실용음악과에서는 철학이나 가치관은 아예 언급도 안 하고 악기 잘 치는 방법만 가르쳐 주는 게 문제라는 거죠.

이석준 마치 공장 같군요. 비즈니스계도 마찬가지입니다. 차차 말씀드리겠지만, 국내외 유수 대학들의 MBA 코스도 어떻게 보면 표준화된 상품을 찍어내는 공장이거든요. 아무튼 이혁 씨 말씀은 이렇게 요약할 수 있을 것 같네요. '선배 세대들은 개성적으로 자유분방하게, 속된 말로 〈꼴리는 대로〉 살았다. 반면 〈내귀〉와 동년배들은 그런 점들이 다소 약해졌으나 그래도 진정성만큼은 계속 유지하고 있다. 하지만 후배 세대로 넘어가면서 진정성 있는 친구들이 많이 사라졌고, 전체적으로 나타나는 흐름은 록이니 음악이니 이런 것들에 대한 사랑이나 열정이라기보다는 평판, 명성에 대한 집착 같다. 줄곧 해 왔고, 할 줄 아는 분야가 음악이기 때문에 어쩔 수 없이 이를 수단으로 뜨고 싶어 하는 경향이 다분한 것 같더라.'

이 혁 예, 맞아요. 다 그런 건 아니지만 전반적인 분위기가 그렇다는 거죠. 그리고 트렌드를 따르려는 경향이 강하니까 자기네 것을 찾으려 하는 게 없는 것 같아요. 오디션 프로그램이나 실용음악과가 많이 생겨나면서 그런 분위기가 더 커졌고요. 오히려 실용음악과가 없을 때는 진정성 있게 음악하려는 분들이 많았던 것 같아요. 김광석 씨, 한영애 씨도 그렇고 신촌블루스 분들도 그렇고, 서로 교류하면서 음악에 대한 고민을 많이 하셨던 것 같아요.

이석준 제가 좋아하는 가수라 물어보는 건데, 장기하에 대해서는 어떻게 생각하시나요?

이 혁 '장기하와 얼굴들' 같은 경우는 진정성도 있어 보이고, 자기 색깔이 확실하게 있어서 좋아요. 굳이 음악적으로 단점을 얘기하자면 원래 파트가 보컬이 아니다 보니 보컬 테크닉적으로 약하긴 한데, 노래만 잘 부르고 표현할 게 없는 것보다는 자기가 할 수 있는 범위 내에서 표현을 잘하는 것이 훨씬 좋다고 생각해요.

이석준 저는 그 양반 노래를 비교적 많이 접했는데, 대다수 노래에서 떠오르는 이미지가 '일상'이에요. 폼 잡고 꾸미고 이런 게 아니라, 소박하면서도 자연스럽다고 할까요? 그러면서 재미도 있는. 제 아들, 딸이 굉장히 좋아하거든요. 특히 「그렇고 그런 사이」 뮤직비디오를 보면 거의 손가락 율동만 나오는데 애들이 아주 그냥 자지러집니다. (웃음) 바로 이런 점이 큰 매력으로 와 닿아요. 왜 음악은 심금을 울린다 그러잖아요? 그런데 그가 추구하는 음악은 그런 부류는 아닌 것 같아요. 하지만 가수 이름을 가리고 '이거 누구 노래게?'라고 물어보면, '아, 이건 장기하 거야'라고 별 고민 없이 답할 수 있겠다는 느낌이 들어요. 정말 유니크한 거죠.

이 혁 말씀하신 것처럼 아이들도 공감할 수 있는 대중적인 코드를 만들어내면서도 개성과 유니크함을 살려냈어요.

6. 하늘(SKY) 씨, 이젠 찌그러지시죠

이석준 록커로 보기엔 좀 그렇죠?

이 혁 원래 클럽에서 드럼 치던 친구였어요. '너바나' 스타일의 음악을 연주하는 팀의 드러머였다고 들었어요.

이석준 아, 그렇구나. 대중의 눈에 비친 모습은 '록'적인 저항? 그런 이미지는 사실 잘 안 느껴지거든요. 아까 말씀드렸다시피 일상? 뭔가 낯설면서도 친숙한 모순감?

이 혁 그런데 그 친구가 자신의 음악을 대중에 알릴 수 있었던 건 음악적으로 잘한 것도 있지만 학연이 작용한 부분도 있는 것 같아요.

이석준 그래요? 음악계 내부적으로도? 제 소견으로는 록이나 그 주변에 계신 분들에게는 학교가 그다지 중요할 것 같지 않습니다만…….

이 혁 실제는 어떨지 모르지만 외적으로 봤을 때는 있는 것 같아요. 그분들이 실제로 음악도 잘하긴 하는데 한 발짝 떨어져서 보면 좀 편파적인 부분이 있긴 해요. 모 프로그램에 같이들 너무 많이 나온다든지 하는 거요. 음악이 좋고 맘에 드니까 섭외했을 것 같긴 해요. 문제는 추천하고 출연하는 건 좋은데, 너무 자주라는 거죠. 한 프로그램에 같은 팀이 너무 반복적으로 나오니까 다른 팀들로서는 자신들을 알릴 수 있는 기회가 줄어들 수밖에 없어요.

이석준 다양성 추구 차원에서 마련한 프로그램이라면 다양한 색깔의, 다양한 장르를 추구하는, 다양한 뮤지션들이 나와야 하는데, 그렇지 않더라?

이 혁 네.

이석준 그 안에서도 끼리끼리 문화 같은 게 형성돼 사실상 다양성이 파괴된다는?

이 혁 네. 로비가 오고 간 건 아니겠지만 인맥으로 세팅된 것이기 때문에……. 사실 제가 그런 입장이 되더라도 아는 사람을 주로 추천할 것 같긴 한데, 다만 너무 자주라는 게 문제고 그만큼 다양성이 떨어지고 재미없어질 수 있다는 거죠.

이석준 솔직히 정치도 그렇고 기업도 그렇고, 기본적으로 비슷한 역량이라면 내가 편한 사람 쓰는 게 인지상정이라고 생각해요. 저는 코드 문화를 무조건 부정적으로 보진 않는데, 이건 성격이 좀 다른 것 같네요. 음악으로 코드가 형성된 사람들끼리라면 가장 먼저 고려하고 비중을 두어야 할 건 음악 그 자체여야 합니다. 그런데 음악적 요소보다 학연과 학벌을 우선시한다는 말씀이잖아요?

이 혁 네. 학연이라는 게 더 맞을 수도 있어요.

이석준 사례를 더 찾아봐야겠지만, 말씀대로라면 음악계에서도 컨설팅계 못지않게 학벌, 학연이 위력을 발하는군요.

이 혁 부정할 수 없는 게 저조차도 '노래 못하네' 했다가도 서울대 출신이라는 걸 알게 되면, '가사가 좋은가?' 하고 다시 듣게 되고 '역시 잘 썼네'라고 생각하게 돼요. (웃음)

이석준 엥? 청중이나 팬이 아닌 같은 가수 입장에서도 그렇다는 말씀인가요?

이 혁 예, 저 역시 그런 식으로 생각하게 돼요. 음악적으로 봤을 때도 훌륭한 경우가 많고요.

이석준 사실 저는 대중 예술 쪽은 다른 분야에 비해 학벌 문제에서 자유로울 줄 알았어요. 게다가 인디, 언더그라운드 록을 표방하잖아요? 저희 쪽은, 그러니까 컨설팅 영역에서 가장 중요한 요건 중 하나가 학벌이라는 스펙이거든요. 가령, 국내의 경우 글로벌 컨설팅 펌들이 캠퍼스 리쿠르팅하는 대학은 거의 5개 대학에 국한됩니다.

이 혁 그렇군요. 그래도 음악계에는 아주 소수인 것 같아요.

이석준 일단 대한민국 학부를 전제한다면, '스카이', 카이스트, 포스텍을 나와야 하죠. 이들 대학을 벗어난 학교 출신들은 무조건은 아니어도 컨설턴트 되기가 쉽지 않습니다. 그런데 이 5개 대학 졸업생들도 석·박사 학위까지 국내에서 연이어 받는다면, 상위 등급 인재로 인정받기 쉽지 않아요. 소위 선진국 물을 먹고 와야 하죠. 기본적으로 '스카이'나 카이스트, 포스텍에서 학부 과정을 마친 후, 펜실베이니아 와튼 스쿨이나 MIT 슬론 스쿨, 하버드 비즈니스 스쿨, 뭐 이런 데에서 MBA라는 '인증서'를 받아와야 비로소 엘리트의 스탠다드가 될 수 있다는 말입니다. 자, 그렇다면 그런 학벌 좋은 친구들로 뭉쳐진 조직이 과연 튼실하고, 또 구성원 개개인도 아주 창조적이고 똑똑하냐? 안타깝게도 '아니올시다'예요. 제가 한때 몸담았던 컨설팅 조직은 평상시 약 250여 명의 컨설턴트 규모를 유지하고 있었습니다. 그중 가장 많은, 거의 $\frac{1}{3}$ 정도가 카이스트 출신이었고, 그다음 많았던 데가 연세대, 그다음이 서울대였어요. 그런데 그 친구들에 대해 단도직입적으로 말하자면, 일을 잘 못 해요. 왜 그렇잖아요? 가령 고등학교 학생들에게, 대학교도 예외라고 생각진 않습니다만, 어떤 문제가 정의돼 주어졌다고 합시다. 그러면 교과서를 좀 들여다본 친구들은 별 어려움 없이 답을 잘 찾아냅니다. 우리 곁엔 입력값만 넣어주면 늘 정답을 토해주는 '공식'이란 게 있으니까요. 참으로 차디찬 기호들의 연쇄인데, 점수를 높여주니 그저 따사롭게 느껴지죠. 이러한 접근 방법이란 게 있기에, 그걸 수차례 반복 학습하면 저절로 암기돼 쉽게 답을 찾을 수 있고, 이는 엄마가 친척이나 동네 아줌마들에게 떠벌릴 수 있는 점수나 등수로 연결됩니다. 하지만 학교를 마치고 소위 사회에 진출하면 사정이 달라지죠. 그게 기업 문제가 됐건, 여타 사회 문제가 됐건, '과연 공식이라는 게, 접근 방법이라는 게 존재하는 거냐? 그렇다면 이를 착실히 따라가기만 하면 최적까지는 아니어도 차선의 답은 찾아낼 수 있는 거냐?', 혼란스러운 상황을 맞이하게 돼요. 이 물음에 답하기 위해 첫 번째로 고민해야 할 건 문제를 정의하는 일입니다. 현상 속에 가물가물 숨어 있는 문제 말이에요. 하지만 우리는 이걸 잘 못해요. 그러니 답은 말할 나위도 없고, 문제와 답을 연결시켜주는 공식도 아무런 의미가 없는 거죠.

이 혁 그렇겠네요. 어떤 분야든지 어느 정도 놀아 봐야 한다고 생각하거든요. 논다는 게 일반적으로 생각하는, 술 마시고 노래방 가고 회식 가서 분위기 띄우고 그러는 게 아니고요. 여행이나 예술 등 다른 데에도 관심을 갖고 직접 해봐야 자기 분야에 대한 시야도 넓어지는 건데, 어렸을 때부터 노는 시간 없이 주입식으로 영어, 수학을 공부하다 대학을 졸업하니 틀에 박힌 사고밖에 못 하는 것 같아요. 책을 많이 읽었어도 지혜보다는 지식만 쌓은 경우가 많고요. 그러다 보니 창의성도 떨어질 수밖에 없는 것 같아요.

이석준 창작, 창의성. 그런 것들이 절실하면서도 안타까운 게 저희 도메인이거든요. 사실 컨설턴트들이 지금까지 많은 돈을 받을 수 있었던 건 그들이 지닌 논리적 사고력 덕분입니다. 지금도 그렇지만 컨설턴트의 핵심 역량은 논리적, 구조적 사고예요. 논리적이라면 어느 정도 먹고 들어갈 수 있었는데, 다가올 시대의 핵심 화두가 될 창조, 창의성, 창작, 이 사안에 대해서는 완전 젬병일 수밖에 없어요. 학부 경영학과 과목들은 물론, MBA 과정에서 밟는 과목들도 거의 도움이 못 되죠. 창의력의 필요성에 대해 이런 생각도 해봤어요. 작금의 대한민국 사회는 상당히 불안합니다. 거의 모든 사람이 이기적이고 각박하게 살고 있는데요. 쉽진 않겠지만 이 상태에서 남을 배려하는 마음들이 조금씩 조금씩 형성된다면 예의 그 불안감은 적잖이 해소될 수 있을 거예요. 하지만 이것만으로는 충분치 않습니다. 즉, 행복하기 위해서는 불안감 극복을 넘어 즐거움, 재미, 이런 것들까지 만끽할 수 있어야 한다는 말이에요. 그러려면 사람들이 향유할 수 있는 '거리'가 끊임없이 창출돼야 합니다. 요컨대 '정서적으로 베풀고 배려하는 것만으로는 부족하고, 무언가 새로운 것들을 계속 만들어 내야 하는데, 그러기 위해 요구되는 게 창작이라는 행위고, 이의 지속성 담보를 위해 구비돼야 하는 게 창의성인 거죠. 하지만 소위 제도권의 엘리트 그룹에 있는 사람들은 여기에 완전히 젬병들이고, 그런 사람들을 양성하는 아카데미 프로그램 역시 획일화된 제품을 찍어내는 컨베이어시스템 수준을 벗어나지 못하고 있습니다. 뭐, 나름 변화를 도모하기 위해 애씁니다만, 죄다 피상적이고 구색에 불과하죠.

7. 함께 가자 우리 이 길을

이석준 불만스러운 시스템에 직면한 사람들의 반응은 크게 두 가지로 구분될 수 있을 것 같습니다. 하나는 '시스템에 맞춰 살아가야지, 어쩌겠어'라는 입장인데, 아마 대다수 사람들이 여기에 속하지 않을까 싶네요. 다른 하나는 '시스템이 개판이니 하루빨리 엎어버려야 해'라는 입장입니다. 점진적 개선 같은 중간은 없어요. 아무래도 록의 정신에 충실한 건 후자겠죠? (웃음)

이 혁 작가님 책 『나발한자』에서 언급하셨듯이 시스템을 붕괴시키는 방법도 있을 수 있지만, 대부분의 사람들은 엎어버리기보다는 외면하려는 성향이 더 강해요. 몇몇 혁명적이거나 진취적인 사람들을 제외하면, 에너지가 약하고 사는 데에 급급하기 때문에 '그냥 알고만 있자'라고 생각하는 분들이 많아요. 사회 전반적인 부조화의 시작점이 교육인 것 같아요. 교육이 흐트러져 있다 보니 이해가 안 가는 것들이 정상인 양 행해지는 경우가 너무나 많죠.

이석준 오늘 점심 때에도 예전 직장 후배와 이런저런 얘기를 나누다 보니 결국 교육과 그 언저리에 대한 것들로 귀결됐어요. '우리나라의 현 교육 패러다임이 개판인 건 누구나 다 아는 사실인데, 그럼에도 불구하고 현 패러다임하에서 최적화를 추구하는 게 맞냐, 아니면 패러다임 시프트를 꾀하는 게 맞냐?'라는 주제였습니다. 뻔한 소리지만 대다수 사람들의 생각은 현 패러다임 아래 최적화 모델을 따르겠다는, 그러니까 웬만하면 내 자식을 하루빨리 미국이나 서유럽에 유학 보내거나, 어렵다면 기를 쓰고 대치동 학원 같은 데에 보내려는 겁니다. 이런 막장스러운 와중에 제가 충격받은 건, 음악계에서도, 그것도 인디, 언더, 록 이렇게 나름의 스피릿이 있고, 개성적이고, 인습이니 체계니 이런 데에 연연하지 않을 것으로 사료되는 도메인에서조차 학벌에서 자유롭지 못하다는 사실이에요. 좀 미흡한 사람이었음에도 불구하고, 명문대 출신임이 밝혀지자 오히려 자기만의 철학을 갖고 있는 개성적 아티스트로 인정받는다는 게…….

이 혁 음악계는 다른 분야에 비해서 많지는 않은 것 같아요. 그런데 실용음악과 출신과 아닌 사람들 사이에 서로 배척하는 분위기가 약간 있긴 해요. 실용음악과 쪽에서는 실용음악과를 나오지 않은 사람들이 음악 이론 베이스가 약하다고 생각하고, 독학하거나 밴드 활동으로 음악하는 사람들은 개성적인 측면에 있어 실용음악과 스타일이 마이너스라고 생각하는 것 같아요.

이석준 그렇다면 각자 자신의 주장을 내세우면서 나름의 비판 이유를 댈 것 같네요. 실용음악과 학생들이 독학파를, 그리고 독학파들이 실용음악과 학생들을 비판하는 근거는 각각 어떻게 되나요?

이 혁 실용음악과 쪽에서 제시하는 근거는 학교를 다니면 이론과 짜임새 있는 편곡력 등을 배우기 때문에 체계적인 교육을 받는다고 생각하는 것 같고, 비실용음악과 출신들이 하는 말은 실용음악과 출신들은 표현 방법이 너무 획일적이고 다 똑같다는 거예요. 보통 퓨전 재즈 스타일 또는 실용음악과만의 방법들을 많이 가르치는데 그러다 보니 실용음악과 출신들이 하는 음악이 비슷하게 된 것 같아요. 실용음악과 스타일의 음악을 하는 사람이 소수만 있다면 모를까, 아무래도 가르치는 방법을 바꾸는 게 좋을 것 같아요. 이론과 테크닉 전수에만 국한되지 않은, 철학을 동반한 상상력을 북돋워 주고 학생 스스로 움직이고 찾을 수 있게 도와주는 방법으로요.

이석준 간단히 말하자면 이런 건가요? 실용음악과라는 학과가 있는 건 좋다. 단, 'how-to?' 측면의 개선이 필요하다?

이 혁 네, 맞아요. 플러스 알파로요.

이석준 그 반대편에 있는 독학이나 이런 것들도 필요할까요?

이　혁　어떤 분야든지 독학을 하게 되면 시간이 오래 걸리고 꼭 알아야 하는 것도 그냥 지나치게 된다는 단점이 있어요. 하지만 현재 우리나라의 실용음악과는 안 가는 게 좋다고 봐요. 독학, 개인 레슨 또는 좋아하는 친구들끼리 밴드를 만들어서 음악하는 게 훨씬 좋을 것 같아요.

이석준　유사한 목적을 추구하는 A 집단과 B 집단이 있는데, A 집단 사람들은 B 집단을, B 집단 사람들은 A 집단을 싫어한다는 말씀이잖아요. 제가 조금 전에 드렸던 질문은 A, B 어디에도 치우치지 않은 제3자적 관점을 견지한다면, 두 집단이 공존하는 게 좋겠냐 아니냐에 관한 것이었습니다. 그러니까 프로세스를 개선한다면 실용음악과는 있는 게 좋겠다는 말씀이죠?

이　혁　네, 맞아요.

이석준　그렇다고 독학파를 무시하는 건 아니고, 독학파 역시 그들 나름의 가치가 있으니 제도권의 프로세스만 제대로 설계한다면 공존하는 게 바람직하다?

이　혁　네.

이석준　그렇군요. 제가 좋아하는 과학철학자들 중에 장하석 교수라고 있습니다. 그가 쓴『온도계의 철학』이라는 책을 보면, 말미에서 유사한 주장을 펼치거든요. '상보적 과학'이라는 개념을 제시하는데요. 과학이 보다 진보하기 위해서는 제도권의 프로페셔널 과학자도 있어야 하나, 딜레탕트적 성향을 지닌, 물론 장 교수는 딜레탕트란 표현을 쓰지 않았지만, 상보적 과학자가 병존해야 한다는 골자입니다. 전반적으로 꽤 공감됐던 책인데, 『나발한자』의 사상과 궤를 같이하기에 특히 더 와 닿았던 대목은 '지금의 정통에 맞추어야 한다는 의무감이 없는 상보적 과학자들은 정통 영역의 바깥에 놓인 것들을 발전시키는 일에 자유롭게 시간과 에너지를 어느 정도 투여할 수 있다'는 거였습니다. 어때요, 진정 딜레탕트의 내음이 물씬 풍기지 않나요?

이 혁   정말, 그러네요.

이석준   저도 말씀하신 주제에 대해 평상시 고민을 많이 하는 편인데, 엎긴 엎되 기본적인 스킴scheme은 유지하자는 게 제 주장입니다. 일단 저는 교육보다 학습이란 말을 더 선호하긴 해요. 교육의 주어는 공부하는 사람이 아니라 정부, 교육청, 교사 등 공부를 시키는 주체이기 때문이죠. 반면 학습의 주어는 공부하는 사람, 즉 학생 자신이거든요. 그러니까 표준적인 교육 트라이앵글의 꼭짓점은 이렇게 구성될 수 있겠죠. 가르치는 측면, 배우는 측면, 그리고 학교일 수도 있고 커리큘럼일 수도 있고 교과서일 수도 있는 매개 측면. 다수의 사람들은 교육에 대해 왈가왈부할 경우 언제나 이 삼각 구도를 고정시켜 놓고 고민하죠. '가르치는 측면을 어떻게 개선해야 하나? 매개 측면을 어찌해야 하나? 그리고 배우는 측면은 어떻게?' 다들 이런 식으로 고민하는데, 제가 생각하는 대안 방향은 이것 말고도 또 있어요. 트라이앵글 구도 내에서 고민하는 접근도 있겠지만, 배우는 측면에 집중하는 접근도 있을 수 있거든요. 이런 겁니다. 사실, 배우고자 하는, 배워야하는 사람이 모티베이션된다면 모든 건 가·불가 여부가 아닌 효율성의 문제로 바뀝니다. 말씀하셨던 부류 중 독학파에 해당할 수 있는데, 가령 교과서가 있으면 1시간 만에 깨우칠 내용을 교과서가 없기 때문에 5시간 정도 걸리는 경우가 있을 수 있고, 또 선생님이 있다면 2시간 만에 해결할 문제를 선생님이 없기에 8시간 걸려 풀어야 하는 경우가 있을 수 있습니다. 요컨대 혼자 한다고 해서 공부가 원천적으로 불가한 건 아니에요. 단지 효율성이 떨어질 뿐이지. 사실 혼자 공부한다면, 자기 주도적이고 자기만의 독특한 접근을 취할 수 있고 고민의 수준 또한 상대적으로 깊어지기 때문에, 어쩌면 저하된 효율성을 극복하고도 남을 충분한 가치가 있다고 생각합니다. 아, 이혁 씨가 즐겨 하신다는 명상도 유사한 관점으로 해석할 수 있겠네요. 어떻게 보면 독학의 극한이자 완전한 독학은 결국 깨달음이 아닐까 싶습니다. 가르쳐주는 사람도 없고, 교재도 없지만 스스로 모티베이션돼 명상하거나 어떤 행동을 취하는 건데, 그게 바람의 소리가 됐건, 바람의 울림이 됐건, 이런 것들이 차곡차곡 쌓여 어느 순간 불현듯 깨닫게 되는……. 아무튼, 교육의 핵심은 지식 전달이 아닌 '학습자를 어떻게 자극하고 모티베이션할 것인가?'에 있다고 생각합니다. 따라서 포커싱은 사회적으로 당연시되는 '트라이앵글 구조를 어떻게 최적화할 것이냐'를 넘어, 학습자의 자율성에 모든 것을 맡기면서 모티베이션하는 데에 부여하는 게 맞지 않을까 싶어요.

이 혁 네, 그렇게 된다면 자율성, 능동성 측면에서 더 효율적일 것 같네요. 그런데 음악을 공부하는 사람 중 완전한 독학파는 거의 없을 것 같아요. 학교를 다니지 않더라도 레슨을 받는다거나 음악하는 선배한테 배우는 경우가 많으니까요. 학교 등록금 정도의 비용으로 개인 레슨을 받는다면 고퀄리티의 다양한 레슨을 받을 수 있을 거예요.

이석준 그렇게 볼 수도 있겠죠. 어느 정도 의식 있고 역량 있는 학생이라면 자신의 약점을 명확히 인지하고 있을 테니, 그 부분을 보완하는 맞춤형 스타일로 갈 수 있을 것 같습니다. 그렇다면 당연히 퀄리티가 높아지겠죠. 반면 학교에서는 개인적 기호나 재능에 상관없이 표준 커리큘럼과 프로그램에 자기 자신을 맞춰야 하니까.

이 혁　네, 맞아요. 그런 면에서는 확실히 레슨이 효과적인 것 같아요.

이석준　학교를 다니면 현실적, 실용적 장점이 있긴 하죠. 졸업장, 학위 증서라는 라이선스를 갖고 유세 떨 수 있으니까요. '내가 무슨 공부를 했네, 어느 학교에서 어떤 학위를 받았네' 등등.

이 혁　그렇게 되면 진정성 없는 방향으로 흘러갈 확률이 높죠.

이석준　저는 과학뿐 아니라 사회 전반에 걸쳐 상보 모델이 필요하다고 생각해요. 우리가 그동안 상대적으로 폄하하고 묵살했던, 제도권 밖의 딜레탕트들에게 관심을 기울여야 정반합 관점에서 사회가 더욱더 발전할 수 있다는 말이에요. 그러고 보니 장하석 교수 외에 야마모토 요시타카도 떠오르네요. 도쿄대 출신 물리학자로 일본에서는 차세대 노벨 물리학상 후보로 기대를 모았던 사람인데, 글쎄 이 양반이 어느 날 '평범하지만 자각한 인간이 되어 한 사람의 물리학도로서 생을 살아가고 싶다'며 제도권 학자 자리를 내차고 학원 강사로 변신했습니다. 살짝 비트겐슈타인 같기도 하죠? (웃음) 그의 대표작 중에 『16세기 문화혁명』이라는 책이 있어요. '오늘날 우리가 물질적인 번영을 누릴 수 있는 것은 18세기의 산업혁명 덕분이고, 이는 17세기의 과학혁명에 기인한다. 그리고 역사적으로 거의 부각이 안 됐지만 과학혁명을 가능하게 해준 것은 16세기의 문화혁명이다'라는 요지의 책이에요. 그렇다면 여기서 말하는 문화혁명이란 게 대체 뭐냐? 저자에 따르면 '직인 기술자, 예술가, 상인, 선원, 군인들에 의해 축적된 현장 경험과 실천적 지식, 그리고 대학의 아카데미즘 내부에서 배양된 사변과 논증에 기초한 지식의 융합'이라고 합니다. 이게 주목할 만한 이유는 근대 초기까지 지식의 세계에서 소외되었던 제도권 밖의 그들, 즉 직인 기술자나 상인 등이 새로운 과학 형성의 주체로 급부상했다는 사실 때문이죠.

그리고 진정성을 말씀하셨는데, 대한민국의 인문학 열풍도 연장 선상에서 생각해볼 수 있을 듯합니다. 전 사실 우리나라의 인문학 열풍을 부정적으로 생각하고 있어요. 주된 이유는 이래요. '주체성의 부재'와 '오버'. 우리나라의 인문학 열풍은 다들 이야기하듯 소위 스티브 잡스 이펙트로 볼 수 있습니다. 아무 생각도 없다가, 아니 오히려 김대중 정권 때 신지식 운운하면서 뒷방 노인네나 만지작거리는 거리로 평가절하했다가, 스티브 잡스의 사상과 과거 이력이 회자되면서 갑자기 붐업됐잖아요. 그러다 보니 어찌 됐나요? 문화가 발전하고 쾌락이 증진되는 세상이 되려면, 여러 제반 분야들이 골고루 균형 발전해야 한다는 게 중론입니다. 그런데 우리나라에서는 그간 인문학이라는 물컵만 유독 바닥을 드러내고 있었거든요. 늦은 감은 있지만 그 빈 컵에 적정량의 물만 채우면 됨에도 불구하고, 열풍이라니까 너나 할 것 없이 앞다퉈 달려와 물을 막 붓고 있습니다. 주체성이고 진정성이고 죄다 없이 말이에요. 이러니 컵 밖으로 물이 넘쳐나 테이블보를 흥건히 적실 수밖에요.

이　혁　정말이지 우리나라 사람들이 그런 성향이 강한 것 같아요. 유행이라면 너도나도 따라 하는……

이석준　그렇죠. 그런 면이 사회 전 분야에 만연해 있어요. '내귀'가 몸담고 있는 언더그라운드 록 영역도 그렇고, 저희 컨설팅 영역도 마찬가지죠.

이러다 보니 '우리 사회가 정말 독창적인 섬씽 뉴를 만들 수 있을 것인가?'라는 물음에 있어 의구심이 드는 것도 사실입니다.

이 혁 쾌락이라는 화두를 던지셨을 때 정신적 쾌락이든 육체적 쾌락이든 '뭘 어떻게 해야 삶이 재미있고 쾌락적일 수 있을까?'라고 생각해 봤는데요, 개인마다 다르기 때문에 잘 찾을 수 있도록 가이드해주는 역할이 필요할 거 같더라고요. 아주 가볍게는 취미 생활을 찾는다고 할 수 있는데 그 정도로는 대안이 못 될 것 같고…… 쾌락이란 게 반복되거나 익숙해지면 사라지는 특성이 있는데, 그렇다면 '지속적인 쾌락은 뭘까?'를 생각하다가 과학적으로 접근한다면 몸에 해롭지 않고 중독도 안 되는 약이 개발돼서 좋은 기분을 계속 유지할 수 있는 방법이 있지 않을까 상상해 봤어요. 예를 들면 약간 설레기도 하고, 사춘기 때 좋아하는 이성과의 데이트 시간을 기다리는 기분이 계속 유지된다든지 하는 거죠. 과학적 방법이 아니라면 생활 속 수행을 통한 명상과 해탈이 가장 올바른 방법이라고 봐요. 하지만 접근하기 어려운 방법이기도 해서 제가 최근에 쓰는 방법은 '허무함이 포함된 죽음에 대한 상상'을 통한 마인드의 전환이에요. 죽음을 상상하면 현실에 대한 에고ego를 버릴 수 있고 더 적극적으로 삶을 즐길 수 있게 돼요. 죽음도 생각했었는데 못할 게 없는 거죠. 단지 다른 생명체에 피해 주는 것을 최소화한다는 전제하에서요.

이석준 그러고 보니 팀 버튼의 「빅 피쉬」가 떠오릅니다. 주인공 스스로 자신이 어느 무렵에 어떻게 죽는지 알고 있었기에, 어떠한 위기 상황에서도 과감하게 행동할 수 있었죠.

8. 경영학, 어설픈 과학 따라쟁이

이석준 이번엔 저에 대해 이야기할 차례인가요? 주지했듯 컨설팅 업계에서 가장 중요한 역량은 누가 뭐라 해도 논리력이에요. 논리적으로 사고하고, 글 쓰고, 그림 그리고, 말하는 게 핵심 줄기입니다. 소위 '글로벌 스탠다드'라고 할 수 있죠. 하지만 저는 살짝 다른 생각을 갖고 있어요. 논리? 맞습니다, 굉장히 중요합니다. 필요할 때가 꽤 많거든요. 하지만 논리는 그때그때 상황에 따라 활용 가치가 달라지는 수단에 불과합니다. 절대로 본질이거나 궁극일 수 없어요.

기업 내부 이슈만 봐도 그래요. 수많은 음모, 정치, 비방, 시기심, 질투, 감성, 광기, 이러한 이성을 넘어서는 것들이 난무하기 때문에, 논리적 절차를 통해 답을 구하려 들면 단지 명목적인 해결책에 그치고 맙니다. 실질적인 해결책이 될 수 없다는 거죠. 자, 기업이 그러한데, 기업이 조그마한 비중을 차지하며 일개 플레이어로 참여하는 사회 전반은 어떻겠습니까? 논리적인 패스path를 따라 도출한 결과물이 과연 사회의 굵직한 문제들을 해결할 수 있을까요? 그렇지 않아요. 바로 이런 면들이 제게 보다 강력하게 와 닿고 있는 요즘입니다.

이　혁 듣고 보니 정말 그렇겠네요.

이석준 컨설팅 프로젝트라는 게 대개 이래요. 전사적으로 CEO 레벨에서 발주되는 경우도 있지만 대다수는 부사장 이하급에서 나옵니다. 이는 부사장이나 전무, 상무, 이런 사람들이 자기가 좀 더 위로 올라가기 위해 만드는 프로젝트가 대부분임을 의미하죠. 뭐, 좋습니다. 해당 임원은 승진의 발판으로 삼을 수 있고, 저 같은 사람은 피fee를 챙길 수 있으니 누이 좋고 매부 좋은 거 아니겠어요? 그런데 제 레쥬메resume

가 한 줄, 두 줄 길어짐에 따라 이런 의문이 심화되더라고요. '내가 아무개 상무를 위해, 전무를 위해, 부사장을 위해, 사장을 위해 아웃풋을 낸다면, 그게 그들 개개인의 영화를 넘어 회사 전체에도 도움이 될 수 있을까?' 흠, 선뜻 답할 수 없었어요. 부사장을, 전무를 위해 열심히 프로젝트를 수행한 결과, 대개 그들은 좋은 평가를 받았지만 회사 성과에는 별반 차이가 없었거든요. 그렇다면 이건 바람직한 게 아니죠. 이보다 약간 더 긍정적인 상황을 생각해 볼게요. 다행스럽게도 부사장과 전무를 위한 길이 회사가 잘 풀리는 길과 정비례했다고 칩시다. 그렇다면 이번에는 만족할 수 있었을까요? 이 역시 자신 있게 답할 수 없었어요. 왜냐? 한 회사의 살이 포동포동 쪘다고 해서, 사회 전반의 피부에 항상 윤기가 좔좔 흐르게 되는 건 아니거든요. 기업이 잘 되는 것과 사회가 잘 되는 것은 별개 사안이기 때문입니다. 혹 관련이 있다 해도 마찬가지로 반비례하는 경우가 다분하고요. 바로 이런 데에서 오는 회의감이랄까요? 사실 제가 컨설팅 업계에서 나름 긍정적인 평가를 받아 왔기에, 자족하는 경우도 없진 않았어요. '나는 뛰어난 컨설턴트야' 이런 자긍심이 팽배했었고, 소신을 갖고 클라이언트에게 독설을 내뿜을 때도 많았어요. 하지만 기저에 도사리고 있는 숱한 근원적 문제들 때문에, 현 컨설팅 패러다임의 쓸모에 대해 나날이 부정적인 생각을 키워 오게 된 거죠. 인공지능을 대하는 펜로즈의 시각처럼 '컨설팅이 대안은 아니어도 비즈니스 도메인 내에서 다른 대안을 찾을 수 있지 않겠냐?'라는 반문이 나올 수도 있습니다만, 이에 대해서도 '그렇노라'고 자신 있게 답할 수 없어요. 컨설팅은 대기업에 거머리처럼 달라붙어 살아야 하는데, 이 대기업들은 기본적인 골격, 즉 체계라는 걸 갖추고 있습니다. 체계의 토대가 된 건 경영학이고요. 그런데 그 경영학이라는 건 따지고 보면 자명한 구조적 한계를 갖고 있습니다. 저는 그것을 '쥐뿔도 모르면서 과학 따라 하기'로 보고 있어요. 뭐, 쥐뿔도 모른다 해도 과학 따라 하기를 통해 충분한 효과를 얻을 수 있다면야 상관없겠죠. 하지만 아까도 말씀드렸듯, 이 세계, 사람과 사람이 살아가며 맺고 유지하고 끊는 관계에 있어서는 과학적 방법이 잘 먹히지 않아요. 아니, 먹힐 수 없습니다. 그런데 과학적 방법의 핵심 키워드를 두 단어로 정의한다면 어떻게 될까요? 논리와 분석이잖아요?

이 혁   사람들끼리의 관계라서 과학적 방법이 효과적이지 않을 수도 있겠군요.

이석준   그렇죠. 논리에는 이런 면도 있습니다. 기본적으로 역량이 비슷한 사람들이 유사한 정보를 갖고 논리적 접근을 취해 최적화된 솔루션을 찾고자 한다면 대동소이한 아웃풋이 나올 수밖에 없어요. 게임 이론이 재미를 보지 못하는 것도 다 이런 이유 때문입니다. '저 녀석 나랑 비슷한 수준이야. 그렇다면 분명히 이런 단계들을 거칠 거고, 그 결과 저러한 아웃풋이 나올 거거든? 그럼 나는 거기에 이것까지 감안해서 요러한 의사결정을 내려야겠군.' 같은 시각 다른 곳에 있는 경쟁자는 이렇게 생각할 겁니다. '저 녀석 내가 따라갈 걸 감안해서 틀림없이 요러한 결정을 내릴 거야. 그럼 나는 그런 점까지 고려해서 ……, 호호호.' (웃음) 무슨 말씀인지 아시겠죠? 무한 반복이 발생할 수 있어요.

이 혁   말씀하신 대로라면 논리가 필요하기도 한 것 같은데요?

이석준   지금 전 '논리는 무조건 파괴해야 한다'는 극단적인 주장을 펼치는 게 아니에요. '논리는 기본이지만 고질적 문제를 해결하기 위해서는 그리고 다가오는 시대에 대비하기 위해서는, 이를 초월하는 무언가가 필히 얹혀져야만 한다'는 게 제 주장이죠. 그런데 아카데미도 그렇고 비즈니스도 그렇고 정치도 그렇고, 우리 사회의 제도권에는 논리를 넘어설 수 있는 역량을 지닌 사람이 전무한 것 같아요. 논리 지상주의의 시대, 즉 산업혁명의 약발이 여전히 먹히는 기계주의, 인과주의 시대에 부합하는 쪽으로만 교육을 받고, 경험을 쌓아오고 그러다 보니, 논리가 절대적인 양, 이 세상의 전부인 양 착각하고 있습니다.

이 혁 말씀을 듣다 보니 논리적, 분석적으로만 음악하는 친구가 생각나요. 그 친구가 지닌 장점은 사람들한테 논리적으로 접근하고 정리해 설명할 수 있다는 거예요. 하지만 그 역할만 할 수 있다는 한계 또한 있어요. 실질적으로 음악에 담는 것은 영혼이고 에너지인데, 전달 또는 보여주기 위한 것에서만 끝난다면 가장 중요한 게 빠지게 되는 셈이죠. 영혼 없는 논리가 돼버리는 거예요. 논리의 기능은 증명과 전달일 뿐이에요. 논리를 위한 논리를 만들어 내면 논리에 갇혀 버리게 되는 것 같아요.

이석준 그런 면들이 컨설팅계에서는 비일비재합니다. 논리를 위한 논리, 이런 것들 말이죠. 그러니까 창조, 혁신, 이런 것들과는 파동이 잘 맞지 않습니다. 이른바 상쇄 간섭이 일어나요.

이 혁 아이디어 혹은 창작이 첫 번째고 논리는 그 이후에 정리하고 전달하는 데 쓰이면 맞겠네요.

이석준 그렇죠. 아, 그리고 방금 아이디어 말씀을 하셨는데, 아이디어의 소스는 어떻게 찾나요?

이 혁 음악적인 소스를 말씀하시는 거죠? 제 경우에는 뜬구름 잡듯 찾는 것 같아요. 꿈을 기록한다든지, 막 잠이 들려고 하는 순간 들려오는 멜로디를 녹음하거나, 걷다가 갑자기 떠오르기도 해요.

이석준 그 멜로디라는 건 존재적으로 들리는 게 아니라 인식적으로 들리는 거죠? 그러니까 라디오나 TV에서 실제로 음악이 나오는 게 아닌.

이 혁 네, 잠드는 순간에 인식적으로 멜로디가 들리는 경우가 있어요. 한동안 그걸 녹음하는 것을 재미있어했어요. 그 순간이 무의식으로 넘어가는 순간이라고 생각돼서요. 의도적으로 만들려고 할 때도 있고 자연스럽게 나오는 경우도 많아요. 주로 먼 산 보고 있을 때나 걸을 때, 또는 기분 좋을 때 잘 나오는 것 같아요.

9. 내가 하고픈 것을 하는 자는 누구인가

이 혁 일단 우리나라만 놓고 봤을 때는 대부분의 사람들이 자연스럽지 못하고 억압돼 있다는 느낌이 들어요. 저부터도 사람들을 대할 때나 형식적인 자리에서는 어색한 분위기가 많이 느껴져요. 많이 나아진 편이긴 하지만 아직도 그래요. 하지만 최근에는 어색함도 즐기는 편이에요. 어색한 분위기 때문에 주위 사람들이 안절부절못하는 것 같으면 분위기가 이래도 되고 저래도 되고 어색함도 즐기는 편이니까 괜찮다고 말해요. 자연스러운 어색함이라면 그냥 놔두는 거죠. 아무것도 하려는 마음이 없는 상태에서 하게 되는 게 진짜인 것 같거든요. 억지로 하면 부작용이 생겨요. 예를 들어 억지로 힘내서 주말에 자연과 가족과 함께하겠다고 나선 캠핑이 비싼 장비 구입과 밀리는 도로, 자연 훼손으로 이어진다면 역효과겠죠. 진정한 취미 생활이라면 우선 기분이 좋아야 하는데, 유행 따라서 취미 생활 하시는 분들을 보면 대부분 비싼 장비를 비교하거나 자연훼손 하는 경우가 많은 것 같아요. 그러다 보면 더욱 스트레스를 받게 되죠. 캠핑장에 가서도 그래요. 텐트 브랜드나 비교하면서 정작 정말 즐거울 수 있는 시간들을 망치죠. 70, 80년대보다 국민 소득이 높아졌음에도 불구하고 행복지수가 낮아졌다는 것만 봐도 행복의 조건이 경제에만 국한되어 있지 않다고 말할 수 있어요. 삶의 낙이 없다 보니 돈이 많아지고 성공해야 의미가 있고 행복할 거라고 생각하는 분위기가 생기는 거 같아요. 제가 이런 얘기를 친구들에게 하면 뭘 해도 돈이 들어가고 자식 교육도 돈이 있어야 한다는 말을 해요. 저는 진정으로 자식 교육을 걱정한다면, 동물적인 경쟁 사회에서 남을 이기는 교육을 시키기보다는 인간이 되는 교육을 시켜야 한다고 생각해요. 인간이 동물보다 더 행복해질 수 있음에도 불구하고 약육강식의 틀에 얽매여 허우적대면서 불행을 자초하고 있다는 생각이 들거든요. 돈이나 성공을 뛰어넘는, 인간이 누릴 수 있는 행복을 추구해야 해요.

제가 음악을 하고 있잖아요. 이와 관련된 친구들의 반응이 재밌어요. 대체로 나이에 따라 3단계로 변해온 것 같은데요. 사회생활을 안 해봤을 때는 무조건 부러워했어요. 음악 한다고 하면 유명 연예인 생각만 하고 무대에 서는 게 멋져 보일 수 있거든요. 또 사회생활을 몇 년 정도 하면 '너는 언제 유명해지냐? 유명해져야 돈 벌고 그러지. 너 어떻게 먹고살래? 그리고 주변 사람들한테 친구라고 자랑 좀 하게 유명해져라'라는 말을 했어요. 그런데 3단계인 현재는 '돈이 중요하긴 하지만 하고 싶은 거 하니까 나보다 행복하겠다'예요. 이런 점에서 봤을 때 사람들은 인생의 후반전으로 갈수록 결국 돈도 필요하지만 중요한 건 행복이라고 생각하게 되는 것 같아요. 하지만 안타까운 건 그간 좋아하는 것이 뭔지 모르고 살았고, 하고 싶은 게 있더라도 이젠 늦었다고들 생각하는 거죠. 결국 자식 키우는 보람으로만 살고 그것에 아주 큰 의미를 두게 되는 것 같아요. 자식에 대한 것이 의미 없다는 것이 아니라 자기 자신은 배제한 채 과도하게 비중을 둔다는 게 문제라는 거예요. 결혼하기 전에도 마찬가지로 삶을 즐기기보다는 자각할 수 있는 신경들을 마비시키는 술이나 게임에 빠져 건강까지 해치게 되는 경우가 많고요. 또는 여윳돈이 생기면 주식이나 도박에 빠져 살기도 하고요. 이러다 보니 행복지수가 낮을 수밖에요. 이런 상황에서 굳이 방법을 찾는다면, 자신이 일하는 분야에서 장인 정신을 갖는 게 중요할 것 같아요. 가치의 우선 순위를 돈이 아니라 정신에 두는 거죠. 그렇게 하는 게 쉽지는 않겠지만, 그것이 행복의 시작점이 아닐까 생각해요. 그렇게 되면 건물이 무너질 일도 없을 것이고, 예의와 배려는 갖되 자기 일에 대한 자부심을 바탕으로 억지로 굽힌다거나 아부할 일도 없어지지 않을까요? 한번은 저희 팀이 리허설을 하는 도중에 모니터 볼륨 밸런스를 체크하고 있었는데, 엔지니어분이 말씀하길 너무 많은 팀이 공연하기 때문에 맞춰도 어차피 바뀌니 대충하고 내려가라는 거예요. 당황한 제가 그럼 리허설 하는 의미가 없지 않냐고 하자, 믹서 레벨을 다 기억할 수가 없다는 거예요. 그래서 디카나 폰으로 찍어 놓으면 어떻겠냐고 하자 그제야 '그것도 좋은 방법이긴 하네요'라고 하시는 거예요. 아무튼 장인 정신이 없는 분들은 만나면 재미가 없어요. 또 제가 아는 사람 중에 정계로 진출하려는 사람이 있었는데, 자기가 성공하면 저보고 아스팔트 사업을 하래요. 예산 책정받으려면 공사를 해야 하는데, 멀쩡한 아스팔트도 부수고 깔게 되니까 돈 벌 수 있다고요. 그 말을 듣고 '어쩌면 지금 우리나라에서 공사를 진행하고 있는 회사들은 완벽한 사기를 위해서 아예 부실공사를 할 수도 있겠구나'라고 생각했어요. 아무튼 이런 마인드로 살아가는 사람들이 많으니까 어이없는 일들이 많이 생기는 것 같아요. 이런 생각을 많이 해서인지 저 또한 최근에는 작업할 때 진정성에 비중을 많이 두게 되더군요.

이석준 이번 앨범이 5집이잖아요. 5집 만드실 때는 어땠나요? 멤버들 모두 장인 정신과 진정성을 갖고 임하셨나요?

이 혁 사운드적인 면에서 멤버들끼리 더 잘 섞이고 다듬어진 것 같아요. 4집 때부터 팀의 색깔이 확실하게 나오게 된 것 같아요.

이석준 아, 그렇다면 3집 때까지는 멤버들 각각 자기의 색깔, 목소리만 주장했다는 말씀인가요?

이 혁 각자 색깔이 너무 강하고 좋아하는 음악이나 취향도 다르다 보니까 섞이는 데 어려움이 있었어요. 그런 부분에서 저 또한 많이 힘들었어요. 하지만 팀을 사랑하는 마음, 계속 함께하고 싶은 마음이 강했죠. 그래서 멤버들과 좋은 관계를 유지하며 잘 해나가기 위해 전략서까지 읽었다니까요. (웃음) 뮤지션들은 대부분 일반 회사 경력이 없거나 적다 보니 대인 관계에 있어 융통성이 부족하거든요. 물론 저도 그렇고요. 그래서 멤버들 모두 같이 음악하고 싶은 마음은 있었지만 여러 가지 면에서 잘 맞추기까지 오랜 시간이 걸렸던 것 같아요.

이석준 제가 마치 인터뷰하는 기자 같습니다. (웃음) 그래도 내친김에 몇 마디만 더 물어볼게요. 작사나 작곡은 멤버들과 나눠서 하나요, 아니면 혼자 다 하나요?

이 혁 활동 초기에는 각자 곡을 써 와서 편곡하는 경우가 많았고, 최근에는 아이디어나 소스만 한 사람이 준비해 오면 그걸 기반으로 같이 만들어요. 팀워크가 좋다면 악기별로 자신의 파트에서 더 좋은 아이디어나 편곡이 나오는 경우도 많아요. 가사는 제가 거의 쓰는 편인데 아무래도 노래하는 사람이 쓰는 것이 자연스러운 것 같아요.

이석준 작사를 혼자서만 하시는 특별한 이유가 있나요?

이 혁 음악을 목소리와 가사로 표현하는 파트가 보컬이다 보니 저의 생각이나 제가 상상하는 것들을 쓰는 게 점점 더 중요하게 느껴졌어요. 다른 사람이 쓴 가사가 제 마음에 와 닿지 않으면 부르기 싫은 경우도 많고요.

이석준 그런 점은 작곡에도 해당할 것 같은데…….

이 혁 네, 작곡도 마찬가지죠. 멜로디가 좋다고 생각되지 않으면 부르기 싫어져요. 제가 주관적으로 좋다고 생각하는 멜로디가 따로 있는 것 같아요.

이석준 그러면 곡이나 퍼포먼스에 대한 아이디어는 어떻게 내나요?

이 혁 산책할 때 잘 만들어지는 것 같아요. 걸을 때 뇌 활동이 활발해진다고 하는데 그래서인지는 몰라도 아이디어도 잘 떠오르더라고요. 반면 잠드는 순간에 녹음하는 건 성공 확률이 낮아요. 그냥 잠들어 버리는 경우가 많고 아침에 들어보면 별로일 때가 많아서요. 중요한 건 만들려고 시도하는 거예요. 실행과 움직임을 가장 중요하게 생각하고 있어요.

이석준 저도 공감하는 게, 『나발한자』에도 비몽사몽 얘기가 나옵니다. 이런 대목이 있거든요. 주인공과 친구가 반수면 상태에서 전화 통화를 합니다. 즉, 주인공과 친구 모두 꿈에 걸쳐 있는 상태죠. 주인공은 꿈속에서 A와 만나 놀고 있고, 친구는 꿈속에서 B와 만나 놀고 있고요. 그렇다면 통화를 통해 그 4명이 함께 놀 수 있지 않을까? 하지만 문제는 그런 4명이 한데 모여 재미있게 놀려면 주인공의 정신이 또렷또렷해야 하는데, 그렇게 되면 비몽사몽 상태가 깨질 수밖에 없거든요. 그렇잖아요? 꿈속에서 만난 A와 B가 사라질 수밖에 없어요. 마치 하이젠베르크의 '불확정성 원리' 같지 않나요? 아무튼 주인공이 그런 딜레마에 빠지는 에피소드가 나옵니다. (웃음)

이 혁 저번에 말씀하신 꿈도 시뮬레이션이 가능하다면 실현되겠네요.

이석준 그렇죠. 그리고 걸어 다닐 때 아이디어가 잘 떠오른다고도 말씀하셨는데, 이 역시 많이 공감됩니다. 컨설팅할 때 솔루션의 실마리를 찾아야 할 경우에도 도움이 되긴 하지만 창작할 때 진가를 더 발휘하더군요. 『나발한자』의 순수 집필 기간이 약 4개월 정도였는데, 그 무렵 표현상의 아이디어랄까? 이런 것들은 걸어 다니는 도중에 많이 튀어나왔어요. 홍대입구역 근처 창작실에서 망원동 집까지 거닐면서 계속 생각했죠. 물론 의도한 게 아니라 저절로 그렇게 된 겁니다. 당시를 반추해 보니 10여 개가량의 아이디어가 떠올라도 사람의 기억력이란 게 원체 휘발성이 강하다 보니, 한 3~4개 정도만 살아남더라고요. 그래서 키워드들이 완전히 휘발되기 전에 메모를 해놓곤 했습니다. 그런데 말입니다. 나이가 들면 들수록 기억력이 나빠지니까 키워드만 써서는 안 되겠더라고요. 가능한 구체적으로 써놓아야 했어요. 그렇게 디테일하게 적은 메모를 창작실에 갖고 가서 문장으로, 문단으로 만들어야 했죠. 그리고 전 화장실에 있을 때도 아이디어가 잘 떠오릅니다. 그래서 항상 화장실에 들어갈 때 늘 가벼운 필기구와 책을 동반해요. 샤워할 때도 아이디어가 떠오르곤 하지만, 그때는 메모할 수 있는 도구가 없으니 그냥 중얼중얼거립니다. 가령 '돼지고기'란 생각이 떠오르면 그냥, '돼지고기, 돼지고기……' 샤워하고 나올 때까지 계속 반복하는 겁니다. 나오자마자 잊어버릴세라 노트에 마구 갈겨쓰고요. (웃음) 아무래도 '의식의 흐름 기록기'를 빨리 만들어야 할 것 같아요.

각설하고……. 아무튼 '애들아, 우리 이제 4집 준비하자. 시~작!' 이렇게 해서는 진도를 뽑을 수 없을 거예요. 관련된 이미지나 키워드들을 평상시에 중무장하고 있어야 진도가 나가지, 그렇지 않다면 '자, 요이 땅!' 하는 순간, 오히려 막막해져요.

이 혁 맞아요. 막막해지죠.

10. 창조주로 가는 매혹의 길, 인공지능

이석준 아까 이런 말씀도 하셨잖아요. 친구들을 만나면 '야, 너 돈벌이 좀 하냐? 주변 사람에게 네 자랑 좀 하고 싶은데 왜 못 뜨는 거야?'라는 말을 듣는다고.

이 혁 네.

이석준 제게도 비슷한 사례들이 있습니다. 왜 아니겠어요. 많은 지인들이 이러더군요. '컨설팅은 왜 때려치우고 청승 떨고 앉았냐?' 그러다가는 곧 한숨 푹 쉬며 말을 바꿉니다. '내가 뭐 하고 사는 건지 도통 모르겠다. 내 꿈이 뭔지도 모르겠다. 그냥 매달 꾸준하게 들어오는 월급 갖고 처자식 먹여 살리고, 집 장만하고, 애들 공부시키고, 부동산 투자도 하고 그러는데, 이러다가 어느 날 회사에서 쫓겨나면 뭘 어떻게 해야 할지 막막하다. 딱히 할 줄 아는 것도 없고. 여하튼 주변 사람들 중에 네가 제일 행복한 거 같다.' 이런 식의 얘기들을 해요. 그러다가 금세 동전이 또 한 번 뒤집어집니다. '그나저나 경제력이 팍 줄었을 텐데, 대체 어떻게 감당하냐?'

이런 생각도 간간이 들어요. 요즘 제가 하고 다니는 짓거리를 보면, 물론 개인적으로 즐거워하는 겁니다만, 사회 개혁가나 교수와 다를 바 없거든요? 사회를 위한 고민과 연구를 자발적으로 열심히 하고 있건만, 왜 아무도 나를 후원해 주지 않는 건가? (웃음)

이 혁   자본주의 사회라서 그런 게 아닐까요? 작가님의 아이디어가 당장 활용가치가 있고 돈이 된다면 기업들이 투자하겠죠. 국가에서도 이 분야의 연구가 아직 생소해서 투자를 하지 않는 것일 테고요.

이석준   제가 고안한 것이니만큼 당연히 전례가 없죠. (웃음) 그래서 제가 기업들을 비판하는 것 중 하나가, 말로는 혁신, 혁신 떠들지만 실제 행동으로 옮기지 않는다는 겁니다. 과학철학 콘셉트로 바꿔 얘기하면 혁신은 곧 패러다임 시프트라 할 수 있어요. 기존과의 단절을 인정하고 들어가는 거죠. 따라서 진정 혁신적 서비스를 개발하고자 한다면 현황을 분석해서 미래를 설계하는, 전형적 접근을 철폐해야 합니다. 이러한 맥락에서는 현황 분석이 오히려 시간과 자원을 좀 먹는 기생충일 수밖에 없어요. 그럼에도 불구하고 대기업들은 마치 금과옥조인 양 계속 이렇게 떠들고 있습니다. '현황 분석 결과와 미래 설계가 논

리적으로 연결돼야 할 거 아니야? 대체 숫자는 왜 없는 거야? 정량적인 메시지가 있어야 믿을 수 있잖아!'

이 혁 맞아요. 사실이나 진정성보다는 숫자를 좋아하는 것 같아요.

이석준 뭘 어떻게 해야 할지, 어디에 써먹을지 판단하기 위해서는 필히 이해가 선행돼야 하는데 도통 그러지 못합니다. 노력들도 안 하고요. 저는 인지과학 석사 졸업 이후 거의 매일 밤마다 인공지능을 독학해 왔어요. 공부해야 할 게 한두 개가 아니거든요. 특히나 구현 측면에 집중할 경우 말이에요. 흔히들 떠올리는 컴퓨터과학이야 말할 것도 없고, 철학, 물리학, 이놈의 물리학은 뭔 소린지도 모르겠는데 상대성이론부터 양자역학까지 다 건드려야 합니다. 의식의 흐름 소설이나 Sci-Fi 소설 같은 문학도 빼놓을 순 없고요. 영화도 마찬가지예요. 인공지능이나 인지과학이 학제를 표방해서 그러는 게 아니라 호기심을 갖고 자연스레 질문을 던지고 답을 구하려다 보면, 본의와 상관없이 이 분야 저 분야를 넘나들 수밖에 없어요. 비즈니스야 자기 혼자 흥에 젖어 예술하고 학문하고 이러는 게 아니기 때문에 가급적 사회적 표준에 맞추려 하고 있습니다만, 인공지능에 대한 제 필생의 연구는 유용성 여부와 무관하게 마치 예술처럼 추진하고 있어요. 아까 컴퓨팅, 계산주의, 알고리즘, 논리, 이런 이야기를 했었는데, 제 인공지능 연구의 핵심은 '어떻게 초논리를 실현할 것인가?'예요. 제 현 수준에서의 궁극적 바람은 인간 같은 피조물을 만들어 신이 느낄 수 있는 기분을 그대로 만끽하는 것이거든요. 그렇다면 이해니, 느낌이니, 자의식이니, 감정이니, 자유의지니, 광기니 하는 것들을 구현할 수 있어야 하는데, 제가 보기에 이 오즈스러운 것들은 죄다 논리라는 무지개 너머에 있더라고요. 물론 이게 저만의 고민은 아닙니다. 일례로, 몇 차례 언급했던 펜로즈는 『황제의 새마음』, 『마음의 그림자』라는 책과 『우주, 양자, 마음』이란 강연집을 통해 '컴퓨팅으로는 인간 같은 기계를 만들 수 없다. 하지만 물리학의 테두리 내에서 그 대안을 찾을 수 있을 것이다. 이는 양자 세계와 고전 세계를 이어주는 새로운 물리학의 영역이 될 것'이라고 주장하고 있어요. 그러니까 이 양반은 물리학자니까 그런 식의 주장을 하는 거고, 저는 어찌 보면 장하석 교수가 말하는 상보적 과학자에 가깝기 때문에 다른 대안을 찾아 방랑하는 거지요. 물론 쉽지 않습니다. (웃음) 주지했듯 이런 면에서 본다면, 제가 마음 가는 대로 하는 일련의 행위들이 교수들이 해야 하는 그것들과 다를 바 없어요. 그런데 희한하게도 주변의 많은 교수들은 순수 연구 활동에 별 관심이 없더군요. 아니, 솔직히 말해 희한한 게 아니죠. 그들 대부분은 연구나 공부나 학습이 즐거워 교수를 택한 게 아니라, 사회적으로 존경받을 수 있는 안정적인 직업이기도 하고, 또 돈 많은 부모가 강제로 유학 보내면서 '교수가 되라'고 하도 종용해서 역으로 찾게 된 거니…….

이 혁 영화에 나오는 교수님들의 이미지는 작가님 같은 분들이세요. 영화에서의 고고학자라면 어렸을 때부터 고고학에 심취해서…….

이석준 아, 인디아나 존스 같은? (웃음) 사실 그런 게 바람직한 모습이죠. 그래야 사회적 쾌락의 꽃도 흐드러지게 필 텐데, 그러기 위해서는 어느 정도 경제적 뒷받침도 되고 인적 네트워크도 형성돼 있어야 합니다. 어찌 보면 그래서 제가 더 딜레탕트에 천착하는 걸 수도 있어요.

이 혁 작가님이 교수님을 하시면 어때요? 학교에서 나오는 지원금을 받아 연구하시면서 다른 학과와 기술 네트워크를 맺는다면 더 효과적으로 진행될 수 있을 것 같은데요?

이석준 그렇게 하고 싶은 마음은 굴뚝 같습니다. 하지만 우리나라에서는 어려워요. 기본적으로 외국 박사, 아니 최소한 국내 박사 학위라도 있어야 명함을 내밀 수 있거든요. 이상야릇한 몇몇 대학들을 제외한다면 말이에요.

11. 제도권이여 제발이지

이 혁 저번에 인터넷에서 봤는데 프랑스 고등학교 졸업 시험 문제가 굉장히 철학적이더라고요. 저조차도 뭐라고 써야 할지 고민되는 그런…….

이석준 한동안 SNS에서 프랑스 고등학교 졸업 자격 시험과 각 나라별 중산층에 대한 정의, 이런 것들이 유행했었죠. 참 웃겨요. 다들 역시 선진국은 다르다며 그렇게 부러워하고 닮고 싶어 하면서도 정작 노력들은 통 안 하잖아요. '왜 노력은 안 하고 말로만 그러냐?'고 반문하면, '나 지금 먹고살기 바쁘거든?', '해야 할 일이 수두룩하걸랑?', 이 핑계 저 핑계 댑니다. 알고 보면 놀 건 다 놀면서 시간 없다고 하더라고요. 물론 시스템 탓도 빼놓지 않아요. 그런데 여기엔 알게 모르게 소위 선진국에 대한 문화적 사대주의 같은 것도 숨어 있는 듯합니다. 참 한심한 일이죠.

이 혁 아.

이석준 우리나라도 그네들이 시행하는 그대로 따라 한다면 '잘' 사는 거라고 할 수 있을까요?

이 혁 꼭 그런 건 아니겠죠.

이석준 『나발한자』 1장에서도 이와 유사한 비판이 나와요. 국내 인지과학계에 대한 건데, 비판의 포인트가 바로 선진국들에 대한 문화적 사대주의 및 그들에 대한 의존성이에요. 대기업도 매한가지여서 맨날 글로벌 벤치마킹이나 하고 있습니다. '뭐 좀 좋은 거 없나 찾아봐.' 가령 예전 일본 전자 업체들이 잘나가던 시절, 삼성전자와 LG전자의 전략이 뭐였나요? 전략이라고 하기도 뭐합니다만, 소니나 산요가 어떻게 하는지 살펴보는 데 혈안이 돼 있었어요. 요즘은 그 대상이 애플이나 구글, 페이스북, 아마존과 같은 데로 바뀐 거고요. 최근 들어 테슬라도 서서히 떠받들기 시작했죠. 제도권 비즈니스의 펀더멘털이라 할 수 있는 경영학도 말할 나위가 없습니다. 국내 주요 대학 경영학 교수의 거의 다가 미국 박사들이에요. 얼마 전 궁금해서 서울대와 연세대 경영학과 교수들이 어느 나라에서 박사 학위를 받았나 살펴봤습니다. 서울대는 97%, 연세대는 95%가 미국 박사 출신이더군요. 압도적 숫자죠. 연세대의 경우, 프랑스 인시아드 출신이 두 명, 이름이 생소한 스페인의 알칼라 대학 출신이 한 명이었는데, 이들만 예외였습니다. 순수 국내파는 단 한 명도 없었죠. 이러니 당연히 미국 사대주의에 젖어 있고, 교수 개개인도 유학 시절 자기 지도 교수에게 노예처럼 종속될 수밖에요. 인지과학도 예외가 아니에요. 인지과학계에서 제법 지명도 있는 어떤 어른이 국내 인지과학이 진보하지 못한 이유를 어디서 찾는지 아세요? '우리나라 과학계에서 상대적으로 힘이 있는 곳은 공대나 이과대 같은 전통적 학과들이다. 그런데 이런 학과들은 이미 남루해진 하드 사이언스라 할 수 있다.' 이런 이야기를 합니다. 참고로 자기네 인지과학에 대해서는 이와 대구를 이루는 소프트 사이언스란 표현을 쓰고요. 계속 말을 이어 가자면, '미국, 유럽 등 선진국들은 하드 사이언스의 한계를 알아차리고 소프트 사이언스에 대한 고민을 진작부터 해 왔는데 우리나라는 수준이 낮아 그런지 아직까지 하드 사이언스에 집착한다.' 호기심과 열정이 남다른 분인데 아쉽더라고요. 철두철미한 논거를 통해 주장하셨으면 좋았을 텐데, 사대주의적 벤치마킹에 의존하니 말입니다. 그리고 전 요즘도 틈날 때마다 서점에 들르거든요. 주로 인지과학이나 철학, 물리학 책들을 살펴보는데, 다작하는 소장파 학자들의 것들도 눈에 들어왔어요. 그런데 보면 볼수록 고민하게 되더군요. 이게 책이 뭔가 펀더멘털 고민거리를 던져줘서 그런 게 아니라, 내용이 너무 평이하기도 하거니와 여러 책들을 돌려가며 이미 했던 이야기들을 지나치게 많이 우려먹더라고요. 모 교수의 경우에는 시중에 나와 있는 모든 책들이 상당히 나이브한데, 출판의 변이나 평상시 인터뷰한 걸 보면 일부러 그렇게 한 것처럼 말하고 있습니다. '대중과 소통하기 위하여, 과학의 대중화를 위하여, 과학의 저변 확대를 위하여.' 저는 반신반의하게 됩니다. '언제까지 대중의 눈높이를 맞춘다는 미명하에 계속 얕은 책만 양산할 것인가?', 페이퍼를 확인해야겠지만 '혹시 수준이 이것밖에 안 되는 게 아닐까?', '편해서 그런 게 아닐까?', '다른 데에 정신이 팔려 연구를 등한시하고 있는 게 아닐까?', 이런 류의 달갑지 않은 의심을 많이 하게 돼요.

이 혁   앨범으로 치면 대중과 소통하고자 마니아들을 위한 음악 80%, 대중을 위한 음악을 20%로 구성해 만들 수도 있거든요. 책 또한 쉬우면서도 깊이 들어가면 전문가들이나 마니아들도 만족할 수 있는, 그런 내용으로 집필될 수 있고요. 접점을 잘 찾으면 읽으면 읽을수록 그 의미에 근접해 갈 수 있는 계기가 마련될 수 있는데, 아예 대중에게 맞추겠다고 깊이를 포기하면 진부하게 느껴질 것 같아요.

이석준 아무래도 '관심 종자'들 같아요. 아까 음악계에서도 후배 세대 밴드들 중에 그런 성향을 가진 사람들이 있다고 말씀하셨잖아요? 학계도 예외는 아닌 것 같습니다. 일단─圈의 젊은 스타병에 걸린 교수들은 학문적 능력 배양이나 세상에 득이 될 연구보다는 자신의 유명세 키우기에 더 관심이 많은 것 같고, 대학들도 그런 작자들을 슬쩍 눈감아주고 있는 듯해요. 요즘은 그들에게도 연예인이 필요한가 봐요.

이 혁 그럼 지금 하고 계신 연구들을 정리해서 기업에 제안해보는 건 어떠세요? 예를 들어 비전 제시를 한다든가…….

이석준 비전이라……. 비전 수립이 전략 컨설팅의 핵심 오퍼링인데요, 전 제도권의 비전 수립 양태에 대해 부정적 시각을 갖고 있어요. 당연히 그간 비판도 많이 해왔고요. 좀 구체적으로 말씀드려 볼까요? 기업의 중장기 전략 수립의 첫 번째 단계가 비전 설정이에요. 쉽게 말해 '수 년 후 우리 회사는 저런 모습이어야 한다'고 그림 그리는 건데, 다들 두루뭉술하고 추상적이고 결과론적인 바람만 나열해요. 가령, 현재 연 매출 10조의 회사가 있다면 '5년 내 우리 회사는 연 매출 15조의 회사가 될 것이다', 현재 글로벌 10위 정도 되는 회사가 있다면 '3년 내 글로벌 탑 3 안에 들 것이다' 이런 식으로 말이죠. 이 맥락에서의 비판 포인트는 이렇습니다. '자, 우리 비전이 5년 내 10조 회사 만들기입니다. 열과 성을 다해 열심히 합시다'라고 외친다고, 허구한 날 기도한다고 되는 게 아닙니다. 중요한 건 '우리 회사가 목숨 걸어야 할 미래의 간판 서비스는 어떤 모습이어야 할까?'라는 거예요.
즉, 제대로 된 비전이라면 서비스나 제품 레벨에서 이야기할 수 있어
야 합니다. 설사 나중에 바뀌는 한이 있더라도 그것을 아주 명확하고,
디테일하게 그려야 해요. 트렌드가 어떻고 시장이 어떻고 전략이 어
떻고 백날 떠들어 대도 결국 소비자에게는 효용을, 우리 회사에게는
수익을 가져다주는 것은 다름 아닌 서비스 그 자체니까요. '우리 회사
는 10년 내에 이런 서비스를 제공할 것이며, 단기, 중기 서비스도 이
러한 경로 위에서 지속적으로 론칭할 것이다.' 당연히 서비스에 대한
묘사가 디테일하지 않다면 실현이 어렵겠죠. 하지만 우리나라 기업들
이 수립하는 비전들은 말씀드렸다시피 '글로벌 초우량 기업', '글로벌
탑 3', '스마트 솔루션 프로바이더', 뭐, 이런 식으로만 돼 있어서 유
의미한 결과가 전혀 나오지 못합니다. 그저 '파이팅! 잘해보자'와 같
은 군대스러운 슬로건들과 '글로벌 탑 3 업체가 되기 위해서는 어떤
핵심 역량이 필요하냐? 이노베이션, 도메인 엑스퍼티즈, 스마트 테크
놀로지, 글로벌 파트너링 등이 필요하다.' 이런 외관에만 신경을 쓰
죠. 이처럼 용어도 가급적 영어로 쓰려 합니다. 그러면서 '전사 리더
워크숍'이라는 걸 돌려요. 리더들끼리 모여 '잘해봅시다!' 의기투합
하고, '목표 달성을 위해 우리는 무엇을 해야 하는가?'라는 주제로 분
임 토의도 해가면서 판에 박힌 내용을 발표하고 질의응답도 하고 그
럽니다. 그러다 보니 이게 어느 순간부터 무조건 행해야 하는 요식 행
위처럼 돼버렸어요. 윗사람은 윗사람대로 별 얘기가 안 나올 걸 알
지만 해왔던 거니까 그냥 시키고, 아랫사람도 아랫사람대로 '또 이거
야?'라고 푸념하면서도 예전 자료를 '카피-페이스트'해 자료를 만듭
니다. 아, 윗분들은 절대로 아이디어를 내놓지 않아요. 늘 아랫것들이
이야기하는 걸 듣고 있다가 까대기만 하죠. 그러면서 이렇게 말합니
다. '내 아이디어를 지금 이야기하면 다들 내 것에만 혈안 될 거기 때

문에, 나중에 천천히 이야기하겠다'고 말이에요. 사실 아무 생각도 없는 겁니다.

12. 안녕~ e-business, 안녕? f-business

이석준 제가 주창하는 f-business도 이 맥락에서 설명할 수 있어요. 구체적 예로 일종의 교육, 학습 서비스인 '디지털 프로페서'를 살펴보죠. 결과부터 말씀드리자면 이건 1978년에 사망한 수리논리학자 괴델을 부활시키겠다는 저의 개인적 바람이자 의지에서 비롯됐습니다. 속으로 '왜 이런 이상한 짓을 하냐'고 말하실지도 모르겠네요. (웃음) 자, 교육, 학습 효과를 극대화하기 위해서는 어떠한 요건들이 충족돼야 할까요. 일단 양방향으로 진행돼야겠죠? 제아무리 뛰어난 교수의 강의라 하더라도 한 시간, 두 시간 일방적으로 듣고만 있으면 몸이 뒤틀리기 마련이니까요. 그만큼 효과는 바닥으로 내려갈 거예요. 반면 서로의 생각과 아이디어를 주거니 받거니 토론하며 진행한다면? 잠도 잘 안 올뿐더러 내 것으로 완벽히 소화하는 데에 도움 될 겁니다. 다음은 토론 파트너예요. 토론 상대방이 내가 존경하거나 흠모하는 사람이면 그만큼 집중이 더 잘 되겠죠. 아, 그렇다고 해서 '불완전성 정리*'를 「키싱 유」의 선율에 맞춰 막대 사탕을 흔들던 소녀시대 유리와 논해

---

* 인공지능의 탄생 및 발전에 지대한 영향을 미친 세기적 정리로, 수학자이자 논리학자 쿠르트 괴델(1906~1978)의 걸작이다. '참이지만 증명할 수 없는 수학적 명제가 존재한다'는 메시지를 담고 있으며, 제1, 제2 정리로 나누어진다. 제1 정리의 골자는 '수학 체계 내에는 참이거나 거짓임을 증명할 수 없는 명제가 반드시 존재한다'는 것이고, 제2 정리는 '수학 체계의 무모순성을 그 체계 자체를 이용해 증명할 수 없다'로 요약될 수 있다. 전자가 체계 내의 개체에 관심을 부여한 것이라면, 후자는 체계 자체를 대상화한 것이다.

서는 곤란하겠죠? 그 경우 토론 자체는 '아웃 오브 안중'이 되고, 온통 파트너의 몸에만 혈안이 될 게 뻔하니까요. (웃음) 그다음은 생생함을 넘어 실재감實在感입니다. 제아무리 화질이 좋고 UI가 뛰어나다 하더라도 동영상 강의는 그저 동영상 강의일 뿐입니다. 교실에 파트너를 모셔 놓고 직접 소통하는 것과 천지 차이라는 말이에요. 요컨대, 앞에서 열거한 두 가지 요소들을 같은 공간에서 직접 체감하는 게 베스트입니다. 이외에 여타 다른 핵심 성공 요소들도 고려할 수 있습니다만, 이 세 개만 갖고도 충분히 설명할 수 있어요.

디지털 프로페서에 있어 제 모토는 '원하는 파트너를 원할 때, 원하는 장소에서 만나 말 나누기의 쾌락을 만끽하자'입니다. '지식 습득 혹은 심화'라는 보편적 교육의 취지는 오히려 토론을 즐기다 보면 자연스레 따라오는 부차적 효과인 셈이죠. 인공지능 기반으로 구현할 건데, 흔히들 생각하는 로봇처럼 하드웨어로 만들진 않을 겁니다. 한계가 다분하기 때문이에요. 가령 괴델 서비스에 막 싫증 나던 참에 튜링이 떠올랐다고 생각해 봅시다. 이 양반 역시 괴델, 폰 노이만과 더불어 제가 좋아하는 3대 고인故人 중 한 명인데, 그렇다면 튜링 로봇을 갖고 오겠죠. 괴델 로봇은 방구석에 패대기쳐 놓고 말이에요. 비용이 만만치 않을 거예요. 물론 '렌털 서비스니 중고 판매니 하는 변수들은 고려하지 않는다'는 전제가 필요합니다. 그러면 버려진 괴델은 곧 고철 덩어리인 셈이기에, 이를 일반화시켜 장기적으로 보면 환경, 폐기, 오염, 재활용 측면 등에 있어 골칫거리가 될 수 있어요. 어른들에게도 아이들 못지않은 변덕과 싫증이 존재하기 때문에 간과할 수 없는 노릇이죠. 또한 동일한 하드웨어는 전 세계에 동시 편재할 수 없습니다. 제 몸이 지구에 있으면서 동시에 달에 있을 수 없잖아요. 하지만 하드웨어를 소프트웨어로 바꾼다면 스토리가 확 달라져요. 재고 문제로부터의 해방이나, R&D 할 때나 돈이 나가지 그 이후부터는 비용이 거의 들지 않는다는 공급자 측면의 장점도 있고, 가변적이고 유연하며 애니타임, 애니웨어는 물론 동시 편재까지도 가능해집니다. 그러니까 이럴 수 있다는 거예요. 언제 어디서나 서비스 이용자인 저와 5명의 디지털화한 저들, 그리고 5명의 괴델들과 5명의 튜링들을 동시 소환해 16인의 디스커션을 할 수 있어요. 그러면 저를 중심으로 연령대가 다양한 저들, 괴델들, 튜링들이 얽히고설켜 디스커션하는 장관이 연출되는 겁니다. 저와 좀 어린 제가 맞붙는다면 어떻게 될까요? 젊은 괴델과 늙은 괴델이 갑론을박한다면 어떻게 될까요? 그리고 늙은 괴델과 젊은 튜링이 한바탕한다면? 정말 꿈 같지 않나요? 자, 그렇다면 존재적 세계에서 괴델을 소프트웨어로 구현하되 인간 그 자체로 느껴지게 하려면 어떻게 해야 할까요? 맞습니다. 3D 홀로그램입니다. 하지만 이렇게 시청각적 외관, 그리고 센싱하고 피드백하는 기제만으로는 불충분해요. 교육 서비스인 만큼 지식을 기본적으로 다룰 수 있어야 하기 때문에 날리지 베이스에 해당하는 모듈symbolism module이 있어야 하는데, 여기에 한 가지 더 필요합니다. '날리지 베이스도 잘 갖추고 있고 인터랙션도 잘 되고 UI도 리치하고 좋아. 그러면 다 된 거 아니야?'라고 생각하실 수 있는데, 아직 부족합니다. 왜냐? 괴델을 좋아하는 사람들의 수준이나 감정 상태가 천차만별이기 때문이에요. 수준이 낮은 사람에게 고난도로 이야기한다면 절대 먹혀들어 갈 수 없겠죠? 이용자와 대화를 나누면서 '아, 이 녀석은 이렇게 접근해야겠구나'라고 디지털 프로페서 스스로 판단할 수 있어야 합니다. 즉, 맞춤화 모듈connectionism or machine learning module이 필요합니다. 센싱, 피드백, 홀로그램, 전문가 시스템expert system[*], 뉴럴 네트워크neural network[**]

---

[*] 특정 분야의 전문가처럼 추론, 판단할 수 있도록 구축한 컴퓨팅 시스템으로, 기호주의symbolism에 기반한다. 크게 지식 베이스와 추론 기관으로 구성된다.

[**] 연결주의connectionism에 기반한 인공지능 구현 모델로, 뉴런과 시냅스라는 뇌의 신경 처리

등 각 요소 기술에 대한 연구들은 전 세계 여러 업체들에 의해 산발적으로 진행되고 있어요. 물론 MIT 미디어 랩 등 대학들도 열심이죠. 그런데 저는 그런 요소 기술 개발에 직접 뛰어들겠다는 건 아니에요. 저와 비교도 안 될 정도로 뛰어난 사람들이 곳곳에서 연구하고 있는데 굳이 뛰어들 필요는 없겠죠. 이들 각 영역이 단독적으로 달성할 수 있는 바도 한정적일 것 같고요. 이처럼 비즈니스적 옵션에는 요소 기술 개발 및 개선에 매진하는 것도 있지만, 진화하는 요소 기술들을 메타 레벨에서 예의주시해 가면서, 상황에 맞게 통합해 서비스화하는 것도 있습니다. 전 인지과학과 비즈니스간의 학제적 딜레탕트로서 당연히 후자에 타게팅하고 있어요. 그려낼 수 있는 자유도 측면에 있어서도, 통합 서비스가 요소 기술보다 더 매력적이고요. 그래서 이런 류의 서비스에 대해 총체적으로 접근하기 위한 모델도 설계해 봤습니다. 'Will You Be My Partner?'라고 명명했는데, 이런 이름을 붙인 건 교육에만 국한하지 않고 다양한 분야에 적용하겠다는 의지의 표명이죠. 물론 최초의 아이디어는 불완전성 정리를 주제로 괴델과 제가 1:1 토론하는 모습에서 잉태됐습니다만, 풍요롭게 인터랙션할 수 있는 UI가 있고, 정교한 날리지 베이스가 있고, 사용자의 눈높이는 물론 성향, 그리고 해당 시점의 컨디션까지도 헤아릴 수 있는 맞춤화 모듈이 있는데 굳이 교육, 학습 도메인에만 한정시킬 이유는 없잖아요. 당연히 다른 분야에도 적용해야죠. 그래야 이 분야, 저 분야 할 것 없이 세상이 골고루 재미있어질 테니까요. 아까 디지털화한 저에 대해 말씀드렸었는데, '조상과 대화하기' 같은 사용자 참여형, 개입형 서비스도 가능하거든요. 저 같은 경우는 태어나기 전에 아버지가 돌아가셨는데 가끔씩 그리울 때가 있었습니다. 어릴 적 동네 목욕탕에

___

과정을 모방하여 병렬적, 분산적으로 계산한다. 사실상 머신 러닝과 같은 의미이며, 최근 많은 이들이 관심을 갖는 딥 러닝deep learning도 이의 한 부분이다.

가면 아빠랑 쌍으로 온 녀석들이 꽤 많았어요. 아빠는 귀찮은 듯 아들 때를 대충 밀어주지만, 꼬맹이 아들 녀석은 사명감을 갖고 아빠 등을 열과 성을 다해 밀어줍니다. (웃음) 제 눈에는 그게 너무나도 아름답게 보이더라고요. 여하튼 제가 생각하는 이 서비스를 구현한다면, 어릴 적 목욕탕에서 느낄 수 있는 그 심도까지는 만끽하지 못한다 하더라도 사람들이 여태껏 단 한 번도 느끼지 못했던 짜릿한 경험을 맛볼 수 있을 겁니다. 어쩌면 21세기 후반의 제사는 이 서비스를 통해 진행될 수도 있겠죠.

그러니까 핵심은, 그 방법이 무엇이건 간에 내가 정말 그 누군가와 함께 있다고 느낀다면 그 느낌의 주체인 나에게만큼은 지금 그 누군가가 함께 있음이 사실이자 현실이라는 겁니다. 이런 철학적 관점이 바로 제가 주창하는 인식주의고요. 바로 이 순간, 내 옆에 앉아 왼손으로 턱을 괴고 오른쪽 눈을 찡긋하는 소설가 오르한 파묵 홀로그램이 내게 오르한 파묵 그 자체로 느껴진다면, 난 지금 오르한 파묵과 함께 있는 겁니다. 그와 같이 있는 게 현실이란 말이에요. 버튼을 누르거나 연지 곤지를 비비거나 부르거나 생각함으로써 홀로그램 파묵을 소환하는 것은 그를 초대하는 다양한 방식들인 셈인 거고요.

이 혁   현실적인 관점에서 접근한다면 뇌를 속인다고 할 수도 있는 건가요?

이석준   이런, 뇌를 '속인다'라는 표현은 존재주의자에게서 나올 수 있는 말이거늘. (웃음)

이 혁   그렇군요. 인식적으로 봤을 때는 꿈이든 뭐든 그 순간 실재한다고 느껴지는 것이 결국 현실이라는 거고요. 말씀을 들어 보니 이 아이디어에 대한 구체적 대안이나 어느 정도의 결과물이 있다면 기업에서도 관심을 가질 것 같네요. 예를 들면 영화 「그녀」에 나온 것과 비슷한 소프트웨어를 개발하겠다고 하면 연구비 지원이 있을 것 같은데요. 물론 컴퓨터가 아닌 다른 수단을 동원해야 한다면 막막해할 것 같지만요.

이석준 아, 이건 당연히 디지털 컴퓨터 기반으로 구현하는 거죠. 서비스명에도 디지털이란 말이 들어가 있잖아요? 그리고 디지털 프로페서에서는 홀로그램 괴델 관점의 자의식 보유 여부가 중요하지 않습니다. 그저 서비스 이용자가 '내가 지금 괴델과 함께 있구나'라고 느낄 수만 있으면 돼요. 그러니까 튜링 테스트* 비스무리한 것만 통과해도 충분하죠. 이를 필두로 '배경·공간 병행하기', '촉각·미각·후각 가미하기' 등 생각한 바를 완벽하게 구현하기까지 20년이 걸릴지 30년이 걸릴지 잘 모르겠어요. 홀로그램도 그렇지만, 날리지 베이스 모듈도 그렇고, 맞춤화·머신 러닝 모듈 관련 기술의 발전 추이를 섬세하게 간파하는 것도 쉽지 않거든요. 게다가 그게 다가 아니에요. 또 다른 문제는 어쩌면 괴델의 후손들에게 허락을 얻어야 하는 부분도 있을 거예요. 그의 지식이나 습성, 사생활의 기억, 이런 것들을 심으려면 말이죠. 학술적인 거야 굳이 가족을 통할 필요가 없을 것 같긴 한데, 저작권이 어떻게 되는지 잘 모르겠어요. 좌우지간 이런 사안들도 있고, 서비스에 대한 사회 문화적 수용도도 헤아려봐야 할 겁니다. 이 서비스에 대한 거부감을 갖는 사람들도 나올 수 있으니까요. 이렇듯 기술부터 해서 초기 데이터 입력, 사회·문화적 분위기 등 조건 하나하나 따지다 보면 시간이 훨씬 더 걸릴 수도 있고, 최악의 경우 아예 못할 수

---

* 수학자 앨런 튜링(1912~1954)이 제시한 인공지능 판별법. 어떤 사람이 대화를 통해 상대방이 기계인지 사람인지 식별할 수 없다면, 그 상대방이 비록 기계일지라도 의식을 갖고 있는 것으로 간주한다. 다분히 행동주의적이라고 할 수 있다.

도 있어요. 어하튼 저는 60살 이전 프로젝트로 생각하고 있습니다. 그 때쯤이면 제 큰 아이가 22살밖에 안 돼요. 대를 이어 연구개발 하게끔 부탁해 볼까 생각도 해봤는데, 녀석이 다른 분야에 흥미를 느낄 수 있고, 또 대를 바로 잇기에는 나이가 너무 어린 것 같아요. 제도권 교육을 전제로 한다면 고작 대학교 1, 2학년 정도니까 말이에요. 녀석이 아주 아주 탁월하다면 모를까, 아무래도 그런 이슈는 상존할 것 같습니다.

그런데 이건 나중에 고민해도 될 문제고, 중요한 건, '어제보다 나은 오늘, 오늘보다 나은 내일'이란 맥락에서 '낫다'에 대한 명확한 기준이 있어야 하잖아요? 그래야 쾌락을 왈가왈부할 수 있겠죠. 위에서 이야기한 모든 것들도 따지고 보면 쾌락 누리기에서 비롯된 거니까요. 구체적으로는 사람마다 다 다를 텐데, 저는 쾌락거리를 이렇게 참 인공지능으로 설정해 놓았으니, '구현의 그날에 한 발 한 발 더 가까워지고 있구나', 이런 느낌이 들어야 쾌락적으로 살아가는 삶이 되는 겁니다.

이 혁 이것을 시발점으로, 후세에라도 연구가 이루어져 실현되는 데 의미를 두시는 거군요?

이석준 제 선에서 마무리할 수 없다면 대물림이 불가피하겠죠. 언젠가 이런 생각도 들었습니다. 특허에 대한 고민을 했었는데, 이게 어떻게 될지 몰라도 이전 책에다 f-business 관련 아이디어를 나름 디테일하게 묘사했거든요. 그래서 변리사 친구도 만났습니다. 그 친구 녀석이 뭔 소리인지 도통 이해하지 못하는 것도 있었지만, 생각해 보니 특허라는 건 돈 문제하고 타이트하게 연결돼 있더라고요. 사실 제가 돈 때문에 이 짓을 하는 게 아닌데 말입니다. 그러자 보편에 반하는 생각이

들기 시작한 거예요. '돈은 돈이고 내 아이디어를 다른 누군가가 가져다가 10년 걸릴 일을 5년 안에 실현해 준다면 오히려 고마운 게 아닐까?'라는 생각 말이에요.

이 혁 목적이 인류의 행복 기여에 맞춰져 있다는 말씀이시죠?

이석준 의식한 적은 없는데, 말씀 들어보니 결과적으로는 그렇게 연결할 수도 있겠네요. (웃음) 게다가 '시간 단축을 넘어 내가 생각조차 못했던 굉장한 아이디어까지 가미된 채, 보다 풍요로운 시스템으로 진화한다면 더 짜릿하지 않을까?' 역시나 진정한 열정과 순수한 딜레탕트적 성향을 갖고 있는 사람이라면 로열티나 라이선스 등에 있어 보다 자유로울 수 있겠다는 생각까지 하게 됐습니다. 아, 그러고 보니 이런 면이 바로 이상적 협업의 요건이 될 수 있겠네요.

이 혁 네, 계속 말씀을 듣다 보니까 떠오르는 생각이 있는데요. 좀 허무맹랑할 수도 있겠지만 미신이라고 터부시하는 사건들이나 초능력 등도 기술이 발달하면 입증할 수 있을 것 같거든요. 그런 것들을 무작정 신과 연결시킬 것이 아니라 인간이 지닌 능력 중 진화할 수 있는 부분이 있다면 그 연결고리를 현실적으로 잘 만들어 컴퓨터의 대안으로 제시할 수도 있을 것 같아요. 이처럼 인간의 숨어 있는 능력을 개발하면 시공간을 초월할 가능성이 충분히 있는데, 아직 개발이 안 됐거나 개발하려다 취소됐거나 그럴 수 있거든요. 미래를 다룬 옛날 영화 속에 표현된 상상들이 지금 많이 이루어진 것처럼요.

13. 조금만 더 얘기합시다

이석준 우리의 대담에서 구체적인 답까지 제시하는 건 무리라고 생각하고요, 이런 정도면 충분할 것 같습니다. '사회적 쾌락 확장을 위한 핵심 수단, 즉 창작이라는 화두에 있어 이렇게 할 경우 내 경험상 창의성이 꽃 피는 것 같더라, 좋은 창작품이 나오더라. 그런데 이런 점들이 한계이긴 하더라'라는 걸 제가 이야기하면, 이혁 씨가 그 구멍을 메꾸어주는 코멘트를 해주실 수 있을 것 같아요. 물론 그 반대 방향도 가능할 거고요. '어? 이건 A 도메인도 그렇고 B 도메인도 그렇고 모두 한계인 것 같은데?', 이런 부분들에 대해서는 함께 대안을 찾아볼 수 있겠죠. 이렇게 진행된다면 굉장히 아름다운 메시지가 나올 수 있을 거예요. 무척 어려운 일이긴 하지만요. (웃음)

이　혁 이렇게 화두를 던지면 어떨까요? 컨설턴트면서 다양한 분야들에 깊은 관심을 가지고 있는 딜레탕트와 음악을 하면서 현실에도 적응하려 하는 음악인이 생각하거나 상상하고 있는 내용. 어울릴 것 같지 않으면서도 어떤 부분에서는 연결 고리가 있으니까요.

이석준 그게 제가 대담집을 제안한 바로 그 이유잖아요. 기본적으로 그런 사람들은 희귀해요. 이 세상에 컨설턴트는 많아요. 음악하는 사람도 꽤 많죠. 그런데 컨설턴트면서 아티스트 기질이 다분한 사람은 굉장히 드뭅니다. 그리고 아티스트인데 정리와 규칙을 무조건 터부시하지 않고 어느 정도 체득해야 한다고 생각하는 사람도 꽤 드물어요. 바로 그런 면을 지향해야 합니다. 제도권이냐 비제도권이냐를 떠나 자기가 속한 집단의 경계 근처에서 아이디어의 실마리를 찾으려 하는. 하지만 제가 속한 도메인의 대다수 사람들은 정규분포의 중앙에만 득시글거려요. 좀처럼 거기서 벗어나지 않으려 하죠. 전 명왕성처럼 멀찌감치 떨어져 한쪽 끝자락에 서 있습니다만……. 하지만 나와 그들 간에 소통이 제대로 이루어져야 쾌락의 꽃을 피울 수 있잖아요? 결국 내 아이디어를 표현하고 소통해야 한다는 거죠. 스피노자가 그런 경우거든요. 그 양반도 신을 중시하긴 했는데 모든 사

■ 눈이 처진 스피노자Baruch de Spinoza
http://www.sevenoaksphilosophy.org

람이 인격신을 이야기할 때, 자연 자체를 신으로 본 거예요. 그러니 절대 다수와 소통될 수 없었고 이단으로 찍혀버린 겁니다. 주지했듯, 이 양반이 핵심으로 주장한 게 감성, 감정, 이런 것들이에요. 이런 면도 지금 우리가 추구하는 것과 잘 연결되는 것 같습니다. 뭐, 스피노자의 견해가 마음에 들고 자시고 간에 사실 전 그의 살짝 처진 눈에 끌려 좋아하게 됐는데,

이 혁 하하.

이석준 (웃음) 제가 철학자들의 외모에 좀 왔다갔다 하는 스타일이거든요? 제가 가장 좋아하는 과학철학자가 파이어아벤트인데, 첫인상은 좋지 않았어요. 「개구쟁이 스머프」란 만화 있잖아요? 거기 나오는 가가멜처럼 생겼거든요. 하지만 그의 철학을 제대로 이해한 이후에는 저와 공통분모가 꽤 많은 것 같아 좋아하게 됐습니다. 호감을 갖게 된 결정타는 『Against

■ 가가멜을 닮은 파울 파이어아벤트Paul Feyerabend
http://pkfeyerabend.org

Method』라는 책에 나온 '과학에는 방법론이라는 게 있을 수 없다. 과학적 방법이란 없다'라는 주장 때문이에요. '만약 있다면 모든 게 다 방법론이다. 심지어 댄스까지도' 그 대목을 읽는 순간,

이 혁 맞는 말이네요.

이석준 제 머릿속에서 '팟'하고 스파크가 일어났어요. 왜 이런 경우가 상당히 드물잖아요? 그러면서 이런 생각으로 이어졌죠. '하물며 어설프게 과학을 따라 하는, 과학보다 더 불확실성이 높고 음모가 난무하는 비즈니스와 일반 사회에 있어 방법론이라는 게 어디 가당키나 한 소리인가!' 모름지기 방법론이라면 상당히 디테일해야 하거든요. 러프하게 상위 레벨에서 톡톡 찍어주는 건 방법론이 아니라 지침입니다. 물론 지침이 있다면 나쁘지 않아요. 개략적 방향은 가늠하게 해주니까. 하지만 방법론은 있을 수도 없지만, 있다손 치더라도 현실적인 의미가 없어요. 왜냐? 아까 비슷한 말씀을 드렸었는데, 비슷한 역량을 가진 사람들이 유사한 정보력으로 동일한 방법론을 적용한다면 결과물 역시 유사할 수밖에 없기 때문이에요. 게다가 고단수의 게임 이론 같은 일이 벌어질 수도 있고요. 기억하시죠? 무한 루프……. 그렇다면 그 결과물의 가치는 당연히 희석되겠죠. 상품이나 서비스를 보더라도 차별화가 이루어져야 가치가 높아지고, 자본주의 체제하에서는 그래야 큰돈으로 연결되니까요. 경제학에서 말하는 아비트러지arbitrage도 생각해 볼 수 있어요. 어떤 특산물이 A 지역에서 넘쳐 난다면 그 지역 내에서는 헐값에 거래될 겁니다. 그런데 B 지역에서는 희귀하다면? 그 특산물을 B 지역에 갖고 들어가 팔면 큰 이윤을 남길 수 있겠죠. 그러면, 곧 A 지역의 어중이떠중이들이 죄다 따라 할 겁니다. 그 결과, B 지역에서도 풍부해지니 곧 헐값으로 전락할 거고요. 이런 현

상은 제품 차별화라기보다는 타이밍의 차별화라고 보는 게 보다 정확할 겁니다. 요컨대 지역적 차이를 이용해 일정 기간 큰 돈을 남길 수 있다는 게 아비트러지 효과인데, 오늘날 영악하고 비즈니스를 잘한다는 사람들은 사실 이런 부류에 가깝습니다. 돈 되는 것을 재빨리 찾아 일을 벌이는 감각이 탁월한 겁니다. 그러나 그런 것들은 사회적 쾌락 파이를 키우는 것과는 거리가 멀죠.

앞으로 우리가 창작에 대해 대화하다 보면 분야를 넘나드는 경험 이야기들이 많이 나올 것 같습니다. 이혁 씨의 경우 엄마에게 뒤통수 맞으며 공부했던 기억도 있고, 고등학교 때 음악하셨던 것도 있고. 그리고 나쁜 친구들하고 어울리던 기간도 있었다 했죠?

이　혁　나쁜 친구들이라기보다는 방황하는 순수한 영혼들이었죠. (웃음)

이석준　예, 좋아요. 순수한 영혼이라 해두죠. (웃음) 아무튼 저는 그런 경험들 모두가 자기의 삶을 고양시킬 수 있는 자양분이 된다고 봅니다. 사회 생활을 하면서 만났던 수많은 분들, 또 멤버들과 웃거나 울거나 싸웠던 경험, 이런 것들 모두 다요. 물론 제게도 그런 거리들이 꽤 있고요.

2장

쾌락

1. 우리도 한번 '잘' 살아 보세

이석준 우리가 어떤 사람들이고, 어떤 문제의식을 갖고 있는지, 그리고 이번 대담에서 어떤 화두들을 다룰 건지에 대해서는 충분히 피력한 것 같고요. 이제 본격적인 논의에 들어가도록 하죠. 쾌락부터 허심탄회하게 얘기 나눠 볼까요? 언젠가 이런 말씀을 드렸던 기억이 나네요. '인간은 누구나 2개의 점과 1개의 구간을 경험하게 된다. 2개의 점이란 태어남과 죽음의 순간을 의미하며, 태어남에는 주체의 의지가 전혀 반영되지 않는다. 자살이라는 드문 사건만 제외한다면, 죽음에서도 역시나 주체의 의지가 개입할 여지가 없다. 결국 개인이 개인다울 수 있는, 주체성을 갖고 개성을 피력할 수 있을 때는 태어나서 죽는 순간까지, 즉 살아감 혹은 죽어감이라는 구간뿐이다.' 그러니까 자의식이 형성된 이후에는 자기만의 색을 갖고 살아가는 게 곧 잘 사는 삶이라는 말인데, 여기서 우리는 그 '잘'이라는 것을 '쾌락'과 연결시킬 수 있어요. 개성이라는 게 그렇잖아요? 개성은 그 발현 주체가 없다면 이 세상에 존재할 수 없는 유일무이한 겁니다. 따라서 개성적으로 살아가며, 생각하고 표현하는 것은 쾌락거리 창출에 지대한 영향을 미치게 되죠. 가령 10명의 사람이 획일적으로 사고하고 표현한다 칩시다. 그러면 다 같이 누릴 수 있는 쾌락거리는 단 1개만 생성될 뿐이에요. 하지만 10명 모두가 개성적으로 생각하고 표현한다면? 최소 10개 이상 나올 수 있죠. 이처럼 주체적이고 개성적으로 살아간다는 건, 단순히 나홀로 쾌락적으로 살아간다는 개인적 차원을 넘어섭니다. 즉, 사회적 쾌락 파이의 확장과도 밀접하게 연결된다는 말이에요.

이 혁 강신주 씨의 『감정수업』에 나오는 쾌락에 대한 내용 중 제 생각과 비슷한 부분이 있어요. 제 주변을 봤을 때, 쾌락이라고 할 만큼의 기분을 느끼면서 사는 사람들은 거의 없는 것 같아요. 건강 유지, 또는 마음 편한 상태만 되더라도 쾌락의 베이스로 충분하다는 생각이 들어요. 그런 베이스가 있어야 그다음 단계로 어떤 즐거움이나 극한의 기분 좋음을 느낄 수 있다고 봐요. 하지만 억눌린 삶을 살아가는 상황에서는 마음 편함조차 바라기 어렵다 보니, 자신이 우주의 일부임을 깨닫고 자연과 일치되는 편안한 상태를 추구한다는 게 무척 어려운 것 같아요. 이건 제가 생각해본 여러 가지 방법 중 하나인데, 남에게 피해를 주지 않는다는 전제하에, 조금은 제정신이 아니거나 술에 취한 듯한 상태로 있는 게 마음을 편하게 해 줄 수 있을 것 같아요. 이래도 되고 저래도 될 것 같은 기분이 드니까요. 우리 사회의 시스템은 건전하고 바른 것만 요구하는 것 같지만 실제로는 너무 병들고 부패돼 있어요. 따라서 그런 사회에 당하지 않으려 정신 차리고 몸부림치기보다는, 내려놓고 약간 몽롱한 상태를 유지하는 것이 더 자유롭고 세뇌된 자신에게서 벗어날 수 있는 좋은 방법이라는 거죠. 저 또한 조금 몽롱하기도 하면서 다른 사람 또는 생명체에게 가는 피해를 최소화하는 한도 내에서 제가 하고 싶은 대로 하는 것을 추구해요.

노예라는 게 실은 내면에서 자기 스스로 만들어낸 것일 수도 있고, 시스템이 설정한 것일 수도 있어요. 자신이 노예라는 것을 인지해야 반항이라도 할 수 있을 텐데, 인지하지 못하는 상태에서 '나는 왜 행복하지 않고 이렇게 찌들어 있는 걸까? 돈이 많으면 해결될까?'라고 생각하게 되는 게 현대사회인 것 같아요. 결국 현대인은 노예라는 사실을 인지하지 못하는 노예인 것이죠. 그래서 혁명이나 노예 제도 폐지 같은 운동도 있을 수 없는 거고요.

이석준   니체의 『차라투스트라는 이렇게 말했다』를 보면 앞부분에 '세 가지 변화에 대하여'란 장章이 나와요. 책의 거의 맨 앞이어서 그런지 많은 사람에게 회자되는 내용인데, 니체는 그 장에서 인간 정신의 세 가지 수준을 이야기합니다. 제일 아래층에 있는 것은 낙타고, 중간층에 있는 것이 사자고, 맨 위층에 있는 건 어린아이죠. 노예의 메타포를 빌리자면, 주인이 뭔가 지적했을 때 '아, 감사합니다. 저는 숙명으로 알고 있습니다. 그저 감사할 따름이죠', 이런 노예 마인드로 살아가는 게 낙타고, 이보다 한 층 위에서 군림하는 게 사자예요. 자신이 원하는 바를 관철시키기 위해 언제나 싸웁니다. 아무리 센 놈이라 해도 수틀리면 맞짱 떠요. 대단하죠? 그러나 이 센 놈 위에 누군가 또 있어요. 바로 천진난만한 아이예요. 매몰차게 싸우더라도 금세 까먹고 까르르 웃고, 완전히 비어 있고, 창조적 에너지로 넘치며, 세상을 긍정하는. 모든 일에 있어 어떠한 의도나 계획도 갖고 있지 않아요. 그냥 즉흥적으로 행할 뿐이죠. 바로 이러한 아이 같은 모습이 우리 어른들에게 시사하는 바가 분명 있는 것 같습니다. 하지만 지금 우리 사회에는 낙타이자 동시에 사자 같은 사람들이 사방팔방에 널려 있거든요. 자기보다 강한 자 앞에서는 한 없이 약한 낙타로, 약한 자 앞에서는 무자비한 사자로 변해 버리죠.

그리고 강신주 이야기를 하셨잖아요? 전 우리 논의의 맥락에 있어 그 양반을 긍정적으로 생각하고 있어요. 이유는 단순합니다. 그 양반 말하는 거나 책을 보면, 무언가 콤플렉스도 있고 굉장히 힘들게 살아온 삐딱한 사람 같긴 한데, 뭐랄까? 주체성은 느껴지거든요. 대다수 철학자들은 니체나 스피노자 같은 사람들의 잠언을 인용하면서, '위대한 사상가들이 이런 주장을 했다. 이들의 주옥같은 메시지를 여러분의 삶에 적용해 본다면, 혹은 기업의 리더십 관점에서 시사점을 도출하자면 어쩌고저쩌고……', 이런 식으로 이야기를 전개합니다. 즉, 특별히 자기만의 주장이랄 게 없기 때문에 시대를 관통하는 슈퍼스타급 철학자들의 말을 그저 배달할 뿐이에요. 하지만 그는 그렇지 않더군요. 맞건 틀리건 확실한 자기주장이 있고, 이를 타자에게 설파 혹은 관철시키기 위한 수단 차원으로 슈퍼스타들의 주장을 활용합니다. 자신감의 발로로도 볼 수 있는데, 좌우지간 전 어떤 것을 주로 삼고 어떤 것을 보조로 삼느냐에 따라 큰 차이가 발생한다고 생각해요.

이 혁 그리고 또, 본인의 삶도 자신의 철학대로 사시려고 하는 것 같고요.

이석준 제가 보기에도 그렇습니다. 프랑스 철학자 베르그송과 달리 본인의 철학적 주장과 일상적 삶을 일치시키기 위해 꽤나 노력하는 것 같아요. 베르그송이 어떤 인터뷰에서 이랬다 하거든요. '철학자의 삶은 자신이 추구하는 철학과 일치해야 하는가'라는 질문에 대해, '그렇지 않다. 내 삶은 나의 철학과 전혀 일치하지 않는다. 나는 그저 철학적 사유를 즐길 뿐이다'라고. 마치 '개그는 개그일 뿐 따라 하지 말자'란 개그콘서트 유행어가 떠오르는 말이죠. (웃음) 그러고 보니 강신주가 철학적 관점에서 이야기하지 않은 것들 중에서도 공감 가는 말이 있습니다. '정말 큰 일을 할 사람이라면 자식을 낳아선 안 된다.' 스코틀랜드의 경험주의 철학자 데이비드 흄도 유사한 이야기를 했어요. '지적知的 생활을 하는 데에 가장 장애가 되는 요소는 중병을 제외한다면 가족뿐이다'라고. (웃음)

이 혁 (웃음) 자식이 있으면 못 하는 게 많긴 하죠.

이석준 그렇죠. 부양가족이 있다면, 시스템과 본인 사이에 괴리가 발생할 경우 아무래도 자신을 시스템에 맞출 수밖에 없습니다. 절이 싫으면 중이 떠나야지요. 돈벌이에 신경 써야 하고, 좋아하는 스타일이 있다 해도 사회적 표준에 어긋난다 싶으면 자제해야 하고, 본능을 통제하고 시스템에 동화돼야 합니다.

전에 이런 말씀도 하셨잖아요? 한때, '넌 왜 가수라면서 TV에서 볼 수 없는 거냐? 돈은 버냐?'라고 걱정했던 이혁 씨 친구들이, 요즘 들어서는 '나는 꿈이 없는데, 너는 네가 하고 싶은 게 뭔지 알고 그대로 잘 살아가고 있어 부럽다'라는 입장으로 바뀌었다고. 이 역시 자연스럽게 쾌락, 꿈 등과 연결될 수 있어요. 저도 클라이언트들, 동료 컨설턴트들과 많은 주제로 다양한 이야기들을 나누는데, 이런 적이 있었어요. 저는 '네 꿈은 뭐냐?'라는 전형적인 질문 대신에 '너는 어느 순간 가장 짜릿함을 느끼니? 변덕스러운 짜릿함 말고 한결같은 짜릿함 말이야'라는 식으로 질문을 던집니다. 그런데 이 질문에 쉽게 대답하는 사람이 거의 없더라고요. 제가 생각하는 쾌락의 기본 토대는 이렇거든요. 자기 자신에게 가장 짜릿하면서도, 순간적으로 체감됐다가 돌연 휘발되지 않고 끊임없이 꿈틀거리는 그 무엇.

이 혁　그게 가능할까요?

이석준　물론 구체적인 사항까지 정의하려면 연쇄적 사고가 필요합니다만, 뿌리, 근원에 해당하는 포인트는 심각하게 고민해야 할 사안은 아니라고 봅니다. 되레 자신의 본능에 충실해야 할 것 같아요. 만일 이것까지 고민의 대상이 된다면 진정성이 작위성이나 의도성으로 왜곡되지 않을까 싶기도 하고요.

2. 그렇게 신은 원더우먼의 신랑을 몰아냈다

이 혁 지속 가능한 쾌락이 어려운 이유는 원초적인 자극이든 상상이든 간에 반복되면 효과가 줄어들거든요. 아무리 재미있는 상상이라 해도 같은 생각을 반복하면 재미없어지고, 또 상상하는 것이 이루어진다 하더라도 그 후에는 흥미를 잃을 수 있으니까요. 예전에 제가 상상했던 성적 판타지 중 하나가 대기실 화장실에서 오럴 섹스를 하다가 사정하지 않고 참은 상태에서 공연을 하는 거였어요. 그렇게 되면 분출하지 않은 수만 마리의 정자 에너지를 공연하는 데 쓸 수 있다고 생각되어서요. 명상에 관심이 생기기 시작하던 시절에는 방중술에 관한 책도 읽은 적이 있어요. 성교의 방법과 사정의 절제를 통해 신선이 되는 방법을 다룬.

이석준 어른도 아이들 못지않게 싫증, 변덕이 죽 끓듯 하기 때문에, 무언가 처음 자극받았을 때는 황홀하게 느껴졌던 거라 해도 누차 반복되면 그 효과가 감퇴하죠. 어떻게 보면 이게 경제학에서 말하는 소위 한계효용 체감의 법칙이잖아요? 하지만 완전히 소멸한 줄 알았건만 어느 순간 또다시 피어오르는 것들이 있습니다. 주로 육체적 쾌락이 그러한데, 저는 이런 것들을 '단순 순환형 쾌락'이라고 불러요. 정말 미칠 듯이 무언가 맛보고 싶었으나, 한 번, 두 번, 세 번, 네 번 반복되면서 욕구가 쭈욱 가라앉고, 그래서 '난 이런 거 못 느껴도 상관없어'라고 생각하지만, 일정 시간이 흐르면 다시금 갈망하게 되는. 그런 측면의 쾌락이 분명 있긴 하지만, 인간을 여타 동물들과 구별해주고, 또 인간 내에서도 개인 간 차별화를 촉진시키는 쾌락도 있어요. 저는 이런 부류의 쾌락이 핵심이라고 생각해요. 이른바 '나선형 쾌락'입니다. 그러니까 단순 순환형 쾌락이라는 기본 토대 위에 나선형 쾌락이 얹혀진 셈이죠.

이 혁 나선형 쾌락이라…….

이석준 좀 헛갈릴 수 있으니, 제 사례를 통해 설명해 드리는 게 좋겠네요. 전 어렸을 적, 그때는 당연히 쾌락이라는 고귀한 개념을 몰랐던 시절이고, 꿈도 막연했었죠. 우리 어렸을 때 생각해 보면 개나 소나 말이나 '대통령 되고 싶어요, 대장 되고 싶어요, 과학자 되고 싶어요, 공주 되고 싶어요, 미스 코리아 되고 싶어요' 그랬잖아요? 그런데 전 그런 것들에는 전혀 관심이 가지 않았어요. 오로지 '원더우먼과 같이 살기'에만 필feel이 꽂혀 있었습니다. 뭐, 소머즈도 엄청 좋아하긴 했었는데, 왠지 원더우먼에게 약간 더 쏠리더군요. 원더우먼 기억하시죠?

이 혁 원더우먼 알죠.

이석준 아무 생각 없던 어린 시절의 어느 날, 로터리식의 흑백 TV 채널을 '타타타타' 하고 돌렸습니다. 물론 그땐 영화 제목도, 배우 이름도 몰랐습니다만, 화면을 수놓은 엄청난 외모의 흑발 여인에게 뻑가고 말았죠. '와~ 되게 예쁘다. 저런 여자랑 평생 같이 산다면 얼마나 행복할까?' 그 즉시 엄마에게 물어봤어요. 엄마의 대답은 '미국 여자랑 같이 살고 싶으면 외교관이

■ 이석준을 외교관으로 만들 뻔했던 원더우먼
http://theredlist.com

돼야 해'였습니다. '아, 외교관. 뭔지 모르지만, 외교관이 돼야 하는구나.' 그때 이후로 늘 마음속으로 되뇌었습니다. '난 외교관이 돼야 해, 난 외교관이 돼야 해, 난 외교관이 돼야 해. 기필코 외교관이 돼야 한다고……'

이 혁 동기부여가 크게 되었나 보네요?

이석준 고3 때 모의고사를 보면, 지망 대학과 학과를 쓰는 난이 있잖아요? 전 무조건 외교학과만 써냈습니다. 1지망 외교학과, 2지망도 외교학과, 3지망도 외교학과. 시험 성적은 좀 기복이 있는 편이었어요. 어떨 때는 체력장 점수를 보태지 않아도 무난히 합격할 수 있는 점수를 받았지만, 어떨 때는 합해도 간당간당한 점수를 받았습니다. 하지만 막상 학력고사에서는…… 보기 좋게 실패하고 말았죠. 어쩔 수 없이 재수하게 됐는데, 역시나 모의고사 볼 때마다 닥치고 외교학과만 지망했습니다. 원더우먼을 잊은 지 꽤 오래됐음에도 불구하고요. 수단을 불러일으켰던 목적은 사라지고, 수단이 그 자리를 단단히 차지한 셈이었어요. 시간은 흘러 어느덧 원서 접수일이 코 앞에 다가왔습니다. 엄마가 심각한 표정으로 말씀하셨죠. '용한 분께서 말씀하시길, 신림동은 막히고 신촌이 뚫렸다 하니 그쪽에 있는 학교를 지원하도록 하여라. 단, 작년처럼 사람 조금 뽑는 학과를 지원해서는 아니 된다. 가능한 한 많이 뽑는 학과를 지원해야 하느니라.' 그래서 당시, 정원 외 입학자를 포함해서 총 440명을 선발하는 덩치 큰 학과를 지원했습니다. 경영학과였죠.

이 혁 하하하!

이석준 뭐, 아무 생각도 없었어요. 그냥 수학을 좋아했고, 경영학에서도 수학을 다룬다 해서 애써 합리화하며 선택하긴 했는데, 다녀 보니, 음…… 의외로 재미있던 걸요? 상당히 나대는 학문이기도 하고, 말도 많이 하고, 폼도 잡을 수 있고, 그리고,

이 혁 수학을 많이 다루나요?

이석준 예, 문과치고는 수학을 많이 다루는 편이고, 또 컴퓨터 관련 과목도 있었기에 제법 적성에 맞는다는 생각을 하긴 했습니다. 하지만 이를 상쇄하고도 남을 공허함 또한 느끼게 됐어요. 무언가 근원적인 질문을 던지면 도통 답을 구할 수 없더라고요. 아니, 경영학의 체계 내에서는 그런 질문 자체가 아예 열외 사항이었습니다.

이 혁 혹시 철학이 빠져 있어서였던가요?

이석준 철학은 구색 차원에서 껍데기만 갖고 왔고, 과학 역시 짝사랑하며 어설프게 흉내 내다 보니 무늬만 갖고 있더군요. 여하튼 그런 경영학과에서 2학년을 마친 후 방위로 복무했는데, 소집 해제 시점부터 복학 시점까지 약 6개월가량의 여유가 있었어요. 그 시간적 여유 덕분에 참 많은 생각을 하게 됐습니다. 난지도 아시죠? 지금은 거대한 빌딩과 깔끔한 아파트들이 즐비한 상암동의 전신. 한때 쓰레기 태우는 냄새가 진동했고, 판잣집이 널려 있었으며, 지금은 하늘공원으로 변신한 쓰레기 산이 위용을 뽐내던 그곳. 거기서 약 9개월간 공부방 활동을 했어요. 오전에는 학교 동아리 방에서 죽 때리고, 오후에는 공부방에서 활동하고, 밤에는 집에서 이 공상 저 궁상 하다 보니 어느 날 한 가지 의문이 떠오른 겁니다. '내게 있어 가장 짜릿한 건 과연 뭘까?

더불어 그 짜릿함이 쉬 휘발되지 않고 오래 지속될 수 있는 그건 대체 뭘까?' 내 몸이 바로 대답해 주더군요. 잠시 사색 하다 보니 그냥 답이 튀어나왔습니다. '나와 타자他者가 있을 경우, 나는 그를 마음대로 컨트롤할 수 있는 반면, 그는 나를 숭배, 경외하는 그런 상황? 거기에 녀석이 나를 직접 감각할 수 없다면 금상첨화일 것 같고…….' 아직 존재적 현실에서는 그런 퍼펙트함을 맛본 적이 없지만 말이에요.

이 혁   주인과 노예처럼요?

이석준   제가 지향하는 건 주인-노예 관계보다 한 차원 위에 있어요. 주인이고 노예고, 둘 다 인간이기는 매한가지잖아요? 같은 인간끼리는 같은 차원, 같은 시공간에서 살아가잖아요? 서로 보고 듣고 만지면서 말이에요. 제가 선택한 대안은 바로 '신'이 되는 거였습니다. 잠시 후 말씀드리겠지만, 신은 기본적으로 인간과 다른 차원과 시공간에 사는 존재자예요. 그러니 신과 인간 간의 관계성은 인간끼리의 관계성과 당연히 다르겠지요.

이 혁   장난감 다루듯이 자기 맘대로요?

이석준   그런 면도 있어요. 그런데 제가 좀 자애로운 신이기 때문에, 피조물 유린 같은 건 전혀 하지 않을 겁니다. (웃음) 어쨌거나 뒤이어 제가 풀어야 할 숙제는 이런 거였죠. '그렇다면 신이 되기 위해 어떤 수단들을 강구해야 할 것인가?' 바로 후속 고민을 시작했습니다. 그랬더니

MECE_{Mutually Exclusive and Correctively Exhaustive}* 여부와 상관없이 몇 가지 선택지가 나오더군요. 작가, 영화감독이나 PD, 교주, 그리고,

이 혁 영화감독이 창조적인 작품을 만드는 사람이니까 넓은 범주에서는 신이라고 할 수도 있지만, 말씀하시는 건 인간을 만들 만한 능력을 가진 신을 의미하는 거 아닌가요?

이석준 그러니까 나만의 'Make Other Worlds!'를 실현해 그 안에 피조물들을 심어 놓고 만끽하자는 게 주목적인데, 작가는 텍스트만 만지작거리는 까닭에 밋밋할 수밖에 없잖아요? 같은 디멘전하에 좀 더 생생함과 입체감을 느낄 수 있는 게 영화나 드라마인 거고요. 세 번째 대안은 디멘전을 달리해서 교주 같은 거,

이 혁 교주는 메신저지 신이라고 할 수는 없지 않나요?

이석준 아까 말씀드렸듯이 근원은 '나와 타자가 있을 경우, 나는 그를 마음대로 컨트롤하고, 반면 그는 나를 숭배, 경외하는 상황'을 만드는 거예요. 신은 이를 위한 하나의 개념 모델이자 수단인 거고요. 따라서 신에 앵커링한다 해도 거기에 100% 고착될 이유는 없습니다. 유연해야해요. 그리고 교주가 되면 육체적 쾌락도 충분히 누릴 수 있잖아요?

이 혁 육체적 쾌락이요?

---

* 논리적, 구조적 사고를 위한 핵심 요건으로, 분석 시 상호배타적이고 완전포괄적이어야 함을 의미한다. 즉, 나누어진 부분들 간에 상호 중복이 없어야 하며, 이들을 종합할 경우 누락이 없어야 한다. 퍼즐을 생각하면 쉽게 이해할 수 있다.

이석준 「그것이 알고 싶다」 같은 프로그램을 보면……. (웃음)

이 혁 (웃음) 아, 그런 사이비 교주를 말씀하시는 거군요. 저도 사이비 교주에 매력을 느끼는 편인데, 교인들이 교주를 맹신하면서 이상한 거, 얼토당토않은 거, 어색한 거, '어떻게 저럴 수 있을까?' 하는 것들을 아무렇지도 않게 한다는 게 신기해요. 영화로 말하면 B급 호러 영화처럼 말도 안 되는 것들이 실제로 이루어지니까 그런 점에서 재미있는 것 같아요. 단지 아무나 할 수 있는 건 아니라고 봐요. 사기꾼이라고 치면 굉장히 높은 레벨이어야 가능한…….

이석준 그리고 마지막이자 네 번째가 바로 인공지능입니다. 학제적 접근을 통해 형상화된 실체를 만들어 내는 대안이죠. 제가 비록 경영학과 학생이었지만, 철학에 대한 갈구가 있었고, 컴퓨터과학이나 수학도 함께 다뤄 왔으니까, '이게 나한테 제일 맞겠다. 인공지능을 통해 신이 되어야겠다'라고 결심한 겁니다.

이 혁 그렇군요!

이석준 휴학 기간 동안 얻은 수확이 그거였습니다. '좋아, 난 이 길을 가리라' 결심하고, 3, 4학년 때는 다른 학과들을 기웃거리며 청강도 하고 그랬어요. 물론 경영학과에서 개설되는 '전문가 시스템', '뉴럴 네트워크' 등 인공지능 관련 과목들도 수강했습니다. 하지만 4학년이 되어서도 여전히 펀더멘털에 대한 갈증이 해소되지 않더라고요. 답답함에 시달리던 어느 날, 경영학과 게시판에서 흥미로운 공고를 발견했습니다. '국내 최초로 인지과학 대학원생 모집.' 솔직히 그때까진 인지과학이 뭔지 잘 몰랐어요. 제가 좋아하는 『괴델, 에셔, 바흐』라는 책이 있는데, 그걸 통해 살짝 인지만 했을 뿐, 피부로 와 닿는 그런 느낌은 없었죠. 그런데 공고문을 쭉 훑어 봤더니, 이건 뭐 철학에, 컴퓨터과학에, 물리학, 신경과학, 언어학, 논리학, 심리학, 이런 것들이 총망라된 엄청나고도 신선한 분야였어요. '우와~ 맞아. 바로 이거야!' 그래서 경영학과를 내팽개치고 인지과학 대학원에 입학하게 됐습니다. 그런데 거기서 다양한 강의를 듣고 논문도 읽어 보니까, 학교에서 다루는 인공지능은 죄다 컴퓨팅 기반인 거예요. 그렇게 계산주의의 테두리 내에서만 왔다 갔다 한다면 제가 품었던 꿈과는 엄청난 괴리가 발생할 수밖에 없거든요. 인간에 필적하는, 아니 인간을 넘어서는 그런 피조물을 만들고자 인공지능에 뛰어들었건만, 제도권에서 구현 방안이랍시고 파고드는 건 그렇지 않았습니다. 이렇게 해서는 제아무리 메모리나 컴퓨팅 파워가 개선된다 해도 이성적 프로세싱이 가능한 부분만 구현할 수 있을 뿐이거든요. 인간스러움에 보다 가깝거나 인간에게 있어 더 많은 비중을 차지하는 자의식, 느낌, 감정, 이해, 광기, 뻥, 자유의지, 변덕, 싫증, 페티시 등등과 같은 부류들은 구현 불가였습니다. 설사 구현 가능하다 해도 시뮬레이션에 불과할 수밖에 없는 노릇이었고요. 그렇다면 이건 제 갈망과 너무나도 동떨어지는 겁니다.

이 혁　만일 데이터양이 더 많아지고 디테일해지면 감정까지 컴퓨터로 분석할 수 있지 않나요? 예를 들면 호르몬 분비에 대한 수치와, 심장 박동 등을 체크해서 뇌에 미치는 영향 등을 연구한다면요.

이석준　분석은 되죠. 분석은 가능한데, 구현이 문제라는 겁니다. 분석이 구현을 담보해주는 건 아니니까요. 주류 뇌과학이 맞다면 제 가설을 일부 손 봐야겠다는 생각을 하기도 합니다만. 가령, 뇌에 전기 자극을 주면, 그로 인해 발화된 화학 물질이 뉴런과 뉴런 사이에서 들락날락하게 되는데 그 속도가 엄청나 인간의 체감 수준을 넘어서거든요. 물론 그런 것들을 감지할 기관도 없고요. 그러니 어떻게 보면 감성적이거나 광기 어린 것도 우리가 감각하지 못할 뿐, 실은 뇌 안의 계산 기제일 수 있어요. 일례로, 뜨거운 물에 왼손을 담갔다고 합시다. 그 경우 왼손이 뜨겁다는 사실은 왼손에서 느껴집니다. 머리 부분이 뜨겁진 않아요. 그러니까 외부 자극으로 인해 발원지에서 뇌까지, 다시 뇌에서 발원지까지 전기 신호와 신경 전달 물질이 고생 고생하며 싸돌아다닌다는 건데, 우리는 그런 것들이 흘러가고 있음은 전혀 눈치채지 못합니다. 그저 결과적으로만 왼손이 뜨겁다고 느껴져 물에서 손을 빼게 되죠. 비록 그 과정은 인지할 수 없고 오로지 결과만 인지할 수 있다 해도 이런 면은 정말 신비롭습니다. 자, 대관절 기계를 통해 이걸 어떻게 구현할 수 있을까요? '손이 담긴 물의 온도를 측정하라. 손의 정상 상태 유지 가능 온도 구간은 몇 도에서 몇 도 사이다. 몇 도 이상이거나 이하면 손이 파손된다. 측정 결과, 현재의 물 온도는 손 파손 역치를 넘는다. 영 점 몇 초 이내에 손을 빼내도록 해라. 이때 얼굴을 어떻게 찡그려라. 입을 어느 정도 벌려라. 소리를 몇 데시벨 이상으로 발생시켜라.' 이런 식의 알고리즘을 통해 구현 가능할 겁니다. 그렇다면 현상적으로는 물이 뜨거워 손을 빼는 것으로 보이겠죠. 하지만 그 손을 빼는 주체 관점에서 생각해 봅시다. 그 친구가, 우리 인간이 그러하듯 언어로 표현하기 어려워 그냥 '앗, 뜨거!'라는 비명으로 퉁 칠 수밖에 없는 그 유니크한 고통을, 적나라하게 느낄 수 있을까요? 신호의 흐름 과정이 찰나고 자시고 간에 여하튼 우리는 그렇게 느끼지 않습니까? 저는 이러한 느낌, 자의식 같은 것들은 컴퓨팅의 펀더멘털이라 할 수 있는 논리, 이성, 기호, 인과율 따위에 의해 범접할 수 없는, 이들을 넘어서는 그 무엇이라고 생각합니다. 그렇다고 해서, 인공지능 비관론자처럼 때려죽여도 구현 불가라고 생각하는 건 아니고요.

이런, 나선형 쾌락에 대한 사례 이야기가 여기까지 사고를 발산시켰네요. (웃음) 여하튼 저의 인공지능에 대한 천착은 타자와 저를 구분해 주는 일종의 개성적 쾌락 요소가 되는 겁니다. 이게 바로 나선형 쾌락의 진면목인 셈이죠. 이건 삶의 이정표로 절대 소멸하지 않을 거예요. 저 지점이 내가 현시점에서 설정한 궁극적 목표라면, 그 포인트에 다가가기 위해 그저 파고드는 겁니다. 물론 아무 생각 없이 저절로 말이죠. 그런데 그 길은 탁 트인 고속도로처럼 단숨에 지날 수 있는 그런 길이 아니에요. 가다가 미끄러지고 반성하고 개선하고, 다시 가다가 미끄러지고 반성하고 개선하고를 수차례 반복해야 하는 'The Long and Winding Road'입니다. 그래서 '나선형'이라는 수식어를 굳이 붙인 거죠.

이 혁 작가님의 연구는 현생에서 이루어질 수도 있고 다음 세대에서 이루어질 수도 있다고 하셨는데, 그렇다면 어떻게든 현생에서 이루어내야 쾌락에 이르는 것인지, 아니면 현재 연구를 진행해가는 과정 자체에서 쾌락을 느끼고 있는 것인지 궁금해요.

이석준 그것도 제가 고민했던 바예요. 아직 목표 지점에 도달하진 못했기에 실현 후의 느낌은 정확히 알 수 없습니다만, 도달코자 몸부림치는 과정에서도 충분히 쾌락을 만끽할 수 있다는 게 현재의 생각입니다. 새로운 질문을 던지고 도전하다가 깨지고 문제를 재정의하고 해소 혹은 해결하고, 다시 새로운 질문을 던지고……, 이런 사이클 속에서 말이죠.

우여곡절 끝에 목표 지점에 도달하면 여러 가지 경우의 수가 발생

할 것 같긴 한데요. 잠깐만요. 말씀드리기에 앞서 한 가지 짚고 넘어
갈 게 있어요. 갑자기 '궁극'이란 단어가 과연 적절한 상황에서 제대
로 쓰이고 있는지에 대한 의문이 듭니다. 궁극은 절대적 마지막을 의
미하잖아요? 그런데 궁극적 목적, 목표라고 설정한 곳에 도달했을 때
이럴 수도 있거든요? 목표 지점에 도달했다면 이는 무언가 성취했음
을 의미하기에 인식의 지평 또한 과거 수준 대비 확장됐을 가능성이
농후합니다. 아는 만큼 보인다고, 내가 지금껏 궁극이라 생각했던 그
포인트가 알고 보니 궁극이 아니라 단지 중간 어딘가에 불과했다는
사실을 뒤늦게 깨달을 수 있다는 거죠. 따라서 궁극이란 말은 함부로
쓰면 안 돼요. 목표 지점에 도착하는 순간 개안해서, 진전된 새로운
목표를 다시 설정하는 경우가 허다하니까요. 고로 굳이 쓰고 싶다면,
그 앞에 '잠재적'이란 말을 달아야 할 겁니다.

그건 그렇고 아까 어디까지 이야기했었죠? 아, 목표 지점에 도달하면
이럴 수 있을 것 같아요. 새로운 목표를 재설정하는 경우가 있을 수
있고, 필생의 목표를 달성한 나머지 허무의 나락으로 떨어지는 경우
가 발생할 수도 있습니다. 오랜 세월, 고생 고생하면서 도달하고자 했
던 고지가 바로 여기였건만, 막상 도착하고 나니 그 즉시 쾌락이 사라
지고 마는…….

이 혁 하하하.

이석준 우와, 드디어 해냈다! 가만 있어 봐. 그런데 이제부턴 뭘 한다? 날 지
금까지 채찍질하면서 여기까지 이끌어준 에너지가 사라졌는데, 이
제 뭘 해야 하는 거지? 그저 내 피조물들이 어떻게 노는지 감상해야
하나?

이 혁 일반적으로는 그다음부터 아닌가요? 만들어낸 인공지능을 가지고 놀면서 즐겨야 하는 거 아니에요?

이석준 맞습니다. 그것도 당연히 경우의 수에 포함돼야겠죠. 사실 최초 세팅할 때의 바람도 그거였고요. 그런데 도착해 보니 새로운 눈이 뜨인 겁니다. '이것만으로는 충분치 않아. 난 또 다른 도전을 해야 해' 이렇게 될 수도 있고, '내가 원하던 세계를 만들고 보니 예상과 달리 마음 한 구석이 허전하네?' 즉 허무주의에 빠질 수도 있고, 그리고 지금 질문하셨듯 실현 직후부터는 만끽하며 여생을 보낼 수도 있습니다. '와, 드디어 신이 됐다. 이제부터 신나게 내가 만든 우주와 피조물들을 갖고 놀아야지.' 저도 어떻게 될지 모르겠어요. 다만 두 번째 경우는 발생하지 않았으면 좋겠습니다.

이 혁 허무주의에 빠지는 거요?

이석준 예. 저의 상상력이 다시 한 번 빛을 발하지 못한다면, 그 허무가 우울로 이어지고 결국은 빌딩에서 뛰어내릴 수도 있지 않을까라는 걱정도 듭니다. 일전에 차기작 후보 중에 투신자살에 관한 이야기가 있다고 말씀드렸잖아요? 그게 갑자기 떠오른 게 아니라 이 같은 고민의 맥락에서 형성된 거예요. 아무튼 비극적인 사태가 벌어질 수도 있긴 한데, 그렇다고 해서 미래의 불확실성이 두려워 가던 길을 바꾸는 건 어리석은 짓이라고 생각해요. 그래서 계속 자위도 하고 합리화도 하고 있습니다. '나는 남들이 전혀 생각지도 못하는 걸 고안해 내는 위대한 사람이기에, 또 다른 새로운 것들도 얼마든지 만들어 낼 수 있다고!' (웃음)

이 혁 그렇다면 지금도 쾌락을 충분히 느끼신다는 말씀이죠?

이석준 그렇죠. 단순 순환형 쾌락 얘기에서 말씀드렸다시피, 저는 육체적 쾌락도 간과할 수는 없다고 봐요. 그런데 선입견 때문인지 쾌락은 십중팔구 육체적인 것에만 적용된다는 생각이 사회 전반에 만연한 듯합니다. 하지만 제 쾌락론은 메타 레벨을 견지해요. 가령, 육체에의 탐닉은 당연한 거고, 절제하는 것 역시 쾌락이라는 거죠. 절제도 자율성에 입각한 거라면, 거기서도 충분히 짜릿함을 맛볼 수 있기 때문입니다. 이렇듯 쾌락은 다층적이고, 상대적이며, 주관적 사안으로 환원될 수밖에 없어요. 얼마만큼 자기가 바라는 대로 살아가느냐의 여부가 쾌락적 삶의 수준을 가늠해 주는 하나의 지표인 겁니다. '자기가 바라는 대로'라는 말에서도 알 수 있듯, '내가 진정 바라는 게 뭐냐?', 이게 쾌락 누리기를 위한 첫 번째 질문이 돼야 하고, 아까 이혁 씨가 말씀하셨던 '사회에 반하는 경우'에 대해서도 고민을 수반할 필요가 있죠. 내가 원하는 게 사회에 반한다면 어떻게 해야 할 것인가? 자기가 정말 원하는 거라면 반드시 하는 게 맞습니다. 그러나 그 반향으로 다가올 그 무언가가 두려워 이러지도 저러지도 못하는 거잖아요? 사회에는 내 의사와 상관없이 길고 긴 시간이 흘러오면서 견고화된 시스템이라는 게 떡하니 자리 잡고 있기 때문에 말입니다. 하지만 시스템을 파괴할 힘이 없다고 해서 취할 수 있는 대안 또한 없는 건 아니거든요. 각자 자신만의 인식적 세계에 들어가 사는 방법도 생각해 볼 수 있어요. 존재적 세계와 단절하고 '나는 홀로 나만의 꿈을 꾸며 살아가겠노라' 이렇게 마음먹으면 아무것도 문제 될 게 없어요. 이 역시 잠시 후에 말씀드릴 레퍼토리이긴 한데, 부정적으로 하는 이야기가 아니에요.

3. 닥치고 돈

이 혁　쾌락에 있어, 현대인은 불리한 조건에 놓여 있다는 생각이 들어요. 자본주의 사회다 보니까 아까 말씀하신 네가 진짜 원하는 게 뭐냐고 물어보면 돈 얘기를 하는 사람들이 많거든요. 그렇게 되면 일단 행복의 기본에서 벗어나게 돼요. 많이 벌건 적게 벌건 비교되고, 하기 싫은 것도 계속해야 하고, 스트레스도 받고. 돈이 행복의 담보가 아니라 불행의 근원이 돼버리는 셈이죠. 과거에 원시인들이 행복했는지 안 행복했는지 모르겠지만, 다큐멘터리를 보면 사냥 후 누가 잡았는지와 상관없이 다 같이 나눠 먹더라고요. 연세 많은 족장님께 맛있는 부위를 드린다든가, 임산부들에게 좀 더 좋은 부위를 준다든가 하는. 이런 식으로, 납득할 수 있는 부분에서 서로 나누고 그러면 스트레스가 없을 텐데, 현대에 와서는 잘못된 게 당연한 것처럼 인식되고 있어요. 문제는 그렇기 때문에 초등학교 때 배운 윤리에 반하는 것들이 현실에서는 그냥 정상인 것으로 받아들여진다는 거예요. 예를 들어 '안 걸리면 그만이야'라는 생각이나 다른 사람들보다 자신부터 챙겨야 한다는 등의 태도들은 초등학교 때 배운 것에 반하는 거잖아요? 그런 태도나 가치관은 사회에서 익히게 되는데, 이런 면에서 자본주의 시스템은 쾌락의 기본 요건을 충족시켜주지 못하는 것 같아요. 그러다 보니 쾌락의 조건으로 육체 또는 돈만을 얘기하게 되는데, 안타깝게도 많은 사람이 최하위 수준의 쾌락들을 꿈꾸고 있다 봐야겠지요.

이석준　미국에서 MBA 학위 받고 온 친구들이 이구동성으로 하는 이야기를 들어보면, 한국 유학생들끼리 이야기할 때 이런 주제에서 크게 벗어나지 못했다고 하더군요. 돈, 부동산, 주식, 여자, 정치, 그리고 골프.

이 혁 최근에 자기계발서 또는 인문학에 대한 책들이 많이 나오고 있는데요, 대부분 자기 성찰에 대한 접근이 아니라 성공하고 돈 버는 쪽으로 연관을 지어서 접근해요. 순수한 학문조차도 독자나 전달자들에 의해 의미가 퇴색되어 버리는 것 같아요. 행복의 조건을 돈에만 집중하게 만드는 사회다 보니 점점 더 행복과 멀어지고 진정한 쾌락에는 가까이 갈 수도 없는 상황이 돼버렸어요. 이렇다 보니 퇴폐 마사지 방이나 유흥업소에서 여자 다리나 만지는 것이 쾌락인 줄 알고, 놀 줄 모르는 사람들이 된 거예요. 우리나라 사람들이 세계적으로 엄청 저질이라고 소문 난 이유도 여기에 있어요. 질 낮은 쾌락을 찾을 수밖에 없는 사회가 형성돼 있기 때문인 거죠. 어떻게 보면 불행하고 불쌍한 사람들이 돼버렸어요.

이석준 시스템이 그런 걸 교묘하게 이용하기도 하죠.

이 혁 이번 브라질 월드컵 때 생긴 사건들을 보면서 생각한 게 있는데요, 쾌락이나 행복은 먼저 인간이 기본적으로 지켜야 할 것을 철저하게 지킨 후에나 추구할 수 있다고 봐요. 브라질 정부가 경기장 주변에 있는 빈민촌을 철거하는 과정에서 어린이, 여자, 노인들을 가리지 않고 너무 많이, 잔인하게 학살했어요. 겉으로는 스포츠를 통해 인류의 평화와 화합을 추구한다고 하지만 그런 식으로 진행하는 월드컵이나 올림픽이라면 차라리 없애는 게 낫죠.

이석준 인간끼리 상처를 주고받는 양상이 약육강식 법칙에 따라 상위 계층이 하위 계층을 일방적으로 두들겨 패는 식으로 전개되는 경우도 있지만, 동등한 계층 내에서 적군, 아군으로 갈려 싸우는 경우도 있잖아요. 정치만 해도 여당과 야당이 있는 것처럼 말이에요. 여당에서 누군가를 요직에 추천할 경우, 야당은 그가 무수한 장점을 갖고 있다 해도 한 가지 단점이라도 보이기만 하면 집요하게 후벼 파면서 물고 늘어지죠. 마찬가지로 야당에서 보기 드문 인물이 등장하면 여당은 물귀신 작전을 써서 어떻게든 익사시키려 듭니다. 어느 누구에게도 상처를 주지 않는 그런 세상이 과연 도래할 수 있을까요?

이 혁 완벽하게 상처 주지 않는 세상은 불가능할 수도 있어요. 예를 들어 동물의 왕국을 봐도, 약육강식이 존재하고요. 물론 짐승은 단지 자신이 배고플 때만 사냥하지만 사람은 욕망이나 재미로 사냥하고 희생시킨다는 게 문제죠. 식물이 땅의 영양분을 흡수하듯 살아가야 하는데 말이죠. 인간이 농사를 짓고 사냥한 것을 보관할 수 있게 되면서 욕심이 생겨났다고 하는데, 저는 인간이 인류를 통해 절제하고 컨트롤할 수 있는 능력을 갖고 있다고 봐요. 하지만 현재는 그런 인류까지도 이용하는 사람들이 있어요. 이번 브라질 사태에 대해서는 방관하면서, 이라크나 아프가니스탄에 대해서는 자신들이 취할 이득이 있으니 인권을 지킨다는 명분하에 전쟁을 일으키죠.

이석준 이런 뉘앙스의 말씀을 하셨잖아요? 짐승들은 살기 위해 폭력을 가하지만 인간은 재미 때문에라도 폭력을 행사한다고.

이 혁 예.

이석준 재미는 어떻게 보면 인간에게 있어 핵심적인 쾌락 요소로 볼 수 있는데,

이 혁 그렇게 볼 수 있죠.

이석준 그렇다면 그런 면을 여타 동물들과 비교해 가면서 부정적으로만 보는 게 옳은 걸까요? 인간이라는 종자의 독특한 특성으로 받아들여 중립적으로 볼 수도 있을 것 같은데…….

이 혁 그 부분에서 짚고 넘어가야 할 것이 있는데요, 쾌락을 위한 행동을 할 때 사람이든 동물이든 상대가 원하지 않는 것은 하지 말아야 한다는 것이에요. 기본적으로 사람이건 어떤 생명체건, 타자에게 최대한 피해를 주지 않을 수 있는 방향으로 쾌락을 추구해야 해요. 피해 주는 방향 말고 좋은 영향 또는 영향 없는 방향으로 포커스를 잡아야 한다는 거예요. 얼마 전에 지나가다 통돼지 바비큐 하는 걸 봤는데 인간이 굉장히 잔인하다는 생각이 들더라고요. 그런 걸 보면 채식주의자들이 말하고자 하는 것이 조금은 이해가 돼요. 감정이 있고 느끼고 생각하는 동물들도 나름의 삶이 있는 건데, 가둬놓고 학대하듯 대량으로 사육해서 죽이고 그것을 또 섭취하고 있으니까요. 옛날에는 산에서 뛰어놀다가 잡히거나, 주인과 목장에서 이리 뛰고 저리 뛰고 하는 상황이었으니까 나름대로 삶의 스토리가 있었지만, 지금은 좁은 공간에 가둬놓고 사료 주고 주사 맞혀 키우다 바로 죽이는 식이니까 '뭔가 잘못된 거 아닌가?'라는 생각이 들어요. 태어나자마자 학대당하며 스트레스 받는 생명체를 인간이 먹고 있는 거고, 이렇게 되면 인간에게도 나쁜 에너지가 들어올 것 같아요. 근대화되면서 더욱 더 자연에 반하는 일들을 너무 많이 하고 있고, 자본주의의 노예가 되어 행복한 삶은 커녕 힘들게 살아가며 알 수 없는 갑갑함에 한숨 쉬는 분위기가 느껴져요. 이렇다 보니 집중할 수 있는 문화라는 게 스포츠나 드라마, 연예인 얘기, 게임에 국한될 수밖에요.

이석준　별 노력을 들이지 않고 약간의 액션만 취하면 금세 결과가 나오는, 그런 것들만 반기죠. 재계도, 학계도, 정부도, 아니 사회 전반적으로요.

이　혁　네, 삶에 대해서 고민하기도 싫은 것 같고 해본 적도 없는 것처럼 보여요. (웃음) 간혹 정상이 아닌 것에 대해 고민하다가도 돈이 결부되면 다 이해가 된다는 분위기고요.

이석준　나선형 쾌락 관점에서 이혁 씨 본인의 쾌락을 설명한다면 어떻게 될까요?

이　혁　저 같은 경우는 쾌락의 측면에서 생각해 봤다기보다는 저 또한 자본주의 사회의 노예에 불과하다는 생각을 하게 됐고, 그러다 보니 '약간 반항적이면서 의구심을 갖는 노예?' 정도가 맞을 것 같아요. '이렇게 사는 게 제대로 사는 게 맞나?' 끊임없이 생각하고 있고요. 적극적으로 쾌락을 추구한다기보다는 '남이 나를 귀찮게 하지 않고 편안하게 그냥 내버려 뒀으면 좋겠다'라는 마음이에요. 공연에 대한 것은 구름이 무거워지면 비가 내리듯 자연스러운 에너지의 흐름이라는 생각이 들고요. 공연할 때는 좋은 느낌이나 기분이 드는 경우가 많아요. 이 외에 쾌락이라는 단어는 마음과 몸이 편안하고 구름 위에 누워 둥둥 떠다니는 무념무상의 상태를 떠올리게 해요. 그리고 저와 관계하고 대화하는 사람들이 친절하면 더 좋겠어요.

이석준　나선이라는 표현을 쓰건 안 쓰건 간에, 주변의 수많은 사람 중에 자기가 뭘 할 때 좋은지, 그리고 그중 변덕 없이 꾸준한 게 뭔지 이런 것에 대해 아는 사람이 거의 없어요. 그리고 설사 좋은 게 있다손 치더라도 열 명이면 열 명 모두 다 거의 똑같죠. 그게 뭐냐? 바로 돈입니다. 돈을 최대한 많이 버는 것. 그다음 대기업 같은 곳을 전제로 한다면 가능한 한 최고로 높은 자리까지 올라가 오래 버티는 것, 이런 생각들뿐이에요. 그런 사람들은 종속적인 삶을 살 수밖에 없어요. 가령, 상위 직급자가 출장을 갔거나 휴가 간 날이면, 대다수 부하 직원들은 좋아라 합니다. '야호, 어린이날이다!'라고 외치며 깡충깡충 뛰고, 느지막이 출근해서는 대충 뭉그적거리다 일찍 퇴근하죠. 이게 바로 타인 의존의 전형적 예거든요. 그런데 이런 현상이 직급 낮은 대리나 과장급에만 국한되는 게 아닙니다. 상무, 전무, 부사장 같은 임원들도 마찬가지예요. 그렇다면 CEO라고 해서 다르냐? 그럴 리가요? CEO도 별반 다르지 않습니다. 고급 노예도 어찌 됐든 노예는 노예니까요. 물론 그는 '누가 출장을 갔네 안 갔네'가 중요하진 않아요. 그 대신, 어떻게 해서든지 오너 눈 밖에 나지 않으려 발버둥 치죠. 기업이 긍정적 존재자라는 전제하에 그네들의 목표를 단순하게 정의하자면, 결국 돈벌이를 잘할 수 있을 만한 아이디어를 실행에 옮겨 돈을 잘 벌어들이는 거잖아요?

이 혁 네.

이석준 단언컨대, '착수 첫해의 매출이 백 원에 불과하다 하더라도 4년 후부터 만 원 이상 벌어들일 가능성이 있으니, 난 이 비즈니스에 투자할 거야'와 같은 소신을 갖고 일하는 CEO는 단 한 명도 없어요. '첫 년도 매출이 백 원일 거라고? 얘들아, 그러지 말고 백일 원이라도 벌어들일 수 있는 아이디어 좀 강구해 와봐' 그러면서 속으로는 이러죠. '3년 후 성과는 내 알 바 아니고, 내가 그때까지 살아남는다는 보장도 없구먼.' 수단과 목적이 전도됐어요. 무언가 사회적 가치를 높일 수 있는 뚜렷한 결과물을 내놓기 위해, 자기가 오랜 기간 꿈꿔 왔던 것을 현실화하기 위해 일하는 게 아니라, 단지 돈을 벌기 위해, 사장이 되기 위해서만 일합니다. 자, 그러면 제가 아까 '기업이 긍정적이다'라는 전제를 굳이 단 이유가 이해될 겁니다. 솔직히 말해 우리나라 기업들이 하는 작태들을 보면 사회를 위한 것들이 거의 없기 때문이에요. 저는 사회적 쾌락 파이 확장에 기여하는 것이 모든 기업이 지녀야 할 미션이라고 봅니다만, 경영이나 쾌락, 아, 대중적인 표현으로 하자면 '쾌락'이라는 말보다 '가치'라는 말이 더 적합하겠네요, 그러니까 '선 가치-후 수익' 이런 자세로 비즈니스에 임해야 하는데 전혀 그렇지 않습니다. 여전히 '선 수익-후 가치'입니다. 아니, 엄밀히 말하면 가치도 아닙니다. '의사擬似 가치'라고 하는 게 맞을 것 같아요. 이는 따지고 보면 '수익'에 대한 다른 이름일 뿐이죠. 결국 '선 수익-후 수익'인 셈이에요.

이 혁 그렇군요.

이석준 따라서 대한민국 비즈니스 도메인에 있어 만연할 수밖에 없는 게 카피 문화입니다. 다들 R&D한다 어쩐다 떠들지만 실제로 대기업들의 R&D 비용을 까보면, 새롭고 구체적인 청사진하에 무언가 구현하려는 경우는 거의 없어요. 죄다 루틴한 것들과 관련되죠. 그저 스펙만 화려한 연구원들의 급여라든가, 숙박비·식비 등 그들이 외국에 벤치마킹하러 가서 쓴 각종 비용, 글로벌 전시회 참여 및 참관, 기존 연구 설비의 확충이나 개·보수, 연구 단지 조성이나 건물 짓기, 해외의 권위 있는 리포트 구독 등등…… 세상 사람들이 단 한 번도 경험하지 못했던 짜릿한 섬씽 뉴를 개발하겠다는 뜨거운 의지나 서비스 기반의 구체적 비전을 갖고, 장기적으로 투자해 가면서 고민하고 결과 내고 개선하고 이러는 경우는 거의 찾기 어렵습니다. '어이, 애플 좀 베껴

봐. 물론 약간 바꾸긴 해야겠지, 특허 침해에 걸리지 않도록' 이런 식으로 하다 보니, 그것이 쾌락이라 표현되건 가치라 표현되건, 대한민국에서는 파이가 좀처럼 긍정적으로 형성 되지 못하더라고요.

이 혁   그렇겠네요.

이석준   어쩌다 운이 좋아 형성된다 하더라도 좀처럼 커지지 않아요. 언제나 코딱지만 한 크기에서 오르락내리락할 뿐이죠. 그러니까 이 난국을 헤쳐나가기 위해서는 기본적으로 기존과 다른 노력들을 많이 해야 합니다. 사실 기업들의 비즈니스 행위 자체가 곧 CSRCorporate So-cial Responsibility*이 돼야 정상입니다. 존재하지 않았던 새로운 서비스를 떡하니 내놓아서 사람들이 단 한 번도 누려 보지 못했던 쾌락을 체감하게 해준다면, 혹은 기존했더라도 꾸준한 기능 향상으로 사람들이 느껴왔던 쾌락의 강도를 비약적으로 높여준다면, 이게 바로 기업이 사회적 책임을 제대로 이행하는 것 아니겠어요? 요컨대 기업은 제품이나 서비스로 승부를 걸어야 하며, 이것들을 제대로 만들어 시장에 내놓는 게 곧 진정한 CSR이라는 말입니다. 그 이상 뭐가 필요하겠어요? 하지만 안타깝게도 다들 정반대의 행보를 보이고 있죠. '비즈니스 모델은 비즈니스 모델이고, CSR은 CSR이다'라는 식으로요. 한 발 양보해, 좋다 이겁니다. 그럴 수 있다고 쳐요. 그런데 그네들이 CSR 차원에서 벌이는 수많은 행위들 안에 과연 진정성이 자리잡고 있을까요? 아닐 겁니다. 그러니까 대다수 기업들은 CSR을 일종의 기업 이미지 제고를 위한 어쩔 수 없는 트렌디 마케팅으로 보고

---

* 기업의 사회적 책임. 사전적으로는 기업 활동에 영향을 주거나 받는 이해 관계자들에 대해 법적, 경제적, 윤리적 책임을 부담하는 경영 기법을 의미하나, 실질적으로는 마케팅 수단으로 전락해 버렸다.

있어요. 직접적 재무 효과를 알 수 없는, 하지만 울며 겨자 먹기 차원으로 해야만 하는 고까운 비용으로 보는 거죠. 겨울이 다가온다 싶으면 신문 경제면에 늘 등장하는 사진들 있죠? 각 사의 CEO들이 임원진 거느리고 앞다퉈 양로원이나 고아원들을 방문해 김치 담그고 영혼 없는 인증 샷들을 남깁니다. 그 김치 어디 먹을 수나 있겠어요? 오히려 낭비예요, 낭비. 봉사하려는 진정성이 있다면 아무도 모르게 살짝, 그리고 시기와 상관없이 꾸준히 하든가. 더불어 이 섬씽 뉴 창출이란 건 요즘 흔히들 말하는 UXUser Experience 관점에서 이야기할 수 있어요. 이것도 HCIHuman-Computer Interaction나 UIUser Interface 같은 저低차원에서 그치면 안 돼요. 아까 말했듯 섬씽 뉴 서비스가 나와 지각변동을 일으킨다면, 사람들에게 이것만큼 강력한 쾌락의 경험으로 와 닿는 게 어디 있겠습니까? 역시나 진정한 UX라면 화면이 어떻고, 메뉴 구성이 어떻고, 인터랙션이 어떻고, 멘털 모델이 어떻고, 인지적 노력이 어떻고, 이따위 것들로 왈가왈부하는 수준을 넘어서야 합니다. 모든 것들을 머금고 있는 서비스 혹은 비즈니스에 대한 총체적 경험으로 보는 게 타당하단 말이에요.

4. 잔머리와 가오를 권하는 세상

이석준 자, 우리가 살아감에 있어 가장 근원적이고 뿌리에 해당하는, 이른바 펀더멘털 개념은 과연 어떠한 것일까요? 누누이 말씀드렸듯 저는 이것을 쾌락이라고 봅니다. 인간의 모든 사고나 행위, 행동은 계속 파고들어 가다 보면 결국 쾌락이라는 변수로 환원된다는 거죠. 이런 맥락하에 최근 쾌락 네트워크에 대해 고민해 봤어요. 가령, '성적 쾌감은 뿌리일까? 아니면 그 기저에 무언가 보다 원초적인 게 존재할까?' 바

뭐 말해, '오르가슴이란 과연 더 이상 아래로 뚫고 내려가려야 내려갈 수 없는 하나의 근원점일까? 그 아래 무언가 더 있지 않을까? 그 무엇이 충족되면 자연스레 충족되는 독립변수가 있지 않을까? 이처럼 이 세상에 존재하는 뿌리적 쾌락들을 죄다 발견한 다음, 이것들을 순열·조합하면 많은 파생 쾌락거리들이 잉태될 수 있을 텐데……' 이러한 사유를 기반으로 '발전'의 개념도 정의해 봤어요. 저는 발전을 동태적 관점으로 봅니다. 당연하잖아요? 판단 기준이 무엇이든, 현재가 과거보다는 좀 나아져야 발전이라 할 수 있으니까.

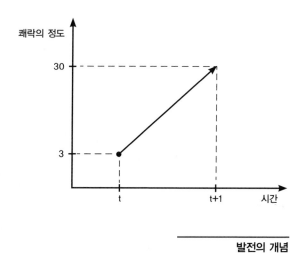

발전의 개념

여기서 가로축은 시간을 의미합니다. 축 위에 t와 t+1이 표기돼 있는데, t는 time의 약어예요. 세로축은 만끽할 수 있는 쾌락의 정도를 의미합니다. t 시점에서는 3 정도였던 게 t+1 시점에서는 한 30 정도로 늘어난다. 이처럼 시간이 흐름에 따라 특정 쾌락 요소의 만끽 수준이 깊어지는 경우, 이를 발전으로 볼 수 있어요.

이　혁　개인 차원이 아니라 인류 차원에서 말씀하시는 거죠?

이석준　개인 레벨도 그렇고, 인류 레벨에도 적용 가능합니다. 여하튼 지금 예를 든 것은 이미 경험해 본 쾌락 요소 값의 비약적 증대이고요. 이보다 강력한 것은 경험해 보지 못했던 쾌락 요소, 즉 신규 쾌락을 만들어 내는 겁니다. 이는 또 둘로 구분할 수 있어요. 하나는 기존 쾌락 요소 간의 조합 혹은 변형을 통한 파생 쾌락이고, 다른 하나는 완전한 섬씽 뉴 쾌락이지요. 그렇다면 기존 쾌락의 강도 증대, 파생 쾌락의 형성, 완전한 섬씽 뉴 쾌락의 창출, 이 셋 중 어떤 게 가장 임팩트가 클까요? 전 세 번째라고 생각합니다. 주지했듯 어린이건 어른이건 사람에게는 변덕, 싫증, 호기심이라는 것들이 있기 때문이죠. 사회의 리더 그룹은 이런 점에 가장 신경 써야 할 겁니다. 그런데 이러한 맥락하에 작금의 우리나라를 둘러보면 어떤 상황이냐? 아무리 좋게 본다한들 쾌락 요소의 강도가 3에서 3.01 정도로 자잘하게 커지는 정도니 첫 번째 경우에 가깝습니다. 그렇다면 0.01이나마 끌어올릴 수 있는 추진 엔진은 어디서 빌려 온 거냐? 벤치마킹이죠. '애플 어떻게 하고 있던? 구글 어떻게 하고 있어? MS는 어떻게……?'
어제는 모 대기업 부설 연구소에 근무하는 지인과 점심 먹으며 얘기를 나눴어요. 공교롭게도 그 친구의 요즘 연구 테마가 인공지능이더라고요. 제가 얼마나 기뻤겠습니까? 드디어 말동무할 사람이 생겼나 싶어 기대감을 가득 안고 그 친구가 도출한 메시지 좀 들어 봤습니다. 하지만 역시나 나이브한 게 깊이도 없거니와, 아까 주인-노예 이런 이야기를 나눴었잖아요? 그리고 제도권의 보편적 철학자와 강신주 같은 사람의 차이점도 말씀드렸잖아요? 자신의 견해를 먼저 정립하고, 이를 백업하기 위해 아카데미를 활용한다는. 이 관점에서 보니 그저 답답하기만 했습니다. 먼저 '인공지능을 왜 연구 테마로 삼게 됐나?'라는 질문에 이렇게 답을 했습니다. '인공지능을 연구하기 수개월 전, 〈우리 그룹이 눈여겨봐야 할 향후 기술들로는 어떠한 것들이 있는가?〉라는 주제로 주요 계열사 CEO들에게 보고한 적이 있었는데, 반응이 꽤 좋았다. 바로 그중 하나가 인공지능이었으며 이번 프로젝트의 미션은 후속 차원에서 인공지능을 좀 더 깊이 파고들어 가는 것이다.' 그렇다면 보고서의 스토리는 이런 식으로 가져가는 게 바람직하겠죠. '인공지능에 대한 우리 그룹의 관觀은 이래야 합니다. 우리는 이것을 이렇게 접근해야 합니다. 왜냐하면 이렇기 때문이지요. 우리는 궁극적으로 이러한 간판 서비스를 만들어야 하며, 이를 위해 구체적으로 이렇게 추진해야 합니다.' 간파하셨을 것 같은데, 중요한 것은 주어예요. 우리는. 철저하게 자기 시각, 자기 목소리로 질러야 합니다. 트렌드니 하는 따위들은 내가 주인이 되어 확실하게 중심 잡은 이후에 참고하거나 경청해야지, 그렇지 못하면 오히려 해가 됩니다. 휘둘리기 마련이거든요. 하지만 전혀 그러지 못하더군요. 보고서는 다분히 파편적이고 역시나 남의 이야기, 즉 구글 이야기 등 외부 동향 및 사례 조사로 채워져 있었습니다. '구글이 인공지능에 상당히 신경 쓰고 있다. 그래서 한국인들한테는 무명인 딥마인드라는 업체를 M&A 했다. 그 회사에 대해 우리도 아는 바가 거의 없고, 딱 하나 아는 건 딥 러닝deep learning이라는 분야에 강점이 있다는 사실이다.' 딥 러닝은 그렇게 어려운 개념이 아니에요. '디지털 프로페서' 기억하시죠? 지난번에 이 서비스에 대해 설명할 때, 3대 구성 모듈 중 하나가 커넥셔니즘 혹은 머신 러닝이라고 말씀드렸었잖아요? 일종의 맞춤형 서비스를 위한 모듈로, 사용자와의 상호작용을 통해 그의 성격, 지적 수준, 현재의 컨디션 등을 통합적으로 파악하고 어떻게 대응할 건지, 서비스 스스로가 학습, 판단한다는……

이 혁　아, 영화 「그녀」 같은…….

이석준　예, 맞아요. 사실 아주 독특하거나 새로운 개념은 아닌데, 구글 덕분에 대한민국에서도 요즘 유행어가 되다시피 했습니다. 아무 포털이나 가서 한번 검색해 보세요. 뉴스, 블로그, 카페 등에 딥 러닝 관련 글들이 넘쳐날 겁니다. 아무튼 구글 동향과 관련해서 딥 러닝 이야기가 많이 나오고요, 또 하나는 레이 커즈와일이라는 사람이 있거든요? 이 양반은 MIT 학부 출신으로 발명을 꽤 많이 해 왔는데, 인공지능 분야에서 매우 유명합니다. '컴퓨팅 기반의 인공지능을 통해 인간은 영생을 누릴 수 있다'고 주장하는 강 인공지능주의자죠. 이런 사람을 구글이 2012년에 스카우트했어요. 그러고는 그에게 인공지능 관련 프로젝트의 전권을 주었습니다. '구글의 인공지능은 당신이 총괄하도록 하세요. 알아서 하고픈 대로 하세요.' 그렇다면 이쯤에서 우리나라 기업을 다시 한 번 바라볼까요? 쩝, 역시나 인공지능의 펀더멘털이나 핵심에는 전혀 신경 쓰지 않고,

이 혁　카피를 향한 연구만 하는군요.

이석준　그렇죠. '야, 레이 커즈와일이란 사람이 있다네?' 물론 한국에서도 책 몇 권 나왔고, 2007년 초에 한국경제신문 주관으로 특강을 한 적도 있기 때문에 아는 사람이 아주 없진 않아요. 그래도 대다수는 아마 잘 모를 겁니다. 특히 기업체의 탑 매니지먼트들은 거의 다 모를 거예요. 그러니 그 양반들이 인공지능 보고를 듣다가 이런 요구를 했겠죠. 사실 보고자도 잘 모르기는 매한가지이긴 하나, 보고서를 작성하려면 적어도 탑 매니지먼트보다 며칠 앞서 살펴봤을 테니 아는 척을 좀 할 수 있었을 겁니다. '먼저 레이 커즈와일이 어떤 놈인지 조사 좀 해봐.'

그 즉시 밑에 애들은 열심히 그에 대한 보고서를 만들어 고귀하신 CEO님을 이해시켜 드리고, 신과 다름없는 오너님도 이해시켜 드리고, '아, 그런 사람이로구나. 근데 딥 러닝은 또 뭐니?' 그러시면, 뭐 어떻게 될지 굳이 이야기하지 않아도 되겠죠? 물론 핵심 인재 풀pool 안에 있을 만한 녀석이 작성한 보고서라면, 딥 러닝처럼 CEO님께서 궁금해하실 사안들은 이미 'Appendix'에 다 채워져 있을 겁니다. 이런 사람이 바로 대한민국의 대기업에서 통용되는 S급 인재니까요.

이 혁   음…….

이석준   그런 사람들이 과연 의사결정을 제대로 할 수 있겠어요? 자기도 단기간에 날림으로 공부해 가면서 판단을 내려야 하는 상황인데 말이에요. 그들이 회사에서 쑥쑥 커올 수 있었던 건 남다른 독특한 시각과 실력을 갖고 있기 때문이 아닙니다. 그저 라인 잘 잡고, 코드 잘 맞추고, 뚝심 있고, 날밤 잘 까고, 부하들 잘 쪼고, 숫자에 민감하고, 술 잘 마시고 그랬기 때문이에요. 아무튼 그런 문제들이 넘쳐 납니다. 참, 국회의원 하다가 얼마 전부터 제주도에 둥지를 튼 분 있잖아요?

이 혁   네.

이석준   얼마 전에 이분의 인터뷰 기사를 봤습니다. 인공지능과 관련해서 각광 받는 대상이 레이 커즈와일과 구글이라면, 엘론 머스크라고, '화성으로 사람들을 이주시켜야 한다'고 주장하는 테슬라 자동차 및 스페이스 X의 설립자, 그 양반이 포스트 잡스로 부상했거든요? 당연히 냄비 한국에서도 맨날 그 친구 빠는 기사들이 도배되고 있는데, 이분도 아니나 다를까 그 진영에 뛰어들었습니다. 모 매체와의 인터뷰에서

'엘론 머스크를 만날 것이다'라며, 친환경 제주를 위해 전기 자동차를 어떻게 도입하고……' 이런 식의 이야기를 했더군요. 2개월 후 다른 신문 기사를 보니 '빠'의 정도가 한층 더 심해졌어요. '절실하게 만나고 싶다', '그대 덕분에 세상은 어마어마하게 발전했노라 미리 감사하고 싶다', '그를 초청해 열정과 혁신의 에너지를 송두리째 쏟아내게 하고 싶다.' 순간, 비가 몹시도 내리는 어느 쌀쌀한 새벽, 아이돌 그룹의 숙소 앞에서 노심초사 그들이 나타나기만을 기다리는 '사생팬'의 모습이 떠올랐어요. 제가 알기로 이 양반은 서울대 법대를 수석으로 입학했어요. 게다가 사법고시도 수석으로 합격한 걸로 알고 있습니다. 그러니까 우리나라의 교육 체계, 그리고 학생 평가·선발 체계가 정상적이라는 전제를 한다면 대한민국 최고의 능력자라는 말인데, '그런 탑 오브 탑인 양반도 창의성이 가미된 구체적 비전이나 아웃풋은 전혀 만들어내지 못하는구나. 할 줄 아는 건 관습에 찌든 채 잘 닦여진 안전한 길의 맨 앞에 서서, 쉽게 쇼잉하고 어필할 수 있는 무언가를 찾는 거로구나. 고작 한다는 짓이 누구를 닮고 싶다, 누구와 친해지고 싶다는 거로구나. 차라투스트라를 따라 하지 않고 자신에게 집중할 때 차라투스트라가 되돌아오는 것이거늘. 이런 사회에서 과연 장밋빛 사회를 일말이라도 꿈꿀 수 있을까?'라는 생각이 들었습니다. 대한민국 언론 특유의 편집일 수도 있습니다만, 사진 속 모습도 박장대소하는 게 참으로 신 나 있더군요. 제 눈에는 그런 모습도 노예근성으로 보입니다. 엘리트 리더 그룹의 더 크신 엘리트 리더 그룹에 대한 자발적 노예근성. 맞아요. 그들 역시 낙타면서 사자인 겁니다.

이 혁   네, 우리나라는 그런 분위기가 강한 것 같아요. 경제 발전 위주로 치우치다 보니 선진 시스템을 따라 하는 쪽으로 해 왔고, 스스로 연구하고 진행하는 건 시간과 비용이 많이 들다 보니 국가는 물론 회사에서도 권장하지 않는 것 같아요.

이석준 구한말 쇄국 정책을 봐도 그래요. 일견 좋은 점이 있다 해도, 우리 논의의 맥락에서 보면 문제가 뭔고 하니 내부적으로 무언가 준비하며 빗장을 두른 게 아니라는 거예요.

이 혁 네. 경제와 문화가 동시에 발전해야 하는데, 지나치게 경제 발전에만 치우치다 보니 부작용이 생기는 것 같아요. 예를 들면 음악과 춤을 즐길 줄 알아야 노는 문화도 더 즐거울 수 있는데, 우리나라의 클럽은 유행하는 장르 중에서도 쉬운 음악만을 들려줘요. 소위 '떡 뮤직'이라고 해서 춤도 '떡 춤'을 추면서 이성을 꼬시기 위한 분위기 연출만을 추구하게 됐어요. 이렇다 보니 음악도 카피가 난무하고 정신문화적 요소도 퇴행하는 것 같아요. 유행하는 음악 이외에 다른 장르를 틀게 되면 관객들이 리듬적인 부분에서 이해를 못하기 때문에, 대부분의 클럽 DJ들이 다양한 장르의 음악을 들려주지 못하죠. DJ만 바뀔 뿐 음악은 비슷한 거예요. 결국 대부분의 댄스 클럽에는 춤추고 음악 들으러 가는 사람들이 거의 없어졌어요. 마찬가지로 경제가 발전해 사람들이 혜택을 받을 수 있다 해도, 즐길 줄 모른 채 자랑만 하고 싶게 돼서 스트레스 받는 것 같아요. 경제와 문화가 동시에 발전해야 해요. 하지만 조금 편하게 다른 시각으로 보자면 모든 것이 자연스러운 현상일 수도 있어요. '인간 자체가 자연의 일부고, 인간이 하는 행동들도 전부 자연의 일부가 아닐까?'라는 생각을 해 봤어요. 인류가 환경오염을 유발하는 것도 그렇고, 성장을 우선시해 문화 발전이 늦어지는 것도 그렇고, 모두 자연의 일부일 수 있다는 거죠. 너무 오염되면 환경 오염을 걱정하는 사람들이 나오고 문화가 뒤처져 있으면 발전시키려는 노력이 시도되는 것도 그렇고요. 이런 식으로 생각하다 보면 걱정할 게 없어져요. 단지 생각하고 행동하면 되는 거죠.

개별 인간이 가질 수밖에 없는 공포심이란 육체나 정신적으로 고통스러운 것에 대한 두려움뿐인 것 같아요. 그 밖의 모든 것은 자연적으로 흘러가고 있다고 생각해 볼 수 있지 않을까요? 그래서 개인적 차원에서 보자면 '고통을 받지만 않는다면 그냥 이대로 편하게 살다가 죽는 것이구나'라고 생각할 수 있지요. 거기에 즐거움과 쾌락적인 요소가 더해진다면 좀 더 행복한 삶이 되고 좀 더 재미있는 삶이 될 것이고요. 어쩌면 지금까지 작가님하고 대화한 문제들도 '자연에 속한 인간이 만들어낸 자연의 일부'고, 흐르는 물의 자연정화 작용 같은 현상이 인간 사회에도 적용될 수 있다는 생각이에요.

이석준 가만히 놔둬도 시스템이 바람직한 방향으로 진화하도록 보이지 않는 손이 알아서 해줄 것이다?

이 혁 일본의 개화기 때도 그랬잖아요? 메이지 유신 때 사이고 다카모리나 사카모토 료마처럼 결정적인 역할을 한 사람들이 있듯이, 우리나라에서도 시스템의 변화가 필요하다면 작가님이 터닝 포인트나 시발점이 될 수도 있을 것 같아요.

이석준 발음을 좀 조심하셔야 할 것 같습니다. (웃음) 굉장히 통찰력 있는 말씀을 해주셨습니다. 듣고 보니 인간이 참으로 오만하다는 생각이 드네요. 인간이란, 자연을 구성하는 일개 미물임이 자명한데도, 세상의 모든 존재자들을 자연물과 자신들이 만든 인공물, 이렇게 두 개의 동급으로 구분하니 말입니다. 그리고 말씀하신 것처럼 고통을 회피하는 게 쾌락이라는 관점에서 보자면, 그 시작점은 바로 '관계'가 돼야 하지 않을까 싶네요. 그러니까 모든 고통의 근원인 관계를 끊어 버리면 웬만한 개인적 고통은 다 회피할 수 있어요. 하지만 이게 존재적 세상에서 어디 가당키나 한 소리입니까? 우리의 생존에 있어 필수불가결한 게 타자와 맺는 관계잖아요? 극단적인 경우 관계를 단절하면 죽을 수도 있어요. 고로 쾌락의 핵심은 관계 관리로 귀결될 수 있습니다. 그래서 그런지 '인문학이 대관절 왜 필요하냐?'라는 물음에 대해 창의성 운운하며 답하는 경우도 있습니다만, 관계 역시 주요한 답으로 대두되는 것 같아요. 그런데 이런 면에서도 인문학의 딜레마 혹은 상호 모순을 느끼게 됩니다. 인문학의 취지이자 중요 포인트가 '인간, 타자에 대한 사랑'이라고 말씀드린 적이 있잖아요? 그런데 인문학 공부 좀 했다는 양반들을 보면 그렇지 않고 오히려 선을 더 진하게 긋더라고요. '나 꽤 많이 알아. 너랑 다르거든?' 안하무인, 천상천하 유아독존이에요. 인간에 대해 좀 더 잘 이해하고, 사랑하고, 공감하고, 파고들어 가고자 존재하는 학문이거늘, 어째 공부하면 할수록…… 철학 등의 인문학 공부를 많이 하다 보면 소위 말발도 늘고, 사유가 깊어지는 것도 사실입니다. 관심 대상의 스케일도 소비자라는 상황적 개인이 아니라 시간을 초월한 인간, 혹은 인류로 엄청나게 도약합니다. 당연히 돈만 밝히면서 잔머리 굴리는 보편적 컨설턴트들이나 대기업 전략 가이들과는 두뇌 구조가 사뭇 달라요.

이 혁 음. 그렇게 되면 단순한 모사꾼이 되는 셈 아닌가요? 『삼국지』의 제갈공명이나 사마의처럼 대의를 품고 있지 않다면 말이에요. 결국 그런 생각은 인류에 도움 되기는커녕 해가 될 수밖에 없고, 이기적이거나 자기 프라이드적인 자위가 될 것 같은데요?

이석준 하지만 아쉽게도 그런 것들이 만연해 있어요. 신문도 그렇고 각종 진보나 이런 쪽의 저널을 보면, 물론 단행본 책들도 마찬가지고요. 다자기 잘났다거나 합리화하는 게 무척 많습니다. 심지어 아무것도 아닌 저조차도 타인들을 대할 때면 간혹가다 '아, 저 인간들은 왜 이렇게 돌대가리일까?'라고 생각한 적이 있거든요. 이런 점이 큰 문제죠. 대한민국 인문학의 문제점을 자꾸 떠올리게 되는데, 하나는 말씀드렸다시피 아무런 생각도 없다가, 아니 오히려 무시했다가, '해외의 잘나가는 사람이 그쪽에 심취했다더라'는 소문만 들리면 그냥 우르르……. 잡스가 딜레탕트처럼 지 마음 내키는 대로 돌아다니면서 다양한 경험들을 축적한 거지, 작정하고 대학에서 인문학 과목들을 성실히 수강한 게 아니잖아요? 명문대의 인문학 최고위 과정 이런 걸 이수해서 대박 아이디어를 낸 게 아니잖아요? 그러니까 뭔가 모순에 찌든 외세 의존적, 사대주의적 성향이 강하다는 게 큰 문제고, 방금 말씀드렸듯 인문학을 좀 한다는 사람들 대다수가 '나만 잘났다'라는 식으로 행동할 뿐, 타자에 대한 진정성 있는 사랑이 전혀 느껴지지 않는다는 것도 큰 문제예요. 또한, 이건 대한민국 아카데미 세계의 특수한 현실일 수도 있습니다만, 수능이나 예전 학력고사가 역시나 최적의 평가 시스템이라고 가정할 경우, 우리나라의 인문학은 점수 낮은 학생들이 어쩔 수 없이 선택하는 분야라는 것도 간과할 수 없다고 봐요. 즉, 점수가 머리와 정비례 관계에 있다면 머리 나쁜 녀석들이 가는 그런 분야라는 겁니다. 물론 예외가 있긴 합니다만……. '명문대 간판은 따고 싶지만 인기 학과 입학 가능 점수는 넘사벽이니 일단 아무 데나 붙고 보자. 편입도 있겠다, 복수 전공도 있겠다', '남들이 물어보면 학교 이름만 대야겠다', '분교에 입학했지만 남들에겐 본교 다니는 척해야지', 이런 현상엔 사회의 구조적 문제부터 개인적 문제까지 수많은 문제들이 응축돼 있어요. 생각해 보세요. 우리가 고등학교 다닐 때 서울대 문과에서 커트라인이 낮았던 학과가 인류학과, 국사학과, 미학과, 철학과, 고고미술사학과, 종교학과, 이런 데였잖아요.

이 혁 예, 그렇죠.

이석준 오지랖 넓은 소위 진보 진영의 어떤 아저씨도 그런 학과 출신인데, 그 양반만 봐도 잘 알 수 있습니다. 말하는 거 들어 보면 온갖 현학적인 단어는 난무하는데 까보면 사실 별 거 없어요. 이처럼 좀 처지는 사람들이 겉멋만 부리고 많이 안다고 스스로 세뇌하면서, 다른 사람 무시하고, 철저하게 편 가르기 하는 것도 대한민국 인문학의 주요 문제라고 생각합니다.

이 혁 그런 사람들은 공부를 안 하니만 못한 것 같아요. 칼을 제대로 쓸 줄 모르는 사람이 칼을 잡은 격이죠.

이석준 '우리나라가 기술이나 경제 같은 물질적 측면은 발달했다. 하지만 문화는 못 쫓아 왔다'고 말씀하셨잖아요. 아카데미 세계 역시 예외가 아닌 것 같습니다. 각자 고유의 목적이나 정신, 이런 펀더멘털은 간과한 채, 단지 있어 보이기 위한 스킬이나 날리지 덩어리로만 부풀리려는 경향이 다분해요.

이 혁 음악으로 얘기하면 어려운 코드만 나열해놓은 음악이 되는 거죠. 단순한 코드로 표현할 수 있고 다른 사람들한테 감동을 줄 수 있으면 되는데, 일부러 어렵게 편곡해서 수준 높은 음악을 하는 것처럼 보이려는 거요.

이석준 이럴 수도 있을 것 같아요. 작가도 그렇고 음악하는 사람도 그렇고 진정성의 발로로 글도 쓰고 코드도 배열했는데, 그 결과 뜻하지 않게 상당히 난해하게 표현된 겁니다. 그러면 제3자가 볼 때는 창작가가 폼 잡으려고, 관심 끌려고 그런 것처럼 여겨질 수 있어요. 사실 어떠한 비난과 극찬이 쏟아진다 하더라도 진정성 여부는 오직 창작가 본인만 알 수 있는 건데 말이에요.

이 혁 맞아요. 그런 경우도 있겠네요.

이석준 그러니까 제임스 조이스 같은 작가들이 욕을 먹은 거죠. '이 양반은 지적인 걸 과시하려고 저 지랄한다.'

이 혁 그래서 욕먹는군요.

이석준 그런데 척하려 그런 걸 수도 있지만, 정말 그렇게 표현하고 싶었기에 그런 걸 수도 있고, 표현력이 부족해서 어쩔 수 없이 그런 걸 수도 있어요.

이 혁 본인만 아는 것이어서 타인이 판단할 수 없는 경우도 있지만, 보통 만나 보면 진정성을 갖추고 있는 사람은 말하는 방법과 생각하는 게 다른 것 같아요. 하지만 작품 하나만으로는 판단하기 힘든 것 같아요. 제가 예전에 「이레이저 헤드」라는 컬트 영화를 본 적이 있는데요. 그 당시 제가 이해하기에는 너무 어려워서 약간 멀리하게 됐지만, 여러 장르의 영화를 즐길 수 있는 계기가 되기도 했죠. 컬트 영화가 주는 뉘앙스를 좋아했었는데, 지금 생각나는 영화들은 「살로 소돔의 120일」, 「록키 호러 픽쳐 쇼」, 「성스러운 피」, 「핑크 플라밍고」 등이 있어요. 그 영화들을 통해 '이런 걸 이렇게 표현하는구나, 이런 느낌을 줄 수도 있네?'라고 느꼈고, '이런 분위기를 음악으로 표현해야겠다'고 생각하곤 했죠. 가령 「이레이저 헤드」에서 영향을 받은 부분이라면, 주크박스를 열 때 조

■ 영화 「이레이저 헤드」 중 이혁의 음악에 영향을 준 장면
https://bostonhassle.com

그만 여가수가 노래하는 장면이 나오는데 그 장면의 분위기가 좋았어요. 잘 만든 멜로디는 아닌데 저런 분위기에서 노래를 하니까 너무 좋게 들리는 거예요. 그래서 제가 만드는 멜로디에는 그런 뉘앙스를 표현하려는 부분들이 많아요. 이처럼 컬트 영화의 분위기를 좋아하지만 어떤 부분들은 어렵거나 난해해서 이해를 못 하는 경우도 있는 것 같아요. 예를 들면 「이레이저 헤드」의 괴물 아기가 나오는 장면처럼 징그럽고 잔인하게 묘사되는 것들이 있는데, 파격적인 건 알겠지만 무엇을 표현하려고 했는지 이해를 못 했어요.

이석준 「이레이저 헤드」는 데이빗 린치 영화들 중 제가 가장 좋아하는 작품인데, 전 그걸 존재적 세계와 인식적 세계 간의 교차 구도로 읽었어요. 그랬더니 나름 독특한 독해가 이루어지더라고요.

이 혁 아.

이석준 사실 누군가가 컬트 영화를 진정으로 좋아한다면, 그 사람은 사회적 표준정규분포 곡선의 중앙에서 멀리 떨어져 있는 사람입니다.

이　혁 딜레탕트적인 분들의 성향이 컬트적인 것과도 비슷한 면이 많은 것
같아요.

이석준 그렇죠. 그런데 컬트도 그렇고 블록버스터도 그렇고, 사실 사후적 개
념이잖아요? 즉, '영화를 개봉했더니 소수의 특정 계층만 열광하더
라' 그러면 컬트가 되는 거고, '대중적으로 인기 폭발이더라' 그러
면 블록버스터가 되는 겁니다. 그런데 이건 뭐 개봉 전에 미리 '이 작
품은 블록버스터, 이 영화는 컬트' 이런 식으로 정의 내리고 앉았으
니…….

이　혁 처음부터 그렇게 정해지는 경우가 많죠.

이석준 예, 설사 이런 점을 표방하며 만들었다 해도 예측이나 목표가 100%
그대로 실현되는 경우는 극히 드물잖아요? 그럴 수 있다면 개나 소나
다 성공했게요? 이처럼 자연스럽게 컬트화된 것 말고, 카피 자체가
컬트로 나왔던 영화들 중에 프랑스 영화 「델리카트슨 사람들」이 있
어요.

이　혁 아, 알아요.

이석준 그게 아마 제가 극장에서 접한 첫 번째 컬트 영화였을 거예요. 「록키
호러 픽쳐 쇼」 같은 소위 컬트의 고전으로 불리는 작품들은 석사 시절
교내 영화제 때 본 거거든요. 처녀 경험이라 그런지 「델리카트슨 사람
들」 전단의 몇몇 문구는 아직도 기억에 생생합니다. '히치콕의 전율,
우디 앨런의 위트' 그리고 몇몇 감독이 더 거론됐고, '컬트 무비의 새
로운 이정표'로 마무리 짓는 카피였죠. 그땐 몰랐는데, 지금 생각해

■ 1992년 5월에 배포된 델리카트슨 사람들 홍보 전단

보니 동의하기 좀 어려운 카피네요. (웃음) 컬트 무비에 대한 정의도 깨알같이 나와 있었습니다. 내용인즉슨 '신선함, 독특함, 기발함이 어우러진 새로운 장르' 아마 이런 거였을 거예요. (웃음) 그러니까 그 당시에는 너도 모르고 나도 몰랐던, 그래서 과감하게 아무렇게나 막지를 수 있었던 개념이었나 봅니다. 나름 재미있는 추억이긴 한데, 사후적인 것을 사전에 떠벌리는 것은 진정성에 어긋나죠.

이 혁   그런 건 마케팅 부서에서 결정하는 건가요?

이석준   당시 영화사들의 체계화 수준을 감안하자면 마케팅 부서가 따로 있었을 것 같진 않은데…… 혹 있었다면 그랬지 않았을까 싶어요. 아무래도 홍보 차원에서 그런 짓들을 하긴 할 테니까. 사실 진정성 있는 마케팅이라면 이래야 하거든요. '우리 서비스의 가치를 고객에게 더도 말고 덜도 말고, 왜곡 없이 있는 그대로 정확하게 전달해 줄 최적 방안은 무엇인가?'라는 고민이 기업의 머리와 가슴에 새겨져 있어야 합니다. 하지만 대다수 기업들을 보면, 일전에 이야기했듯 서비스 가치가 구피 치어의 똥보다 못해도 마치 붕鵬의 날개만 한 양 침소봉대하죠. 그러니 불신이 팽배해질 수밖에요. 사농공상이란 서열이 괜히 나온 게 아닐 겁니다. '상商'의 세계에서는 이런 걸 도리어 핵심 역량으로 간주하니 말이에요.

5. 주체성과 진정성의 행방불명

이석준   비즈니스 맥락에서의 쾌락도, 주인 의식이나 주체성, 개성, 이런 것들을 갖고 설명할 수 있습니다. 주체성을 바꿔 말하면 주인 의식이라고 표현할 수 있고, 개성, 독특함, 유니크, 이런 것들도 다 거기서 파생될 수 있잖아요? 서비스를 제공하는 집단에서, 그리고 서비스를 이용하는 집단에서 공히 이런 요건들을 잘 충족시킨다면 엄청난 다양성이 확보될 것이고, 그렇다면 서비스를 매개로 양 그룹 간의 맞춤형 매치메이킹 가능성이 높아질 수 있어요. 이처럼 서비스를 만들고, 제공하고, 구입하고, 사용하는 도중에 형성되는 다양한 에너지의 쾌락을 많은 사람이 골고루 느낄 수 있다면, 사회 전체 관점에 있어 아주 큰 엔진 덩어리가 될 거고요. 좀 추상적으로 들릴 수 있으니 기업들의 신규 서비스 개발 절차를 예로 설명해 보죠. '선진국의 잘나가는 업체 따라 하기'에 지나지 않는 벤치마킹을 열외로 한다면, 대다수 기업들이 던지는 핵심 질문은, '어떻게 해야 우리가 타깃 고객으로 설정한 자들을 유혹할 수 있을까?'입니다. 어느 누구도 시비 걸지 않을 당연한 소리죠. 하지만 제 의견은 그래서는 안 된다는 거예요.

이 혁 예? 그러면 어떻게?

이석준 기존하는 서비스의 소소한 개선을 목표로 한다면 위와 같이 시작해도 무방합니다. 아니, 그렇게 하는 게 효율적이겠죠. 타깃 고객이 특정 제품이나 서비스를 구매, 사용, 유지·보수, 폐기하는 일련의 과정에서 경험하게 되는 페인 포인트$_{pain point}$들을 제거하거나 약화시켜, 체감 가치를 제고하는 방법이 적합할 거예요. 하지만 진정 혁신적인, 사람들로 하여금 '세상에나, 이런 서비스가 있었다니!'라는 감탄을 절로 자아낼 수 있는 서비스 개발을 목표로 한다면, 고객의 니즈니 인사이트니 하는 것들은 옆으로 밀어내야 합니다. 대신 자기 자신이 진정성 있게 만들고 싶어 하는 것을 가운데로 끌어와야 해요. 소비자도 마찬가지예요. 남이 나를 어떻게 생각하는지 의식하지 말고, 유행이니 트렌드니 하는 장삿속에 놀아나지 말고, 진정 자기 자신의 바람에, 기호에, 처지에 부합하는 대로 질러야 합니다. 물론 트렌디 제품과 개성적 제품 간의 가격 차에 대한 전제는 있어야겠지요. 아무리 갖고 싶은 상품이라 해도 구매력이 달리면 살 수 없는 노릇이니까. 가령, 기업이 10개 있고 소비자도 10명 있다 칩시다. 이 경우 각 기업이 만들고 싶은 걸 하나씩 만든다면, 최대 10개의 상이한 제품이 나올 수 있어요.

그만큼 소비자의 선택 폭이 넓어지는 거죠. 그리고 아마 저와 같은 관점으로 접근한 사람은 없었던 것 같은데, 트렌드가 어떻건 간에, 시장이 어떻건 간에, 소비자의 바람이 어떻건 간에, 조직 내 절대적 권력을 가진 사람이 자기가 만들고 싶어 하는 것에 대한 확실한 상像을 갖고 있어야 해요. 그리고 이것을 밀어붙여 형상화해야 합니다. 그래야 혁신적 서비스가 나올 수 있어요. 그래야 새로운 쾌락거리가 창출될 수 있어요. 그래야 사회적 쾌락 파이가 커질 수 있습니다.

이 혁 아, 그게 포인트인 것 같은데요?

이석준 그러니까 서비스를 제공하는 쪽에서는 소비자의 눈치를 봐 가면서 '이러면 어떻게 될까 저러면 어떻게 될까?', 니즈니 인사이트니 민감도 따위를 따질 게 아니라 주체성을 갖고 '내가 미칠 수 있는 걸 만들어 내겠다'는 자세로 임해야 해요. 물론 그런 게 없다면 당연히 할 수 없겠죠. 이런 비교도 가능할 것 같네요. 하버드의 마이클 포터는 기업들에게 이런 권고를 했습니다. '경쟁자를 최우선적으로 신경 쓰세요.' 반면 인시아드의 김위찬은 이렇게 이야기했죠. '됐고. 우린 고객에게 가장 많은 신경을 써야 합니다.' 이쯤에서 저도 튀어나옵니다. (웃음) '김 교수님, 그것도 아닌 것 같아요. 혁신을 전제로 한다면, 기업은 자기 자신을 최우선시해야 합니다. 하지만 오해는 마세요. 프라할라드와 게리 하멜이 주장하는 핵심 역량core competency을 의미하는 게 아니니까요.'

이 혁 네, 맞아요.

이석준 소비자도 마찬가지거든요. '내 친구 홍길동도 선택했고, 박혁거세도 선택했고, 김알지도 선택했고, 석탈해도 선택했다고 해서 나 또한 동일한 상품을 선택하는 게 아니라, 내게 진정 와 닿는 걸 선택하겠다' 이래야 합니다. 이렇게 되면 자연스레 다양성이 넘쳐나는 상황 속에서 기호가, 궁합이 맞는 자들끼리 맞춤형 매치메이킹이 되는 거예요. 그러면 구매 과정에 있어 쓸데없는 경쟁 비용이나 남을 의식하는 거품, 허세 소비들은 사라지고 각자 주인이 될 수 있기에, 자연스레 사회 전반의 쾌락 파이가 커질 수 있습니다. 그러나 우리나라로 다시 관찰 카메라를 돌려 보면 어떤 비극이 발생하느냐? LG를 한번 보죠. 여기 총수는 구본무 회장이잖아요? 그럼 그분은 자기 자신의 필생의 꿈이라 할 수 있는, 미치도록 만들고 싶은 아이템을 적어도 하나 이상 갖고 있어야 합니다. 그런데 그런 건 전혀 없이, 때가 됐다 싶으면 나와서 덕담이나 비즈니스 유행어 한마디 날리고, 잊을 만하면 다시금 나타나서는 위기감을 고취하며 경고 한 마디 던지고, 또 얼마 후 계열사 탑 매니지먼트들을 거느리고 등장해서는 핵심 인재 운운하며 대학생들이나 유학생들과 밥 한 번 먹어 주고, 좀 지났다 싶으면 또 나타나 시장 선도, 고객 가치를 부르짖으며 무언가 주문하죠. 이런 식의 사이클을 반복하는 건 하등의 도움이 안 됩니다.

이 혁 진정으로 만들고 싶은 게 없군요.

이석준 맞아요. 우리나라의 소위 오너라는 자들은 창업주가 아닌 이상, 그런 걸 갖고 있지 않습니다. 뭐, 혁신성 여부와 상관없이 말이에요. 창업 2세대인 삼성 이건희 회장도 크게 다를 바 없어요. 그 양반의 대표적인 유행어들 중 하나가 잘 아시다시피 '마누라와 자식 빼고 다 바꿔라'였고, 수년 전부터는 이런 이야기들도 자주 했어요. 'B2B를 신경 써라', '디자인 경쟁력을 강화하라', '시장 불확실성이 높아지니 시나

리오 경영을 펼쳐라.' 이런 얘기들? 솔직히 다 필요 없습니다. 왜? 웬만한 사람이면 다 할 수 있는 소리거든요. 이건 콜럼버스의 달걀 축에도 못 낍니다. 그리고 이런 부류의 소위 어록은 서비스 그 자체와의 거리가 너무나도 멀고 추상적입니다. 물론 그 양반은 다른 오너와 달리 꼭 하고 싶은 아이템을 갖고 있긴 했어요. 자동차. 스피드광이었기 때문에 삼성자동차를 만들면서 밀어붙인 적이 있잖아요? 그런데 중요한 건 꼴림이 그렇게 섹터 혹은 인더스트리 레벨에 안주해서는 한계가 다분하다는 점이에요. 스마트폰 도메인이 있었기에 아이폰이 대박 난 게 아니라 아이폰이 있었기에 스마트폰 도메인이 정체성을 획득할 수 있었듯, 아마존이라는 서비스 때문에 온라인 서점이라는 도메인이 형성됐듯, 혁신에 관한 한 서비스의 탄생이 곧 도메인의 탄생인 겁니다. 즉, 섹터에서 한 단계 깊이 내려간 제품, 서비스 레벨까지 터치해야 비로소 혁신적 서비스를 잉태할 수 있다는 말이에요. 정몽구 회장은 정몽구 회장대로, 최태원 회장은 최태원 회장대로, 이런 그룹 내 막강한 힘을 지닌 사람들이 자기가 정말로 미치도록 만들고 싶은 자기만의 것을, 자기가 직접 깊이 고민하고 아이디어도 구체화해 가면서, '나를 따르라'는 식으로 밀어붙여야지, 그러지 않고 두루뭉술한 지시를 내리고 보고만 받으려 하면 결과는 명약관화합니다. 계열사의 CEO 이하 꼭두각시들이 '마케터들 모여봐. 서베이랑 인터뷰하고 소비자 행동도 좀 관찰해봐, 그네들이 과연 무엇을 원하는지' 이런 식으로 해서는 결과가 뻔해요. 그 노예들은 귀찮기도 하고, 또 잘 모르고 두렵기도 하니까 웬만하면 더 하급 노예 집단인 컨설팅 업체나 조사 업체를 부릅니다. 그래도 외주 인력 다루는 데에는 다들 도가 텄거든요. '너희들 내가 3개월에 돈 얼마 줄 테니까 이 과제 좀 해 와' 이러고는, 프로젝트가 마무리되면 밋밋한 텍스트와 차트로 구성된 보고서를 읽어 보고 대충 편집, '요즘 소비자는 이렇습니다'라고 윗선에 보고합니다. '조사해 보니 이렇습니다', 역시나 서비스 레벨이 아니에요. 여하튼 소비자의 눈치를 살살 보면서 '소비자가 이거 좋아할 거야' 아니면 '소비자들의 수준은 이 정도야. 고로 이렇게 뒤통수 치면 먹혀들어 갈 걸? 매출을 얼마 정도 거둘 수 있을걸?' 이런 식으로 해서는……

이　혁　그렇게 진행되는군요.

이석준　요약하자면 이렇습니다. 전제는 기존 서비스나 제품에 대한 소소한 개선이 아니라 '혁신적인 서비스 만들기'고요. 기업들, 아니 엄밀히 말해서 오너처럼 가장 강력한 힘을 갖고 있는 자가 정말로 짜릿하게 원하는 것, 아니면 꼬꼬마 시절부터 그려왔던 꿈, 자기만의 색깔을 표현할 수 있는 비전을 구체적으로 수립하거나 서비스, 제품을 만들고,

이　혁　단, 전제 조건이 있을 것 같은데요, 만드는 사람의 수준이 높고 남보다 앞서 있어야 하지 않을까요? 여기서 수준이 높다는 것은 지식이 많다는 뜻이 아니라 즐거움이나 짜릿한 뉘앙스를 표현하고 느끼는 부분에 대한 것이고요. 음악으로 말하자면 듣는 사람보다 만드는 사람이 더 많이 알고 수준이 높아야 듣는 사람들을 즐겁게 해줄 수 있는데, 만드는 쪽에서 대중의 눈치를 보며 카피 문화만 생산하다 보니 짜릿함의 코드와 즐거움의 뉘앙스를 잊게 된 것 같아요. 반대로 다양한 어떤 것들에 대해 많이 체험하고 느껴 본 소비자여야 생산자가 만들어낸 제품을 알아볼 수 있는데, 대부분의 사람들은 그런 경험이 부족해요. 저희 팀도 3집까지는 대중을 30% 정도 의식했던 것 같아요.

이석준　아, 3집까지는 대중을 의식했군요?

이　혁　네, 그렇게 한 첫 번째 이유는 어느 정도 인지도를 확보해서 음악에 더 집중할 수 있는 환경을 만들려는 생각이었고, 두 번째는 소속 회사에서 원했기 때문이었어요. 지금은 그렇지 않지만 당시의 환경은 소속사의 마음에 드는 음악이 나올 때까지 앨범은커녕 클럽 공연도 할 수 없었거든요. 소속사 마음에 드는 음악이란 결국 일반 대중이 선호하는 음악과 일치했고, 일반 대중은 당시 우리나라 메이저에 많이 노출돼 있던 록 발라드나 팝 음악을 선호했었죠. 그러다가 4집부터는 회사와 팀의 환경도 변했고, 계속 맞추기만 하다가는 평생 표현하고 싶은 걸 못 할 수도 있겠다는 위기감이 들어서 '우선 우리가 들어서 좋은 음반을 내자'로 생각을 바꿨어요. 먼저 내가 먹어보고 맛있을 때, 다른 사람들에게 권하는 것이 진정성 있고 단순하면서도 자연스러운 것이라고 생각했고요.

이석준　그게 바로 우리가 중시하는 영혼이 담긴 거잖아요?

이　혁　그렇죠, 진정성과 영혼이 담기면 퀄리티가 다른 것 같아요.

이석준　이렇게 진정성 있게 원하는 것이 있어야 무언가 폭발이 일어나는 건데, 우리 사회는 지위고하를 막론하고 꿈이나 하고 싶은 바를 갖고 있지 않아요. 설사 갖고 있다 하더라도 그마저 좀 잘 나간다는 누군가에 대한 카피에 불과하고요. LG가 됐건 삼성이 됐건, 현재의 오너라는 사람들도 그 부류에 속해 있기 때문에, 열정과 꿈과 영혼을 담은 무언가를 만들 생각은 전혀 하지 못합니다. 늘 해왔던 대로 밑에 있는 애들 쪼아가면서 '당장 돈 되는 것 좀 갖고 와봐. 아이디어 좀 내봐 봐' 이런 식으로 하다 보니, 아랫사람들은 '리스크-테이킹 하지 않고 안전한 방향으로만 나가려 듭니다. 이러니 검증된 걸 찾으려 할 수밖에요.

잘나가는 외국 업체의 비즈니스에서 팁을 가져다 씁니다. 구글이니 애플이니 하는 데가 아주 단골이죠.

이 혁 반대로 이렇게 될 수도 있지 않을까요? 소비자의 눈높이가 높아져 진정성이나 짜릿한 무언가가 빠져 있으면 구매하지 않게 되고, 그 결과 기업이나 예술가가 자신을 변화시키고 업그레이드할 수밖에 없는······.

이석준 물론, 그렇게 될 가능성도 있겠죠. SNS를 바탕으로 펼쳐지는 집단 지성 이야기를 그 관점에서 볼 수 있어요. 고객들의 수준과 정보 교류, 그리고 그들이 정보를 습득할 수 있는 채널들이 엄청나게 늘어났기 때문에, 그들 모두 똘망똘망해질 수는 없다 해도 허브hub 역할을 하는 슈퍼스타는 얼마든지 나올 수 있거든요. 그리고 그런 세력이 형성된다면, 대기업들이 눈치를 보지 않을 순 없겠죠. 대중 예술 쪽도 그런 경향이 있다고 생각됩니다. 사람들이 자작곡 동영상을 만들어 유튜브 같은 채널에 올려놓으면 기획사에서 살펴보고 끌어오는 현상이 가시화되는 것도, 비제도권에 열정 어린 고수들이 꽤 많이 있다는 반증이니까요. 그 친구들도 어떻게 보면 딜레탕트라고 할 수 있잖아요? 정규 제도권의 코스를 밟지 않고 자기만의 방식으로 무언가를 만들고 즐기는 사람들. 기획사에 들어가서 철저하게 가공되는 경우도 있습니다만, 여하튼 그런 원석 같은 사람들 때문에라도 기업의 수준 향상을 기대할 수 있긴 하죠.
다시 한 번 강조하지만, 기본적으로 수준은 학습과 경험을 통해 높아질 수 있습니다. 열정을, 이것도 뭐, 경험에서 나올 여지가 전혀 없는 건 아닙니다만, 무언가 확실하게 밀고 나갈 수 있는 힘을 갖고 있는 사람이 가장 치열하게 고민해야 합니다. 자기 심금을 울리는 게 뭔지 알고, 갖고 있어야 해요. 그런 상태에서 이를 표출한 것, 형상화한 것이 바로 자기 회사의 간판 서비스가 돼야 합니다. 가슴 속에만 담아 두고 있는 건 단지 한 개인의 욕구일 뿐이죠. 그것을 표현해야 비로소 서비스가 되는 겁니다. 음악도 그렇고 그림도 그렇고, 창작이란 자기 아이디어를 자기 스타일대로 표현한 거잖아요? 대중에게 전달할 때는 공감이란 에너지도 가미돼야 하겠습니다만, 여하튼 이런 것들을 필히 충족시켜야 하는 주체는 소위 오너입니다. '내귀'도 사실상 오너인 셈이잖아요. 소속사는 파트너인 거고요. 제 책에 관한 한 제가 오너입니다. 출판사는 역시나 파트너고요. 오너가 고민을 제일 많이 하고, 표현하는 부분에 있어 지대한 영향을 미치고, 힘들어도 꿈과 열정을 담아 거짓 없이 표현해야 할 막중한 책임을 갖고 있음에도 불구하고 실상은 그렇지 못합니다. 그렇다고 해서 그런 사람들이 아예 없는 건 아닐 거고, 그나마 우리 사회가 지탱할 수 있는 건 긍정적 에너지의 사람들이 구석구석에 숨어 있기 때문이 아닐까 싶어요.

이 혁 잡스 사후 우리나라에서 갤럭시로 많이 갈아타고 있고, '아이폰은 디자인 때문에 사는 거 아니야? 별로 할 수 있는 게 없어'라는 말을 많이 들어요. 하지만 전 오히려 그런 부분들이 장점으로 받아들여져요. 디자인과 내용물이 간결하면서 여백의 미가 느껴지고, 그래서인지 필요한 걸 다 할 수 있으면서도 쓸데없는 것은 안 하게 되거든요. 휴대폰 중독에 빠진 사람들은 대부분 갤럭시를 쓰더라고요. 그리고 디자인이라는 것은 예술적으로 볼 때 영적인 에너지까지 포함되는 중요한 부분이에요. 음악에서도 소리를 내는 부분보다 중간중간 쉼표가 있는 쉬는 부분들이 더 중요해요. 그 부분들은 단지 쉬는 것이 아니라 오히려 에너지와 파동으로 꽉 차 있거든요.

이석준 웹 사이트로 치자면 구글이 그렇잖아요? 백색 바탕에 로고와 검색 창만 있어요. 필요할 때 찾아갔다 볼일만 보고 나오면 됩니다. 반면 우리나라 포털들을 보세요. 이것저것 꽉 차 있습니다. 어떻게든 끌어들여, 일단 들어오면 발목 꽉 잡고 안 놓으려 하죠.

이 혁 뭐가 너무 많죠. 저는 사람들과 만날 때도 인사 이후에는 형식적인 말들을 안 하는 편이에요. 누군가와 1:1로 만났을 때 제가 아무 말도 없이 앉아 있으면 대부분 안절부절못하거나 무슨 말이든 하려고 해요. 그럴 때는 이런 얘기를 해주죠. 아무 말 안 해도 되고 안 하는 것도 재미있다고요. 그러다 보면 하고 싶은 얘기가 생기고 더 자연스러워지면서 대화도 즐거워져요. 물론 서로 아무 말 없이 끝까지 있어도 좋고요. 제가 편한 것을 추구해서 그런 걸 수도 있지만, 대화의 여백은 분명 소중한 것 같아요.

이석준 자동 기술과 구술을 포함한 자동 표현, 의식의 흐름, 즉흥성이 다 그런 건데.

이 혁 맞아요. 행동과 마찬가지로 아무 말도 하려 하지 않은 상태에서 나오는 말이 진짜인 것 같아요. 멍 때림과 사색도 이런 뉘앙스의 일부고, 어색함은 문을 열기 위한 준비 단계인 셈이죠. 따라서 어색함도 즐길 수 있어야 하고, 실제로 재미있는 분위기를 느낄 수 있어요.

3장

아이데이션

1. 너희가 딜레탕트를 아느냐

이석준   『온도계의 철학』을 넘길 때였어요. 상보적 과학을 언급하는 부분을 보자 불현듯 한 자락의 생각이 떠올랐습니다. '딜레탕트의 중요한 특징을 특허 맥락에서도 뽑아낼 수 있겠구나.' 일전에도 비슷한 말씀을 드렸던 것 같은데, 조직이나 개인이 특허에 목매는 이유는 자신의 아이디어가 도용되는 것을 막고, 또 로열티도 챙기기 위함이잖아요? 그런데 딜레탕트는 그따위에 별 신경을 쓰지 않아요. 물론 인간이기에 부러움이나 질투가 아주 없을 순 없겠지만, 그는 도리어 자기 아이디어를 토대로 누군가가 섬씽 뉴를 만들어 낸다면 거기서 엄청난 희열을 느낍니다. 최근에 실사례를 발견할 수 있었어요. 엘론 머스크 기억하시죠? 6월 초인가? 테슬라가 전기 자동차와 관련된 특허를 공개할 거라는 기사가 쏟아져 나왔어요. 어디 말하기 좋아하는 전문가들이 가만히 있었겠습니까? 이구동성으로 뻔하디뻔한 소리들을 내뱉었죠. '여러 가지 해석이 가능하나, 일단 두 개로 정리해보겠다. 첫째는, 경쟁자들이 제아무리 테슬라의 알토란 같은 아이디어를 갖다 쓴다 하더라도 절대로 넘어서지 못할 것이라는 자신감이 충만하기 때문이고, 둘째는 이 업체 저 업체 뛰어들어야 전기 자동차 시장의 파이가 커질 수 있기 때문이다.' 저는 다른 프레임을 적용해 봤어요. '이 친구들은 딜레탕트라는 존재자를 모르는구나. 그간 행보를 본다면 엘론 머스크는 그런 데에 신경 쓸 사람이 아니야. 자신의 아이디어를 공개함으로써, 본인 혼자서는 생각지 못했던 쇼킹한 아이디어와 궁합이 잘 맞는 파트너를 얻을 수 있다면, 최초에 홀로 아이디어를 실현할 때 느꼈던 희열을 너끈히 넘어설 수 있기 때문이거든?' 쾌락 체감 주체로서의 주인 의식, 그리고 그것을 자기 머릿속에만 가두지 않고 밖으로 꺼내

더 크게 만들려 하는 점은 딜레탕트 사상과는 떼려야 뗄 수 없을 것 같습니다. 왜, 예술 영화 보면 그런 장면들이 많이 나오잖아요?

이 혁 어떤 장면을 말씀하시는 건가요?

이석준 거 뭐죠? 세상 사람들의 관심이 쏠리는 분야건 아니건 간에, 무언가 외곬수로 파고들어 가 유니크한 무언가를 만들어내는 캐릭터들 있잖아요?

이 혁 아.

이석준 제 직업이 직업이다 보니 이 역시 대기업-중소기업 간 관계성의 맥락에서도 바라보게 되는데요. 중소기업은 여건상 이것저것 다 투자할 수 없으니, 한두 분야에 집중하게 됩니다. 따라서 어떤 대기업이 외부 중소 업체들과 협업하려 한다면, 딜레탕트적, 오타쿠적 기질이 다분한 중소기업들을 골라 제대로 관계 맺는 게 중요해요. 아무래도 대기업은 취할 수 있는 선택의 폭이 상대적으로 넓잖아요? 특정 분야의 요소 기술에 집중할 수도 있고, 요소 기술들을 가져다 조합하는 통합 서비스에 집중할 수도 있습니다. 물론 이 두 옵션을 동시 모색할 수도 있죠. 하지만 사회 전반의 R&R Role & Responsibility 관점에서 보자면, 반도체처럼 그리 큰 규모의 투자를 요하지 않는 한, 요소 기술 개발보다는 이것들을 모아 사람들이 감탄할 만한 통합, 응용 서비스를 제공하는 쪽에 집중하는 게 바람직하지 않을까 싶어요. 그렇다면 이래야 하겠죠. 우선 달성하고자 하는 간판 서비스에 대한 상세한 밑그림을 갖고 있어야 합니다. 지난 대담에서 누누이 강조했듯 그 간판 서비스라는 게 오너의 영혼이 들어간 서비스라면 금상첨화예요. 아무래도 추진력이 장난이 아닐 테니 말이죠. 그다음은 이를 구현하기 위해 필요한 요소 기술들을 파악하고, 각 요소 기술별 현재 진척 상황을 판단해야 합니다. 해당 기술이 단순히 개념만 회자되는 단계에 있는지, 연구 및 조사 단계에 있는지, 개발 단계에 있는지, 시제품 생산 단계에 있는지, 양산 단계에 있는지. 더불어 이런 점도 간과해서는 안 될 거예요. 각 요소 기술별로 어떤 업체가 잠재력이 풍부하거나 강자인지 조사하는 것 말입니다. 결국 각 요소 기술별로 선별된 그들과 협업해야 하니까요.

이 혁   믹싱을 잘해야겠네요.

이석준   네, 믹싱, 조합, 통합을 잘해야 하겠죠.

이 혁   음악으로 말하면 프로듀싱까지 하는 거네요.

이석준   그렇죠. 에코시스템이라는 말 들어 보셨을 거예요. 이 역시 스티브 잡스 때문에 누구나 다 쓰는 남루한 표현이 돼 버린 지 오래죠. 애플 앱스토어가 나오면서 에코시스템 이야기가 대중적으로 회자되기 시작했으니까요. 개인도 앱을 만들어 올리고, 중소기업이나 대기업도 앱을 만들어 올리고, 좌우지간 애플을 중심으로 거대한 생태계가 형성됐습니다. 제가 의미하는 에코시스템은 이것과 성격이 좀 다른데요, 제대로 가동시키려면 몇 가지 요건을 충족시켜야 해요. 무엇보다 강력한 힘을 갖고 있는 오너가 자기에게 짜릿함을 주는 그 무언가를 형상화시키기 위한 고민을 해야 해요. 그러다 보면 디테일한 그림이 자연스레 그려지고, 구현을 위해 필요한 요건들이 A부터 Z까지 저절로 다 파악되거든요. 이때 조직 내부적으로 해결 가능한 요건과 그렇지 못한 것에 대한 식별 또한 이루어지겠죠. 그다음엔 부족한 부분을 채워줄 수 있을 만한 파트너를 물색해야 합니다. 이렇게 하면서 자신의 비전을 실현시켜 가고, 만일 협업 파트너가 스타트-업에 가까워 부족한 점이 많다면 'give & take' 차원에서 케어도 해주면서 오랜 기간 함께 파이를 키워 나아가야 해요. 그런데 우리나라 대기업들은 어떻게 하는지 아세요? 자신만의 디테일한 큰 그림에 부합하는 요건들을 찾는 게 아니라, 중심 없이 무작정 해외 트렌드만 따릅니다. 근원이어야 하는 자기만의 비전이랄지 큰 그림이 없기 때문이죠. 시간을 이래저래 보내다가 트렌드에 부합한다 싶은 업체들이 있으면 그제서야 부랴부랴. 그리고 파트너가 나와 밀착됐다 싶으면 철저하게 '갑질'하기. 그 나비 효과가 실로 엄청난데 말입니다.

2. 팔을 안으로 굽히려 해도

이석준 쾌락에 대해 여태껏 많은 말씀을 나눠 왔잖아요? 혹 착각하는 게 있지 않을까 싶어 우리의 쾌락론과 주요 철학자들의 주장을 비교해 봤습니다. 에피쿠로스학파, 스토아학파, 키레네학파, 견유학파, 스피노자, 데이비드 흄, 니체, 제러미 벤담, 존 스튜어트 밀까지 생각난 김에 쭉 되새김해 봤는데, 뭐 새로이 깨달은 바는 없었어요. 지속적 기쁨을 중시하는 스피노자, 금욕은 삶을 포기하는 거라며 다양한 욕구와 충동을 강조하는 니체, 쾌락은 자기가 보존될 때 만끽할 수 있다는 흄 정도가 정겨웠습니다. 특히 흄은 우리의 주장과 궤를 같이하는 점이 많은 사람이거든요. 자기 보존이란 결국 주체성, 개성을 의미하니까 말입니다. 사실 이런 공통점이 많기 때문에 제가 예전부터 흄을 좋아해온 것 같습니다. (웃음) 우리의 쾌락론이 주요 철학자들의 그것과 다소 상이한 부분은 주지했듯 메타 레벨을 견지한다는 점이에요. 무슨 말인고 하니, 그 대상이 육체건 정신이건 간에 대개 철학에서 말하는 쾌락은 고통을 피하고 환락을 가까이하는 것을 의미합니다. 스토아학파는 아시다시피 절제를 미덕으로 하는 학파잖아요? '인생은 자연의 질서를 따르는 것이다'라고 주장하며, 도덕, 의무, 극기심 등을 중시하는 금욕주의 집단입니다. 육체적 환락을 즐기는 반대편에 금욕적인 게 떡하니 자리 잡고 있는데, 우리가 말하는 쾌락은 이렇게 금욕적인 생활을 하면서 느낄 수 있는 희열, 보람, 이런 것들까지 포함하죠. 요컨대, 우리의 쾌락은 어떤 층위에서 무언가 즐기거나 절제하는 게 아니라, 그보다 한 층 위에서 즐김과 절제를 모두 아우르는 개념입니다.

이 혁 그렇군요. 동물원에 있던 늑대를 갑자기 산으로 풀어주면 죽잖아요. 그래서 자유를 준다 해도 조금씩 단계적으로 줘야 할 것 같아요. 즉, 시스템의 개선도 중요하지만 일단 예술 활동을 하거나 작품을 즐길 줄 아는 것에서부터 시작해야 해요. 현재의 분위기와 시스템에서 쾌락과 자유를 얘기하고 삶을 즐기라는 말을 한다면 와 닿지도 않을뿐더러 당장 먹고살기 바쁘다고 생각할 것 같고요. 저번에 말씀드린 파동에 의한 것도 있지만 비슷한 환경과 같은 시대를 살아온 저와 작가님이 생각하는 것이라면 분명히 주변 사람들도 많이 생각하고 있을 거예요. 하지만 시대적 분위기를 볼 때, 개혁이 이루어지거나 시스템이 파괴되는 일은 일어나기 어렵기 때문에 조금씩 자각하고 있다는 것만으로 만족해야 할 것 같아요. 지금의 우리나라는 경제 발전만 신경 쓸 게 아니라 뒤처져 있는 예술·문화 부분을 발전시켜야 해요. 그래야 정치·경제도 발전 가능할 것 같아요. 조미료 위주의 음식을 거부하고 진짜 맛을 알아가는 것처럼, 진정성이 없는 것을 듣거나 사용하지 않는 분위기가 조성돼야 할 것 같아요. 그런 사회 분위기라면 장인 정신을 중시하게 되고, 경제도 한 단계 올라갈 수 있을 거라고 생각해요. 그런 점에서 유럽이 우리보다 앞선 것 같아요. 유럽은 교통이 복잡한데도 가치 있고 오래된 건물을 피해서 도로를 내요. 관광 자원으로 사용하려는 목적도 있지만 문화재 그 자체의 소중함을 알고 즐길 줄 안다는 거거든요. 이에 반해 우리나라의 공공 기관이나 기업은 지나치게 서류 위주로 진행한다는 생각이 들어요. 예를 들어 몇 년 전에 기사를 봤는데요. 순수 예술에 지원해야 하는 문화 지원 예산이, 해외에서 돈을 벌어다 준다는 미명하에 k-pop 대형 기획사에 집중됐다고 하더라고요. 왠지 단순 서류에 의한 지원이라는 생각이 들었어요. 서류에 의존하는 방식은 실질적으로 도움이 안 돼요.

이석준 예술, 문화 발전이 이루어져야 정치, 경제 발전도 이루어질 수 있다는 말씀은 정말이지 일관성 있게 하십니다. (웃음) 그리고 그간 대담하면서 느낀 바가 하나 있는데요. 대한민국은 참으로 문제투성이 나라 같아요.

이 혁 하하하.

이석준 아무리 그래도 좋은 점도 좀 있지 않을까요? 제가 볼 땐 공중 화장실이나 도로망, 지하철 등은 꽤 괜찮아 보입니다만.

이 혁 네. 그 부분은 많이 좋아진 것 같아요. 또 좋은 점을 든다면 음……제가 어렸을 때부터 들어왔던 것들, 작은 나라가 중국과 일본의 침략에도 불구하고 꿋꿋이 버텨냈다는 것, 단기간의 급격한 경제 발전, 그리고 삼면이 바다로 된 나라가 가지고 있는 특성, 기질. 이탈리아도 그렇지만, 좀 다혈질이라고 할까요? 그게 나쁜 것일 수도 있지만 '깡'이라고 해서…… 뭐, 그런 게 있다는데…… 사실 잘 모르겠어요. 우리나라 사람들이 중국 사람들을 많이 욕하거든요. 머리 잘 안 감고, 물건 살 때 무조건 깎으려고 하고, 시끄럽다고요. 그렇지만 사실 우리나라도 60, 70년대에는 그랬고 가격 정찰제 시행 전에는 물건 살 때 항상 깎아야 했어요. 제가 초등학교 다닐 때만 해도 머릿니가 있는 친구들이 있었어요. 한강에만 나가도 불량배들한테 돈을 빼앗겼고요. 중국도 현재 국방력은 강할지 몰라도 경제적으로는 발전하는 단계라 아직 후진국에 있을 법한 것들이 남아 있는 것 같아요.

이석준　　그래도 예전 대비 나아졌다? 스티븐 핑커가 『우리 본성의 선한 천사』를 통해 주장한 이야기가 맞는 걸까요? (웃음) 한국의 좋은 점 좀 얘기해보자고 마음먹어도 결국 비판하는 쪽으로 돌아설 수밖에 없나 봅니다.

이　혁　　솔직히, 잘 모르겠어요. 우리나라의 독립도 그래요. 사실은 2차 대전 때 일본이 패전국이 되면서 우리나라가 해방된 거거든요. 그 부분에 대해서 어렸을 때 의문을 가졌어요. 우리나라가 2차 대전 끝나면서 해방이 됐단 말이에요. 그러면 우리나라가 자주적으로 해방한 것이 아니라 미국 등 강대국들에 의해 해방된 것이고, 실질적으로 외세의 힘에 의해 해방되다 보니까, 당시 냉전 시대로 진입하던 소련과 미국에 의해 남북 분단까지 돼 버린 건데, 학교에선 그런 얘기보다는 안중근 의사와 유관순 열사 등, 실질적으로 그분들이 영웅이긴 하지만, 그런 분들에 의해 해방된 것처럼 배웠어요. 그래서 선생님이나 주변 분들에게 이것에 대해 여쭤보면, '오래전부터 우리나라 독립군들이 해방에 대한 준비를 많이 해왔었기 때문에 일본 패전이 아니었어도 우리나라는 해방됐을 거다. 독립군들의 힘이 그때 굉장했었다'고 말씀하시는데 '그렇게 믿고 싶은 게 아닌가?'라는 생각이 들었어요. 사실 지금도 속국이라고 할 정도로 미국의 영향을 많이 받고 있잖아요. 중국의 영향 아래 있는 북한이라고 해서 다를 건 없고요. 우리나라 입장에서 보면, 어쩌면 북한이 우리에게 가해질 중국의 힘에 대한 완충작용을 하는 부분도 있다는 생각이 들어요. 만약에 북한이 없었으면 티베트라든지 중국에 인접한 여러 나라들, 가령 대만도 그렇고, 베트남도 그렇고, 중국 때문에 고생을 많이 하는 나라들처럼 우리 또한 힘들었을 거라고 봐요. 워낙 큰 나라고 강대국이기 때문에 지원하는 듯하면서도 탄압하고, 자국의 이익을 위한 정치적 책략으로 주변국들을 힘들게 하는 나라가 중국이잖아요. 또 그처럼 강대국들에게 시달릴 수밖에 없는 게 우리의 현실이라면 독재 체제 아래 비민주적이면서 가까이 있는 중국보다는 미국이 나을 수도 있어요. 겉으로라도 인권 보장을 하려고 노력은 하고 있고 지리적으로도 멀리 떨어져 있으니까요. 아무튼 이렇게 북한, 남한의 경계선이 실질적으로는 중국과 미국의 경계선이기 때문에 통일이 더 힘들어진 것 같아요. 북한하고 우리나라만의 문제였다면 어떤 방식으로든 이미 통일이 됐을 수도 있어요. 역사를 보면 과거에도 우리가 금나라, 명나라, 청나라에 의해 고초를 겪었지만 결국 버텨냈다는 게 대단한 거라고 볼 수 있어요. 타국의 도움을 받았건 어쨌건 간에 버텨냈기 때문에 지금 후손들이 잘 살고 있는 거니까요. 그렇지 못하고 중국에 흡수됐다면 소수 민족 취급 당하면서 지금까지도 티베트나 위구르족처럼 독립운동하며 국제적으로는 테러 단체 취급을 받았을 것이고, 일본으로부터 독립하지 못했다면 아직까지도 차별받으며 중국과 싸워주느라 총알받이가 됐을 확률이 높아요. 중국은 강력한 공산주의 체제하에서의 독재가 아니라면 유럽처럼 나눠졌을 거라는 말이 많거든요. 앞으로 100년 안에 그렇게 된다고 하는 사람들도 있고요. 그것 때문에 중국에서 소수민족에 대한 박해가 더 심해진 걸 수도 있어요.

이석준 아까도 이야기했듯 우리 대담에서도 그렇고, 평상시 지인들과 이야기를 나눠도 그렇고, '대한민국은 이 정도로 플러스는 없고 마이너스만 넘치는 나라인가, 좋은 점이 정말 눈곱만큼도 없는 나라인가?'에 대해 고민하게 되네요.

이 혁 아, 한국은 인삼이 유명하잖아요. 토양과 기후가 좋거든요. 어쩌면 사람도 자연의 일부이기 때문에 좋은 유전자를 갖고 있지 않을까요? 실제로 작은 나라임에도 불구하고 여기저기서 두각을 보이는 분야들이 많잖아요. 예술, 과학, 의학 등에서요. 단지 정치적, 교육적인 현실 때문에 더 발전하지 못하는 것 같아요. 정치적인 부분에서는 아직도 일제 식민지 시대의 잔재들이 많이 남아 있고 심지어 일본이 우리의 혈을 막으려고 쇠말뚝까지 박았다던데, 효과가 있었는지는 잘 모르겠지만 그 정도로 치밀하게 점령했다는 것이거든요. 실제로 지금 활동하고 있는 정치인들이나 기득권 세력들 중에 일제 강점기 때 일본의 영향을 많이 받고 일본에서 유학한 사람이 많다고 하더라고요. 제가 고등학교 때 국사 선생님께 왜 그렇게 된 건지 여쭤 봤었는데요, 독립군의 자제들은 경제적 어려움으로 인해 제대로 배우지 못했대요. 그 시대에 독립운동을 하신 분들은 철학을 갖고 서당에서 공부하거나 지도하는 브레인들이었는데, 독립운동 하느라 가족들을 못 챙기셨던 거죠. 처자식을 버려야지만 독립운동이 가능하니까요. 이처럼 일제 강점기 때 일본에 협력한 사람들은 돈과 인맥이 있다 보니 자식들을 일본으로 보내 교육시킬 수 있었고, 결국 해방됐을 때 정치나 경제를 담당할 수 있었던 거죠. 즉 당시 공부한 사람들이란 결국 일제의 앞잡이 자제들이었던 거예요. 그야말로 비정상적인 현실이죠. 독립을 위해 싸웠던 사람들이 나라의 리더가 돼야 하는데, 일본에 붙어서 일본 사람들보다 더 악랄하게 자국 사람들을 괴롭히고 현실에 복종했던 부모 밑에서 자란 사람들이 현재 우리나라의 정치·경제를 이끌고 있어요. 이런 상황은 일단 진정성이 많이 떨어지고, 그렇게 만들어진 시스템도 이에 맞춰 비정상으로 된 거거든요. 일본 사람들 중에 일본이 한국의 근대화에 기여했다고 말하는 사람도 있는데요, 특정 부분만 피상적으로 봤을 때는 그렇게 생각될지 몰라도 유교 사상을 토대로 한 철학과 훌륭한 가치관들은 퇴보한 상황이었어요.

이석준 길게 말씀하셨는데, 결국 좋은 점을 찾기 어렵다는 말로 와 닿습니다.

이 혁 (웃음) 그런 시대적 상황 때문에 좋은 토양에서 나온 인삼처럼 좋은 기운이 있음에도 짓눌리고 혼탁해진 것 같아요.

이석준 저도 지금 한국에 대해 부정적인 이야기만 하고 있는데, '정말 좋은 게 없을까?' 아무리 고민해도 답을 못 찾을 때가 많습니다. 아쉽지만, 뭐가 좋은 건지 정말 모르겠더라고요. 제가 자위할 때는 이러곤 하거든요? '한국의 경우, 기나 긴 시간 동안 육감을 통해 생생하게 경험해 왔기에 강력하게 와 닿는 게 아닐까?', 반면, 나머지 나라들에 대해서는 주로 시청각 위주로 얕게 경험했을 뿐, 대한민국처럼 깊이, '찌인하게' 체감하진 못했으니.

이 혁 그렇죠.

이석준 그러다 보니 그쪽에서는 안 좋은 점보다 좋은 점이 괜스레 더 많이 보이기도 하고, 그래서 상대적으로 한국이 더 암울하게 보이는 게 아닐까?

이 혁 그럴 수 있죠. 좀 주관적일 수도 있지만, 아시아권에서는 우리나라 남자나 여자가 좀 잘 생기고 예쁜 것 같아요. 성형이 발달하면서 조금 더 그런 것 같지만요.

이석준 흠, 아무래도 이 사안에 관한 한 공감될 만한 좋은 얘기는 안 나올 것 같네요.

이 혁 (웃음) 간단히 정리하자면 한국적인 본래 기질은 좋은데 일제 강점기 이후로 정치와 교육 시스템이 망가졌고, 부모들도 경제적 측면에서만 잘 살자 했지 행복하게 살자는 게 아니었기 때문에, 현재는 쾌락이나 행복한 삶과는 멀어져 버린 것 같아요.

이석준 '본래 기질은 좋았으나 일제 강점기 경험 때문에 망가졌다'고 말씀하셨는데, 기질이 좋았다면 왜 일제 강점기가 오도록 그냥 내버려두었을까요?

이 혁 제 생각에는 조선 말기에 대원군이 쇄국 정책을 펼친 영향도 있는 것 같아요. 일본보다 빨리 개방했으면 좋았을 텐데, 그렇지 못했기 때문에 적이 총을 들고 쳐들어와도 우리는 화살과 칼로 막거나 농기구로 대항할 수밖에 없었죠. 받아들일 것은 받아들이면서 우리 것을 지켰어야 했는데 무조건 막기만 해서 문제가 됐던 것 같아요.

이석준 더 거슬러 올라가 1592년도에 임진왜란이 있었고, 원나라, 명나라, 청나라에도 죄다 종속적이었잖아요? 고구려 빼면 뭐 딱히 중국과 맞짱 뜬 나라가 없지 않나요?

이 혁 고구려도 제가 어렸을 때 지도를 보고 의아하게 생각했던 게, 중국 동부를 다 지배한 것처럼 얘기됐지만 지도상으로는 북한보다 커도, 중국의 오 분의 일도 될까 말까 했어요.

이석준 우리가 어렸을 때 교과서를 통해 습득한 바는 한국의 역사학자들이 나름대로 한국의 좋은 점과 자존을 표현하기 위해 부풀린 것도 분명히 있을 거고,

이 혁 그럼에도 초등학교 때 그걸 느끼게 되더라고요. '이게 뭐지? 나당 연합군? 고구려가 통일했어야 하는데……'라는 식으로요.

이석준 멋모르던 시절이니 그런 생각들을 갖게 되는 것 같습니다. 물론 저도 예외는 아니었고요. 솔직히 기술記述된 역사란 실제 발발한 사건에 역사학자들의 관점이 엄청 많이 들어간 거잖아요? 아까 '고구려 위쪽 땅이 얼마 안 된다, 그렇게 느낀다'고 하셨는데 그런 걸 역사학자들이 침소봉대한 면도 있을 겁니다. 그러니까 '벙개'적 주제인 '대한민국은 자랑할 거리가 하나도 없는가?'라는 화두에 대한 결론은, 역사학자처럼 이 문헌 저 문헌 들춰보지 않고 단지 초등학교 이후에 정규 교육을 받은 것만 갖고 헤아려 봐도 '찾기 쉽지 않다'로 갈무리할 수 있을 것 같아요.

이　혁 우리가 알고 있는 역사는 우리나라 입장에서 쓴 거잖아요. 중국이나 서양에서 보는 우리나라는 다를 수 있거든요? 하지만 역사를 최대한 정확하게 기술해 줘야, 현재를 이해하고 미래를 개척하는 데에 도움이 될 수 있을 것 같아요.

이석준 그렇죠. 왜 이런 얘기들을 하잖아요. '스케일이 중국처럼 크거나 대범하진 않지만, 우리에겐 섬세함이 있다.' 하지만 섬세함이란 잣대를 갖고 고개를 약간 돌려 일본을 보면 또 처지는 게 사실이니까. (웃음)

이　혁 그러네요.

이석준 다시 비즈니스와 연계시켜 보면, '한국은 패스트 팔로워, 즉 독창적인 건 못 만들어내도 뭐든지 빨리 따라잡지 않냐?'라고 이야기하지만 일본도 그런 면에서 만만치 않습니다. 솔직히 요즘 돼서야 스마트폰이나 TV, 이런 것들 때문에 역전된 거지, 예전의 삼성 '마이마이'와 소니 '워크맨'을 비교해 보세요. 하늘과 땅 차이였습니다.

3. 오늘은 어제가 아니거든?

이　혁 그런 면에서 우리나라가 항상 내세우는 게, '일제 식민지를 거쳐 6·25 전쟁까지 겪은 것을 감안하면 짧은 기간 안에 많은 경제 발전을 이루어 냈다'는 점이죠. 이것이 가능했던 이유가 월남전을 통한 이득이든 새마을 운동 덕이든 어쨌든 해냈으니까요.

이석준 그 점은 '효율성'이란 키워드를 넣어 해석할 수 있을 것 같습니다. 효율성이란 인풋 대비 아웃풋이잖아요? 인풋 요소는 돈, 시간, 사람 등인데, 효율성이 최고인 시대에만 긍정적 평가를 내릴 수 있죠.

이 혁 우리나라에 대한 평가를 말씀하시는 거죠?

이석준 예. 그러나 지금 시대의 특성을 정의해 보면 헷갈립니다. 산업혁명의 잔재가 남아 있을 때까지는 효율성이란 지표의 약발이 먹힐 수 있다고 봐요. 컨베이어시스템만 봐도 알 수 있듯, 이때는 누가 부품을 24시간 내내 컨베이어 위에 부지런히 올려놓느냐, 올려놓은 것들을 쉼 없이 계속 조이느냐, 잠 안 자고, 끼니 거르고, 화장실 덜 다녀오고, 늘 자리에 붙어 있고, 공장에 살다시피 하고, 이런 게 일을 잘하는 거였습니다. 즉 '잘'의 의미가 근면함, 성실함, 열심, 뭐 이따위 것들이었죠.

이 혁 지금은 시대가 바뀌었다는 거죠?

이석준 그렇죠. 뚝심, 날밤 까기, 이런 것들은 산업혁명이 처음 발할 때 작은 진폭으로 시작했다가 정점을 찍고 지금은 하강기에서 거의 소멸기로 넘어가는 것으로 보입니다. 그렇다고 기존의 모든 것들이 완전히 소멸된 채 새로운 시대가 도래하는 건 아니에요. 어떤 것의 소멸기는 다른 어떤 것의 탄생기와 겹치기 마련이죠. 제 생각에는 지금이 이러한 주목할 만한 시점이 아닌가 싶어요. 효율성의 미덕은 사그라지고 대신 효과성? 아니, 이것도 좀 진부한 표현 같고, 어떻게 정의 내려야할지 모르겠네요. 여하튼 이 새로운 잣대에 걸맞은 것들이 모락모락 피어오르고 있는데, 한국 사회는 여전히 산업혁명의 끝자락 안에서 아등바등하고 있는 것 같아요. 새로운 시대가 오면, 우리가 계속 힘주어 이야기했던 다양성이라든가 창의성이라든가 이런 것들이 핵심 관건이 될 수밖에 없을 텐데 말이에요.

이 혁 말씀 듣고 보니 음악도 그렇게 변하고 있네요. 80년대에는 얼마나 테크닉적으로 잘 치고, 빨리 치고, 음이 높이 올라가느냐를 중요시했는데 최근에는 톤과 센스가 중요해졌거든요.

이석준 톤과 센스요? 그런 건 타고나는 건가요, 아니면 후천적인 면도 많이 작용하나요?

이 혁 확실하게 어떤 것이 더 많이 작용하는지는 잘 모르겠어요. 과학자들의 유전자 연구 성과를 보면 점점 선천적인 것이 중요하다는 분위기로 가고 있긴 한데, 환경적인 요인도 무시할 수 없다고 하니 둘 다인 것 같아요.

과거에는 시간에 대한 효율성을 중요시하는 책들이 많이 나왔다면, 최근에는 '잘 놀아야 성공한다'라든지 '삶을 디자인하는 방법' 같은 류의 책들이 대세인 것 같아요. 영화를 보더라도 많이 홍보되는 영화뿐 아니라 자신의 취향이 뭔지 알아내서 그에 맞는 영화를 보면 좋겠어요. 그렇게 찾을 줄 알고 들을 줄 아는 능력이 키워졌을 때 좀 더 잘 놀 수 있는 건데, 그런 역량은 능동적으로 여행도 다니고 명상도 하는 등 자기 스스로 키워야 하거든요. 그리고 능동적인 사람이야말로 보다 창의적일 수 있기에, 앞으로는 그런 사람들이 사회에서 활약할 거라고 말하는 거죠. 대개 음악이나 미술 등 예술 분야가 사회보다 한 발 앞서 나가거든요. 그렇기 때문에 예술에 대한 경험은 분명 회사 생활에도 도움이 될 거예요. 아, 우리나라 대중 예술은 제외하고요. 왜냐하면 현재 우리나라의 대중 예술은 오히려 사회 분위기를 따라간다는 생각이 들거든요. 대중의 기호를 파악해 작업하고 있으니까요. 제가 말씀드리는 건 진정성 있는 예술에 대한 체험이에요. 진정성을 지닌 순수 예술 또는 마니아적인 작품들의 경향을 보면, 몇 년 후 사회 분위기가 어떻게 될지 예측할 수 있어요. 가령 아일랜드 밴드 'U2'가 1999년에서 2000년으로 넘어갈 때, 한 공연에서 러시아 교향악단과 협연한 적이 있어요. 각자 아일랜드와 러시아에 있으면서 온라인을 통해 협연한 거죠. 그것을 전 세계에 방송했어요. 그 무렵이 멀티미디어로 진입하는 시기였기 때문인지 사람들도 '저렇게도 공연을 할 수 있구나! 굉장한 퍼포먼스다!'라며 열렬한 반응을 보였어요. 지금 같으면 아이폰으로 미국과 연결해서 협연할 수 있으니 대단할 게 없지만 그 당시만 해도 굉장한 이슈였거든요. 이런 걸 봤을 때 현재의 세계를 리드해가는 진정성 있는 작품을 보면 사회가 어느 쪽으로 흘러갈지 어느 정도 예상할 수 있다는 거죠. 요즘은 그 변화와 공유의 속도가 더 빨라졌어요. 온라인을 이용해서 직접적으로 판매하고 공유하니까요. 대형 음반 회사들이 많이 없어진 것도 그래서죠. 미국에서도 음반 유통은 많이 축소되거나 매각되었고 온라인 음원 유통사들이 주류가 되었어요. 심지어 '클라우드'라는 사이트는 음악을 만들자마자 바로 올릴 수 있고 청취자들이 즉시 들을 수 있게 돼 있어요. 이런 시스템이 점점 늘어나면 온라인 음원 사이트의 방식도 계속 변할 것 같아요. 사회 전반적인 시스템도 이런 식으로 변해갈 것 같고요. 형식적인 중간 절차가 생략된 채, 아이디어와 창조적인 제품들이 온라인상에서 바로바로 노출되고 평가받게 될 것 같아요.

이석준 음악 이야기가 나온 김에…… 요즘 아이돌들을 보면 우리나라 기획사들은 여전히 효율성, 표준화 등을 추구하는 것 같아요. 그러니까 다양성과는 괴리가 클 수밖에 없고, 따라서 구석탱이 문화는 다 차단되고 중앙에 표준정규분포 곡선의 커다란 종이 우뚝 서 있는 그런 형태가 되는 거죠.

이 혁 외국에도 표준화나 대중화를 추구하는 메인스트림은 있어요. 하지만 그건 반 정도고 나머지 반은 다양한 문화를 지향하거든요. 제가 볼 때 우리나라의 상황은 9:1 정도로 메인스트림이 거의 다 인 것 같아요. 일반 대중이 접할 수 있는 건 TV와 온라인 컴퓨터, 핸드폰이 전부고요. 라디오가 조금 다양하게 틀어주지만 청취자가 적죠.

이석준 라디오 방송에서도 비대중적인 것들은 심야 시간에만 다루어지지 않나요?

이 혁 맞아요. 청취율이 높은 프로는 음악을 들려주기보다는 주로 말을 많이 하니, TV와 다를 게 없죠. 그러다 보니 음악을 다양하게 접할 수 있는 기회가 없어요. 각자 취향이 다르고 성격이 다른데 메뉴가 한정돼 있어서 선택의 폭이 너무 적은 거예요. 다양한 종류의 음식들이 많이 있음에도 불구하고, 한식만 있는 줄 알고 그냥 먹게 되는 거죠. 그 결과, 사람들은 자기가 뭘 좋아하는지도 모르게 된 거 같아요. 먹어봤어야 아는데 말이죠. 정말이지 환경적으로 너무 안 좋아요.

이석준 아까 유전자 말씀을 하셔서 그러는데, 설사 양질의 유전자를 보유한 한민족이라 하더라도 오랜 기간 무기력을 학습해 오다 보니, 몰개성화되고 어제와 동일한 오늘의 삶, '내일도 뭐 그냥 그럭저럭 오늘처럼 살면 되겠다'라는 분위기가 형성된 것 같아요. 예전 박찬욱 감독의

「올드 보이」에 나오는 오대수란 이름이 그런 거잖아요? 오늘만 대충 수습하고 살자. 이제 우리 대다수가 오대수처럼 되어 가고 있는 게 아닐까요?

이 혁   그렇게 되어 가고 있는 것 같아요.

이석준   쾌락적인 삶을 산다는 것은 구체적으로 파고들어 가면 사람마다 세부 콘텐츠가 달라야 정상이에요. 이혁 씨 같은 경우는 '누가 안 건드렸으면 좋겠어요. 평정하고 고요하게 편안하게 살다 가고 싶어요'라고 말씀하셨듯, 각자 주관적인 정의나 추구하는 포인트가 있기 마련이죠. 물론 저 역시 마찬가지고요. 하지만 쾌락적인 삶을 살기 위한 첫 번째 '기본 원칙'은 공통적이잖아요? '내게 진정 짜릿함을 주는 것은 무엇인가? 그리고 그것들 중 휘발되지 않고 꾸준함을 유지할 수 있는 것은 과연 무엇인가?', 이에 대한 답을 찾는 건데, 그 평범한 질문에 대해 스스로 대답할 수 있는 사람이 거의 없습니다. 당연히 그 이후에 존재할 수많은 종속적 물음들은 아예 태어나지도 못하고요. 1단계 문제에 대한 답을 못 내리니, 결국 '쾌락적 삶을 사는 것은 불가능하다'라는 결론을 내릴 수밖에요.

이 혁   그러게요. 이 대담에서 조금이라도 벗어날 수 있는 방법을 찾는 것도 좋을 텐데 당장 생각이 안 나네요.

이석준   아, 그렇죠. 지금 당장 답을 찾을 순 없습니다. 그런데 그냥 전형적인 컨설팅을 하듯 단계를 밟다 보면 나올 수 있는 대안들이 몇 개 있긴 해요. 방금 머릿속으로 은연중에 그 접근을 취해 봤는데, 프로세스는 이렇습니다. '쾌락적인 삶을 살기 위해서는 1단계, 쾌락에 대한 자기만의 정의를 내려야 한다. 2단계, 쾌락적 상태에 도달하기 위한 방법들로 어떠한 것들이 있는지 나열해본다.' 그러면 도달 수단들이 쫙 리스트-업 되겠죠? '3단계, 이 수단들이 MECE한지 검토한다. 4단계, MECE하게 정리됐다는 전제하에 만약 다섯 개의 대안이 도출됐다면, 각 대안별로 가중치를 부여한다.' 아마 5개 대안들 공히 20%의 가중치를 갖고 있진 않을 거고, 어떤 건 더 무거울 것이고 어떤 건 가벼울 겁니다. '그다음 5단계, 각 대안별 장점과 단점을 파악한다.' 이런 식으로 해서 최종적으로 '이 대안이 최우선, 저게 차선' 이렇게 갈 수도 있어요. 하지만 쾌락을 이렇게 분석적 접근을 통해 찾을 수 있을 것 같진 않아요. 왜냐하면 그때그때 사람의 심리 상태나 처해 있는 상황에 따라 가중치가 달라질 수도 있고, 원천적으로는 사람의 느낌을 계량화한다는 것 자체에 의구심이 들기 때문이에요. 정량화해서 대입하는 게 과연 올바른 접근일까요? 공리주의 철학자 제러미 벤담이 떠오르는군요. 중학교인가 고등학교 교과서에서도 나오는 것 같은데, '최대 다수의 최대 행복'이라는 말 들어 보셨을 겁니다. 이 양반이 저와 비슷한 이야기를 했어요. '계량적으로 평가해서 가장 높은 점수가 나온 쾌락이 최고다'라고 말입니다. 저 같은 경우는 쾌락에 대한 논의를 단순화하기 위해 두 가지 변수만 이야기하잖아요? 짜릿함의 강도와 지속성. 하지만 꼼꼼 대마왕 벤담은 일곱 가지 변수를 제시했습니다.

이 혁 어떤 것들이죠?

이석준 일곱 개 중 두 개는 쾌락의 강도와 지속성으로, 제가 주장하는 바와 상당히 유사하고요. 나머지 다섯 개는 확실성, 원근성, 다산성, 순수성, 연장성, 이런 것들입니다. 확실성은 의미가 확연하니 따로 설명할 필요가 없겠죠? 원근성은 특정 쾌락을 얼마나 짧은 시간 안에 만끽할 수 있는가에 관한 것입니다. 일종의 효율성으로 볼 수 있죠. 그리고 다산성이란 특정 쾌락이 얼마나 많은 파생 쾌락들을 낳을 수 있는가에 관한 것이고요, 순수성은 그 반대 의미로 이해하시면 됩니다. 즉, 특정 쾌락이 여타 고통들에 의해 훼손되지 않고 얼마나 본연의 색을 유지할 수 있는가에 관한 거예요. 마지막으로 연장성은 앞에서 열거한 사안들이 얼마나 많은 사람에게 적용될 수 있을지에 관한 건데요, 이 연장성이란 변수에서 공리주의의 냄새가 물씬 풍기지 않습니까? 이런 성향의 제러미 벤담이기에 당연히 자본주의 사회 방식을 예찬했어요. 그러니까 애덤 스미스하고도 친구 먹을 수 있었던 게지요. 그런데, 벤담의 제자, 존 스튜어트 밀의 경우 역시나 쾌락주의자면서 공리주의자이긴 했지만 스승과 판이하게 다른 점이 있었습니다. '쾌락은 양의 문제가 아니라 질의 문제'라고 역설했어요. 이 양반도 아주 유명한 말을 남겼죠. '배부른 돼지가 되느니 불만족스러워하는 인간이 되겠다. 만족스러워하는 바보가 되느니 불만족스러워하는 소크라테스가 되겠다.' 그러니까 벤담이 양적 쾌락주의자라면, 밀은 질적 쾌락주의자인 셈인데, 제 쾌락론은 밀 쪽에 좀 더 가깝긴 합니다. 하지만 이놈의 사회에서 누군가와 커뮤니케이션할 때만큼은 근거 제시가 미약하면 소통하기 쉽지 않고, 또 여느 분야를 막론하고 근거로서 가장 인정받을 수 있는 게 숫자다 보니 저도 모르게 벤담식 접근을 취하게 되는 경우도 있어요. 물론 컨설팅을 오래 하다 보니, 어느덧 숫자질하는 게 몸에 밴 것도 있습니다. 이 역시 시스템의 힘인 셈이죠.

4. 꿈틀거린다면 즉시 움직여라

이석준 혹 방향을 잃을지 모르니 이쯤에서 우리 논의 흐름의 큰 줄기 좀 되짚어 볼까요? 결국 쾌락이란 '잘 살기'에 있어 '잘'을 어떻게 구체화할 것인가의 사안으로 귀결시킬 수 있어요. 역시나 계량적인 면이 잠복해 있는데, '잘'을 제대로 실현하기 위해서는 '사회적 쾌락 파이를 확장해야 한다'는 얘기를 했었잖아요? 가령 면적이 5인 파이가 있다면 그것을 10 정도로 늘릴 수 있어야 한다는……. 그렇다면 대체 어떻게 해야 할까요? 사람들이 만끽할 수 있는 쾌락'거리'들이 나와야겠죠. 마음의 평정, 육신의 편안함, 이런 것들만으로는 부족하거든요. 이런 것들을 통해 각박한 세상을 좀 더 평안하게, 덜 불안하게 만들 수는 있어요. 하지만 쾌락거리가 한정된 채 그저 평화롭기만 하다면? 아무래도 재미없고 맹숭맹숭할 수밖에 없을 겁니다. 그래서 우리는 거리 만들기, 즉 창작을 고민하지 않을 수 없는 거예요.

이런 이야기도 나눴었죠? 무언가 아이디어가 있어야 하는데, 이를 밖으로 꺼내지 않고 머릿속에만 가두어 놓는다면, 이건 혼자만 누리는 셈이기에 사회 전반의 쾌락 확장에는 영향을 미칠 수 없다고. 도쿄대 교양학부의 『교양이란 무엇인가』란 책에도 비슷한 이야기가 나오더군요. '잘 산다는 것은 주위 사람들을 행복하게 하고 스스로도 행복하게 하는 것이다.' 전 이게 사회적 쾌락 파이의 확장을 의미한다고 보는데, 누구이 이야기했듯 머릿속 아이디어들을 꾸준히 표출해야 이루어질 수 있습니다. 여기서, 아이디어 표출을 '표현'이라고 한다면, 이런 관계식이 도출될 수 있어요. '창작=아이데이션×표현.' 결국 아이디어와 표현이 어떤 형태로든 아우러져야 비로소 창작이 이루어진다는 뜻입니다. 자, 이제 창작물이 탄생했어요. 그러면 이게 창작자 자신과 소수 몇 명만 알고 끝날 수도 있고 수많은 사람을 열광시킬 수도 있는데, 여기에 작용하는 게 '소통'입니다. 밴드를 예로 들자면, 보컬, 기타, 베이스, 드럼 등, 최초 소통은 그들 내에서 이루어집니다. 그다음 소통이 우리 음악에 항상 열광해 주는 고정 팬들과 이루어지는 것이고, 그 이후가 3차라고 할 수 있겠는데, 일반 대중과 소통하는 겁니다. 그러니까 1차 소통은 창작을 위한 소통이고, 2차 소통 이후는 만끽을 위한 소통이라 할 수 있겠죠. 그렇다면 3차 소통은 과연 어디까지 뻗어 나갈 수 있을까요? 바로 여기에 영향을 미치는 변수가 '공감'입니다. 밴드 내부적으로만 공감대가 형성된다면 관객석을 텅 비운 채로 공연하게 될 것이고, 그보다 더 심각해 보컬 혼자에게만 먹힌다면 그 친구는 밴드 활동을 아예 할 수 없겠죠. 반면 기존 열혈 팬층을 넘어 대중에게까지 파고들었다면, 그것은 공감의 범위가 넓어졌음을 의미합니다.

자, 지금까지는 창작자의 시각에서 이야기한 거고요, 이번엔 만끽하는 쪽 관점에서 이야기해 볼게요. 누군가의 팬으로서 내가 공감할 수 있는 극한은 과연 어디까지일까? 대중적이고 표준화된 음악만을 수동적으로 공감할 수 있는 부류들도 있고, 보다 능동적이고 깊이 파고드는 사람들도 있을 수 있습니다. 즉, 일반 대중의 시각을 넘어 컬트적 시각까지 겸비한 사람이 있을 수 있다는 말인데, 이 경우는 또 둘로 나눌 수 있을 것 같아요. 대중적인 것도 인정하면서 컬트적인 것까지 기호를 확장하는 사람, 그리고 대중적인 것을 경멸하면서 컬트적인 것으로 전향하는 사람. 후자는 예전 기호를 집어 던지고 새로운 걸 받아들인 셈이니까 수용 범위가 늘어난 거라 할 수는 없겠죠. 어떤 경우가 됐건 그래도 팬은 팬입니다. 자, 그런데 그 팬이 대중적 기호에서 컬트적 기호까지 확장했다면 막바지에 다다른 걸까요? 더 이상의 진전은 있을 수 없을까요? 당연히 그렇지 않겠죠? 그 사람에게 추진 엔진과 능동성이 존속한다면, 컬트 팬으로 만족하지 않고 나름 창작자가 되려는 시도를 꾀할 겁니다. 이때 기존의 틀을 깨는 다양한 실험들을 수행할지도 몰라요. 오염되지 않고 순수하니까요. '왜 파이가 원형이어야만 하지? 들쭉날쭉 네모가 됐다가 별 모양이 됐다가 가변적일 수도 있는 거잖아?' 등 반항적이거나 틀에서 벗어난 생각을 할 수도 있어요. 이혁이라는 사람은 분명 록커지만, 어떤 때는 다른 가수의 팬이 됐다가 갑자기 발라드 가수가 됐다가 왔다 갔다 할 수 있잖아요?

이 혁 예, 그렇죠.

이석준 마찬가지로 '내귀'의 한 팬이 어느 날 자기도 작곡을 하겠다며 스킬을 익힐 수 있어요. 우리 1차 미팅 때 이런 얘기 했었잖아요? 실용음악과 이야기를 나누면서 이들의 문제점은 자기 나름의 열망, 그리고 철학이나 아이디어가 없는 상태에서 테크닉 위주로 밀어붙이기 때문에 공허할 수밖에 없다고. 반면 조금 전 상상 속의 그 팬은 능동성과 넘치는 끼 때문에 결국 창작물을 만들려 한 겁니다. 그렇다면 이 세상은 결국 한 덩어리인 셈이에요. 예전처럼 팬과 가수가 분리, 고정돼 있는 게 아니라 상황에 따라 누구나 다 팬이 됐다 가수가 됐다, 왔다 갔다를 반복할 수 있지요. 지금 말씀드린 이런 견해는 어떻게 생각하세요? 전 이러한 가변성을 쾌락적 세상의 특성들 중 하나로 생각하는데…….

이 혁 네, 그렇게 된다면 좋을 것 같네요. 그 사례에서 중요한 점은 자신이 하고 싶은 것을 알고 짜릿함의 감정에 따라야 한다는 건데 사실 자신이 원하는 것을 모르는 사람들이 많아요. 먼저 그것을 찾아야 하고 찾은 다음에는 곧바로 실행해야 해요. 예를 들어 기타를 배우고 싶다면 기타를 배우러 가야 하는데 생각만 하고 핑계 대는 경우가 많아요. 시간도 없고 여유도 없다고……. 직장이나 가정에서 약간의 눈치가 보이더라도 마음의 소리가 들린다면 움직여야 해요. 살아가는 데 있어 치명타를 주는 일이 아니라면요. 좀 불편해지는 정도는 감수할 수 있는 용기가 있어야 하고, 이게 기본이 돼야 쾌락을 기대할 수 있을 거예요. 저 또한 최근 앨범 작업을 하면서 구름에 더 많은 관심을 갖게 됐는데 삶 자체가 구름과 같다고 느껴지다 보니, 굳이 어떤 것을 꼭 해야 할 필요성을 못 느끼겠더라고요. '그냥 구름처럼 가만히 있으면 저절로 움직여지는 건데 뭘 피곤하게 억지로 하려고 했나'라는 생각이 들었어요. 그러다가 하고 싶은 게 생겨 움직이면 그것으로 충분할 것 같더라고요. 하고 싶은 것은 자신이 좋아하는 것일 테고 다른 사람에게 피해 줄 수 있는 것들만 최소화시킨다면, 자신을 불편하게 만들었던 주변의 일들도 좋은 방향으로 전환되거나 감당할 수 있을 정도로 가벼워지는 것 같아요. 하지만 현실에서 아등바등하며 마음을 졸이게 되면 뭘 해도 짜증이 나기 때문에 즐거운 게 없고 좋아했던 것도 싫어지게 돼요. 주말에 축구 하러 가는 분들 중에 끝나고 술 마셔야 하는 것에 부담을 갖는 분들이 있어요. 그냥 마시지 않으면 그만인데 다른 사람들이 보는 자신의 이미지를 너무 신경 쓰다 보니 스트레스 받는 거죠. 사실 술자리에서 술 안 마셔도 사람들은 크게 신경 안 써요. 오히려 축구든 술이든 진정으로 즐거워하는 사람을 좋아할 거예요. 『로봇 선생님 가라사대』와 『내 아이를 망치는 위험한 칭찬』이란 책에 나온 이야기인데요. 어떤 할아버지가 집에서 조용히 쉬고 싶은데 아이들이 맨날 대문 앞에서 떠드는 거예요. 그래서 할아버지가 고민 좀 하다가 아이들한테 가서 '너희들, 매일 이 시각에 와서 세 시간씩 놀아주면 얼마씩 주겠다'라고 한 거예요. 아이들이 처음에는 '노는데 돈도 줘?' 하고 좋아했지만, 나중엔 받던 돈을 못받게 되니까 화내면서 놀지 않게 되었다는 이야기가 나오죠. 이 이야기를 왜 하냐면, 저희 팀이 기획사와 월급제로 계약했거든요. 그러다 보니 멤버 중 한 명이 공연이 너무 많으면 싫다고 하는 거예요. 어차피 같은 금액의 월급이 나오니까. 그래서 제가 이런 얘기를 했죠. '지금 월급 받는 게 오히려 전보다 수입이 더 많아진 거고, 음악을 시작했던 건 그저 좋아서였는데 그런 마음이 생기면 그 놀기 싫어진 아이들처럼 되는 거다. 물론 돈이 필요해진 상황인 만큼 돈을 벌어야 하지만 근본적인 초심을 잃은 채 음악을 일로만 여기면 안 된다.'

이석준   이런, 알고 보니 우리 시대의 흔한 월급쟁이였군요? (웃음)

이 혁   네. (웃음) 아무튼 그런 생각들을 조심해야 할 것 같아요. 정말 좋아하는 것조차도 싫어지게 될 수 있으니까요. 좋아하는 일은 직업으로 선택하지 말라는 얘기가 있잖아요? 다양한 이유가 있겠지만 환경에 의한 심리적인 부분도 있는 것 같아요. 그래서 뮤지션들 중에는 일부러 돈을 다른 곳에서 벌고 음악은 돈과 결부시키지 않으려 하는 사람들도 있어요. 저도 그런 오해를 가끔 받는데 저 같은 경우는 좀 다르죠. 대학을 가려고 했던 건 부모님께 인정받으며 음악을 하기 위해서였고, 전공을 물리치료로 선택하게 된 건 명상을 음악에 연결시키면서 인체에 관심을 갖게 되어서였고, 병원에서 일하게 된 건 뮤지션의 게으름을 경계하기 위함이었거든요. 실제로 전 아주 게으르고 의지력이 약해서 안전 장치들을 마련해 놓는 편이에요. 꼭 부지런하게 살아야 할 필요는 없지만 이쪽을 택한 거죠. 어떤 일을 취미로 하는데 돈까지 벌 수 있으면 기분이 좋겠죠. 하지만 그냥 기분이 좋아야지 돈의 노예가 돼버리면 정말 좋아하던 것도 힘들어지면서 '이제 못 하겠다' 이렇게 되거든요. 최근에 기타와 베이스 멤버, 매니저와 후배들이 모여서 YMC연남동메탈시티라는 밴드를 만들어서 가끔 공연하는데요, 그 친구들을 보면 놀이터에서 노는 애들 같은 거예요. '우리 이거해보자, 저거 해보자' 하면서 엄청 행복해 보여요. 말도 많고 싸우기도 하는데, 어제는 멤버 간의 트러블에 대해 저한테 상의해왔어요. 한발짝 떨어져 제3자 입장에서 보면 사실 아무것도 아니거든요. 고민하면서 '난 못하겠어' 그러는데 갑자기 「전원일기」가 생각 나는 거예요. 일용이랑 동네 청년들이 일과 후 저녁에 누구네 집 방에서 모여요. 조그만 방에 모여서 고스톱을 치는 것도 아니고 그냥 얘기를 해요. 쓸데없는 얘기. '누구네가 그랬대' 하면서 그냥 얘기만 하거든요. '왜 저러고 있지? 청년들이 재미있게 노는 것도 아니고 시골은 원래 놀 게 없나?'라고 생각했는데, 사실 어떻게 보면 그게 삶인 거고 YMC 멤버들도 그냥 그렇게 얘기도 하면서, 하고 싶은 거 하면서, 가만히 있는거거든요. '만물萬物은 유전流轉한다'라는 헤라클레이토스의 말처럼 가만히 있는 게 아무것도 하지 말라는 뜻이 아니라 가만히 있으면 저절로 하게 된다는 거죠. 자연의 일부로서 그냥 구름처럼 움직이는 상황을 즐기는 것이기 때문에 그건 능동도 수동도 아닌 상태가 되는 거죠. 흐름에 맡기면서……. 예를 들어 제가 네모를 갖고 놀고 싶으면 네모를 갖고 놀면 되고, 같이 놀 사람들이 필요할 때에는 '어디서 몇 시에 만나자'라고 약속하면 되는 거예요. 그런 의미에서 가만히 있으며 들여다보는 시간이 필요한 것 같아요. 이렇게 되면 죽음에 대해서도 초연해져요. 죽음도 흐름의 일부인 거고 단지 '나와 관계하는 사람들이 내가 죽은 후, 불편해하거나 서운하지 않게 해주고 가려면 어떻게 해야 하지?'라는 생각을 하게 될 뿐이지, '언젠가는 죽어야 하기 때문에 난 두려워'라는 생각은 안 하게 돼요. 이 정도면 해탈까지는 아니더라도 자신의 쾌락을 찾고 행복을 추구할 수 있는 기본적인 세팅은 된 게 아닐까 싶어요. 즉 '흐름의 받아들임과 편안함이 아닐까?'라는 생각을 하게 되죠. 그리고 힘들겠지만, 자신이 현재 속해 있고 갖고 있는 것들을 조금은 버릴 수 있어야 하는 것 같고요. 자신이 정말 하고 싶은 게 있다 해도 그것을 하는 게 얼마나 중요한지 모르고 있어요. 그저 해도 되고 안 해도 되는 정도로만 생각하기 때문에 포기하게 되죠. 가정에서 눈치 보이고 회사에서 눈치 보일 만하다 싶으면 작은 모험도 하지 않거든요.

5. 경험 서랍과 구슬

이석준 아까 감각이란 말씀을 하셨잖아요? '그 감각이라는 게 후천적인 걸까요, 아니면 타고나는 걸까요?'라는 질문에 '타고나는 거다'라고 대답하시면 안 돼요. 그러면 우리 논의는 더 이상 진도 나갈 수 없으니까. 운명론적인 게 돼버리니까요. (웃음)

이 혁 하하하하.

이석준 여기서 '후천적'이라는 건 은근과 끈기로 잠 안자고 책상에 오래 앉아 버티는 그런 걸 뜻하는 게 아니에요. 다양한 경험, 사고, 사유, 사색, 독서, 낙서, 놀이 등을 통해 경계를 넘나드는 학제적 뷰포인트를 형성하는 것을 의미합니다.

이 혁 예, 그런 게 중요하죠.

이석준 요즘 사회에서 떠드는 학제, 융합의 토대는 이래요. '10개 분야에 각 1명씩 10명의 전문가가 있다. 그러면 이들을 한데 모아 놓으면 여태

껏 생각지 못했던 창의적 아이디어가 나오지 않겠냐?' 저는 『나발한
자』를 통해 이런 주장에 대해 반대되는 입장을 표명했어요. '그렇지
않다. 중요한 건 A라는 녀석이 10가지를 체험해서 고루 알고 있어야
하고, B라는 녀석 역시 10개를 고루 알고 있어야 한다. 그 10개가 겹
칠 수도 있고 겹치지 않을 수도 있고, 겹치더라도 각자 앎의 방향과
깊이가 비슷할 수도 완전히 다를 수도 있는데, 좌우지간 이런 사람들
이 자발적으로 한데 모여야 무언가 기대할 수 있다'라는 골자였지요.
이같이 다양한 분야에 호기심과 열정이 많고 능통한 사람을 전 학제
적 개인 혹은 학제적 딜레탕트라고 부릅니다.

사회에 쾌락의 꽃이 흐드러지게 피기 위해서는 각자 자기 자신에게
짜릿하면서도 쉽사리 휘발되지 않는 그 무언가를 알고 있어야 하는
데, 여기서 한 가지 유념해야 할 게 있어요. 전제 조건이라 할 수 있
죠. 모든 생산자는 소비자가 될 수 있고 반대로 모든 소비자도 생산자
가 될 수 있다는, 즉 쾌락에 대한 의무는 개인적 충족 차원에 국한되
는 게 아닙니다. 즉, 세상의 쾌락 파이를 키우기 위해서는 누구나 다
섬씽 뉴를 내놓을 의무가 있다는 말이에요. 의무란 말의 어감이 좀 딱
딱하긴 한데 자발적으로 무언가 시도해야 한다는 거예요. 그러려면
각자 다양한 경험을 토대로 형성한 유니크 뷰포인트가 있어야 합니
다. 하지만 이 부분이 지금 너무나도 꽉 막혀 있어요. 여기엔 시스템
적인 이유가 상당히 크게 작용합니다. 알게 모르게 사람들에게 무언
가 주입하고 간섭하면서 관성화, 고착화시키는 게 결국 시스템이니
까요. 그렇다고 해서 모든 걸 시스템의 탓으로만 돌릴 순 없는 노릇이
고, 개개인의 책임도 분명 있습니다.

이 혁   그 잘못된 시스템이 개인적인 노력을 할 생각조차도 못하게 만든 것
같아요. 학교도 달라져서 부모님하고 여행을 다녀오면 예전에는 결석

으로 처리했던 것을, 이제는 현장 체험 학습으로 인정해 준다고 하더 군요. 하지만 그런 허용이나 봉사활동을 해서 점수 받는 식으로는 진 정한 문화적 체험을 하긴 어렵다고 봐요. 너무 상투적이고 재미없는 문화 체험 프로그램들이 많거든요. 대안으로 마니아적 취향의 문화를 어렸을 때부터 많이 접하게 하는 것도 좋을 것 같아요. 찾아보면 미성 년자도 볼 수 있으면서 새로운 느낌을 받을 수 있는 영화제라든지, 문 화 행사들이 꽤 있어요. 그런 곳을 찾아다니는 것도 방법일 것 같아 요. 그래야 조금이나마 다양한 맛을 느껴볼 수 있을 테니까요. 말씀 하신 것처럼 10개 분야 모두에 있어 전문가가 될 수는 없더라도 자신 의 분야 이외에 나머지 분야에 대해서도 어느 정도의 분위기를 알고 이해를 할 수 있어야 소통이 가능하기 때문에, 어려서부터 여러 분야 를 체험하는 게 중요해요. 그리고 그런 다양한 경험도 중요하지만 소 통에 있어 가장 중요한 것은 역시 오픈된 마음 같아요. 상대방을 존중 하는 상태에서의 오픈은 제가 가장 중요시하는 건데, 스스로는 오픈 됐다고 생각해도 실제로는 닫혀 있는 경우가 많아요. 지난번에도 말 씀드렸지만 자신이 오픈되어 있는지 아닌지를 진단하는 방법 중 하나 는, 어떤 사람이 하는 말이 자신의 생각과 반대된다 하더라도 최대의 거부가 '그럴 수도 있겠다'여야 한다는 거예요. 누군가의 의견에 대해 '그건 아니다'라는 말을 많이 하는 사람은 문을 갖고 있지 않은 경우 가 많은 것 같아요. 그런 사람들은 고인 물처럼 자신이 살아오면서 경 험한 것들만 주장하는 썩은 가치관을 지니고 있기 때문에, 대화도 할 수 없고 좋지 않은 냄새가 나요.

이석준 자, 사회적 쾌락의 파이를 확장하기 위해 창작, 즉 아이데이션, 표현 이런 것들이 상당히 중요하다고 공감대를 형성했으니, 좀 더 구체적 으로 짚어 보도록 하죠. 첫 번째로 아이데이션에 대해 이야기를 하자면, 대관절 아이디어의 소스는 어디서 어떻게 얻을 수 있을까요? 전제 조건으로서 이 질문에 답을 할 수 있어야, 아이디어가 풍성해질 수 있는 개인적, 사회적 요건을 이야기할 수 있을 듯합니다.

이　혁　아이디어를 내려면 일단 목표가 있어야겠죠. 목표라는 단어가 적합하지 않다면 일이나 주제라고도 할 수 있고요. 예를 들어 공연에 대한 것이면 공연에 대해 아이디어를 내는 건데 아무것도 없으면 아이디어 자체도 있을 수 없으니까요. 하다못해 밖에서 놀고 싶다면, '뭐하고 놀까?'라는 아이디어를 내잖아요.

아이디어 소스는 제가 경험한 것들과 영화 본 것, 연극 본 것, 책 읽은 것, 들은 것 등인 것 같아요. 그렇기 때문에 문화적 경험을 중요시하는 거죠. 물론 대중문화는 가급적 피하고요. 우리나라의 대중문화는 굳이 찾아보려 하지 않아도 여기저기서 보이고 들리니까요. 저 같은 경우는 마니아 문화를 즐기며 아이디어를 많이 얻고 있어요.

이석준　아이디어라는 게 '아, 아이디어 내야지, 아이디어 내야 하는데. 이 분야가 트렌드가 될 거라고 해외의 권위 있는 기관에서 떠드니 이쪽으로 고민해 볼까?' 이런다고 해서 바로 튀어나올까요?

이　혁　음, 여러 가지 방법이 있을 수 있는데 하나는 경험 서랍을 이용하는 방법이에요. 제가 연기 레슨을 받아본 적이 있는데, 연기하시는 분들이 어떤 역할을 맡으면 그 인물처럼 되기 위해 직·간접적인 경험들을 토대로 서랍을 만들어 활용하는 방법이 있다고 하더라고요. 조금 다르지만 아이디어 경험 서랍을 꺼내는 거예요. 또 하나는 걷기 운동이에요. 걸을 때 뇌가 활발하게 움직여서 아이디어가 잘 떠오르는 거 같아요. 그냥 멍하게 있는 방법도 있어요. 소위 멍 때린다고 하는 상태인데 잡념이 끼어들 때도 있지만 명상할 때 나오는 알파파가 발산되는 기분이 들어요. 하지만 이런 것들을 창작하기 위한 방법으로 이용한다기보다는 이런 경우에 좋은 창작이 많이 나온다는 것이죠. 아이디어가 나온 이후에 생각하는 것들은 실현 가능성이에요. 공연을 예로 들면 무대의 규모, 시간, 날씨 등을 생각해요. 이후 실행에 옮기려면 제작도 들어가야 하고 회사의 결제도 받아야 하다 보니, 실현 가능성을 생각하게 돼요. 아무튼 젊었을 때는 이런 식이었고 최근에는 반대로 하는 경우가 많아요. 연출해야 하는 무대 상황을 먼저 체크하고, 이후에 아이디어를 내기도 하죠. 공연기획자가 원해서 준비하는 경우도 있고요.

이석준 말씀을 듣다 보니 두 가지 생각이 떠오르는군요. 하나는 컨설팅 도메인과 비슷하다는 겁니다. '이렇게 하면 팬들이 어떻게 생각할까? 제작비가 얼마나 들까?'라는 말씀을 하셨잖아요? 신사업 개발 컨설팅을 할 때 보통 마지막 단계에 '사업타당성 분석feasibility test'이라는 걸 합니다. 비즈니스 모델은 이미 다 그려 놓았겠다, 본격 실행에 앞서 혹시 무슨 문제가 발생하지 않을지 최종적으로 타당성을 테스트하는 거죠. 진행 단계는 이렇습니다. 첫째, 타깃 고객들에게 충분히 효용을 줄 수 있을 것인가? 일명 '효용성 테스트'라고 합니다. 그다음은 기술적 구현 타당성 테스트예요. 충분한 효용을 줄 수 있으리라 판단되면, 과연 이게 현존 기술로 양산할 수 있을 것인지 검토하는 겁니다. 세 번째는, 1, 2 단계를 다 충족한다 해도 돈이 지나치게 많이 들면 선뜻 내놓기 어렵잖아요? 그래서 마지막 단계로 ROIReturn On Investment를 고민하는 재무적 타당성 테스트가 진행되죠. 말씀을 들어 보니, 1단계 뭐, 2단계 뭐, 이렇게 딱딱 정의 내리지 않았다 뿐이지 그런 분석을 하는 건 여기나 저기나 마찬가지인 것 같네요.

이 혁　예, 맞아요. 저절로 된 거죠.

이석준　그리고 다른 하나는 '젊었을 때는 하고 싶은 것을 바탕으로 준비했었다. 하지만……'이라고 말씀하신 부분, 여기서도 다시 비즈니스 개념을 빌려올 수 있습니다. 기업들이 신규 서비스를 개발할 때 취하는 방법이 크게 두 가지 있어요. 하나는 '자원-기반 접근resource-based approach'이라고 해서 자신이 갖고 있는 역량에 기반해 무언가 만들어 내는 겁니다. 먼저 내부 역량을 감안하고 나중에 외부 시장을 고려하죠. 반대는 '시장-기반 접근market-based approach'이라고 해서, 시장을 먼저 헤아리고 나중에 자기의 역량을 돌아봅니다. 이때 자기 역량만으로 사업 추진이 어려울 것 같다면 아웃소싱이나 제휴, M&A 등을 하게 돼요. 이처럼 그 시작점과 진행 방향에 따라 2개의 옵션이 존재하는데, 이혁 씨의 경우는 젊을 때는 '자원-기반 접근'을 무의식적으로 이용했던 것 같습니다. 내가 하고 싶은 거, 내가 갖고 있는 것 중심으로 하겠다. 그런데 나이가 들어가면서 관객들, 파트너, 스태프, 소속사 대표 등 여러 이해 당사자들의 목소리를 감안해서 '아, 이런 부분을 이런 뉘앙스로 만들어야겠다'는 식으로 결론 내리게 됐다는 거잖아요. 여기서 잘 생각해 봐야 하는 게, '이 같은 변화를, 경험이 늘어남에 따라 혜안과 유연성이 생긴 것으로 봐야 할 것인가?' 아니면 '초심을 잃은 걸로 봐야 하는가?'라는 점이에요. 제가 전에 이런 이야기를 한 적이 있어요. 정말 혁신적인 서비스를 만들기 위해서는 소비자 조사 따위에 얽매여서는 안 되고, 그냥 예전부터 나를 흥분시켰거나 짜릿하게 만들었던 걸 끈질기게 밀어붙여야 한다고. 젊었을 때는 날내음이 나고 혈기왕성하고 어떻게 보면 자원-기반에 입각했었지만, 경륜이 쌓이면서 관객을 의식하게 됐잖아요. 이게 역량이 점프 업 된 거라면 시장-기반, 자원-기반을 넘나들며 자유자재로 통제할 수 있어야 하는데, 그렇다고 해서 이 역시 마냥 긍정적으로 볼 수도 없습니다. 왜냐? 닳고 닳았단 말 있잖아요. 어찌 보면 상술이랄까, 영악함이랄까. 진정성과 순수성에서 벗어난 것 같기도 하고요.

이 혁 이렇게 생각하시면 돼요. 예를 들어 옛날에는 혼자 알아서 로봇을 만들었다면 지금은 회사에서 로봇을 더 연구하길 원해 주문하게 된 거지, 주문 받는다고 해서 진정성이나 열정이 떨어진 건 아니에요. 오히려 소비자가 요구하는 로봇 이상으로 생각지도 못한 걸 넣어서 '이런 것도 있어?' 하고 놀라게 만드는 거죠. 어떤 공연에서든 즉흥성이 가미돼야 재미있거든요. 아무리 계산을 하더라도 무대 상황이 계속 변하고 느낌이 변하기 때문에 준비한 것은 30%만 실현되고, 나머지 70%는 에너지와 즉흥성으로 채워져요. 그렇기 때문에 주문을 하고 받고에 관계없이 진정성은 살아 있는 것 같아요.

이석준 록의 도메인이나 비즈니스 도메인이나 아이디어 형성 과정과 고려 변수들이 비슷한 것 같아요. 다만 기업들은 좀 더 분석적, 체계적으로 보이게끔 신경 쓰죠. 이 점을 굉장히 의식하고 집착하기에 정교화에도 매진합니다. 가령 아이디어를 짜내기 위한 5단계의 프로세스가 있다면, 각 단계 아래에 서브 프로세스, 즉 하부 단계들을 만들어 같은 방법으로 몇 레벨 더 깊이 파고 내려갑니다. 창의성에 관한 한 저는 그런 식의 접근을 경계하긴 합니다만, 말씀 들어보면 이처럼 구획 정리가 안 돼 있다 뿐이지 취하는 접근은 별반 다르지 않은 것 같아요. 긍정이냐 부정이냐를 떠나 결국 '아이디어를 창출해 가는 과정은 분야에 상관없이 대동소이하구나'라는 생각이 듭니다. 그런데 말입니다. 이게 절대 진리가 아니라면 '그렇다면 왜 극과 극의 도메인임에도 불구하고 그 과정이 대동소이한 것인가?'라는 의문이 들고요, 반면 절대 진리라면 아까 서랍의 메타포를 들어주셨는데, 결국 '얼마나 많은 서랍을 갖고 있으며, 또 그 서랍 안에 얼마나 다양한 구슬들을 갖추고 있는가?'가 아이디어 형성에 있어 지대한 영향을 미칠 수 있겠다는 생각이 드네요.

이 혁 지대한 영향을 미치기는 하는데, 제가 볼 때는 많은 서랍에서 어떤 것을 꺼내야 하는지, 그 선택을 잘할 수 있는 능력이 가장 중요한 것 같아요. 그리고 아이디어를 내는 데까지는 혼자 할 수 있지만 실현하는 데에는 릴레이션십이 필요한 경우가 많다 보니 그런 절차가 필요한 것 같고요. 아무래도 존중하고 오픈하지 않으면 부딪히는 일들이 많이 생길 테니까요. 회사 같은 경우는 시스템이 잘 돼 있으니 승인하거나 기각하면 끝이지만, 밴드 멤버들 간의 관계에 있어서는 소통하고 해결해 나가는 과정에 유연성이 없으면 막히는 게 많아요. 그 유연성과 서랍에 있는 것을 선택하는 능력, 그리고 많은 서랍이 있으면 좋을 것 같아요.

이석준 그렇죠. 그것도 아주 중요합니다. 다양한 서랍과 구슬들을 확보하는 것은 기본이고, 어떤 상황에서 어떤 서랍과 구슬들을 꺼내어 조합할지 결정하는 것도 굉장히 중요해요. 그런데 그러한 판단력과 결정력, 조합 능력은 대체 어디서 비롯되는 걸까요? 일종의 알고리즘일까요? 좀 극단적이긴 하지만, 그렇다면 동일한 서랍과 구슬을 갖고 있는 사람들일 경우, 동일한 상황에서는 동일한 의사결정을 내려야 하지 않을까요? 제 생각엔 알고리즘이 아닐 것 같습니다만⋯⋯ 대관절 특정 서랍이나 구슬을 선택하게끔 이끌어주는 그 기제는 어디서 오는 걸까요? 결국 우리는 여기서 다시 주저할 수밖에 없습니다.

이 혁   그 힘은 틀에 갇히지 않는 동시에 자연에 순응하는 마음인 것 같아요. 너무 명상적인 표현 같지만, 마음을 엶으로써 고정 관념과 선입견을 없애는 동시에 자연에 순응하는 조화도 중요시하게 되거든요. 즉흥 연주가 자유로우면서도 조화롭게 들려야 좋은 것처럼요.

이석준   비우고 내려놓아야 한다는 말씀처럼 들리는데, 역시나 명확한 룰rule이나 인과관계로 표현할 수 없나 봅니다. 쉽지 않아요. (웃음) 자, 그렇다면 잠시 보류하기로 하고, 이쯤에서 새로운 곡에 대한 아이디어를 내고 공연할 때까지의 과정이랄까요? 간략하게 말씀해 주셨으면 합니다.

이 혁   저는 공연을 좋아하는 쪽이고 곡을 완성하고 나면 기분은 좋지만 그 과정은 힘들게 느껴져요. 천재가 아니라 그런지 멜로디가 잘 안 나오고, 만들어도 다음 날 별로인 경우가 많기 때문에 생각날 때마다 녹음하고 정리하고 하루 종일 신경 써야 하거든요. 어떤 느낌인가 하면 선생님이 내일까지 구구단 외워오라고 했는데 구구단이 잘 안 외워지는 거예요. 하루 종일 구구단 외우고 있으면 다른 데 신경을 못 쓰잖아요. TV를 봐도 마음이 편하지 않고. 이런 분위기가 형성되니까 스트레스가 생겨서 주로 기간을 정해서 시작하는 편이에요.

이석준   판화가 에셔가 이런 말을 했어요. '나의 작업은 예술이 아니라 놀이에 가깝다.' 예술가는 아니지만 예술가의 반열에 오른 과학자들도 유사한 이야기를 했습니다. 저명한 물리학자 파인만은 '내 이론이 핵물리학 발전에 얼마나 기여했는가는 관심 없다. 중요한 건 그것이 내게 얼마나 즐겁고 재미있는가다'라고 했고요. 그 유명한 아인슈타인도 '연구 성과는 의도나 계획이 아닌 가슴에서 나온다'라고 이야기했습니다. 제 생각도 비슷한데, 쇼킹한 아이디어가 의도하고, 목표로 삼고, 욕심내고, 계획한다고 해서 나오는 게 아니잖아요. 그 무언가가 실용성이 있고 없고를 떠나 그냥 나도 모르게 푹 빠져 즐기다 보면 갑자기 튀어나오지 않나요?

이 혁 욕심내서도 나오고 불현듯도 나와요. 불현듯 나오는 게 더 좋은 경우가 많지만요. 일부러 자리 잡고 곡을 쓰면 안 되는 경우가 많고 성공 확률도 더 낮죠. 불현듯은 '무의식의 발현이 아닐까?'라는 생각이 들어요. 그래서 평소에 녹음해 놓은 많은 멜로디 중에서 별로인 것을 지우는 작업도 꽤 오래 걸려요.

이석준 우리 대담집도 그럴 거예요. 아마 녹취한 것들 중 상당히 많은 부분들이 잘려나갈 겁니다. (웃음) 궁금한 게 있어요. 녹음 시점에서도 무드 mood가 있고 검토 시점에서도 그렇기 마련인데, 검토 시점에서 마음에 들지 않는 걸 지운다는 얘기는 녹음 시점보다 검토 시점에서의 무드가 보다 보편적이라는 확신이 있어야 하는 거잖아요. 하지만 검토하는 순간의 기분이 잘못된 걸 수 있고 그렇다면 후회할 가능성이 높은데, 그럼에도 불구하고 검토 시점을 기준으로 판단해 지운다는 건 위험하지 않을까요?

이 혁 그런 곡이 가끔 있어요. 등급을 A, B, C, D로 나누면 B급에 해당하는 거죠. 그냥 지금은 별로지만 나중에 좋을 수 있을 것 같은 건 살려 놓고 C급만 다 버려요. 그래도 버리는 게 많아요. 곡 쓸 때의 느낌은 밤에 일기나 편지 쓰는 것과 비슷해요. 다음날 읽어보면 유치해서 찢

어버리고 싶은 그런. 그 상황에서는 감정에 충실해 눈물도 흘리며 쓴 거지만 다음에 읽어봤을 때 아닌 거는 아니라는 확신이 있어요. 제 나름의 주관적 확신이 기준이죠.

이석준 이럴 수 있을 것 같은데요? 가령, 심야 시간대에 반수면 상태에서 만든 곡을 다음날 아침에 들어 봤더니 낯 뜨겁고 누가 들을까 두려웠다 이거예요. 하지만 그걸 밤 환경 속에서 재음미해 보면 다시금 감탄할 수도 있지 않을까요? 그러니까 아무리 지워버리고 싶은 곡이라 하더라도 이에 걸맞은 무드가 조성된다면 매력적으로 와 닿을 수 있다는 겁니다. 모든 건 절대적이지 않고 상황, 환경, 맥락에 따라 호·불호가 결정될 수 있다는 말이죠. 다음 날 아침 그 부끄러운 곡을 지워 버리고 새로 쓴 곡 역시 이에 어울리는 무드와 조화를 이루면 꽃을 피우겠지만, 그 반대 상황에서는 상당히 무미건조하게 느껴질지도 몰라요.

이 혁 그것도 맞는 말씀인데요. 아닌 건 밤에 다시 들어도 아닌 경우가 많고 그 기준이 없으면 걸러낼 방법이 없어요. 걸러낼 때는 우선 제 취향의 멜로디인지 검토해 보고, 그런 후에 좋고 나쁨을 판단하는데 좋은 멜로디는 언제 들어도 좋으니까요.

이석준 그렇다면 절대적이라는 말씀인데, '좋다'라는 의미는 어떻게 되나요?

이 혁 들었을 때 감으로 아는 거죠. 그냥 감으로.

이석준 그게 이혁 씨 개인적인 건가요? 아니면 밴드 멤버나 열혈 팬까지 다 적용되는 건가요?

이 혁 멤버들과 주변 분들이 모니터하는 곡들은 대부분 이미 만드는 과정에서 함께, 혹은 저에게 걸러져서 살아남은 것들이에요. 저 같은 경우는 제가 들어서 좋아야지만 부르고 싶어져요.

이석준 외부인이 만든 곡을 거절할 때도 굳이 '왜?'라는 이유를 대는 건 아니죠?

이 혁 곡을 받는 경우가 많진 않았어요. 곡을 받았는데 안 좋으면 '스타일이 안 맞는 것 같다, 또는 다른 곡들과 연결이 안 된다'고 얘기해요.

이석준 딱 부러지게 논리적으로 설명할 수 있는 성격은 아니란 말씀?

이 혁 예, 오히려 설명을 하면 상대방의 기분이 나쁠 수 있고 음악적으로 공격하게 될 수도 있으니까요. 실제로 취향과 스타일이 중요하고 이에 대한 거절은 곡의 수준과 관련 없기 때문에 그리 미안하지 않아요.

이석준 비즈니스 도메인의 경우는 이처럼 정중하게 거절해야 하는 상황이라면 반드시 논리나 이유를 대야 합니다. 물론 '갑'들은 그럴 필요가 없죠. 그들은 이미 맺은 계약도 쉽게 파기해 버려도 좋은 절대자니까요. 제가 직접 경험한 사례도 몇 개 있습니다. 모 통신사 컨설팅을 할 때 최종 보고가 성황리에 마무리돼, 그 자리에서 바로 후속 계약을 맺은 적이 있어요. 그러고 나서 한 3주가량 흘렀나? 연말연시 조직 개편이 있었는데 계약서에 서명했던 임원이 아웃됐어요. 그러자 후임으로 온 임원이 '내 전임자가 맺은 계약이니 파기하겠다'고 선언하더군요.

이 혁 컨설팅에서는 분석이 주가 되기 때문에 논리적으로 설명해 거절하는 거고, 음악 같은 경우는 분석보다 감으로 가는 경우가 많기 때문에 그런 것 같아요.

이석준 바로 이 감이라는 걸 저는 비즈니스 도메인에 제대로 적용하고 싶은 겁니다. 창의성을 촉발할 수 있는 수단으로 말이죠. 아까 서랍의 메타포도 들었었는데 그 서랍 안에 열 개의 구슬이 들어 있다 하더라도 죄다 동일한 장르라면 별 의미가 없을 것 같아요. 그 열 개가 이 분야, 저 분야를 넘나들며 다양하게 섞여 있어야 하고, 더불어 감이라고 표현하신 것도 있어야 한다는 거죠. 이 감이 어떻게든 비즈니스에 가미돼야, 사람들에게 '세상에나, 이런 게 다 있었네?'라는 감탄을 자아낼 수 있는 무언가를 만들어 낼 수 있을 텐데요.

이 혁 만일 회사에서 기획안을 말하는데 '이거 느낌이 좋아요, 그냥 진행해 주세요'라고 하면 사람들이 당연히 납득을 못 하겠죠?

이석준 그렇죠. 그런 상황에서도 진행을 하려면 발의자 자신이 반드시 오너여야 해요. (웃음) 그러면 납득이고 뭐고 그냥 밀어붙일 수 있어요. 그 경우 CEO를 포함한 모든 노예들은 이러겠죠. '아, 이거 망할 거 같은데' 이런 생각을 갖고 있어도 차마 말은 못 하고, 그저 자기가 할 수 있는 범위 내에서 최대한의 직언을 할 뿐입니다. 이른바 조건부 제언이에요. '이렇게 한다면 가능하겠는데요?' (웃음) 그래 놓고는 오너가 사라지면 지네들끼리 둘러 앉아 험담하기 시작합니다.'하, 저 꼴통, 또 지랄이네.' 물론 이런 경우도 있고 저런 경우도 있습니다. 사실상 5호 담당제가 있는 셈이기에 서로가 서로를 믿을 수 없거든요. 무늬만 전사를 위해 협업해야 할 소중한 동료이자 선후배지, 시스템의 구조상 다들 밟고 올라가야 할 경쟁자, 잠재적 경쟁자들인데 말조심해 야죠.

이 혁 그렇군요. 이런 생각도 해봤어요. 제가 보기에, 회사에서 그렇게 분석 적으로 접근해도 못 알아듣는 사람들이 대다수일 거라는 생각이 들어 요. 저도 그런 분석이나 설명하는 것을 본 적이 있는데, 그럴듯하긴 하지만 실질적으로 치밀한 계산의 결과가 아니라 정리인 것 같았거든 요. 뭐랄까? 감으로 정하고 그것을 확인하고자 나중에 정리한 것 같 다는 생각이 든 거죠. 또는 실수가 없도록 검토하는 시간 같기도 했고 요. 결국 감이 작용하는 것이기 때문에, 그 분야에 대해 얼마나 진정 성을 지니고 짜릿함을 느끼고 있느냐가 중요한 것 같아요. 만일 그런 게 빠진 상태에서 정치적 상황과 회사 눈치를 보며 투자나 이익에만 관심을 갖는다면 문제가 생길 것 같아요. 애정이 있고 느낌이 있는 사 람이 결정해야 해요.

이석준 김대중 대통령 시절의 유행어 중에 '지식경영'이라고 있었습니다. 당 시 정권과 매일경제에서 붐업시키려 난리였어요. 지식경영을 보면 '노하우'라는 게 나오는데, 다분히 주관적이고 말로 표현하기 상당히 어렵기 때문에 '암묵지'라고 부르기도 합니다. 그래서 불가능에 가깝 다는 걸 알면서도 이를 명확한 지식으로, 즉 명시지로 객관화해야 한 다며 발버둥 쳤었죠.

이 혁 아.

이석준 물론 성과는 없었습니다. (웃음)

이　혁　감을 문서화하는 것과 비슷하네요.

이석준　그것을 명문화, 코드화, 규격화, 표준화시키려는 시도였거든요. 항목까지 다 정해서 딱딱딱딱. 그러니까 이게 어떻게 보면 교각살우의 우를 범하는 것으로 볼 수 있습니다. 소뿔이 약간 삐뚤다고 똑바로 맞추려다 아예 대가리를 돌려 죽이는 거랑 똑같다는 거예요. 저는 창의성을 노하우보다 진일보된 콘셉트로 생각하고 있습니다. 단도직입적으로 말해 노하우는 창의적이지 않아도 돼요. '내가 이 바닥에서 30년가량 굴렀는데 이런 상황이 발생했을 때는 이렇게 대처하면 돼', 이런 게 노하우입니다. 그저 현상과 현상 간의 줄 긋기일 뿐이죠. '왜냐하면'이란 말? 필요 없어요. 하지만, 창의성은 그렇지 않습니다. 물론 노하우를 통해서도 훌륭한 아웃풋이 나올 수 있긴 합니다만 그렇지 않은 경우가 부지기수예요. 더군다나 지각변동이 일어나 패러다임 시프트가 필요한 경우에는 20~30년 쌓인 노하우가 되레 오염 덩어리가 될 수도 있어요. 기존 생각의 틀에 갇혀 귀를 꽉 막기 때문이죠. 즉 패러다임 시프트라는 것은 현 상품이나 서비스가 단지 개선되는 정도가 아니라 기존의 정체성을 폐기처분하고 완전 별나라 이야기로 재탄생하는 겁니다. 그런데 이런 상황에서 30년 동안 축적한 노하우란 게 어디 의미가 있겠어요?

이　혁　제가 경험한 바로는 완전한 창작은 없고, 영화를 보든, 책을 보든, 경험이 영향을 주게 되는 것 같아요. 상상조차도 경험에서 비롯되는 것 같고요.

이석준　우리가 음악, 영화뿐 아니라 사회 문화 전 영역에 있어 그렇게도 다양성을 부르짖는 이유는 다양성이 폭발해야 창의성을 꽃 피울 수 있기 때문이다?

이　혁　네. 맞아요.

이석준　전적으로 동감합니다. 저 역시 비슷한 고민을 많이 하고 있어요. 대중 문화야 뭐, 아침에 눈 뜨기만 하면 자연스레 접할 수 있는 거고, 관건 은 낯설거나 극단적, 이질적인 것들을 어떻게 경험하고 흡수하느냐인 것 같아요. 이 같은 현상을 인지해서 그런 건지 수년 전부터 국내 비 즈니스계에서도 이종 산업 간의 융·복합 필요성을 떠들고 있습니다. 역시나 영혼 없는 사대주의적 짓거리가 아닐까라는 의구심도 듭니다 만. 물론 피부로 강력히 체감할 만한 사례라든지 결과물이 아직 나오 진 못했어요. 학계도 시끌벅적하긴 매한가지예요. 기업에서 융·복합 을 떠들어 왔다면 학계에서는 학제란 말을 부단히도 부르짖어 왔습니 다. 학제를 표방한 대표적 학문이 바로 인지과학이에요. 이게 국내에 본격 도입됐던 1990년대 중반만 해도 몇몇 주요 대학에만 1~2개씩 설치됐던 대학원 협동 과정이 지금은 폭발적으로 늘어났더군요. 얼 마 전 궁금해 살펴보니 연세대에 24개, 서울대에 31개 정도 설치돼 있 었어요. 전 이 같은 융·복합이니 학제니 하는 키워드를 들으면 두 가 지 생각이 떠오릅니다. 하나는 이게 새로운 시대에 부합하는 새로운 질서로 자리 잡았다기보다는 새로운 질서가 정립되기 이전에 통과의 례처럼 겪어야 하는 일종의 과도기적 현상이 아닐까라는 거고요, 다 른 하나는 바로 지금 우리가 논의하고 있는 창의성 및 서랍의 다양성 과 관련됩니다. 우리는 창의성이 꽃 피기 위한 기본 요건으로 다양한 서랍과 구슬의 확보를 꼽았습니다. 이때 단순한 양의 문제를 넘어 다 양성의 스펙트럼을 얼마나 넓게 갖고 가느냐가 중요하다고 이야기 나 눴어요. 내가 속한 도메인 안에서만, 혹은 내가 익숙한 도메인만을 경 험한다면 스펙트럼이 좁을 수밖에 없겠죠. 이 경우에는 양적 팽창이 있다 하더라도 다양성이 늘어났다고 보기 어렵습니다. 되레 유사 경험의 반복에 따른 전문성, 나쁘게 말하면 인지적 고착, 관성만 심화될 뿐이에요. 이런 이야기도 나눴었잖아요? '육감을 곤두세워 극단에서의 경험까지 생생하게 체험하는 게 중요하다.' 바로 이게 핵심이라고 생각해요. 이질적 분야 간의 만남이 그래서 중요한 거죠. 어찌 보면, 접하지 못했을 때에 비해 엄청난 덩어리의 경험이 한방에 들이닥치는 셈이거든요. 물론 혼돈이라는 리스크도 공존하겠지만, 기존의 서랍과 구슬과는 전혀 중복됨이 없는 엄청난 양의 서랍과 구슬이 인입되는 거예요. 자, 그러면 창조를 향한 바람직한 다양성이 그대로 펼쳐지는 겁니다. 표준부터 극단까지 스펙트럼도 넓겠다, 양도 많겠다. 그러면 이제 조합, 통합의 문제만 남습니다. 창조의 가능성이 그렇지 않은 경우보다 훨씬 높아질 겁니다.

요컨대 사람들이 단 한 번도 경험해 보지 못한 무언가를 창조하기 위해서는 전문성보다 다양성이 중요하다는 말이에요. 만약 어떤 분야를 최초로 시작하는 경우라면 이야기가 달라지겠지만, 지금의 맥락처럼 각각에 대해 어느 정도 경험한 상황이라면 심도 배가를 위해 수직적으로 더 깊이 파고들어 가는 것보다는 횡적, 수평적으로 확장하는 게 중요합니다. 그래야 창의성이 꽃 필수 있고 경우에 따라 전문성의 바람직한 심화 방향까지도 제시할 수 있지 않을까 싶어요. 아, 그러고 보니 여타 분야에 대한 개방적 사고뿐 아니라 호기심도 정말 중요하겠네요. 다들 인위적으로 강요할 수 없는 것들이죠.

그건 그렇고, 다시 돌아와 보죠. 녹음했던 곡을 삭제하는 것까지 말씀 하셨죠?

이 혁 네, 멜로디를 녹음해 놓은 파일들 중 별로인 것들을 삭제해요. 이후 마음에 드는 곡은 멤버들과 모여서 작업을 하고요. 예전에는 제가 집에서 코드랑 멜로디를 만들었는데, 지금은 멜로디도 미완성인 채로 갖고 와서 멤버들의 도움을 받아요. 그렇게 하는 게 좀 더 효율적이기도 하면서 더 좋은 작품이 나오는 것 같아서요. 그 후에 컴퓨터에 녹음하고 데모를 만들어 가사를 붙여요.

이석준 가사의 경우는 어떻게 아이디어가 떠오르나요?

이 혁 가사는 여러 가지 방법을 쓰는데, 주제를 정해 놓고 얘기하고 싶은 내용을 쓰거나, 멜로디만 녹음한 데모를 계속 반복해서 듣다가 어떤 기분이 들면 그것을 가사로 옮겨요. 입에서 저절로 나오는 단어 중 음악에 어울리는 걸 고르거나 이미지를 만들어 주제를 잡기도 하고요. 어떤 분들은 가사를 먼저 쓰시기도 해요. 하지만 저 같은 경우는 멜로디를 먼저 만드는 편이에요.

이석준 멜로디를 처음에 떠올릴 때, 아주 디테일하진 않아도 가사도 같이 병행하진 않나요?

이 혁 거의 그러지 않아요. 저 같은 경우는 멜로디와 가사가 같이 병행이 되면 가사와 멜로디가 유치하거나 예스럽게 나오거든요. 은유를 선호해서 그런지 잘 안 되더라고요. 평상시 사용하는 단어들로부터 나오니까 직접적이고 시적이지 않아요. 그리고 단어의 음절이 정해져 버리면 한계가 생겨서 멜로디도 좋지 않게 나오고요.

이석준 그렇다면 5집 「Cumulus」는 어떻게 떠올리게 된 건가요? 의도한 건 아닐 것 같은데.

이　혁　예, 처음엔 의도하지 않았어요. 가사들을 다 써 놓고 보니까 약간은 허무하기도 하고 그 와중에 즐기려고도 하면서, '구름 스스로의 의지가 아니라 자연에 의해 움직여지는…… 그렇다면 사람도?'라는 생각이 들면서 정하게 됐어요.

이석준　일단은 구름이라는 이미지가 떠올랐으니까 시작됐을 것 같습니다만.

이　혁　예, 그건 가사 쓰다가 떠올린 거예요. 가사를 쓰다가 뭉게구름이라는 제목을 쓰게 됐어요. 그 곡에도 어울리지만 앨범 전체와도 어울릴 것 같아서 영어로 구름을 찾아보니 클라우드는 너무 흔하고 해서…….

이석준　클라우드는 IT 용어가 돼 버린 지 오래죠. 맥주가 연상되기도 하고요. (웃음)

이　혁　네. 너무 많이 사용되고 있죠. 그래서 뭉게구름을 찾아보니까 'Cumulus'라고 나오는데 많이 접하지 않은 단어고, 어감도 좋다고 판단돼서 정했어요.

이석준　이것도 재미있는데요? 일전에 제가 기업 전략의 한계를 얘기할 때 이런 지적도 한 것 같아요. 뭐든지 항상 방향을 먼저 정하고, 그다음에 정해진 방향에 부합하는 디테일을 찾는다고. 이른바 '탑-다운'의 분석적 접근이죠. 그런데 '내귀'가 취했던 방식은 정반대네요. 전략 매뉴얼대로 접근하자면, 방향에 해당하는 뭉게구름이라는 콘셉트를 먼저 설정해 놓은 다음 이를 쪼개, 걸맞은 노래들을 한 10곡 정도 만들어야 합니다. 그런데 지금 말씀하신 방식은 방향을 정하고 디테일로 내려간 게 아니라, 곡이라는 디테일 레벨에서 하나 끄적거리다가 '어, 이

거 괜찮은데?' 싶어 역으로 한 레벨 올라가 메인 콘셉트를 잡은 거죠. 이후 드릴 다운 해 나머지 곡들을 만들고. 그러니까 아래에서 시작해서 위로 올라갔다가 다시 아래로 분기해 내려가는 '바텀-업'과 '탑-다운'의 복합인 셈입니다. 사실 지각 변동을 일으킨 혁신 서비스들을 보면 비슷해요. 그것들은 존재하지 않았거나 했더라도 '명목적'으로만 존재했던 도메인을 '실질적'으로 창출했어요. 지난 대담 때도 말했지만 전형적인 예로 아이폰이 그렇지 않습니까? 아이폰 전의 스마트폰 시장을 어디 도메인이라고 부를 수 있었나요? 해외에서는 RIM의 블랙베리 정도가 깔짝거리고 있었고, 우리나라에서는 삼성전자의 옴니아가 이름과 정반대의 행보를 보이며 비틀거렸을 뿐이죠. 심지어 맥킨지의 사생팬이 CEO로 있던 한 전자 업체는 '스마트폰은 됐고, 하이-엔드high-end 피처폰에만 집중하겠다'고 선언했었고요. 그런데 아시다시피 지각변동이 일어난 겁니다. 전화기를 만들어 본 적도 없는 딜레탕트적 기업의 구체적 아이템 때문에 스마트폰이라는 도메인이 드디어 열렸고, 모바일 폰은 피처에서 스마트로 진정한 패러다임 시프트를 보이게 됐어요. '앞으로는 피처폰 시장이 죽고 스마트폰 시장이 뜰 거야'라는 판단하에, 애플이 시장 분석도 하고 내부 역량 분석도 해 가면서 진입 전략을 수립했을까요? 그리고 수립된 전략의 후속 단계로 핵심 성공 요인들을 복합 고려해 아이폰이라는 제품을 만들어 냈을까요? 아니잖아요. 그냥 다이렉트로 제품 자체에 충실했던 겁니다. 요컨대, 세상을 뒤흔드는 혁신적 서비스는 기존 도메인에서의 1등이 절대 아닙니다. 자신의 탄생과 동시에 도메인까지도 탄생시키는 희귀하면서도 엄청난 괴물 같은 놈이에요. 따라서 진정 혁신적 제품이나 서비스를 지향하는 기업이라면 전략 수립에 혈안이 돼서는 안 돼요. 이건 소모에 지나지 않습니다. 곧장 아이템 그 자체에 집중해야죠. 제대로 집중하기 위해서는 누구이 말씀드렸듯 'A to Z' 오너가 깊이 개입해야 합니다. 'decision'이 아닌 'creation'의 진정한 주역으로 말입니다. 그럴 자신도, 시간도 없다고요? 그럼 혁신이란 말을 쓰지 말든가.

이　혁　네, 그렇죠.

이석준　제가 비즈니스계에 대해 비판하는 것들 중에 이런 것도 있어요. 정해진 절차를 맹목적으로 따르려다 보니 창의성을 좀 먹는 경우가 비일비재하거든요. 누구나 인정하듯 예술계에서는 창의성의 비중이 매우 큰데, 그쪽에 계신 대다수 분들의 의견이 이렇잖아요. '절차에 얽매이다 보면 좋은 아이디어가 나올 듯하다가 들어갈 수도 있고, 좀 먹을 수도 있다.' 똥도 그렇고 재채기도 그렇고 이게 나오려다 안 나오면 답답해 죽을 것 같은데 말이죠.

이　혁　아이디어를 내고 싶은데 막히는 경우에 제가 사용하는 방법 중 하나는 사람들을 만나는 거예요. 음악하는 사람이 아닐지라도 찌든 사람만 아니라면 상관없어요. 찌든 사람들에게서 나오는 얘기는 주로 주식이랑 돈 얘기라 재미도 없고 그냥 시간만 낭비하는 경우가 많아요. 거기서 깨닫는 건 단지 '찌든 사람들은 이런 생각을 하고 이런 말을 하는구나' 정도뿐이죠. 차라리 학생들이나 음악을 즐길 줄 아는 사람들과 얘기하다가 갑자기 물어보는 게 나아요. 그러면 그 사람들이 주는 아이디어가 좋은 경우도 있고, 설사 실효성이 없더라도 질문하면서 저 스스로 정리되는 경우가 많아요. 이렇듯 상상력을 발휘하고 싶을 때는 나가서 돌아다니거나 사람들을 만나는 것도 좋을 것 같아요.

이석준　회사 다니는 사람들은 당최 그런 게 안 되니……. 모 업체의 경우에도 매주 수요일을 '아이디어 데이'라 해서 점심시간을 2~3시간 정도 주는데, 그렇게 강제적, 작위적으로 부여한 시간은 무의미하거든요.

이 혁　그렇겠죠.

이석준　'자, 수요일은 밥 먹고 영화 보거나 놀다 들어오는 날이야. 그러니 각자 생각 많이 하고 들어와야 해. 알았지? 이따가 숙제 검사할 거다.' 이런 식이면, 직원들은 괴로워하죠. '아, 무슨 생각을 짜내야 하나?', '어디를 갔다 와야 숙제하기 편할까?' 자유가 부담으로 변신하는 이 놀라운 기적!

이 혁　회사에서 취미 생활을 할 수 있게 도와줘야 할 것 같아요. 놀 줄 모르는 사람들한테는 밤 문화와 집에 가는 것 외에 놀라고 하면 고민스러울 따름이죠. 자신이 좋아하는 취미를 찾아서 하게 되면, 설령 그것이 업무 분야와 다르더라도 능률이 더 오를 것 같다는 생각이 들어요.

이석준　혹시 '제니퍼소프트'라고 들어 보셨나요? 성능관리 솔루션 개발 업체인데, 복리 후생이 훌륭하다고 소문이 자자합니다. 일단 퇴근 시간을 칼같이 지켜줄뿐더러 유연성 있는 출퇴근도 가능하고, 도서관이나 카페도 잘 돼 있고, 직원 가족들의 해외여행도 지원해 준다네요. 출산한 직원에게 1,000만 원도 지급한다 하고요. 무엇보다 회사의 아이콘으로 자리 잡은 직원 수영장이 있어요. 근무 시간에 여기서 수영하며 아이디어를 구상하는 친구들도 꽤 있다 합니다.

이 혁　아, 들어본 것 같아요.

이석준 모 방송사 교양 프로그램에서 사장에게 이런 질문을 했어요. '이렇게 직원들이 근무 시간에 수영하고 카페에서 노닥거리면 어떻게 일이 됩니까?' 그랬더니, 사장이 '꼭 사무실 안에서 열심히 일해야만 하는 겁니까? 회사에서 좀 놀면 안 되나요?' 이렇게 도발적인 뉘앙스로 대답하더군요. 그 양반 LG CNS 출신이던데 거기서 정말 많이 배운 듯합니다. '흠, 무엇이든지 LG CNS에서 경험한 것과 정반대로 하면 성공할 수 있겠구나'라고. (웃음) 아무튼 이런 것들이 쇼윙의 일환인지 아니면 진정성의 발로인지는 오직 자기 자신만 알겠지만, 어쨌든 신선하게 와 닿은 건 사실입니다.

이　혁 그런데 그 회사, 지금도 잘 되고 있나요?

이석준 예, 그런 것 같아요. 직원들의 로열티도 꽤 높은 것 같고요. 얼마 전에는 자기들 스스로를 어떻게 소개하고 있는지 궁금해 홈페이지에 가봤어요. 때마침 리쿠르팅 시즌이었는데 선발 프로세스가 대기업의 그것과 사뭇 달랐습니다. 대기업은 토익류의 어학 시험을 필두로, 적성 검사, 인성 검사처럼 판에 박힌 듯한 레퍼토리를 갖고 테스트하거든요. 반면, 제니퍼소프트는 에세이를 쓰라고 하더군요. 토픽을 던져 주고 글을 쓰게 하는데, 나름 인문학적 소양을 알아보기 위해 그런 것 같았습니다. 아까도 말했듯 이게 진정성의 발로인지 겉멋인지 아직까지 판단하기 어렵지만, 비추어지는 현상만 보면 긍정적입니다.
진정성이라……. 그러고 보니 요즘 강신주가 잘나가니까 진정성을 들이대며 욕하는 무리들이 많아졌어요. 저는 온라인 서점에서 책을 많이 사거든요. 그리고 간혹 가다 100자 평도 남기는데, 다른 책들과 달리 강신주 책에 긍정적 평을 쓰면 댓글이 달리더라고요. 비난 일색이에요. 이유인즉슨 잘 알지도 못하면서 혹세무민하는 강신주를 지지

했다는 겁니다. (웃음) 제가 강신주를 좋게 보는 이유는 일전에 말씀 드렸듯, 유명한 철학자들이 이렇다 저렇다 해석해 놓은 것들 있잖아요. 거기에 휘둘리지 않는 스타일이기 때문이에요. 물론 이것들을 지지하고 따를 때도 있지만 웬만하면 다 주체적으로 밀고 나가죠. 그러다가 특정 철학자와 공감대가 형성되면 지지 모드로 나가고, 그렇지 않으면 비판 모드로 나갑니다. 그래서 저는 강신주를 한 단어로 표현하면 '주체성'이라고 봐요. 그 주체성이 무언가에 대한 사후적 분석인 '해석의 주체성'이 될 수도 있고, 사전적 예측인 '상상의 주체성'이 될 수도 있는데, 강신주는 상상보다는 해석상의, 즉 가시화된 사실로부터 시사점을 뽑아내는 데에 주체성이 발동되는 사람으로 보입니다. 아무튼 이런 면도 창의성을 좀먹는 게 아닌가 싶어요. 제도권 주류에서 떠받드는 금과옥조 같은 표준 해석에 대해 누군가 주체성을 갖고 달리 해석하면 태클이 마구 들어오는 것 말입니다. 재미있는 사실은 주류 쪽 사람들만 태클 거는 게 아니라 딱히 주류가 아닌 사람들도 이 비난 대열에 합세한다는 거죠.

이　혁　　여론까지 획일화되는 상황이네요. 우리나라 사람들은 언론 통제를 하거나 진실을 은폐, 조작하기 쉬운 습성을 갖고 있는 것 같아요. 많은 사람이 지지하거나 반대하는 것처럼 꾸미고 진실을 가리면 그런가 보다 하고 믿는 경향이 있거든요.

이석준　　창의적인 것을 고안해 표현하고 협업하는 것도 있고, 아까 한 팬이 표피의 대중적 음악을 듣다가 점차 수용 폭이 커지면서 깊은 영역까지 섭렵하게 되는 경우도 상상해 봤잖아요. 그리고 더 나아가 '아니야. 나도 이제 뭔가를 만들어 봐야겠어'라며 작사, 작곡까지 하는 경우도 생각해 봤습니다. 저는 이렇듯 메커니즘을 확장해 나아가는 것도 일종의 창조적 행위라고 생각합니다. 처음엔 완전히 수동적 입장에서 가이드대로만 따르다가, 환경에 의해 던져진 것도 있겠지만, 스스로 눈이 뜨여 재미를 느끼고 호기심이 발동하면서 이것저것 시도하며 역동성을 발휘하는 것 말이에요. 누벨바그의 프랑소와 트뤼포 감독이 이런 이야기를 했잖아요. '영화를 사랑하는 첫 번째 단계는 이미 본 영화를 또다시 보는 것이다. 두 번째 단계는 평을 쓰는 것이고, 마지막이자 세 번째 단계는 만드는 것이다'라고. 관객이 감독으로 변신하는 거거든요. 이런 경우에도 창의성의 증진과 쾌락의 증대를 동시에 맛 볼 수 있지 않을까 싶어요. 사실 이혁 씨도 고등학교 때까지는 음악을 듣기만 하던 사람이었어요. 그러다가 점점 빠져들면서, 애착을 거쳐 천착하게 됐고, 쭉 흘러오다 보니 결국 여기에 다다른 거잖아요? 요컨대, 창의성이란 것을, 아이데이션, 즉 어딘가에서 소스를 얻어 자기만의 방법을 통해 제삼자에게 논리적으로 설명하거나 '이건 느낌이에요. 감이에요'라고 해 가면서 주거니 받거니 풍성하게 키우는 것으로 볼 수 있지만, 다른 관점에서 고민해 볼 수도 있을 것 같습니다. 방금 예를 들었던 수동적인 관객 입장에서 능동적인 창작자 입장으로 발전하는 경우처럼 말이에요.

제가 조금 전에 트뤼포의 말을 인용했잖아요. 그러다 보니 갑자기 궁금해지는 게 있네요. 어떤 책을 봐도 마찬가지인데, 작가들은 유명인의 말을 참으로 많이도 인용해요. '스피노자에 의하면 어떻다', '니체에 의하면 어떻다', '흄에 따르면 어떻다', ……. 대관절 왜 그러는 걸까요? 그네들의 속내를 잘 모르겠지만, 아마 그 원인은 이렇지 않을까 싶습니다. 권위에의 의존. 유명인의 말을 인용하면 대개 두 가지 효과를 얻을 수 있어요. 하나는 자기주장에 대한 타당성을 별도로 고민할 필요가 없다는 거예요. 힘들게 자기주장을 뒷받침할 논리적 근거들을 만들어 제시하는 게 아니라 그냥 권위 넘치는 자의 유명 어록을 갖다 붙이기만 하면 되니까요. 그러면, 혹 의구심이 생길 만한 주장이라도 웬만한 사람들은 '오, 그 양반이 그랬다면 당연히 피가 되고 살이 되는 말이겠지'라며, 묻지도 따지지도 않고 그냥 받아들입니다. 두 번째는 '있어 보여서'예요. 왠지 철학자, 과학자, 예술가가 하는 말은 멋져 보입니다. 물론 그들이 유명인이라는 전제하에서 말이에요. 유명인이 아니라면 당연히 씨알도 먹히지 않죠. 일단 그런 말을 했는지 안 했는지도 알기 어려울뿐더러, 설사 안다 해도 무명작가가 한 말은 '뽀다구' 형성에 전혀 도움이 되지 않으니까요. 좌우지간 쓰는 사람 입장에서도 깊게 고민하지 않아도 되고 또 있어 보이기도 하니까 좋은 거고, 읽는 사람 입장에서도 신뢰할 수 있고 어디 가서 써먹으면서 교양 있는 척하거나 뿌듯해할 수 있으니 누이 좋고 매부 좋은 그 이상이 아닐까 싶습니다. 권위에 대한 의존과 속물스러움, 이 모두 노예근성에서 비롯되는 건데, 제 이야기 속에도 인용이 적지 않은 걸 보니, 안타깝게도 저 역시 그런 부류에서 자유롭지 못한 것 같네요. (웃음)

이 혁 이러면 어떨까요? 저번에 말씀드렸던 회의의 분위기가 바뀐 이유는 뮤지션이 함께 참여했기 때문이었던 것처럼, 일반 회사의 회의에도 예술가를 조인시키는 거죠. 예술가가 모니터를 하는지, 얘기만 듣고 있든지, 옆에서 그림을 그리고 있든지 등의 역할을 하는 거예요. 예를 들어 회의 중에 한쪽에서는 디제잉을 하고 있다든지, 기타를 치고 있다든지 하는 방법으로요. 꼭 그들이 회의에 적극적으로 참여하지 않고 그저 한두 마디만 던지더라도 도움이 될 수 있을 거예요. 단, 그 예술가는 진정성과 짜릿함을 알고 있는 예술가여야 해요. 「그레이트 뷰티」라는 영화를 보면 사교 모임에서 행위 예술이나 공연을 즐기면서 모임을 해요. 성격은 다르겠지만 회사에서도 예술가와 조인할 수 있는 방법이 있다면 좋을 것 같아요. 회의나 업무시간에 작품이나 공연도 접할 수 있고……. 계산적으로 생각해 본다면, 예술의 에너지를 이용하는 것이고 재미있기도 하죠. 아까 말씀하신 사내 수영장에서 아무 때나 수영할 수 있는 회사도 비슷한 분위기일 텐데, 그 경우보다 더 효과적일 것 같아요. 노는 시간과 일하는 시간의 구분도 없어지고요.

최근 우리나라에서는 4대 보험을 포함해 순수 예술가에 대한 지원을 강화해야 한다는 말들이 나오고 있거든요. 북아일랜드는 '예술위원회'라는 공공기관을 만들어 예술단체를 지원해 준다고 해요. 어떤 식으로든 그 같은 순수 예술에 대한 지원은 생각해볼 문제인 것 같아요. 순수 예술은 대중성을 목표로 하지 않기 때문에 현실에 떠밀려 사라져 버리는 경우가 많거든요. 순수 예술이 살아난다면 다양성을 꽃 피울 수 있기에 사회의 모든 분야에 좋은 영향을 미치게 될 거예요. 국가나 기업 입장에서도 좋은 에너지 자원이고요. 우리나라 현실에서는 국가적인 도움을 받기 어려우니, 기업 차원에서 가치를 알고 지원한다면 좋을 것 같아요.

중학교 때 윤리 선생님이 특이한 분이셨어요. 항상 맨발로 다니시고, 운동복 차림에 머리도 길고, 수업 시간의 $\frac{1}{3}$ 은 학생들과 운동장에서 축구를 하거나 자유 시간을 가졌어요. 그래서인지 불량 학생들이 그 선생님을 잘 따랐죠. 젊었을 때 많이 놀았다는 소문도 있고 해서 학교에서는 그 선생님을 안 좋게 생각하는 분위기였지만, 실질적으로는 학교에 좋은 효과를 주었던 셈이에요. 학생들이 잘못된 방향으로 나갈 수 있는 걸 본인의 경험에 비추어 잘 가이드해 준 덕분에, 애들이 바른 생활까지는 아니더라도 사고를 덜 치고 졸업할 수 있었으니까요. 약간 다르지만 우리나라 공공 기관 또는 대기업들도 예술가에게 예술 활동을 후원해준다는 취지로 사무실 내에 작업 공간 하나 내주고 거기서 창작하라고 하면 그 예술가는 물론 회사나 공공 기관에도 굉장한 도움이 될 거라고 생각해요.

이석준   그렇게 된다면, 시간은 좀 걸리겠지만 나름 창의적 R&D를 해 가면서 CSR에도 충실한 일석이조의 효과를 볼 수 있지 않을까 싶네요. 저는 한국도 그렇고 외국도 그렇고 들어본 적이 없습니다만, 혹시 유사 사례가 있는지요?

이　혁   아직 못 들어봤어요. 그냥 그러면 어떨까 하고 생각해 본 거예요. 영화 「월터의 상상은 현실이 된다」를 보면, 잡지사의 포토 에디터가 주인공인데, 그가 필름을 잃어버려서 여분 필름을 받으려고 사진작가를 찾으러 바다도 가고 아프가니스탄도 가고 그러거든요. 영화에서는 소스를 만드는 사람으로 나오지만 회사 내에서도 그런 존재가 확실히 필요할 것 같아요. 「문명」이라는 게임이 있는데 다른 나라보다 더 빨리 도시를 키우고 근대화시켜야 이길 수 있어요. 문명을 키우려면 나폴레옹 같은 영웅과 정치인, 과학자도 있어야 하지만 철학자와 예술가가 있으면 그 도시가 훨씬 풍요롭게 발전하거든요. 저는 그 게임을 할 때 경제만 키우려고 했어요. 경제랑 국방력만 키우면 되는 줄 알고요. 근데 그것만 키워가지고는 사람들이 피폐해져서 이길 수 없더라고요. 예술가 지수도 높여야 균일하게 도시가 업그레이드돼요. 현실에서도 마찬가지겠죠. 유럽처럼 지원을 하진 못하더라도 우리나라도 문화 지수를 높일 수 있는 제도적 장치를 마련하면 좋을 것 같아요.

6. 가자 인식적 세계로

이석준 제가 툭하면 존재적 세계가 어떻고 인식적 세계가 어떻고 떠들잖아요? 그 연장 선상에서 고민도 참 많이 했어요. 많이 들어보셨을 텐데 '기본적으로 사회적 쾌락 파이를 키우기 위해서는 도덕성 고양, 이런 것만으로는 부족하고, 재미란 측면이 첨가돼야 하기에 섬씽 뉴가 부단히 나와야 한다', 그리고 '쾌락을 키우고 만끽할 수 있는 구현의 장은 크게 두 가지로 구분할 수 있다. 하나는 존재적 세계의 장이고, 다른 하나는 인식적 세계의 장이다.' 주지했다시피 인식적 세계의 장을 펼쳐 주는 기반은 존재적 세계입니다. 마이클 탤보트의 『홀로그램 우주』에서는 반대의 주장을 하고 있습니다만, 무언가에 몰입하게 만들어 인식적 세계로 유도해 주는 서비스는 좌우지간 존재적 세계의 인프라로 구축해야 하니까요. 그 책을 보면 주로 물리학자 데이비드 봄과 신경생리학자 칼 프리브램의 연구 활동을 언급하며 이런 식의 주장을 해요. '물질적 우주는 객관적으로 실재하는 것이 아니라 투사된 홀로그램이며, 뇌는 진동으로 가득 찬 우주 속에서 안테나처럼 특정 주파수 대역을 수신한 뒤 물질 세계의 홀로그램을 형성, 급기야는 현실로 받아들이게 한다'고 말이에요. 그렇다면 그것이 플라톤의 이데아건 뭐건 간에 상위 차원이 있어야 하고 우리 역시 파동에 불과하다는 건데, 이에 입각해서 재미있는 사유를 할 수 있을 것 같습니다. 가령, 우리가 컴퓨터 안에 피조물을 만들어 놓는다면, 우리가 파동이듯 그것들은 비트 덩어리가 될 겁니다. 궁극이야 그들 역시 파동이겠지만 논의 전개상 비트로 간주할게요. 즉, 그것들의 실체가 0과 1의 순열 혹은 조합이니까 모니터 상에 나타나는 우주 공간과 캐릭터는 사실 허상인 셈입니다. 우리 같이 상위 차원에서 들여다보는 사람들 입장에서는 그저 UI이자 UX인 거죠. 그렇다면 말입니다. 그 컴퓨터 속

피조물들끼리는 상대방을 0과 1로 감지할까요? 아니면 우리와 마찬가지로 형상으로 감지할까요? 쉽게 말해 아주 아주 정교한 게임의 경우, 게임 속 캐릭터 A는 캐릭터 B를 어떻게 볼까요? 마치 사람의 눈처럼? 뇌처럼? 만일 디스플레이에 터치 기능뿐 아니라 시각적 센싱 기능까지 갖춰져 있다면, 그들은 공간 밖 상위 차원의 우리를, 그리고 우리의 세계를 어떻게 인지할까요? 어때요? 이혁 씨 생각과 유사한 면도 있고 꽤 흥미롭지 않습니까? 최근엔 이런 생각에까지 뻗쳤어요. '언젠가는 사람들 모두를 각자 자기만의 인식적 세계에 들어가게끔 만들어 줘야 한다'는.

이　혁　자기만의 인식적 세계로요?

이석준　예, 그러니까 이런 거죠. 디지털 프로페서처럼 존재적 세계를 중심으로 구현할 수도 있고, 마이크로소프트 홀로렌즈나 오큘러스 리프트처럼 존재적 세계와 인식적 세계 간의 결합 형태로 구현할 수도 있습니다. 뇌에 직접 빛 또는 전기 자극을 주거나 칩을 삽입하는 식의 인식적 세계 중심으로 할 수도 있고요. 그런데 이게 극한의 수준까지 실현된다면 굵직한 의문이 발동할 수 있어요. '이 세상 모든 사람이 인식적 세계로 넘어간다면, 인간이 실질적으로 단 한 명도 존재하지 않는 이 존재적 세계에서 누가 이 서비스를 운영할 것인가?' 답이야 간단하죠. AI, 즉 인공지능이 운영한다. 그들에게 운영을 맡기고 인간은 각자 자기만의 완전한 인식적 세계로 들어가 그저 즐기는 겁니다. 당연히 적지 않은 문제들이 수반될 수 있겠죠. 먼저, 우리가 인식 세계에서 만끽할 수 있는 거리들이 무한의 자유도를 갖고 있지 않다면, 인간의 특성상 언젠가는 싫증을 느낄 수밖에 없을 거예요. 따라서 새로운 아이템이 계속 공급돼야 합니다. 새로운 아이템이 부단히 공급돼야 한다는 것은 창의성과 직결된 사안이기에 다음과 같은 물음들도 형성되죠. '기계에게 과연 창의성을 기대할 수 있을까? 있다면 어떻게 심어 줄 수 있을까?' 컴퓨팅을 전제로 할 경우, 창의성을 '심어 준다'라 함은 알고리즘화 가능성을 암시하는데, 이는 제 견해와 명백한 모순입니다. 이전에 언급했듯 알고리즘, 방법론과 창의성은 기본적 속성이 상반되기 때문이에요. 다른 하나는 윤리와 관련돼요. '기계들이 도덕적 이슈를 시뮬레이션하면 어떻게 할 것인가?' 혹은 '모든 인간이 인식적 세계로 넘어갔을 때 기계가 인간들을 꼭두각시 인형처럼 조종하면 어떻게 할 것인가?' 세 번째는 기계 오작동에 관한 거예요. 고장 난다면 운영이 잘못될 수 있을뿐더러, 인식적 세계 속 인간들의 안위에도 심각한 영향을 미칠 수 있기 때문입니다. 그리고 이와 궤를 살짝 달리하는 고민도 있어요. 이건 인간과 기계라는 객체 간 관계를 넘어 인식적 세계와 존재적 세계 간의 관계에 대한 것입니다. 가령, '인식적 세계에 빠져든 인간들이 잠시나마 존재적 세계로 돌아오고 싶어 할 때 어떻게 처리해야 할 것인가?'가 대표적이에요. 영화 「인셉션」의 경우는 '킥kick'이라고 해서 낙하감을 통해 존재적 세계로 돌아오잖아요? 그리고 「매트릭스」에서는 인식적 세계 속의 공중전화 부스에서 통화를 하고요. 만약 존재적 세계로 복귀할 수 없다면, 우리가 말하는 이승과 저승 간의 관계도 어쩌면 이런 범주의 한 유형으로 볼 수 있을 것 같습니다. 저승이 인식적 세계가 되고, 이승이 존재적 세계가 되는 거죠. 그리고 모든 사람이 언젠가는 인식적 세계 속으로 들어가야 한다고 주장하는 이유는 이렇습니다. 존재적 세계에서는 사회적 쾌락 파이가 제아무리 커진다 해도 개인 쾌락 간의 트레이드오프 문제가 완전히 해결될 수 없거든요. 일례로 물질이 풍요로워진다고 해서 시기심과 질투, 욕심, 이런 심리적 이슈들까지 사라질 수 있을까요? 그리고 이런 것들이 잔존한다면 완전한 쾌락을 누릴 수 있을까요? 이 화두는 『나발한자』에서 희소성의 개념을 도입해 다뤄봤어요. 기술 발달 덕분으로, 100명의 사람들이 100개의 아이템을 요구할 때 그 100개를 모두 공급해 줄 수 있다면, 경제적, 물리적 희소성의 문제는 이론적으로 해결 가능합니다. 그렇잖아요? 핵심은 결핍이니까, 이를 상쇄할 수 있는 생산성만 담보되면 돼요. 하지만 정신적 희소성은 그렇지 않죠. 가령, 제가 한 서비스 업체의 VVIP 고객이 돼 단단히 대접받고 있어요. 그런데 어느 날 친구가 저와 같은 수준의 서비스를 받는다는 사실을 알게 된 거예요. 그 순간 그 서비스에 대한 주관적 체감 가치는 '팍!' 하고 급전직하. 물론 제공받은 서비스의 객관적 질이나 양은 절대 훼손되지 않았습니다. 그대로예요. 이런 류의 희소성은 기술 발전에 힘입어 이 아이템 저 아이템 마구 만들어낸다고 해서 해결될 수 있는 게 아닙니다. 그렇다면 인간에 있어 어쩌면 'final problem'이 될 수도 있는 이 문제를 대체 어떻게 해결해야 할까요? '집착을 버려라'와 같은 종교적 발언은 말아 주세요. (웃음) 제 답은 이렇습니다. 모든 사람을 각자 자신의 인식적 세계로 이주시켜야 한다. 일단 인식적 세계로 들어오면 자신이 존재적 세계에서 왔다는 사실과 존재 중심적 관점하 인식적 세계는 곧 가상이라는 사실을 망각하게 되니 별걱정 안 해도 됩니다. 살아가는 동안 어떠한 우여곡절을 겪는다 해도 종국에는 뻑가는 해피 엔딩을 맞이하게 되는데, 이 역시 눈치채지 못하게 돼 있고요.

이 혁   아니면 기억하더라도 게임 수준으로만 생각하면 좋아하지 않을까요?

이석준   그래서 제가 굳이 망각이니 눈치니 하는 표현들을 쓴 겁니다. 게임이라고 느끼게 되면 현실감이 한결 약해져요. 그것이 설사 데이빗 크로넌버그의 「엑시스텐즈」에 나오는 게임 같은 수준이라 해도 말이죠.

제가 싫어하는 표현 중 하나가 '가상현실'인데, '이건 가상현실이야'라고 확실하게 인지한 채 인식적 세계로 들어오면 몰입 강도가 당연히 낮을 수밖에 없습니다. 그렇다면 이 같은 경우의 인식적 세계는 독립성을 상실하고 단지 존재적 세계의 '원 오브 뎀' 보조물, 소위 따까리로 전락하고 말죠.

이 혁   그런데 지금 우리가 살고 있는 현실이 존재가 아니라 인식일 수도 있는 거잖아요?

이석준   그렇죠. 조금 전 『홀로그램 우주』라는 책을 언급했었는데, 그 책의 핵심 주제가 어떻게 보면 '우리가 존재적 세계라 알고 있는 것도 하나의 인식적 세계다'라는 겁니다. 물론 지금 우리가 말하는 존재니 인식이니 하는 것은 전적으로 제 용어다 보니 책에서는 이런 식으로 설명되지 않습니다만.

7. 인공지능 시대 개봉 박두!

이석준   느끼셨는지 모르겠는데, 우리나라에서도 요즘 인공지능이 급부상하고 있습니다. 인문학 열풍과 마찬가지로 주체성이 지극히 결여돼 있긴 합니다만……. 역시나 외세 의존적이에요. 레이 커즈와일, 에릭 슈미트, 래리 페이지, 엘론 머스크, 빌 게이츠, 마크 주커버그, 스티븐 호킹 등등 이런 글로벌 셀럽들이 연일 기사화될 만한 말들을 쏟아 붓자 부화뇌동하고 있습니다. 학계도 비즈니스계도 정·관계도 예외가 아니죠. 기본 메커니즘은 그대로지만 관련 원천 기술들이 예전 대비 많이 발전하긴 했습니다. 'Evolution 2045*' 프로젝트를 이끄는 드미트리 이츠코프라는 젊은 러시아 미디어 재벌이 있는데, 조금 전 말씀드렸던 양반들보다 지명도가 낮긴 해도 추진력이 굉장해요. 전 이츠코프가 좋더라고요. 여기엔 이 친구가 생각하는 아웃풋이 제가 생각하는 것과 유사한 구석이 있다는 점도 한몫한 것 같습니다. 공감이 잘 되니 끌릴 수밖에요. 디지털 프로페서와 비교해 보자면, 그의 아이디어와 다른 듯 같은 혹은 같은 듯 다른 면은 이렇습니다. 저의 경우, 돌아가신 괴델 선생을 느낌상으로나마 부활시키겠다는 의도에서 고안하게 된 건데, 이 친구는 자신이 실질적으로 영생하고 싶다는 바람에서 이 일에 뛰어들었어요. 그러니까 둘 다 '생명'을 지향점으로 삼았지만, 한 명은 죽음에서 삶으로의 상태 변화를 의미하는 '부활'을 꿈꾸는 반면, 다른 한 명은 삶이라는 상태의 무한 지속을 의미하는 '영생'을 꿈꾼다는 점에서 차이가 있습니다. 또한 저는, 컴퓨팅 기반을 전제할 경우 자의식 구현 등의 한계를 인지하기 때문에 시뮬레이션 수준의 인공지능에 만족해야 한다는 생각을 갖고 있지만, 이 친구는 달라요. 컴퓨팅으로 완전한 구현이 가능하다고 보는 강 인공지능주의자거든요. 차이점을 한 가지 더 말씀드리자면, 역시나 인공지능 구현 관점에서 비롯된 건데, 지식 같은 이성의 일부 영역 중심으로 터치하겠다는 제 견해와 달리, 그 친구는 이성이고 감성이고 간에 자신의 마인드 전체를 전일적으로 다 반영하겠다고 선언했습니다. 실제로 전 세계 유수의 과학자, 공학자들을 영입해 돈 때려 박으면서 진행하고 있어요. 어때요? 흥미롭지 않습니까?

---

* 일명 아바타 프로젝트로 불리며, 영생을 얻는 것을 목표로 한다. 4단계로 구성된 로드맵에 따르면 최종 단계가 마무리되는 2045년, 인간의 마음은 컴퓨터에 업로드될 수 있으며 신체 또한 홀로그램으로 대체될 수 있다. 드미트리 이츠코프의 리딩하에 레이 커즈와일 등 강 인공지능주의 성향의 많은 사람이 참여하고 있다. 보다 자세한 사항은 http://2045.com에서 확인할 수 있다.

이 혁   예, 재미있네요. 지금 붐업되고 있다는 말씀이죠?

이석준   예. 여하튼 이런 분위기를 접하면서 기대 반 걱정 반 느끼게 됐습니다. 기대는 십수 년 전부터 아무리 떠들어도 별 반응을 보이지 않았던 사람들이 드디어 귀를 기울이기 시작했다는 데에서 비롯되고요. 걱정은 진정성 없는 일부 프로페셔널들이 지들끼리 북 치고 장구 치며 딜레탕트들을 폄하하거나 개입 여지를 원천 차단하지 않을까라는 불안감에서 비롯됩니다. 전문가들만의 마당을 만든다든지 하는 그런 거요.

이 혁   작가님의 아이디어가 더 정립되어 있다면 한 발 더 앞서 나가는 셈이니까 작가님의 시대가 온 걸 수도 있겠네요.

이석준   아무튼 이와 관련해서 제가 하고자 하는 게 몇 가지 있어요. 첫 번째이자 코어는 저의 나선형 쾌락인 신이 되기 위해 참 인공지능을 연구하는 겁니다. 관련된 핵심 질문은 '어떻게 논리를 초월할 것인가?'인데, 이 이야기는 이미 말씀드렸었죠? 두 번째는 이런 겁니다. 중심을 딱 잡고 매일 매일 자료도 찾고 상상도 하며 연구했다면 당연히 저만의 아이디어나 견해가 만들어져 있을 거 아니에요? 그것들을 아웃풋 차원에서 사회와 공유하는 겁니다. 그것이 활자를 매개로 이루어진다면 책이 되는 거고, 구두를 기반으로 하면 논의나 강연이 되는 거죠. 세 번째는 철학, 인지과학, 그리고 비즈니스를 통합한 학제적 사고를 기반으로 잠자는 숲 속의 기업체 오너들을 깨어나게 만드는, 일종의 대안적 컨설팅으로 보시면 됩니다. 포커싱은 그들에게 학제적 시각과 마인드를 형성시켜주고, 실천력을 제고하는 데에 부여할 겁니다. 네 번째는 제 아이디어를 텍스트나 이미지, 그리고 보이스를 넘어 완전히 현물화시킴으로써 사람들을 인식적 세계로 친절히 이끌어 주는, 우리 대담에서 여러 번 회자됐었죠? 바로 f-business예요. 이 네 가지를 구현하기 위한 구심점이자 인프라로 'YesToMorrow!'라는 조직을 만들려고 해요. 장기적으로는 비즈니스는 물론 연구, 학습까지 병행하는 기관을 지향하는데, 조직명은 중의적입니다. '그래! 미래는 나의 거야!'라는 의미와 '과거, 현재, 미래를 통틀어 최고로 쾌락적인 조직을 만들겠다'는 의미를 동시에 머금고 있죠. (웃음) 저는 박사 학위를 수여한다든지 하는 형식적인 것에는 전혀 관심이 없습니다. 오히려 그런 것들을 배척합니다. 순수함을 좀 먹기 십상이니까요. 다행히 제게 세상의 쾌락 파이를 넓혀 줄 수 있는 창의적 아이디어들이 좀 있으니 이런 것들을 집중적으로 학습하고 연구할 수 있도록 할 거예요. 그런데 이런 고민을 하는 와중에 비슷한 걸 또 발견한 거예요. '싱귤래러티 대학'이라고 있습니다. 역시나 연구소 역할도 하면서 학교 역할도 병행하는 기관이죠. 창립자는 얼마 전 인공지능 관련해서 말씀드렸던 두 명 중의 한 명, 바로 레이 커즈와일입니다. 구글에서 2012년에 스카우트했다는 인공지능 신봉자, 기억하시죠? 그 양반이 설립했어요. 구체적 커리큘럼은 제가 구상하는 것과 차이가 있습니다만 문제의식은 유사한 것 같습니다. 이 외에 '엣지 재단' 같은 기능도 추가하려고요. 단, 그네들처럼 프로페셔널 중심으로 돌릴 생각은 없어요. 딜레탕트 중심으로 하되 프로페셔널을 가미시키는, 이른바 상보적 커뮤니티로 꾸리고 싶습니다.

아, 그나저나 아까 그 말씀은 어떻게 좀 더 얘기해 볼 필요가 있다고 봅니다. 예술가들을 공공단체나 기업들의 현장에,

이　혁　　그런데 그것은 우리 생각일 뿐이고 진짜 실현되려면 기업이나 공공기관에서 필요로 해야 할 것 같아요.

이석준　　아, 당연하죠. 그러니까 우리 같은 사람들이 그런 화두를 먼저 던져줘야 합니다. 컨설팅 영업 방식 중에 선先 제안이라는 게 있어요. 고객사가 제안 요청서를 컨설팅 펌들에 뿌리면 요구 사항에 맞게 각자 제안서를 작성해 제출하는 게 보편적 제안 프로세스거든요. 반면, 선 제안은 고객사가 의뢰하지 않더라도 컨설턴트가 고객사의 이슈나 리스크를 간파해서 미리 제안하는 거예요. 이런 선 제안식으로 접근해야 할 것 같습니다.

이　혁　　일단 운은 띄울 수 있겠네요.

이석준　　그렇죠, 운을 띄울 수 있는 거죠. 운을 띄우지 않고 기다린다면, 그런 아이디어들이 그네들 머리에서 자체적으로 나올 가능성은 사실상 제로에 가까우니 시작도 못해보고 사장돼 버릴 겁니다.

이　혁　　좋은 생각인데요? 예술가는 누가 시켜서 하는 게 아니거든요. 좋아서 하는 거죠. 그러니까 그런 기운만 느껴도 자극받을 수 있을 것 같아요. 예를 들어 어떤 공무원들이 인터넷 쇼핑으로 시간 때우고 있는데 누가 저 옆에서 계속 음악을 열심히 만들고 있다면 어떨까요? '저 사람은 안 해도 되는 걸 왜 하지? 나는 돈 때문에 하는 건데. 나도 뭐 좋아하는 걸 찾아볼까?'라고 생각할 수 있지 않을까요? 바로 거기서부터가 시작인 거죠. 그러다 보면 회사 업무도 능동적으로 하게 될 거고 삶의 질도 높아질 것 같아요.

이석준 처음에는 좀 비아냥거릴 수도 있을 거예요.

이 혁 그렇죠. 초기에는 반응이 안 좋을 수 도 있어요.

이석준 회사에 돈이 썩어나나? 도대체 저것들 뭐야? (웃음)

이 혁 그럴 수 있어요. 하지만 과도기에만 나타나는 현상일 것 같아요. 가치
관의 변화가 오는 과정에서 발생하는. 삶에 대한 자세라고나 할까요?
현실적인 것들을 완전히 무시하라는 게 아니라 얽매여 살지 않도록
방법을 제시해줘야 할 것 같아요.

이석준 사람들이 자세를 바꿀 수 있도록 사회에서 시스템적으로 제시해주는
것도 있어야 하고, 개인적으로도 뭔가 노력하는 게 있어야 한다고 생
각해요. 밥상까지 차려줬으면 됐지, 늘 입 안으로 떠 넣어줄 수는 없
는 노릇이니까.

이 혁 맞아요. '가족이 행복해야 한다. 그래야 나라가 부강해진다'라는 말이
있듯, 나라의 시스템이 바뀌어도 개인이 안 바뀌면 소용이 없으니까
요. 그럼에도 분위기를 만들어 주면 더 좋겠다는 생각이에요.

8. 인공지능 딜레탕트거나 혹은 페티시스트거나

이석준 창의성에 대해 고민을 하다 보면 이런 생각이 든다고 말씀드렸었죠?
'프로세스나 룰 따위로는 절대 촉진될 수 없다.' 핵심은 결국 사람 그

자체입니다. 창의적인 놈이 있으면 꽃 피는 거고, 없으면 시드는 거고. 하지만 제아무리 창의적인 놈이라 하더라도 오너가 아닌 임직원이라면, 수많은 난관을 뚫어야 실행에 옮길 수 있을 겁니다. 그리고 창의적인 놈이라고 해서 언제, 어디서나 창의적 아웃풋을 쑥쑥 내놓을 순 없어요. 되레 창의적이지 않거나 못한 시간이 훨씬 길고, 간혹 가다 한 개, 두 개 정도? 뜻밖의 상황에서 튀어나올 뿐이죠.

이 혁 영화 「그녀」를 보면 컴퓨터가 창의적인 아이디어를 내요. 가령 '내가 어떤 여자를 섭외했으니까 그 여자한테 아무 말도 하지 않고 나랑 대화하며 즐기듯이 섹스해라. 그러면 우리는 육체적으로 사랑을 이루는 거다.' 말씀하신 것처럼 컴퓨터는 아이디어를 낼 수 없다고 생각할 수 있지만, 어떤 경험에 대한 소스를 프로그래밍하고 서랍에서 꺼내는 것에 대한 확률값을 넣어주거나 한다면 컴퓨터도 결국은 사람처럼 아이디어를 낼 수 있지 않을까요? 영화긴 하지만 사람보다 더 기발한 아이디어를 낸 거니까요.

이석준 물론 컴퓨터가 소설도 쓰고, 그림도 그리고, 작곡도 할 수 있어요. 하지만 중요한 건 컴퓨터 스스로 주체가 되어 창작의 고통이나 짜릿함을 느끼며 그런 행위들을 할 수 있냐는 거예요. 아무튼 이래서 제가 이혁 씨를 계산주의자라고 부르는 겁니다. (웃음)

이 혁 (웃음) 그렇게 되는군요.

이석준 저와 펜로즈 사이에 비슷하면서도 다른 생각이 있어요. 방금 언급한 계산주의 혹은 컴퓨팅에 관한 겁니다. 그분은 인공지능에 대한 입장을 4개로 구분합니다. 여러 가지 감정적인 면들, 창의성, 지향성, 자의식, 느낌, 이해, 쾌락, 이런 것들을 편의상 퉁 쳐서 '의식'이라는 표현을 쓰는데, '(A) 컴퓨팅으로 인간의 의식을 구현할 수 있다.' 이런 입장을 Strong AI, 즉 강 인공지능이라고 합니다. 앨런 튜링과 '내 귀'의 이혁이 대표적 인물이죠. (웃음) '(B) 컴퓨팅으로 인간의 의식을 다 구현할 순 없어. 하지만 시뮬레이션, 즉 흉내 정도는 낼 수 있지.' 이러한 입장이 Weak AI, 약 인공지능주의입니다. '중국어 방'* 으로 유명한 철학자 존 설이 대표적 인물이에요. '(C) 심지어 시뮬레이션조차 못해. 하지만 물리학 등 과학의 범주 내에 컴퓨팅을 대체할 다른 대안이 분명 있을 거야.' 펜로즈는 바로 이러한 입장을 견지하고 있어요. 네 번째이자 마지막은 '(D) 그렇지 않아. 그 해결 대안은 과학 저 너머에 있어'라는 겁니다. 그 유명한 쿠르트 괴델이 바로 여기에 속한다고 보시면 됩니다. 그러니까 C와 비교하자면, '때려 죽어도 컴퓨팅 방식으로는 구현 불가지만 대안은 찾을 수 있다'라는 점에서는 의견이 같은데, '그 대안이 과연 어떤 범주상에 존재할 것인가?'라는 점에 있어서는 극과 극인 셈이에요. 그런데 펜로즈는 이런 생각을 갖고 있는 사람을 신비주의자라 칭하며 비판한답니다.

이 혁   신비주의자요?

이석준   예. 전 D에 가깝기 때문에 펜로즈가 의미하는 신비주의자일 수도 있지만 일견 그와 비슷한 견해도 갖고 있어요. 먼저, 그 양반의 의견과 달리 전 의식의 시뮬레이션은 가능하다고 봅니다. 시뮬레이션에서는

---

* 철학자 존 설(1932~)이 형식 시스템으로서의 컴퓨팅이 지닌 한계를 지적하기 위해 고안한 사고 실험. 설은 이를 통해 '중국어를 모르는 사람도 모국어로 작성된 매핑 매뉴얼만 갖고 있으면 중국어로 된 문제를 얼마든지 풀 수 있지만, 이는 주체의 이해에 의거한 결과가 아니므로 지능을 가진 것으로 볼 수 없다'고 주장한다.

행동 '주체의 주관'이 중요한 게 아니라, 아마 주로 인간일 텐데, '객체의 체감'이 중요하니까요. 어쨌든 그 양반이 정의한 인공지능에 대한 입장을 전제로 한다면, 저는 B, C, D적 측면을 모두 갖고 있어요. 그런데 B, C, D를 제 마음속에서 각각 모듈화시켜 구분 짓진 않았습니다. 이 4개를 전제할 경우 저는 그냥 크게 A 와 ~A 구도로 보거든요. 이런 점에서 저는 과학자에 대해 약간의 의구심을 갖고 있습니다. 사실 C와 D 사이에 선을 그을 이유는 없어요. 의식을 구현할 수 있는 대안을 찾을 때 굳이 '과학 안에서'라는 단서 조항을 달 이유는 없다는 말이에요. 모든 가능성을 열고 찾아야지요. 그러나 과학자들은 자기들의 분야를 너무 맹신해서 그런 건지, 그 안에서 다 해결할 수 있다고 생각하죠. 만약 자기들이 이해할 수 있는, 설명할 수 있는 범위를 벗어나면 신비주의자라 표현하며 비아냥거립니다. 이도 일종의 앵커링 이펙트로 볼 수 있을 것 같아요. 전 신비주의를 나쁘게 보진 않는데 과학자들은 신비주의를 경멸의 눈초리로 바라보더라고요. 물론 『현대 물리학과 동양사상』을 쓴 프리초프 카프라 같은 사람도 있긴 하지만, 아무래도 그 양반은 비주류면서 극소수에 해당하는 사람이니까요. 그리고 우리가 흔히 쓰는 말 중에 '사이비'라는 게 있잖아요? 전 사이비 역시 무조건 부정적으로 보진 않습니다. 사이비似而非를 한자 그대로 해석해 보면 나쁠 이유가 전혀 없어요. '사', 유사하다. '이', 그러나. '비', 그게 아니더라. 그 무엇이 특정한 어떤 것이 아니고 단지 유사하다고만 해서 언제나 나쁜 건 아니거든요. 그때그때 다른 거예요.

이 혁 그렇죠.

이석준 그러니까 저는 신비주의도 마찬가지의 맥락으로 보는 겁니다. 그나저나 이혁 씨는 단언컨대 강 인공지능주의자, 계산주의자예요. 조금 전에 「그녀」와 관련지어 말씀하셨잖아요? 이 이야기를 들으면서 '이 양반은 창의성을 두 개 층으로 구성된 컴퓨팅 시스템으로 보고 있구나'라고 느꼈어요. 서랍들로 이루어진 층과 각 서랍 안에 있는 구슬들로 이루어진 층. 그러니까 이 맥락에서 창의성을 정의하자면 이렇습니다. 먼저 서랍들 중 몇 개를 선택하고, 이후 선택된 서랍 속 구슬들 중 일부를 선택하는 겁니다. 그리고 나서 이들의 순열 혹은 조합, 이런 건 당연히 알고리즘화, 프로그램화가 가능하겠죠. 1단계, 서랍을 몇 개 선정한다. 2단계, 아래층, 즉 선택된 서랍 내에서 구슬을 몇 개 선택한다. 3단계, 이것만으로 충분한가? 만일 그렇지 않다면 1단계로 돌아가 다른 서랍들을 선택한다. 이런 식으로 반복하다 보면 서랍이나 구슬이나 이것저것 선택되겠죠. 이후 이것들을 조합 혹은 순열에 의해 통합하면 끝. 이때 순열에 의거한다면 조합 대비 경우의 수가 부지기수로 늘어날 겁니다. 이에 따라 나올 수 있는 아이템들도 상당히 많아질 거고.

이 혁 그런데 제가 말하는 것에 대한 계산주의의 문제가 뭐냐 하면, 굉장히 많은 데이터양 때문에 현대 과학으로는 처리할 수 없을 것 같아요. 예를 들어 누굴 좋아하게 되는 마음도, 유전자부터 시작해서 자라온 환경, 경험들, 관계된 사람들까지 전부 데이터화해 분석해야 이해할 수 있는 건데 그건 불가능하죠. 설사 어느 부분이 마음에 들었다 해도, 그 포인트에서 날씨, 심장 박동수, 심지어 습도 같은 것까지 다 계산해서 데이터를 넣어야 한다는 얘기고요. 그 당시에 들었던 감정이라든지 뉴스나 드라마 본 것을 다 입력해야 한다면 지금보다 더 많은 무언가가 있어야 해요. 이렇게 생각하면 조상의 역사까지 컴퓨터에 반영돼야 한다는 건데 날씨 계산도 틀리는 컴퓨터로 과연 가능할지 의심이 들어요. 전부 정확하게 계산하려면 한도 끝도 없고요.

이석준   완전히 하나의 우주, 세상을 창조하는,

이 혁   하나의 세상을 통째로 데이터화하는 건데, 그건 말씀하신 신 같은 존재가 돼야 하는 거고, 그것을 컴퓨터를 통해 경험 서랍처럼 만든다는 것은 지금 과학으로는 계산할 수 없는 그런 양이라는 거죠.

이석준   역시 강 인공지능주의자가 맞습니다.

이 혁   아, 그래요?

이석준   구현에 있어 가장 중요한 것은 '그것이 과연 알고리즘화될 수 있을 것인가? 프로세스로 표현될 수 있을 것인가?'이거든요.

이 혁   제 입장이 '할 수 있지만 처리해야 할 데이터양은 어마어마하다'는 쪽이기 때문이군요.

이석준   그런 류의 문제는 이론적으로는 다 극복 가능해요. 그런데 우리가 강이냐 약이냐 신비주의냐 이걸 가리는 것은 말씀드린 대로 알고리즘화 가능성 여부인데, 지금 말씀하신 것은 알고리즘화 여부가 아닌 데이터양의 문제잖아요?

이 혁   그렇네요.

이석준   제가 지금 괴로워하는 바는 알고리즘화가 불가능하다는 것, 설사 알

고리즘화가 가능한 것처럼 보인다 해도 사실은 시뮬레이션에 불과하다는 거예요.

이 혁   예를 들어 구름도 바람이나 습도에 의해서 계산될 수 없고 우연성에 의해서 움직인다는 말씀이신가요?

이석준   구름에는 의식이 개입되지 않으니까 그건 다른 문제죠. 그런데 구름을 인간으로 바꿔 본다면, 아니, 지렁이는 좀 그렇고 개 정도로만 바꿔 본다면? 이런 걸 보면 자유의지라는 문제도 있고, 물론 뇌과학 하는 사람들은 자유의지도 시냅스를 통해 뉴런 간에 전기 신호와 신경 전달 물질을 주거니 받거니 하는 것으로 다 환원시키려고 노력들을 합니다만. 제가 자주 언급한 로저 펜로즈나 더글라스 호프슈태터는 자유의지, 공포, 뿌듯함, 자긍심, 불안감, 재미, 이런 것들에 대한 주체의 직접적인 체감, 이게 과연 알고리즘으로 구현 가능하겠냐는 문제 제기를 하는 거고요.

이 혁   그런데 그건 뇌과학이 발달되지 않아서 그렇지, 발달된다면 결국 풀릴 문제고, 뇌도 극성에 의한 전달을 한다는 등의 비밀이 과학적으로 밝혀지면 알고리즘화가 가능하지 않을까요? 그리고 신비주의나 미신이라고 생각했던 것들, 초능력 등도 과학적으로 밝혀질 수도 있고요.

이석준   그게 현재로서는 빅 퀘스천입니다. 그런데 인공지능을 구현하기 위해서는 필히 뇌과학을 파고들어야 할까요? 전 아니라고 보거든요. 이건 맨땅에 헤딩하는 걸 막아주는 반면, 일종의 '닻 내리기 효과anchoring effect'를 야기할 수 있어요. 즉, 하나의 목적을 위한 수단은 여러 개일 수 있다는 거죠. 그리고 모든 걸 다 뇌로 환원시킬 수 있다면 세상이 정말 재미없어지는 게, 유물론의 천국으로 넘어간다는 사실이에요. '여태껏 창발적으로 출현했다고 이해했던 의식이라는 게 알고 봤더니 그게 아니었다. 단지 알고리즘에 입각한 뇌의 장난이었을 뿐이다.' 그러면 이제 기계주의로 다 바뀌는 겁니다. 우주도 고전 레벨에서 보면 질서와 조화를 갖춘 것처럼 보이긴 하죠. 하지만 양자 레벨에서 벌어지는 것들을 관측하면 전혀 그렇지 않잖아요. 어떻게 보면 아인슈타인도 비슷한 생각을 한 겁니다. 그 양반은 양자 물리학을 끝까지 탐탁지 않게 생각했어요. 아시다시피 그 유명한 '신은 주사위 놀이를 하지 않는다'라는 말도 이런 맥락하에서 한 거잖아요. '존재적으로는 정말 조화롭게, 확실성 있게 만들어졌을 텐데, 인간 인식 수준의 한계 때문에 이렇게 확률적으로 보이는 것뿐이다.' 뉴턴도 마찬가지예요. 자기 자신을 모티베이션시켜 준 기제는 신에 대한 추앙이었거든요. '신은 질서, 균형과 조화를 생각한 완벽한 존재자니까 분명히 생성 규칙을 갖고 있을 거야.' 그런데 뇌과학이 극도로 발달해서 커넥톰*으로 모두 설명 가능해져, 마침내 창의성이고 뭐고 다 시냅스의 패턴이었다는 결론이 도출된다면, 지렁이와 사람의 메커니즘은 사실 다를 바 없는 거죠. (웃음) 단지 뇌가 수용하고 처리할 수 있는 용량과 속도에 따라 구별될 뿐.

이 혁   그렇게 결론이 난다면 허무할 수도 있겠네요. 만일 밝혀진다면 이후 또 다른 미지의 세계가 있을 수도 있고요. 그렇다면 인간의 의식조차도 구름의 일부라고 가정하면 어떻게 되나요?

이석준   그러면 무생물, 생물 간에 차이가 없어지는 거잖아요?

---

* 신경계에 있는 뉴런들 사이의 연결 전체를 의미하는 신조어. 한 뉴런이 외부에서 자극을 받을 때 인접 뉴런들에게 어떻게 신호를 전달하는지, 그 연결 패턴을 그려 놓은 일종의 지도다.

이 혁 차이가 없어지는 거죠. 감정을 느끼는 것조차도 계산 가능하게 되는 거고요.

이석준 그 경우에는 신을 찾을 수밖에 없는데, 박테리아와 사람 사이는 그렇다 쳐도 돌멩이하고 사람도 결국 같은 뿌리라는 결론이 나오거든요? 그러면 '과거에 대체 어떠한 이벤트가 발생했기에 인간과 돌이 분기됐고, 그 이벤트는 하필 왜 특정 순간, 특정 지역에서 이렇게 훗날 두 개체를 확연하게 다른 길로 가게끔 만든 것인가?'라는 질문을 낳게 되죠. 정말 힘들어지는 거예요. 현재로서는 철학적 난제이기 때문에 인간 인식 수준에서 그 답을 알 수 없는 노릇입니다. 하지만 수십 년, 아니 수백 년이 지나 뇌의 비밀을 완벽하게 파헤쳤더니, 결국 이렇더라는 식의 결론을 내리게 된다면 어쩌면 집단 자살이 일어날지도 몰라요.

이 혁 하하하.

이석준 반대로 우리가 자자손손 수천 년을 노력해서 뇌의 신비를 밝혀냈지만 이건 도저히 설명할 수 없다는 식의 결론이 나온다면 엄청난 헛짓거리를 한 셈이 되겠죠. 이래저래 갑갑한 상황이에요.

이 혁 그럴 수도 있겠네요.

이석준 그래도 전 차라리 후자가 사람이 살아가는 데에 있어 더 큰 희열을 줄 수 있다고 봐요. 엄청난 허비를 한 셈이어도 이게 아니다 싶으면 다른 산을 찾으면 되거든요. 그런데 '돌멩이와 구름과 사람의 조상은 결국 같았어', 이렇게 된다면 '인간의 조상은 원숭이다'라고 했을 때보다 더 큰 파장이 일어나지 않을까요? (웃음)

이 혁 돌도 음전자를 중심으로 양전자들이 움직이고 있고 생명체의 세포는 분자, 분자는 원자, 원자는 양성자와 중성자, 그리고 전자로 이루어져 있으니, 무생물이냐 생물이냐를 떠나 세상은 파동으로 이루어져 있다는 말이 맞을 수도 있을 것 같아요. 이런 이유 때문에 힌두교가 사물도 신으로 모시려 하는 것 같고요.

이석준 스피노자의 범신론이나 장자의 도道 개념도 양자 물리학과 같은 맥락으로 볼 수도 있죠. 그 양반들은 이것들을 개별적 아이템들로 본 게 아니라 퉁 쳐서 자연 그 자체를 하나로 본 건데, 여기서 '대체 자연의 레벨은 어디까지냐?'라는 얘기를 하면 안 됩니다. 당연히 답도 나올 수 없어요. 그냥 받아들여야 하는 거니까. 사실 그 거대한 스케일로 본다면, 인류 원리의 소산인 창의성, 창조, 윤리, 다 부질없는 게 되잖아요?

이 혁 부질없을 수도 있지만 재미있다고 생각할 수도 있어요. 장난감을 가지고 노는 것처럼요.

이석준 어떤 시스템이 있을 때, 그 안에서 일개 구성 성분으로 활동하느냐 아니면 밖에 있는 독립된 주체로서 시스템 전체를 관조하느냐에 따라 큰 차이가 발생할 겁니다. 전자의 경우라면 창의성이니 윤리니 하는 것들에 민감하겠지만, 후자의 경우에는 전혀 그렇지 않을 거예요. 메타 레벨의 시각을 가진 존재자로서 감지조차 못 할 겁니다.

이 혁 만일 계산적인 방향으로 간다면 쾌락 자체도 이미 계산되어 있기에 모든 게 무의미해지고 허무주의 쪽으로 가버릴 수도 있는데요, '허무한 거니까 다 필요 없다'가 아니라 그걸 즐긴다는 거죠. 영화처럼 이야기를 만들어내며 재미있어하고.

이석준 무언가를 즐기고, 그 즐김을 이해하고 느끼고 만끽하고 쾌락한다. 이게 과연 프로그래밍 가능할 것인가?

이 혁 만일 프로그램화될 수 있다면, 상반되는 두 개가 만나는 순간이 올 것 같아요. 수행으로 깨닫는 사람을 과학적으로 분석할 수 있는 순간이요.

이석준 깨달은 사람들이 취하는 접근 방법이라는 게 있다면, 그걸 과연 계산주의 인공지능으로 구현할 수 있을 것인가?

이 혁 나중에는 구현 가능할 수도 있을 것 같아요.

이석준 (웃음) 와우, 역시 대단한 강 인공지능주의자인데요?

이 혁 (웃음) 사실 저는 그쪽이 아니라 신비주의자에 가까웠어요. 그런데 얘기를 나누다 보니까…….

이석준 전 반대편 입장일 거라고 생각했었거든요.

이 혁 맞아요. 저는 원래 반대쪽이었어요. 그런데 가장 중요한 건 데이터양이 아니라 알고리즘화 가능성 여부라는 말씀을 해 주시니까 정리가 되면서 이렇게 돼버린 거죠.

이석준 그러니까 이런 거죠. 예를 들면 부처님이 '아 모르겠다'라며 보리수

아래에서 이 자세도 취해봤다 저 자세도 취해봤다, 이러고 저러고 하다가 어느 날 무언가 꽉 깨달았어요. '아, 깨달았네' 다 됐다 싶었는데 며칠 후 '이게 궁극이 아닌 것 같아. 좀 더 깨달아야겠는걸?'이라고 느껴 명상을 재개한 겁니다. 지난번 1차 깨달음의 순간에는 한 달밖에 걸리지 않았는데, 이번엔 38년을 기다려도 답이 안 나오는 거야. 초조해진 거죠. 그러다가 40여 년이 흐르자 마침내 완전하게 깨달은 거예요. 자, 이게 과연,

이 혁 그랬어요? 실제로?

이석준 (웃음) 아, 아니에요. 그건 모르죠. 그냥 저 혼자 상상해 예를 든 겁니다. 이런 상황이 벌어졌다고 가정하면 이게 과연 프로그램화할 수 있는 것인지.

이 혁 리처드 J. 라이더, 데이비드 A. 샤피로의 『인생의 절반쯤 왔을 때 깨닫게 되는 것들』이라는 책에 나오는 시도 그렇고, 깨달음에는 단계가 없고 100도에서 물이 끓듯 어느 순간 갑자기 온다고 하더라고요.

이석준 아, 갑자기 한 방에 이루어진다?

이 혁 예. 깨달은 자와 깨닫지 못한 자로 나뉠 뿐이지 중간 단계는 없다고 들었어요.

이석준 이 역시 이가 논리, 즉 디지털식이로군요. 제가 알고 싶은 것은 이런 게 '알고리즘화, 프로그램화될 수 있는가?'의 문제예요. 프로그램화가 가능하다는 말은 설정된 룰에 입각한다는 의미거든요. 세세한 룰

이 적용돼 이 조건, 저 조건이 갖춰지고, 일정한 로직을 거치면 문제가 해결된다는 건데, 저처럼 인공지능을 희망하면서도 한계를 챌린지하는 사람은 룰이 있을 수 없다고 생각합니다.

이 혁 룰이 없다…….

이석준 예, 창의성도 그 맥락에서 보는 거고요. 제가 이런 이야기를 자주 하잖아요? '제아무리 창의적인 사람이라 해도 항상 일관되게 높은 퀄리티의 아이디어가 나온다는 보장은 없다. 아이디어는 농땡이를 치는 와중에 갑자기 튀어나올 수도 있고, 예리한 분석과 추론 끝에 나올 듯 말 듯 하다가 그냥 팍 하고 꺼져 버릴 수도 있다. 그런데 그게 일정한 패턴을 띠는 게 아니라 랜덤이니 미칠 노릇이다.' 원칙적으로 룰에 입각한다 함은 규칙적 패턴을 보인다는 거잖아요? 그렇게 되면 예측 가능하고, 결정 가능하고, 신뢰성과 타당성도 검증할 수 있고…… 여하튼 이런 것들을 다 충족시켜야만 알고리즘화가 가능하다고 이야기할 수 있습니다.

그리고 인공지능을 비판하는 사람들의 생각과 달리 저는 현 인공지능 패러다임의 근원적 한계를 이가 논리로 보고 있어요. true or false의 연쇄로 모든 걸 계산하려 하니, 의미를 느끼거나 이해하지 못하고 오로지 구조, 형식 지향으로만 간다는 거예요. 양수리 장어구이 집에서 트버스키와 카너먼의 '린다 실험' 이야기했던 것 기억하시죠? '린다는 31세 독신 여성인데, 매사에 거침이 없고 매우 영리하단다. 대학에서 철학을 전공했지. 학창 시절 차별이나 사회 정의 같은 이슈에 깊은 관심을 보였어. 반핵 운동에도 참여하고 말이야.' 이렇게 피험자들에게 린다에 대한 정보를 흘려주고 질문을 던졌다 이거예요. '다음 중 어떤 게 더 그럴싸해 보이니?'라는.

이　혁　예.

이석준　1번 은행원, 2번 은행원이자 페미니스트. 대다수 사람들이 2번을 택했다는 거 아닙니까? 이런 현상을 인지적 편견cognitive bias 중 하나인 결합 오류conjunction fallacy라고 하는데요, 만일 이 문제를 아무런 조작 없이 IBM 왓슨*에게 물어봤다면 틀림없이 1번을 택했을 겁니다. 교집합, 즉 'AND' 조건으로 연결됐기 때문에, p AND q의 확률이 아무리 높아도 p 단독이나 q 단독의 확률보다 높을 수는 없거든요. 최대한 같을 뿐입니다. 따라서 합리적이고 이성적인 추론을 한다면 1번이라고 답해야 함에도 불구하고, 미국 명문대 학생들을 대상으로 실험한 결과 많은 친구들이 2번이라고 대답했답니다. 사람들은 p AND q라는 구조를 눈여겨보기보다는 지문의 의미, 내용부터 받아들이기 때문이지요. 좋고 나쁨을 떠나 이런 게 바로 인간적인 겁니다. 그러니까 이러한 인간다운 '제한된 합리성'을 기계에 어떻게 부여할 것인가? 임의의 확률 부여 뭐 이런 거 말고…….

이　혁　인공지능이 된다면 가능한 거 아닐까요? 지금은 단순히 컴퓨터니까 확률에만 의존하게 되는 것이고 인공지능은 사람들이 생각하는 수준 이상까지 프로그램화될 테니까요.

이석준　그래서 제가 시뮬레이션이란 표현을 굳이 쓰는 겁니다. 사람의 경우 이런 식의 정보가 제시되면 말로 표현할 수 없는 어떠한 이해? 느낌? 이런 것들 때문에 잘못된 판단을 내리는 데 반해, 기계는 주체적으로

---

* IBM에서 만든 인공지능 컴퓨터 시스템. 비정형 데이터 및 자연어 처리 역량을 바탕으로 제퍼디 퀴즈쇼에서 우승, 일약 전 세계의 주목을 이끌어 냈다. 헬스케어 산업을 비롯, 다양한 산업에 적용되고 있으며, 플랫폼화 및 에코 시스템 구축에 박차를 가하고 있다.

무언가 느껴 그릇된 답을 제시하진 않거든요. '이러한 자극이 주어졌을 때 사람들은 저런 식으로 판단하더라. 그러니 기계 너도 그렇게 하여라'라고 코딩해 주어야만 인간스럽게 답을 제시할 수 있습니다. 이런 면에서 더글러스 호프슈태터도 저와 비슷한 생각을 갖고 있는 듯해요. 그 양반도 주어진 정보에 대한 기계 스스로의 이해 여부를 중시하거든요.

이 혁   예, 그렇게 프로그래밍해야겠죠.

이석준   그게 바로 시뮬레이션이라는 겁니다. 흉내, 모방. 물론 인간들도 자기들끼리 수많은 흉내와 모방을 하긴 하지만, 린다 실험의 경우, '내 친구들, 선배들 대다수가 이렇게 대답하니까 왕따 당하지 않기 위해서라도 나 역시 이렇게 대답해야겠지?'라고 생각해서 남들과 같은 답을 제시한 게 아니에요. 그냥 그렇게 직관적으로 와 닿아서 그랬을 뿐입니다. 따라서 디지털, 이가 논리를 전제할 경우, 인간의 본성, 속성, 특성, 이런 것들은 시뮬레이션으로 구현될 수밖에 없어요. 제가 인공지능에 임하는 각오는 이런 거잖아요? 너무나도 인간다운 피조물을 만들고 싶어 뛰어들었잖아요? 그러면 뭐, 만들면 되겠죠. 하지만 지금까지 말한 이 방식은 아니라는 겁니다. 왜냐하면 디지털 컴퓨팅의 비트성에서 모든 게 비롯되고 확산됐기 때문입니다. 그렇다고 해서 양자 컴퓨팅*의 큐비트**성에 큰 기대를 하기도 어려워요. 비록 계산해야 할 경우의 수를 순차적으로 하나하나 처리하는 디지털 컴퓨팅과

---

* 보편적인 디지털 컴퓨팅 방식으로는 꽤 오랜 시간이 걸리는 계산을 중첩과 얽힘 등 양자역학적 현상을 이용해 단시간 내에 처리하는 기법.

** 양자 컴퓨팅의 기본 단위. 디지털 컴퓨터의 비트에 대비되는 개념으로 1과 0 상태를 동시에 지님으로써, 데이터 처리 속도 및 양을 획기적으로 개선할 수 있다.

달리 한 방에 퉁 쳐서 처리할 수 있다는 장점을 갖고 있긴 해도, 그 효익은 데이터 처리 속도 및 용량 개선 수준에 그치는 거거든요. 스케일이 아무리 엄청나게 확장된다 하더라도 말입니다. 결국 양자 컴퓨팅도 디지털 컴퓨팅에 대한 닻 내리기 효과의 소산일 뿐이에요. 그래서저는 다른 대안을 찾고자 하는 건데, 그게 다행스럽게도 과학의 범주내에서 찾을 수 있다면 좋겠지만, 어쩌면 그 밖으로 나가야 할지도 몰라요. 아까 이야기했듯, 펜로즈는 '과학 범주 내에서 찾을 수 있다. 양자 수준과 고전 수준을 잇는 새로운 물리학의 영역, 그의 표현을 따르자면 〈객관적 오그라듦OR: Objective Reduction*〉을 다룰 미래의 물리학에서'라고 주장하지만 말입니다.

그런데 f-business는 말 그대로 비즈니스고, 비즈니스는 약속된 사회적 프로토콜에 의거해야 하잖아요? 좌우지간 일종의 표준인 디지털 기반의 ICT에 기댈 수밖에 없는 노릇이니, 그게 시뮬레이션이건 아니건 간에 그 접근에 의거해 각종 서비스들을 만들어내겠다는 거고요. 반면 필생의 테마인 '어떻게 논리를 넘어설 것인가?'를 갖고는 세상과 타협하지 않을 거예요. '프로그램화한다', '알고리즘화한다'라는정의에 '논리를 초월해서도 답을 구한다'는 의미가 포함돼 있다면 제가 그 표현들을 굳이 터부시할 이유가 없겠죠. 하지만 그렇지 않으니까……

이 혁   파괴할 필요는 없지만 넘어서긴 해야 할 것 같아요.

이석준   그런데 이혁 씨 말씀을 들어보면 일견 일리가 있는 부분도 있어요. 천

---

* 고전 물리학과 양자 물리학 사이의 균열에 다리를 놓기 위해 로저 펜로즈 등 일군의 물리학자들이 채택한 임시적 과정. 아직 수학적 기초가 알려져 있지 않은 까닭에 실체가 불분명하다.

지가 창조된 이래 나는 물론, 나와 직접 접촉했던 사람부터 단 한 번도 접촉해본 적 없는 과거 속 저 멀리 있는 사람까지도 나를 계산하는 데에 있어 다 영향을 미친다는 얘기잖아요? 우연성, 창발성이라는 것도 그렇습니다. 무릇 인간이란, 시대도 자기 시대를 중심으로 약간 위아래만, 그리고 공간도 약간 위아래, 좌우, 이렇게만 범위를 국한해서 헤아릴 수 있기 때문에, 즉, 인지 가능 범위가 지극히 한정돼 있기 때문에 우연으로 와 닿는 게 있을 수 있죠. '무언가에 관한 메커니즘은 존재하나, 그것이 우리가 스캐닝할 수 있는 능력 밖이다 보니 우연으로 보이는 것 아니냐? 창발로 보이는 것 아니냐?' 이런 질문을 던질 수 있다는 말입니다. 이건 뇌로 환원시키는 것과는 완전히 다른 이야기예요. 왜냐하면 뇌로 환원한다는 것은 계산 범위를 '아무개의 뇌'라는 개인적 차원으로 한정 짓는 거니까요. 하지만 이혁 씨 말대로라면 우리가 계산해야 할 범위는 개인 차원에 국한되지 않아요. 우주 전체가 등가의 비중으로 대상화돼야 해요. 그것도 지금 이 순간의 우주뿐아니라, 빅뱅이 모든 것의 시작이라는 전제하에 빅뱅 이후부터 지금까지의 우주 전체를 말입니다. (웃음) 이게 일개 인간의 뇌 하나만 갖고 주물럭거릴 문제가 아닌 거죠. 핵심은 이거거든요. '타깃으로 삼은 인공지능 객체는 물론 시공간을 초월해 이에 직, 간접적으로 영향을 미치는 외부의 모든 것들도 죄다 프로그래밍돼야 한다.'

이 혁   알고리즘만 된다면 가능할 것 같아요.

이석준   물론 알고리즘화는 가능하겠죠. 하지만 그렇게 한다고 해서 자의식 같은 게 생기냐는 것은 별개의 문제인 거고, 게다가 입력 변수를 스캐닝해 집어넣을 수 없다는 무한성의 한계 또한 있어요.

이　혁　그렇죠. 한계가 있죠.

이석준　137억 년 전 빅뱅 이후 지금 이 순간까지는 그래도 경계가 존재하는 무한이거든요. 그렇죠? 테두리는 한정된 채 밀집도가 높은 무한인데, 우리가 그걸 고민하고, 생각하고, 말하고, 처리하는 동안 시간은 또 속절없이 계속 흘러갑니다. 그러면 백업backup하고 또 하고 또 하고를 끝없이 되풀이해야 하는 경계 없는, 열린 무한의 문제가 발생해요.

이　혁　과거와 현재를 프로그램화한다면, 시간 흐름에 따른 미래를 만드는 것은 어렵지 않을 거 같아요.

이석준　개인 하나에 국한된 게 아니라 시간을 초월해 전 우주를 통튼 거잖아요?

이　혁　우주를 통틀어서도 그렇지만 개개인에게도 우주가 함축되어 있어요. 우주의 일부임과 동시에 우주가 함축되어 있는 에너지 덩어리라고 할 수 있으니까 인공지능을 만들었더라도 그 자체를 우주로 봐도 될 것 같아요.

이석준　그 주장이 맞다고 할 경우 어떤 모순에 빠질 수 있냐면, 가령 2014년의 어떤 사람이 있다고 합시다. 그런데 100년 전 시점을 기준으로 그 사람을 바라보면 미래형이잖아요? 즉, 100년 전 시점에서 과거와 현재를 코딩해 놓으면, 2014년은 그다지 신경 쓰지 않아도 된다는 논리가 나올 수 있어요. 마찬가지로 200년 전, 300년 전, ……, 해서 급기야는 빅뱅 시점까지 쭈욱 거슬러 올라갈 수 있겠죠? 결국 빅뱅의 순간만 프로그래밍하면 된다는 결론에 도달하게 됩니다. 자, 그런데 아까 어떻게 말씀하셨죠? 지금의 나를 프로그래밍하기 위해서는 나뿐만 아니라 빅뱅 이후 현재까지의 모든 삼라만상을 프로그래밍해야 한다고 말씀하셨잖아요? 보다시피 명백한 모순이 발생합니다. '빅뱅'의 순간만 프로그래밍하면 된다'와 '빅뱅 이후 지금까지 죄다 프로그래밍해야 한다.' 그리고 또 하나는, 우리 대담에서 주야장천 강조한 게 이런 거잖아요? '창의력 증진을 위해, 가능한 모든 분야에 있어 극단치까지 경험해야 한다.' 그런데 우주 레벨의 프로그래밍 관점에서 보자면, 라이프니츠의 '예정 조화설'처럼 어떤 사람이 모년 모월 모시에 어디로 가서 어떤 행동을 하게끔 이미 다 정해져 있고, 이에 따른 경험 역시 다 프로그램화돼 있다는 얘기거든요. 그렇다면 그 사람에게 굳이 '다양하게 경험하라. 육감을 곤추 세워 경험하라', 이런 소리를 할 이유가 없어져요. 이때 그런 '경험하라'는 주장 역시 프로그램화돼 있는 거고, 그 이야기를 들었기에 그 사람이 모년 모월 모시에 어디로 가게 된 것이라고 이야기한다면, 논의 자체가 무의미해지고요. 이런 말은 편의에 따라 아무 데나 갖다 붙일 수 있고, 입증 혹은 반증 불가능하니까요. 신의 레벨과 인간의 레벨이 마구 뒤섞인 채 왔다 갔다 하는 셈인데 왜 안 그렇겠어요?

이 혁 동양적으로 해석하자면 인연이나 운명 등 역학 공식 같은 것이거든요.

이석준 그럼 거기서 벗어나지 못하는 그 안에서의 아등바등?

이 혁 모든 것이 정해져 있다면. 하지만 인간으로서 미래를 알 수 없다면 정해진 삶을 즐겨야겠죠.

이석준   지금 종교 철학, 동양 철학으로 살짝 넘어간 느낌도 듭니다. (웃음)

이 혁   인도에서는 그런다잖아요. 노숙자에게 돈을 줘도 고마워하지 않고 '너는 원래 나한테 돈을 주게 되어 있었다'라고 한다고요. 어쩌면 알고리즘을 의미하는 말일 수도 있어요.

이석준   어떤 프로그램에, 홍길동은 돈을 주기로 돼 있고 박혁거세는 그 돈을 받으면 고마워하기로 돼 있다고 합시다. 그리고 홍길동은 기분 좋으면 선행을 베푸는 걸로 알고리즘화돼 있다 하고요. 그런데 어느 날 버그 때문인지 박혁거세가 돈을 받았음에도 불구하고 삐딱한 반응을 보인 거예요. 그러자 홍길동은 보람을 느끼지 못하고 되레 좌절하게 된 겁니다. 그 결과, 홍길동은 그간 베풀어 오던 선행을 중단했어요. 그렇다면 이런 경험이 학습돼서 시스템을 자동적으로 업데이트시켜야 자연스러운 건데, 이런 것조차도 룰 베이스로 다 프로그램화돼 있다? '모년 모월 모시에 무조건 시스템을 업데이트시켜라'라고? 그럼 '학습'이라는 게 전혀 필요하지 않겠네요? 좀 더 거슬러 올라가자면, 심볼리즘 인공지능으로 다 커버 가능하겠네요?

이 혁   그것마저 알고리즘. (웃음)

이석준   그러면 이게…… 에셔의 판화, 아 혹시 에셔 작품들 보신 적 있나요?

이 혁   아니요.

이석준   포털에서 검색하면 그냥 확 튀어나옵니다. 손을 그리는 손, 어떤 손이 오리지널 손이고 어떤 손이 카피된 손이냐? 수도승들이 계단 위로 꾸역꾸역 올라가요. 그런데 그게 내려가는 셈이 되면서 동일한 공간을 끝없이 빙빙 맴돌죠. 그러니까 물리적으로는 구현이 불가능하고 추상적으로만 구현 가능한 모순인데, 우리 이야기가 그런 데로 빠지고 있는 느낌입니다.

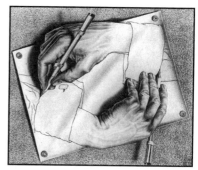
■ Drawing Hands(1948)
http://www.eyecarefun.com

이　혁　그런가요?

이석준　우리 세계가 알고리즘화돼 있다면 그 알고리즘은 누가 만든 걸까요?

이　혁　신일 수도 있고, 자연일 수도 있고, 모든 게 허상일 수도……

■ Ascending and Descending(1960)
http://www.criticaltwenties.in

이석준　신에는 인격신도 있고 자연신도 있고 무궁무진하죠. 여하튼 이런 알고리즘 개발 주체에 대한 콘셉트가 있어야 합니다.

이　혁　인간을 하나의 주체로 생각하지 않고 구름이라고 봤을 때, 구름에 영혼이 있다고 가정하면 '구름아 왜 생겼니? 왜 그렇게 움직이고 있니?'라고 물어보는 것과 같죠. 아무것도 아닌 허상이라고 생각하면 '모든 게 허상이다'라고 받아들여야 알고리즘이 좀 더 설득력 있지 않을까요?

이석준 만일 깨달은 자들이 '인생은 허상이다'라고 주창했다면, '실상'이라는 대비되는 개념에 대해서도 진지하게 고민하지 않았을까요? 상식적으로, 허상이 있다면 반대편에 실상도 있기 마련인데. '음이 있으면 양도 있다'는 게 어떤 깨달은 자의 의견이기도 하고요. (웃음) 이러다가 플라톤 얘기가 나올 수도 있겠네요.

이 혁 어떤 얘기요?

이석준 플라톤의 『국가론』에 나오는 '동굴의 비유'라는 게 있잖아요. 아마 고등학교 윤리 교과서에도 나올 텐데, 인간들은 동굴 속에 갇혀 그 안쪽만 바라볼 수 있기에 동굴 밖의 참 실재는 헤아리지 못하고 그 그림자를 마치 실재인 양 받아들인다는.

이 혁 실상은 없을 것 같아요. 전부 허상이고 허상의 근원인 파동이 있을 뿐인데, 좋은 파동이 넘쳐나는 사람은 다른 파동들에게 자연스럽게 이동하고 영향을 주다 보니 사람과 사람 간에 좋은 관계가 형성되기도 하고, 뭐 이런 식일 것 같아요.

이석준 그렇다면 누군가가 주변 사람들로부터 파동을 받은 다음에 취할 수 있는 액션들은 뭐가 있을까요?

이 혁 액션들도 알고리즘으로 설명한다면 다 정해져 있는 거겠죠.

이석준 파동의 형태로 좋은 기운이 넘어왔다면 그걸 취한 사람 역시 다른 주변인들한테 파동 형태로 공유해 줄 수도 있고,

이　혁　네, 그렇게 유지되어 왔을 것 같아요.

이석준　파동 형태의 좋은 기운을 받아 뚝딱거리며 무언가 물질화하는 사람도 있을 수 있습니다. 이렇고 저런 사람들이 섞여 지금까지 흘러왔어요. 그런데 이미 프로그래밍돼 있기에 어떤 사람은 물질로 변형시키는 쪽으로 포커싱된 거고, '한 거고'가 아니라 '된 거고'가 맞겠죠? 이혁 씨 견해에 입각하자면, 인간은 코딩된 대로만 사고하고 행동하는 거니까, 또 다른 어떤 사람은 계속 파동 상태로 퍼뜨리는 데에 포커싱된 거고.

이　혁　(웃음) 그럴 수도 있다는 거죠. 어릴 적 미래 공상 과학 영화에 나왔던 것들이 오늘날 많이 실현되고 있는 것처럼, 앞으로 새로운 인공지능이 다른 형식으로 개발되고 컴퓨터를 엎어버린다면 초능력과 신선의 세계가 도래할 수도 있을 것 같아요. 스타크래프트 게임으로 말하면 프로토스 종족처럼 인간의 잠재된 능력이 개발되거나 진화해서 서로 텔레파시를 주고받는다든지, 순간 이동을 한다든지 하는 신선 세계가 펼쳐질 수 있을 것 같아요.

이석준　그 점은 제 주장과 궤를 같이하는 것 같습니다. 강 인공지능이냐 아니냐 여부를 떠나 쾌락으로 귀결될 수 있거든요. 우리가 만지작거리는 숱한 것들. 주스를 예로 들어 보면, 이게 과연 왜 필요하냐? 맛 자체에 대한 탐닉도 있고, 결핍이라는 고통에서 벗어날 때의 쾌감, 그리고 새로운 것을 맛볼 때, 아니면 익숙한 것이라 해도 적시에 취할 때의 쾌감, 이러한 쾌락들을 잘 정리해 구현할 수 있다면 반드시 주스라는 객체로 응집돼야 할 이유가 없어요. 동일한 쾌락을 충족시키기 위한 다른 대안 혹은 수단들을 얼마든지 만들어 낼 수 있기 때문이에요.

이런 식으로 쭉 거슬러 올라가면 종국에는 물질에서 완전히 해방될 수도 있어요. 컴퓨터고 뭐고 다 필요 없습니다. 그러면 아까 말씀드린 대로 벌거벗은 몸뚱어리와 말, 아니, 말도 필요 없겠죠. 언어도 그렇고요. 텔레파시로 다 소통 가능하니까 말입니다. 무한한 기억력이 있으니까 말입니다. 텔레파시의 경우는 과학적으로도 가시화되고 있어요. 구글 글라스와 관련된 최근 기사를 보면 아직 초보 수준이긴 해도 마음을 검색하는 서비스도 나왔어요. 구글 글라스에 보조 장치를 부착해서,

이 혁   뇌를 통한 건가요?

이석준   뇌파에 의거하죠. 제가 주창하는 인식 세계, 뭐 이런 것들, 머리 까서 뇌에 직접 자극 주는 상황만 되면 지금도 그리 어렵지 않아요. 그러니까 대뇌피질, 해마, 이런 것들을 조작하면 가능하긴 한데, 두개골을 벌리고 뇌를 직접 접촉하면 사람이 육체적으로 망가지니까. 이런 것 때문에 못 하는 거지, 거 뭐야, 영화 「한니발」 있잖아요? 그걸 보면 안소니 홉킨스가 분한 한니발 렉터 박사가 누군가의 뇌를 퍼먹는 장면이 나옵니다.

이 혁   예.

이석준   그것도 틀린 얘기는 아니거든요. 뇌는 자기 자신에 대한 고통을 느끼지 못해요. 그런데 계속 퍼 먹히면서 심하게 망가지는 부위나 뉴런의 배선 때문에 이상 증상을 보이게 됩니다. 갑자기 헛소리를 한다든지 하는.

9. 깨달음 그리고 인공지능

이석준 그나저나 지금 시각이 어떻게 되죠?

이 혁 잠시만요. 아, 9시가 훨씬 넘었네요.

이석준 앗, 막차 끊기기 전에 서둘러야겠다. 장롱 면허자로 살아도 별 불편함을 못 느꼈었는데 오늘은 살짝 아쉽네요. 그래도 수년 내에 자동 주행차가 대중화되기를 바라며 버텨야죠. 이런, 푸념하는 사이 아까운 시간이 또 흘러가 버렸네. (웃음)

이 혁 그러게요. (웃음)

이석준 아쉽지만 한 가지만 더 말씀드리고 오늘 논의를 마무리해야 할 것 같습니다. 오늘따라 뜻하지 않게 인공지능 관련해서 많은 말씀을 나눴는데요, 아마 제 나선형 쾌락과 직결돼서 그런 것 같습니다. 아예 뽕을 뽑아 버리죠, 뭐. (웃음) 아까 살짝 암시하긴 했는데, 얼마 전 불현듯 이런 궁금증이 떠올랐어요. '내 마음은 있으나 내 몸이 없다면?' 대개 이런 화두를 던지면 적잖은 사람들이 철학자 힐러리 퍼트넘의 『이성, 진리, 역사』에 나오는 '통속의 두뇌'를 연상합니다. 제게 떠올랐던 의문은 이와 궤를 달리합니다만, 한번 비교해 보시라는 차원에서 이 이야기부터 꺼내 볼게요. 흥미롭거든요.

야심에 찬 뛰어난 과학자가 있었어요. 어느 날 이 양반이 어떤 아저씨의 뇌를 분리해 정체불명의 영양액 안에 넣었습니다. 이후 뇌의 각 신경 조직을 특수 컴퓨터에 연결했고, 그 컴퓨터는 뇌에 전기 자극을 흘림으로써 직접적 감각 경험을 100% 통제했습니다. 당연히 제3자의 존재적, 객관적 관점에서 바라볼 때에는 단지 컴퓨터와 신경 세포 간의 전기 자극 주고받기에 불과하겠습니다만, 그 뇌의 인식적, 주관적 관점에서는 오감 혹은 육감을 통해 자신과 각종 존재자들이 상호 작용하는 생생한 현실인 겁니다. 최소한 이 맥락에서만큼은 '모로 가도 서울만 가면 된다 주의자'인 저로서도 충분히 공감했어요. 더도 말고 덜도 말고 딱 제가 주장하는 인식적 세계와 일맥상통했으니까요. 조금 전 f-business에 대해 이야기하면서, 이의 구현 방향이 3개 있다고 말씀드렸잖아요? 홀로그램처럼 존재적 세계 중심으로 구현하는 방법, 오큘러스 리프트같이 존재적 세계와 인식적 세계를 상보적으로 결합해 구현하는 방법, 그리고 뇌에 칩을 삽입하거나 혹은 빛, 전기 자극을 직접 주는 인식적 세계 중심의 구현 방법. 그러니까 이 통속의 뇌는 이 세 가지 옵션 중에 세 번째, 즉 인식적 세계 중심의 구현 방법에 해당한다고 볼 수 있어요. 여하튼 퍼트넘의 이 재미있는 사유는 그가 회의론을 설명하고자 수단 차원에서 제시했던 건데, 최근 제게 뜬금없이 떠오른 건 완전 다른 맥락이에요.

이 혁 그게 뭔가요?

이석준 자, 내 몸이 없어질 수 있다면 다른 사람의 몸도 없어질 수 있다는 거잖아요. 그렇다면 이게 굳이 인간에게만 국한되진 않을 겁니다. 모든 생명체에 공히 적용될 수 있을 거란 말이죠. 좀 더 질러보자면 생명체에 국한될 이유도 없어요. 삼라만상 모두에 다 적용될 수 있습니다. 이렇듯 육신이 없어진다면 적어도 이 2개 또한 확실하게 소멸될 것 같아요. 하나는 공간입니다. 객관적으로 보자면 '공간은 있으나 공간을 일정 부분 차지하는 물체가 사라진다'는 게 맞는 표현이지만, 공간을 느끼는 주관의 입장에서 보자면 공간 자체가 소멸된다는 게 보다 정확한 이야기가 될 겁니다. 공간을 느낄 수 있게끔 해주는 매개 자체가 부재하기 때문이죠. 다른 하나는 심각한 사회 문제인 빈부 격차의 근원, 소유예요. 기본적으로 락lock을 걸지 않는 이상 소프트웨어는 누구나 다 접근 가능합니다. 그러니까 만물의 정수리는 마음처럼 소프트웨어적으로만 존재하고, 반면 하드웨어적인 것은 나나 너나 그 나 제한 없이 자유자재로 취하고 버릴 수 있다면 이는 곧 자타의 구분이 없어짐을 의미합니다. 자, 지금 이 무용한 사유에 있어서의 시사점이 무엇이냐? 형체 없는 마음에다 경계를 그을 수 없는 노릇이니 정체성 관점에서도 나와 너의 구분이 있을 수 없고, 역시나 물리적으로도 딱 떨어지지 않으니 결국 일원론 관점의 완전한 홀리스틱 세계가 이루어지지 않겠냐는 겁니다. 요컨대 비로소 세상이 하나가 될 수 있다는 거죠.

이　혁　정말 그렇게 볼 수 있겠는데요?

이석준　이러한 생각에 다다르자 또 다른 질문이 튀어나왔어요. '이런 게 바로 참 세상, 즉 실재일까?', '만일 그렇다면 이를 깨달았음은 곧 도道에 다다랐음을 의미하는 걸까?' 제가 도와 관련해 읽은 책은 장자 해설서 딱 두 권뿐인데, 그 책들을 완독했을 때 흐릿하나마 이런 두 가지 의문이 들었어요. 장자가 과대평가되지 않았다는 전제하에, '도는 결국 빛 혹은 공기가 아닐까?'라는 중립적인 것과 '도는 악신이고 장자는 그 악신의 완장 찬 앞잡이가 아닐까?'라는 부정적인 것. 아마 평생 장자만 연구하시는 전문가님께서 들으신다면 '웬 개소리야!'라고 버럭 하실 수도 있지만, 용기 좀 내보겠습니다. (웃음) 도는 앎이 아닌 깨달음의 차원에서 받아들일 수 있는 그 무엇이 아닐까 싶어요. 어린 비트겐슈타인의 표현을 빌리자면, 모름지기 도란 '침묵해야 하는'

부류에 속해서 그런 걸까요? 관심을 부여하고, 언어적으로 사고하고, 말하고, 글로 쓰려 할 때, 어쩔 수 없는 한계를 절감하게 됩니다. '표현하는 순간 무無의 가치가 훼손되기에 무에 대한 언급은 피하고 오로지 유有에 대해서만 언급한다'는 점에서 보자면, 공자가 노자나 장자보다 현명할지도 모른다는 생각도 들고요. 아무튼 좀 더 구체적으로 설명하자면 이렇습니다. 며칠 전 연남동에 있는 식당을 갈 때였어요. 태양 빛이 강렬하게 제 눈으로 들어왔어요. 눈이 굉장히 부셨죠. 하지만 전 뫼르소가 아니었기에 『이방인』과 전혀 다른 양상의 일이 벌어졌습니다. 잠시 빛의 물리학일랑 접어두고 들어주세요. (웃음) '그래, 저게 바로 도다. 스스로 발하는 빛이 도다. 그것을 담는 무언가에 따라 무한의 자유도로 변화 가능하다. 변형이 아니라 변화인 이유는 그것이 시각적 형태에만 국한되지 않기 때문이다. 빛은 오직 하나며, 상황에 따라 변화한다. 빛은 모든 것들의 안으로 들어가 채워줄 수 있으며, 동시에 모든 것들의 밖에서 안아줄 수 있다. 빛은 텅 비어 있다. 빛은 시공간적으로 무한하다. 빛은 자신의 형상과 색이 없다. 그저 타자의 형체가 드러나게끔 해줄 뿐이다. 칠흑같이 어두운 암실에서 랜턴을 켜면 빛이 보인다. 그러나 그것은 빛 고유의 형상이나 색이 아니다. 그건 그 순간 그 공간의 숨겨졌던 일부를 돋보이게 해주는 독특한 존재자다. 어쩌면 난 빛의 이런 다양한 특성들을 깨달아 홀로그램을 디지털 프로페서의 주요 모듈로 고안한 걸 수도 있다. 나도 모르게 도에 이끌려.' 그리고 직후 이런 생각이 떠오른 거죠. '아니야, 어쩌면 도란 신, 외계인, 악마, 괴물일 수도 있어. 그리고 장자는 이의 앞잡이일지도 몰라'라는 생각 말입니다. 만일 이 정서적으로 상반돼 보이는 두 관점이 통합되려면 빛이 어떻게 신이 될 수 있는가를 증명해야 하는데, 증명이란 따지고 보면 논리의 교미에 따라 태어난 아이일 뿐이잖아요? 그렇다면 이런 식의 접근은 적어도 도에 관한 한 들이댈 수 없는 노릇입니다.

이 혁 (웃음) 재밌는데요.

이석준 잠시 도에 관한 이야기로 빠졌는데요, 원래 얘기로 돌아올게요. 뭐, 인간은 그렇다 쳐요. 그리고 한발 뒤로 물러나 생명체도 그렇다 칩시다. 그런데 돌덩어리같이 마음이나 생명이 없는 것으로 사료되는 애들의 경우는 몸이 없어진다면 어떻게 될까요? 흠, 돌에다 몸이란 말을 갖다 대니 좀 어색하네요. 물질로 바꿔 보겠습니다. (웃음) 인간이야 지금의 몸덩어리 말고 컴퓨터란 매체로 옮겨가도 정체성이 그럭저럭 유지될 수 있을 텐데, 돌덩어리는 그렇지 않잖아요. 마음이 없는 이놈의 돌덩어리를 대관절 어떻게 다른 매체로 옮겨 놓을 것인가. 그리고 이게 의미 있는 짓일까? 물질이 소멸됨에 따라 녀석도 자연스레 같이 소멸되지 않을까 싶긴 해요.

그리고 인간의 마음을 마치 데이터베이스인 양 컴퓨터에 심는다는 것, 이것도 「트랜센던스」 같은 영화에서나 나올 법한 이야기가 아닙니다. 역시나 조금 전에 말씀드렸던 이츠코프의 2045 프로젝트는 아예 이를 지향점 삼아 차곡차곡 진행하고 있으니까요. 아무튼 몸을 제거하고 마인드를 DB_{DataBase}화하되 각 레코드의 키값을 하나로 통합한다면, 홍길동의 속·특성, 경험, 가치 판단 정보 등이 갑돌이의 그것들과 한데 섞이게 되잖아요? 이걸 수학적 귀납법에 따라 삼라만상에 적용한다면 결국 이 세상이 하나로 완전하게 통합되는 거고요. 그렇게 된다면 아마 새로 막 태어난 최초의 그 단일 세계는 괴롭거나 헷갈리는 일을 꽤 많이 겪을 겁니다. 과거의 기억이 남아 있는 동안 심각한 과도기적 혼란을 겪을 수밖에 없을 거라는 말이에요. 그런데 이때 가장 고통스러운 것은 뭐니 뭐니 해도 상호 모순에 따른 충격, 헷갈림, 뭐 이런 것들이 아닐까 싶어요. 좀 어려울 수 있는 얘기니 예 하나 들어 볼게요. 가령, 동일한 사건을 꽤 많이 접했고 윤리관을 포함, 모든 생각과 이해관계가 정반대인 ㄱ이라는 녀석과 ㄴ이라는 녀석이 있다 합시다. 녀석들의 마음은 이미 완벽하게 컴퓨터로 이전됐고, 그다지 아름답지 못한 육신은 제거됐어요. 녀석들에 관한 정보도 DB화돼 단일 키값으로 뭉뚱그려졌지요. 그러면 하나의 마음속에 ㄱ의 견해와 ㄴ의 견해가 혼재됩니다. 선이 악이면서 악이 선인 게 돼 버린 거죠. 요컨대 인간에게서 몸을 제거한다면, 객관적으로 가장 직관적이면서도 자명한 식별 가능 수단을 버리는 셈이니 진정 하나 됨에 있어 바람직하다고 볼 수 있고, 이것이 곧 도에 이르는 게 아닐까라는 생각이 들었어요. 더불어 레이 커즈와일이나 드미트리 이츠코프 같은 사람들이야말로 도를 향해 한 발 한 발 다가가는 실천가로 느껴졌죠. 다른 것들도 그렇지만 특히 도에 대해서는 말로만 아리송하게 떠드는 교수들이나 학자들을 영 신뢰할 수 없거든요.

이 혁 예.

이석준 그나저나 이놈의 문제적 돌덩이는 어떻게 처리해야 할까요? 사람과 마음 없는 돌의 통합이기에 DB에 넣는다 한들 별 의미가 없을 것 같은데. 데이빗 크로넨버그의 「플라이」에서 파리와 사람이 뒤섞였다면, 여기서는 돌과 사람이 섞이는 겁니다. 그러면 「판타스틱 4」의 '더씽'이 나오려나요? (웃음) 순간 이동기에서 어디부터 어디까지가 전송의 대상인지 정하는 것도 쉬운 문제는 아닐 것 같아요. 가령 '기계 속 변의 길이가 얼마인 가상의 정육면체 안에 있는 모든 것', 이런 식으로 지정하지 않으면 그 안의 부품들도 같이 옮겨지거나 섞일 수 있잖아요. 그리고 완전한 진공이 아닌 이상 눈에 보이지 않는 수많은 미생물들과 그 아래 소립자 이런 애들도 난무할 텐데, 이것들은 또 어떻게 처리할 것인가라는 고민도 하게 됩니다. '이 역시 신선한 통합이자 도에 이르는 것일까?'라는 생각과 더불어 말이죠. 만일 이 세상에 거의 무한 크기의 믹서기가 있어, 여기서의 믹서기는 과일 주스 만드는 그런 거 말고 만물을 섞어주는 걸 의미합니다, 이 세상 모든 존재자들을 집어넣고 돌린다면 어떻게 될까요? 그리고 하드웨어야 그렇다 치고 0과 1로 표상되는 소프트웨어적 마인드를 모두 섞는다면 어떻게 될까요? 도란, 특정 시점까지는 카오스였다가 이후 코스모스로 변화해 유지되는 걸까요, 아니면 그저 영원한 카오스인 걸까요? 제 생각엔 후자가 아닐까 싶습니다만. 그 이유는 최초의 과도기가 평범한 과도기로 끝날 것 같지 않기 때문입니다. 과도기적 혼란들이 조합돼 또 다른 혼란을 낳을 것이고, 마찬가지로 그 또 다른 혼란도 또 또 다른 혼란을 파생시킬 테니까요.

4장

창작

1. 이런~ 이론

이석준 지난번에는 아이디어 소스source 중심으로 이야기를 나눴는데, 오늘은 여기에 국한하지 말고 자유롭게 진행해 보죠. '내 경험상 어찌어찌 했을 경우 아이디어 혹은 창의성이 촉발되더라.' 소스에 해당하는 내용일 수도 있고, 요건적인 내용일 수도 있을 텐데요. 여기서 말하는 요건이란 이런 겁니다. 가령, 한 분야만 고수하지 않고 이 분야 저 분야, 서로 관계없어 보이는 것들까지도 넘나들며 몸으로 부딪히거나 사유하다 보니 곡에 대한 착상이 잘 이루어졌다든가, 아니면 퍼포먼스에 대한 아이디어가 잘 떠올랐다든가 이런 식으로 이야기해볼 수 있지 않을까 싶네요.

이 혁 많은 예술가들이 느낌에 많이 의존하는 편이에요. 좋은 기분도 포함되고요. '이렇게 하면 재미있겠다, 이렇게 해봐야겠다'는 마음이 생기는 게 시작인 것 같아요. 그리고 정신적 여유도 필요해요. 일의 많고 적음과 관계없는 여유요.

이석준 그렇죠. 데이빗 린치 감독도 『데이빗 린치의 빨간방』이란 책에서 비슷한 말을 했습니다. '예술가의 삶이란 좋은 일이 생기기를 바랄 만큼의 충분한 시간을 갖는 자유를 의미한다'고.
창작, 특히 심도가 많이 요구되는 분야에 해당하는 이야기일 수 있는데요, 경험의 소산이건 뭐건 간에 확실히 자기 것으로 만들어 놓은 것들이 있어야 무언가 만들어 낼 수 있잖아요. 아무리 재미있고 호기심이 뻗쳐도 역량이 부족하면 그럴싸한 아이디어가 나올 수 없겠죠.

이 혁 그런 역량은 타고날 수도 있지만 분야별로 거쳐야 하는 트레이닝이 필요한 것 같아요. 기본 훈련들이 중요한데 좋아하면 하게 되는 것들이라 당연시되면서도 꾸준히 하기 어려워요.

이석준 음악 분야도 그런 게 많이 필요하겠죠? 테크닉, 기교 이런 것들을 떠나 아이디어 자체가 잘 떠오르려면, 기본적으로 경험이라든가, 지식이라든가, 이런 것들이 많이 필요할까요? 일례로 저희 컨설팅계를 이야기하자면, 신사업에 대한 열정이 있고, 재미를 느끼고, 논리로 중무장하고, 많은 지식과 해당 산업 경험을 갖고 있다 해도 신선한 아이디어를 내지 못하는 경우가 허다하거든요.

이 혁 음악도 마찬가지예요. 어려운 코드를 많이 알고 악기 레슨을 충분히 받아도, 창작과는 별개 사안이기 때문에 지식이 많아도 곡 작업을 잘 못 하는 경우가 허다해요. 저 같은 경우는 음악에 대한 이론적인 지식 없이 곡 쓰는 것부터 시작했다가 나중에 공부하게 된 케이스예요. 처음에는 멜로디 없이 사운드만 있는 음악에 맞춰 춤을 추다가 멜로디를 넣어보고 싶은 마음이 생겼어요. 어떤 멜로디를 넣으면 기분이 좋은데, 이렇게 하면 음악이 더 살겠다 하는 마음에서요. 그것이 제가 곡을 쓰기 시작한 계기예요. 이론은 그 후에 필요하다고 생각이 들어서 공부했고요.

이석준 그렇다면 이론은 창작, 즉 곡을 쓰거나 퍼포먼스에 대한 아이디어를 짜낼 때는 그다지 중요하지 않았다는 말씀이네요? 지금 말씀하신 바로는 곡이나 공연 자체에 있어 중요하다기보다는 다른 사람들과 커뮤니케이션할 때,

이 혁 커뮤니케이션할 때도 필요하고 표현을 좀 더 다양하게 할 수 있어요. 성능 좋은 무기의 종류가 많아지는 것이죠. 원시시대 때 몸동작으로 소통했다가, 언어가 생기면서 소통이 더 수월해진 것처럼요. 이론을 공부해서 조금 더 복잡하고 분위기를 묘하게 낼 수 있는 방법을 배우면 더 유리하긴 해요. 표현의 범위가 확장되니까요. 하지만 이론에 갇혀 버리면 필feel을 죽이게 돼요.

이석준 이론을 통해 미묘한 부분까지 터치할 수 있다고 말씀하셨는데, 그런 건 이론을 학습하지 않더라도 경력이 쌓임에 따라 자연스레 내재화될 수 있지 않을까요?

이 혁 물론 그런 부분도 있어요. 코드 위치를 외워서 치는 것은 완벽하게 아는 게 아니고 듣고 알아야지만 진정으로 아는 것이라고 할 수 있어요. 그리고 어떤 코드에 멜로디를 넣을 때 무슨 코드인지 모르더라도 듣고 맞춰서 노래할 수 있기 때문에 나중에 이론을 배울 수도 있고요.

이석준 그렇죠. 제가 그 말씀을 드리려고 했던 겁니다. 보통 이러지 않나요? 어느 날 '20년 가까이 한 우물을 팠더니 이제 감이 좀 오는 것 같은데?' 그러면, 이때 스스로 많이 안다고 느끼는 사람이 취할 수 있는 옵션은 크게 두 개가 있을 것 같아요. 하나는 '난 이제 알 만큼 알았으니 공부 따위는 안 해도 돼'라는 거고, 다른 하나는 알면 알수록 더 깊이 파고들어 가고자 하는 욕구를 갖는 겁니다. 당연히 후자의 발전 가능성이 더 높겠죠. 그리고 이런 관점에서도 볼 수 있을 것 같아요. 필 받아서 열심히 공부하다 보면 '이건 내가 생각한 것과 다를 바 없네? 내 가설이 맞았나 보군.' 즉, 무언가 새로운 걸 습득하기보다는 본인의 생각을 검증하게 되는 경우가 발생하지 않을까 싶어요. 이런 게 몸에 밴 사람이라면 기존 이론에 대한 학습을 넘어 스스로 새로운 이론을 만들어 널리 퍼뜨릴 수 있을 것 같습니다.

이 혁 그렇죠. 불협화음이라고 알려진 화음도 어떤 음악에서는 필요해서 발견해 내는 경우가 있어요. 제3세계 음악들 같은 경우에는 구음口音이라고, 아랍에서 나올 법한 멜로디 라인의 '아아아아~ 아아아아~' 이런 소리들이 있는데, 그런 음악들은 사실 코드에도 안 맞고 음정도 틀린 경우가 많아요. 리듬도 정형화될 수 없는 경우가 있는데 영혼의 울림이라고 해서 들으면 들을수록 느껴지는 묘한 매력이 있거든요. 이런 음악들이 이론에서 벗어난다고 해서 틀렸다고 할 수는 없죠.

이석준 말씀하신 음악 이론이란 건 누가 만드나요?

이 혁 화성학을 베이스로 한 클래식 음악이 기본이고, 재즈화되면서 다양한 스케일과 복잡해진 코드들이 많이 생겨났어요. 누가 만들었는지는 잘 모르겠어요. 아마 세월이 흐르면서 음악가들이 정리해 놓은 걸 거예요.

이석준 여기서 음악가란 누구를 말씀하시는 건가요? 실용음악과 교수들인가요?

이 혁 실용음악과는 생긴 지 얼마 안 됐고요. 아마 오래전 클래식 음악이 활발하던 시절일 것 같아요.

이석준 그럼 전통적 학계 쪽일 수 있겠군요?

이 혁   네, 그럴 것 같아요. 화성학은 음악 관련 학문이지만 과학에 가까워요. 아시다시피 모든 소리에는 파장이 있어요. 그 파장과 파장이 만났을 때 듣기 좋은 소리가 나면 코드가 잘 나올 수 있는데, 안 맞으면 음이 고르지 않고 듣기 좋은 코드가 안 나온다고 해서 불협이라고 부르는 거죠. 구음 같은 경우는 음의 피치pitch가 안 맞더라도 느낌으로 '워어' 하니까 이론적으로는 벗어났다고 해도, 그 파장 자체만 봤을 때는 과학적으로 분석해도 음악 이론에 맞아 들어갈 수 있을 것 같아요.

이석준   지금 '과학적'이란 말이 나왔습니다. 수종사에서 말씀 나눌 때, 제가 의외라고 느꼈던 것들 중 하나가 바로 과학과 관련됩니다. '과학적으로 분석하고 과학과 연계돼야만 음악이 발전한다는 생각을 팬이나 뮤지션이나 다 갖고 있는 게 아닌가?'라고 유추하게 돼요. 『나발한자』에서도 주장했고 이번 논의에서도 그랬습니다만, 전 '과학이 중요할 때가 꽤 많긴 하지만 항상 그런 건 아니다'라는 생각을 갖고 있거든요. 경제계도 그렇고, 경영계도 그렇고 과학을 지나치게 숭상하는 분위기가 형성돼 있는데, 사실 떠받드는 것에 비해 과학이 기여할 수 있는 부분이 그렇게 큰 건지 의구심이 들어요. 인디 음악은 더 그렇지 않을까요? 이성보다는 감성이, 계획성보다는 즉흥성이 훨씬 강할 텐데.

이 혁   화성과 음향적인 부분에 있어 부분적으로 과학이 적용되긴 하는데, 그건 이론을 통한 전달과 소통 또는 분석을 통한 검증이 필요할 때만 쓰이는 것 같아요. 어떤 음악이 좋다 했을 때 청취자가 왜 좋아하는지 굳이 분석할 필요는 없거든요. 음악을 만드는 과정에 있어 기초적인 용어를 수반한 대화가 필요하다거나 음악 평론가들의 분석이나 평가를 위해 필요한 것 같아요. 소리가 어떻게 해서 만들어지고 어울리는

지 공부하는 것은 음악을 만들고 노래하는 데에 필수는 아니지만 알고 있으면 좋을 것 같고요.

이석준 평론, 분석이라……. 오늘따라 제가 평상시 고민하는 주제들이 많이 언급되는군요. 전 이것들이 태생적 한계를 갖고 있다고 생각하기에, 그리 긍정적으로 보진 않아요. 가령, 각 주요 대학마다 국어국문학과니 영어영문학과니 이런 학과들이 있잖아요? 저는, 창작에 관한 그런 학과들은 별 도움이 안 된다고 생각합니다. (웃음) 오해를 피하기 위해 부연하자면 '국어학'은 오케이, 하지만 '국어국문학'은 아니올시다'라는 말씀이에요. 즉, '국문'을 빼야 한다는 거죠. 그렇게 해서 국어학과가 된다면 국어를 문학이 아닌 어학 관점으로만 파고들게 되기 때문에, 구조적, 형식적, 논리적인 패스path로 가도, 즉 교육해도 무방하거든요. 이런 영역은 수학이나 논리학과 마찬가지의 분야로 볼 수 있기에, 기술이라든가, 방법론, 지식 등을 익히기 위해 연구하는 게 맞습니다. 논리학에 있어 기호에 해당하는 부분을 한국어 어휘로 대체하고, 산출 체계에 한국어의 문법 체계를 적용하면 곧 국어학이 되니까요. 물론 국어란, 제한된 합리성이 범람하는 실세계의 언어인 만큼 수학이나 논리학처럼 딱딱 들어맞을 수 없겠습니다만……. 하지만 문학이라면 얘기가 달라지죠. 가령 제임스 조이스의 작품들을 생각해 보자고요. 그 양반이 언어학적으로 분석을 열심히 한 결과 뛰어난 영감을 얻었을까요? 『율리시스』 같은 작품을 보면 말장난이나 여러 가지 실험도 했습니다만 핵심은 그게 아니거든요. 그런 유일무이한 작품이 어디서 튀어나왔는지 정확히 헤아릴 순 없어도, 그 양반의 일상생활이나 평상시 읽은 책, 들은 음악, 기타 삶에 있어 천착하는 것 등등의 무작위 경험 누적에서 비롯됐을 겁니다. 대학에서 논리를 배우고 이런 데서 기인한 건 절대 아닐 거라는 말이죠. 그러니까 문학은 구조나 형식이 아닌 의미, 내용, 즉 콘텐츠가 곧 대상이기에, 이를 학습 체계로 갖고 가는 것은 어불성설입니다. 하지만 그럼에도 불구하고 문학 역시 체계화해야 한다면, 평론이나 감상 측면에서만 만족해야 할 거예요. 창작에는 그다지 도움 되지 않을 거란 말이죠. 그러니까 이런 거예요. '어떤 작품들은 이런 사조로 유형화되더라', '대중적으로 성공한 작가들은 이러한 특성을 갖고 있고, 극소수 컬트 팬들만 존재하는 저주받은 작가들은 저런 특성을 갖고 있더라', '어떤 지역에서 태어난 작가들은 이런 쪽으로 몰고 가더라', '어떤 시대에 태어난 작가들은……', 이런 것들? 요컨대, 경영학자처럼 무언가 사후적으로 범주화해 성공, 실패 요인을 추출하는 식의 평론 측면에 있어서는 충분히 기여 가능하지만, 창작에는 별 도움이 안 됩니다. 물론 평론가들의 무자비한 악평에 분기탱천한 작가들이 오기傲氣를 갖고 획기적 작품을 만들어 낼 수도 있겠지만, 확률도 극히 낮을뿐더러 지금의 맥락에서 좀 벗어나는 이야기지요. (웃음) 그런데 말입니다. 평론가는 혼자 설 수 있는 존재자일까요? 당연히 아니죠. 창작자가 있어야 창작물이 있을 수 있고, 또 창작물이 있어야 이를 평가할 평론가가 있을 수 있으니까요. 그러니 우열 관계를 따져 보면 평론가는 소위 '후진' 녀석인 셈입니다.

이 혁 과학은 지금도 계속 발전하고 있는 단계이기 때문에 완벽하지 않다고 생각해요. 어떤 평론이든 간에 100% 정확히 맞는 게 아니라 현재의 과학과 지식 수준에서 설명하고 분석할 수밖에 없다 보니, 논리를 위한 논리가 적용되는 경우가 많아요. 그렇게 되면 진정성이 사라진 상황에서도 어떻게든 그럴싸하게 들리려고 노력하기 때문에, 창작자들은 그런 사람들을 별로 탐탁지 않게 여겨요. 더군다나 평론이라는 게 주관적이다 보니 더욱 그렇죠. 음악 평론가들 중에는 음악에 대해 잘 모르면서 말만 많이 하는 사람들도 있어요. 예를 들어 저희 팀 음악을 이야기하는데 우리 음악을 한 번도 듣지 않고 평가한다는 느낌을 받은 적이 있었어요. 음악을 좋아하고 많이 듣고 공부를 많이 해도 부족한 부분이 있을 텐데, 들어 보지도 않고 자신의 지식 내에서 나오는 단어들만 말하는 경우를 많이 봤어요. 게다가 정치적 상황이나 트렌드와 비교해 못 만들었다고 주장했던 음악도 대중적으로 성공하면 번복해서 좋게 평가하는 사람들도 있고 해서, 아티스트들의 입장에서는 안 좋게 보여요. 개인적으로 술자리에서 만나 봐도, 진정성이 없는 상태에서 어필을 하려다 보니 자기 잘난 말만 하게 되는 그런 성격으로 굳어져 버린 사람들이 많은 것 같아요.

이석준 제 경우는 영화를 좋아하다 보니 그간 영화평 위주로 꽤 많은 평론들을 읽어 왔는데, 좋은 얘기들은 거의 보지 못했어요. 마치 호되게 까야 좋은 평론인 것처럼 말이죠. 시종일관 안 좋은 얘기들만 해대는데, 그래도 이게 정반합 관점에서 '당신들 음악은 이런 면을 치고 나갔다. 다양성이나 사람들에게 짜릿함을 준다는 점에서 보자면 긍정적이지만, 보다 더 뛰어난 것을 창작하기 위해서는 이런 부분에 노력을 경주하라'라는 취지하에 억지로라도 짜낸 비판이라면 그나마 용인해줄 수 있을 듯합니다. 하지만 그것도 아니에요. 그냥 이런 거죠. 이슈를 만들긴 만들어야 할 텐데, 그렇다면 뭔가 까고 들어가야 하니까 어디 트집 잡을 구석 없나 여기저기 살피고, 그렇다고 막무가내로 까대면 SNS 홍수의 시대인 만큼 역으로 자기가 까이니까 그럴싸한 근거를 제시하느라 골머리 썩히고.

이 혁 맞아요. 그것뿐만 아니라, 영화 마니아들의 눈치도 보고 영화 제작사의 눈치도 보는 것 같아요.

이석준   그 말씀대로라면 그들은 주체성이 부족한 사람들인 거예요. 눈치 봐야 할 단체와 사람들에게 어떻게 표현해야 있어 보일까를 최우선적으로 고민할 테니 말이에요. 설사 자기가 느낀 바가 있다 하더라도 느낀 것을 억누르고 거대 제작사의 구미에 당길 수 있는, 일반 관객들의 구미에 당길 수 있는, 결론적으로 내 돈벌이에 도움이 될 수 있는, 이런 쪽으로 왜곡시켜 표현하는.

이 혁   진정성보다는 '글빨'이 중요한 것 같아요. 그렇지 않은 사람들도 있겠지만 그런 글들을 많이 봤어요.

이석준   예술계도 그렇고 학계도 그렇고 어떤 분야든 평론가와 창작자 간의 갈등은 예전부터 줄곧 있어 왔습니다. 고드프레이 하디라는 영국 수학자가 있는데, 그 양반이 『어느 수학자의 변명』이라는 자서전에서 평론가를 아주 시원하게 조롱했어요. 기억을 더듬자면 대충 이런 내용이었던 것 같아요. '창조하는 사람이 해설하는 사람에 대해 갖는 경멸감은 의미심장하고 정당한 것이다. 설명이나 비평, 평론 등은 이류급 인간들이나 하는 일이다.' (웃음) 그리고 일전에 언급했던 트뤼포 감독도 평론가와 감독 간에 우열 차이가 있다고 주장했죠. 어디에서건 상존하는 갈등 같습니다.

이 혁   오늘도 부천영화제에 갔다 왔는데, 감독과의 대화 시간이 있었어요. 듣다가 생각하게 된 건 영화는 객관적으로 소개해주는 게 보는 사람 입장에서 더 도움된다는 사실이었어요. 주관적으로 평론해 놓은 것은 '무엇을 볼까?' 또는 '내가 본 장면이 무슨 뜻이었지?'라는 점에 있어 그다지 도움 되지 않아요. 예를 들어 어떤 나라의 정치적 상황이나 역사적 사실들을 알아야 이해할 수 있는 장면이 있다면, 그 장면을 본 사람은 평론을 읽으면서 반추할 수 있게 해주고, 안 본 사람은 읽어보고 많은 영화 중에서 선택할 수 있도록 해 준다면 좋을 것 같아요.

이석준 여러 주체들이 개입될 수 있을 듯합니다. 영화를 예로 들자면, 간단히 표현해서 영화를 공급하는 측면, 그러니까 감독, 배우, 스태프, 제작자가 있을 것이고, 영화를 소비하는 측면, 관객이 되겠죠. 마지막으로 평론가, 이렇게 크게 3개의 꼭지가 있을 수 있는데, 지금 말씀하신 평론가의 그런 역할은 관객의 이해나 감상에만 도움이 된다는 거잖아요? 창작자에게는 직접적으로 별 도움이 안 되고.

이 혁 평론이 창작에 도움을 준다기보다는 창작가의 기분을 좋거나 나쁘게 만드는 것 같아요. 그리고 창작자들이 표현하고자 하는 것을 다른 방향으로 받아들이고 평론하는 사람들도 많은 것 같고요.

이석준 '내귀'도 창작을 하는 팀인 만큼 그런 평론을 많이 들었을 것 같은데……

이 혁 록 음악을 평론하시는 분은 순수한 분들이 많아요. 대중음악도 같이 하시지만 뮤지션들처럼 돈이 먼저가 아니라 음악이 좋아서 하시는 분들이 많아서 그런지, 어떤 분들은 앨범을 들어 본 후 뮤지션에게 질문하고 나서 소개하시더라고요. 물론 그 반대의 경우도 있지만요.

2. 예술은 과학을 넘어선다

이석준 자, 다시 본 이야기로 돌아오겠습니다. '어떠한 요건들이 성공적인 아이디어 형성에 도움을 줄 것인가', '분석이니, 과학적 방법이니, 논리니, 아카데미니 이런 것들이 얼마나 큰 포션으로 이혁의 작사를, 작곡을 도와줄 수 있는가', 그리고 아이디어도 아이디어지만 음악이란 단순한 텍스트가 아니라 오선지에 표현하고 홀로 읊조리던 것을 입체화하는 거잖아요? 입체화란 곧 레코딩이나 공연을 의미하는데, 창의성이라는 요소는 곡을 생각해 내는 데에도 필요하지만, 표현함에 있어서도 역시 필수적일 수밖에 없습니다. 즉, 아이디어가 단지 무언가를 떠올린다는 측면에만 국한되는 게 아니라는 말씀이에요. 그런데 아이데이션과 표현, 각 측면에 있어 과학이 그다지 도움 되는 것 같진 않습니다. 논리니, 분석이니 그리고 이런 것들을 부르짖거나 정체성으로 갖고 있는 아카데미 사람들은 별 도움이 안 돼요. 그러니까 창작 활동에 관한 한 이런 것들은 사소한 변수에 불과하다는 말인데, 그렇다면 굵직한 요소들로는 과연 어떠한 것들이 있을까요?

이 혁 예술가들은 영적인 영역에서 찾는 경우가 많아요. 예를 들면 명상을 한다든지, 종교적인 힘을 빌린다든지, 주술적인 것 또는 고대 신화를 접하면서 예술로 표현하는 방법을 찾아요. 이런 데에 예술적 에너지와 연결되는 부분들이 많다 보니 관심을 갖는 예술가들이 많은 것 같아요. 과학으로 검증되어 있는 것보다 미지의 세계를 탐구하고 싶은 마음도 있고요. 신의 존재라든지, 주술의 세계 등에 대해 증명할 순 없지만 '이렇게 표현되는구나'라면서 받아들이는 사람들도 공감할 수 있는 것 같아요.

이석준 지금 말씀하신 내용에 대한 구체적 예를 들어 주실 수 있을까요?

이 혁 예를 들면 종교마다 독특한 색깔의 음악과 미술이 있고요. 태양과 달을 숭상하던 때부터 음악과 미술을 매개체로 사용했어요. 각 나라의 토속 신앙에서도 그렇고 우리나라의 무당도 굿을 할 때는 음악을 사용해요. 악기 소리가 신의 영역과 통할 수 있는 주파수를 포함하기도 하고요. 주파수에 관한 것은 물리학자인 슈만의 '자기장 공명법'과도 연결되는 부분이 있어요. 지구 자기장의 주파수가 7Hz인데, 사람이 명상하거나 잠잘 때 나오는 알파파도 이것과 흡사하다고 해요. 심장의 울림도 여기에 맞춰져 있다 하고요. 원래 예술은 이성을 유혹하거나 사냥 성공을 축원하기 위해 행해졌었는데, 종교가 생겨나면서부터 신에 대한 축복도 가미된 것 같아요. 그러다 보니 많은 예술가들이 그런 영적인 힘에 속해 있는 거죠. 예를 들어 기독교 신자분들 중에서도 예수님의 성령을 받으면 연기가 절정에 오른다고 이야기하시는 분이 계세요. 가수이자 뮤지컬 배우인 윤복희 씨가 그분인데, 성령을 받은 후로 연기에 더 몰입할 수 있었다는 얘기를 들었어요. 이런 현상들을 증명할 수는 없지만 무언가 있기는 한 것 같고, 어쩌면 훗날 과학이 증명해 줄지도 모르죠.

이석준 뮤지컬 배우에 대한 예를 들어 주셨는데, 이건 시나리오를 쓴다든가 극을 만든다든가 하는 아이데이션의 측면이 아니라, 누군가 만들어 놓은 것을 '표현'하는 배우 입장의 얘기잖아요? 그렇다면 표현 과정에 있어 영적인 도움을 받았다는 건 설명 가능하지만, 아이데이션의 순간에도 영적인 것이 도움을 줄 수 있고, 줄 수 있다면 그게 어떤 양상으로 전개될 수 있을지는 다른 사안인 것 같습니다.

이 혁 잠이 드는 순간에 누군가 와서 내 귀에 노래를 불러줬는데 그걸 멜로디로 표현한다고 할 수도 있고, 가령 홍신자 씨와 황병기 씨가 「미궁」이라는 음반을 냈는데 거기서 노래를 부른 건 노래 신이라고 했거든요. 마찬가지로 디자인을 할 때도 꿈에 하나님이 나타나 디자인을 보여 주셨다고 하는 경우도 있고요. 이성적으로 생각하면 항상 그 분야에 몰두해 있기 때문에 꿈에도 나오고, 반수면 상태에서 소리가 들릴 수 있다고 생각할 수 있어요. 아직 증명은 안 됐지만요.

이석준 그때도 이야기했지만, 이혁 씨는 강 인공지능 성향이 강해서 웬만하면 과학적으로 모든 걸 풀어내려 애쓰는 것 같아요. (웃음)

이 혁 제가 생각할 때는 강 인공지능은 아니고, 이럴 수도 있겠다 저럴 수도 있겠다는 여러 가지 경우의 수를 헤아리는 성향 때문에 그런 것 같아요.

이석준 지난 대담 때, 계산주의 얘기를 참 오랜 시간 동안 나눴었죠. 여하튼 좋습니다. 여기서 평론 얘기 좀 다시 꺼내 보겠습니다. 평론에 관한 색다른 추억이 떠올라서요. 말씀드렸듯 영화를 좋아하면서부터 평론을 많이 접했고, 그러다 보니 자연스레 그런 행렬에 동참하게 됐어요. 그러던 어느 날, '론論'에 관한 의문이 들더군요. 평론이라는 단어에 '론'이라는 성분이 들어가 그런 걸 수도 있지만, 대체 이걸 왜 글로만 표현해야 하는 걸까? 그래서 그림으로 표현해 봤죠. 추상화 형태로 표현돼 다양한 해석을 불러일으키는 그런 그림 말고, 컨설팅 산출물 같은 심플한 도식 말이에요. 왜 이런 식으로 그렸냐 하면, 추상화처럼 표현할 경우에는 이걸 설명하기 위한 별도의 가이드가 또 있어야 하기 때문이죠. 영화 좀 제대로 이해하라고 평을 했건만 그 평 또한 해설을 요한다면, 평을 위한 평 역시 마련돼야 하잖아요? 이와 달리 컨설팅 결과물은 파워포인트로 쓱쓱 도식화해서 사람들이 최대한 쉽게, 다른 해석의 여지 없이 단일한 해석을 할 수 있도록 만드는 게 핵심이에요. 가령, 컨설턴트가 A라는 메시지를 효과적으로 전달하기 위해 프리젠테이션하고 있는데, 클라이언트가 B로 받아들이면 큰일 나거든요? 이처럼 가능한 하나의 의미로 해석하되 직관적으로 와 닿게 표현하는 것이 중요하기에, 이런 맥락에서 판단한 거죠. 왜, 영화를 텍스트로 표현하려면 직렬적일 수밖에 없잖아요? 병렬적일 수 없어요. 편집에 따라 순서가 다 정해지니까. 하지만 그걸 한 장의 그림으로 표현한다면, 즉 사각형, 삼각형, 원들을 몇 개 그리고, 화살표도 집어넣고 그러면, 독자가 순서를 달리해 가며 볼 수 있습니다. 자신의 주의 attention를 끄는 순서대로 말이죠. 이후 이것들이 다 종합됐을 때, 비로소 자기만의 메시지로 소화되는 겁니다. 이런 상황에서 군이 소모적인, 쓰잘머리 없는 이론이라든가 현학에 빠질 위험이 큰 텍스트에 집착할 이유가 있을까. 특히 영화 평론은 그렇잖아요. 미학이나 철학으로 해석될 여지가 다분한데, 심플하게 그림으로 그리면 더 직관적으로 와 닿고 좋지 않을까.

이 혁 하지만 예술가나 예술을 접하는 사람들 입장에서 보면 오히려 정형화시켜 놓은 것들이 재미없을 수도 있어요. 예를 들어 초등학교, 중학교 때 시에 밑줄 쳐서 이건 무슨 뜻이라고 적어 놓고 시험 보잖아요? 그게 좋지 않은 교육 방법 중 하나인 것 같아요. 시라는 것은 받아들이는 사람의 느낌과 해석이 다를 수도 있고, 상식적인 언어로 표현하기 힘든 부분을 표현함으로써 매력을 얻는 것인데, 밑줄 긋고 무슨 뜻 이렇게 적어놓는 건 가두어 버리는 거거든요. 그렇기 때문에 예술 작품을 어떤 식으로 정형화해 놓는다는 것은, 작품을 통한 소통이 꼭 필요한 경우라면 모르겠지만 작품을 감상하는 차원에서는 좋지 않은 것 같아요.

이석준 제 말의 맥락을 잘못 이해하신 것 같네요. '론'에 대한 제 문제의식의 요지는 모든 걸 표준적인 프레임워크에 맞추어야 한다는 게 아닙니다. 주체성 있는 평론가라면 자기만의 메시지를 만들어야 하잖아요? 더불어 표현해야 하잖아요? 그런데 그 표현을 텍스트라는 수단에만 국한하는 게 아쉽다는 겁니다. 텍스트 이외의 비주얼 툴로 얼마든지 표현할 수 있다고 생각하거든요. 그러면 이 역시 표현 매체에 있어 다양성을 갖추게 되는 셈이잖아요. 자기의 메시지를 평론이라는 미명하에 무조건 텍스트로만 표현한다는 건 어떻게 보면 일종의 관성이고, 좀 네거티브하게 표현하자면 인습일 수도 있다는 말씀입니다.
자, 그건 그렇고 계속 진행해 보죠. 과학으로 설명된다는 얘기는 논리적이고 객관적 논거를 갖고 설득할 수도 설득될 수도 있다는 뜻인데, 음악을 포함해 예술 하는 분들은 이걸 넘어서서 표현하고 싶은 욕구를 지닌 사람들이라고 말씀하셨잖아요? 이런 욕구는 사람이라면 누구나 다 갖고 태어나는 걸까요? 어떻게 생각하세요?

이 혁 예술 세계는 과학보다는 더 많은 뉘앙스를 표현할 수 있다고 생각하거든요. 과학은 증명이 꼭 필요한 분야이다 보니, 예술이 과학보다 더 넓은 영역을 갖고 있는 것 같아요. 호기심은 과학과 예술적 욕구를 포함해서 인간의 본능 중 하나이기도 하니까 누구나 다 갖고 태어나지만, 능력 차이는 있는 것 같고요.

이석준 비단 예술이 아니더라도 기본적으로 사람들에게는 미지의 영역에 대한 동경 혹은 호기심이 있을 것 같은데……

이 혁 그런 욕구들은 오랜 세월 동안 인간의 잠재의식 속에 숨어 있었기 때문에 누구나 다 느낌으로 알고 있을 것 같아요. 과학 위주의 현대 사회에 살다 보니 자신들이 알고 있는 것들과 감각을 은연중에 무시하게 됐을 수도 있고요. 사람들이 기분 좋다고 할 때 '기氣' 자가 들어가고, 감정이 상했다고 할 때 '감感' 자가 들어가요. 과학적으로 표현하기 힘든 부분에서 나오는 것들을 표현한 거거든요. 예술 분야에서는 그런 것들이 대부분이죠. 예술 분야에서는 과학으로 증명되지 않은 어떤 미지의 세계를 감상할 수 있는데, 그런 부분 때문에 예술에 매력을 느끼는 것 같아요. 하지만 무당 중에도 가짜가 있듯이, 예술가들 중에도 가짜가 많고, 받아들이는 사람들 중에는 가짜가 진짜인 줄 알고 좋아하는 사람들도 있는 것 같아요.

이석준 진짜, 가짜를 구분할 수 있는 기준이 있을까요? 있다면 그 잣대는 뭘까요?

이 혁 그것을 구분하는 객관적인 기준은 없어요. 일반적으로는 많은 사람이 좋아하는 것이 검증된 진짜인 것처럼 얘기하는데, 기업도 그렇고 대중음악도 그렇고 보는 사람이 느끼고 만드는 사람이 알고 이럴 수밖에 없을 것 같아요. 다른 얘기지만 회사에서 어떤 제품을 내놓거나 홍보 방법에 대해 아이디어를 제시해야 할 때, 예술가처럼 미지의 세계에 대한 경험을 통해 도움받는 것도 좋을 것 같아요. 배낭여행을 갔다 온다든지, 명상원에 들어갔다 온다든지 하는 방법으로요. 대기업에 다니는 친구가 그러는데 회사에서 해병대 체험 훈련 같은 것도 간다 하더라고요. 방식을 약간 변형하는 거니까 가능하지 않을까요?

이석준 해병대 훈련은 한때 유행했던 은근과 끈기, 팀워크, 뭐 이런 걸 모토로 하는 거였고, 창의성과는 거리가 멉니다. 기업들도 요즘은 맨날 창의성, 창의성 떠들면서 관련 프로그램들에 대해 깊이 고민하고 있어요. 그러고 보면 사람이 참 재미있는 게, 자기가 평상시에 하고 싶었던 거라 해도 회사에서 시키면 하기 싫어지거든요. 이 변덕이 패턴을 보이면 문제 될 게 없어요. 하지만 어떤 날에는 회사에서 뭐라 그래도 '역시 우리 회사랑 나랑은 코드가 잘 맞아'라며 긍정적 반응을 보이다가도, 다른 어떤 날에는 유사한 지시가 들어와도 '왜 날 컨트롤하려 드는 거야!' 이러면서 삐딱선을 타고.

3. 언제나 그렇듯 말로만

이석준 기업들이 아이디어를 구하는 방법을 보면, 아까 말씀 나눈 대로 문헌에 많이 의존합니다. 특히 우리나라는 문화적 사대주의에 찌들어 있기 때문에 해외 벤치마킹도 꽤 많이 하죠. 그보다 의식이 좀 깨어 있거나 그것만으로 불안하다고 생각하는 기업들은 현장 체험도 합니다만, 이 또한 문제가 없진 않아요. 왜냐? 현장 체험을 자기들이 직접 하지 않고 대행업체에 시키거든요. 이렇게 해서는 현장 체험이 현장 체험이 될 수 없습니다. 대행업체들이 현장 조사를 꼼꼼하게 제아무리 잘한다고 해도 그것을 보고서화해 넘겨주기 때문에 텍스트로만 접하게 되거든요. 즉, 갑질하는 사람들에게는 현장감이 죄다 상실됩니다. 대행해주는 친구들에게도 문제가 있기는 매한가지예요. 이들이 현장 탐사에 조예가 깊다고 한다면 나름의 진보된 고유 툴을 갖고 있어야 하잖아요. 그런데 인터뷰니 서베이니 하는 남루해진 툴이나 방법론만 고수하기 때문에, 고객이나 잠재 고객의 인사이트를 제대로 캐치하지 못해요. 여하간 기업들은 생생함이 모두 사그라진 채 오로지 문자나 도식의 형태로 재구성된 현장만을 접하게 되니 감이 떨어지고, 또 인터뷰한 내용도 맨날 그렇고 그런 것들만 반복에 반복을 거듭하기에 별로 얻을 게 없습니다. 이러니 그런 걸 바탕으로 하는 브레인스토밍이 무슨 의미가 있겠어요? 그 자리에 가보면 가관입니다. 리더 역할을 하는 직급 높은 양반은 지시와 문제 제기만 해댑니다. 반면 직급이 낮으면 낮을수록 말 꺼내기가 부담스러워져요. '괜히 얘기 꺼냈다가 욕 먹으면 어떡하지?' 그러다가 '에이, 모르겠다. 한번 얘기 해보자' 하고 용기를 내 발언하면, 고참 직원이 그 즉시 반응을 보입니다. '야 너 이 업계에 얼마나 있었어?' 갈굼 모드로 들어가죠. 그러면 그 젊은 친구는 아무 말도 못하고, 나이 많은 사람끼리만 계속 이야기를 주고받는데, 귀 기울여 들어 보면 과거의 무용담, 경험담 이런 것들만 나와요. 그러다가 급기야는 10년도 더 된 이야기들만 계속 맴돌며 진동합니다. 13년 전에 작게 성공했던 것, 그 사례 하나만 갖고 계속 떠들고, '우리는 올해를 시작점으로 해서 3년 이내에 무얼 만들어내야 할까?' 이런 걸 고민해야 하건만, 지난 10년 전 얘기만 주야장천하고 있어요. 그러면 그 회의를 주관했던 리더는 한숨 좀 쉬다가 '10분간 휴식!'이라고 외칩니다. 화이트보드에 무언가 끄적거리긴 하는데 맨날 그 얘기가 그 얘기예요. 때로는 비싼 돈 주고 데려온 컨설턴트를 중심으로 여러 가지 접근들에 대해 고민하기도 합니다. '창의적인 아이디어가 나오기 위해서는 사고의 다이버전트divergent, 즉 발산이 있어야 한다. 일단 개소리고 헛소리고 다 토해 내라.' 그런데 무작정 발산만 시키면 정리가 안 되잖아요? 그래서 브레인스토밍의 첫 번째 세션이 사고의 발산을 위함이라면, 그다음 세션에서는 그것들을 수렴시키는 시도를 합니다. 발산된 아이디어 중에서 그럴싸한 것들을 묶어 일반화하는 거죠. 이렇게 발산시키고 수렴시키는 사이클을 몇 차례 돌리며 되풀이하다 보면 뭔가 형상화되지 않을까라는 기대감에 말입니다. 대충 들어 보면 쓸 만한 접근으로 와 닿을 수 있어요. 하지만 그걸 막상 현장에 적용하면 개판 됩니다. 왜냐? 접근 따로, 사람 따로이기 때문이에요. 즉 접근 방법이 제아무리 훌륭해도 참여하는 사람 자체가 처지면 성과가 잘 나올 수 없거든요. 요즘 산업계에서도 그렇고, 학계에서도 그렇고, 융·복합, 학제 얘기들을 엄청 많이 한다고 말씀드렸잖아요? 그럼에도 불구하고 그럴싸한 아웃풋을 만들어 내지 못하고 있는데 바로 이런 면과 연계됩니다. 몇몇 교수들과 얘기해 봐도 알 수 있겠더라고요. 자기 분야밖에 몰라요. 더 충격적인 것은 타 분야에 대한 지식은커녕 호기심조차 없어요. 학제를 표방하는 프로그램을 담당하면서도 말입니다. 정부에서 창조, 융·복합 등을 떠들면서 어떠 어떠한 과제를 연구하는 대학에게 펀딩해 주겠다고 하자 모 대학에서도 꽤 큰 TFTTask Force Team가 구성됐어요. 여러 학과의 교수들도 다수 참여하고, 교수가 여러 명이면 그 밑에 딸린 석·박사 학생들도 엄청 많을 것 아닙니까? 그런데 그렇게 '탑-다운' 식으로 조직화해서 프로젝트를 진행시킨 게 잘 됐을까요? 당연히 그러지 못했습니다. 그러니까 납기가 다가오면 고육지책으로 무가치한 걸 만들어 내는 거죠. 그렇다면 유의미한 아이디어는 어떻게 나올 수 있느냐? 이런 경우 같습니다. 가령, 한 철학과 교수가 세 시간짜리 강의를 하던 도중 쉬는 시간을 틈타 밖에 나와 담배를 피우고 있어요. 저쪽에서 물리학과 교수가 다가오고 있네요. 이 친구도 강의하다가 음료수 한 캔 하려고 잠시 나왔나 봅니다. '아무개 교수님, 잘 지내셨어요? 전공이 다르다 보니 좀처럼 만날 기회가 없네요.' 이러면서 이 얘기 저 얘기 나눕니다. 그러다가 철학과 교수가 누런 침을 뱉으며 한마디 꺼냅니다. 담배 피우는 사람들은 왜 이렇게 침을 유비쿼터스하게 뱉는 건지? 암튼……. '요즘 저 이런 거 고민하는데 이런 측면에서 좀 답답해요.' 그러자 물리학과 교수도 한마디 하죠. '앗, 저도 비슷한 고민하고 있는데, 전 그걸 이런 식으로 해 봤는데……' 쉬는 시간이 다 끝나가는 데도 들어갈 생각은 않고 열띤 토론을 이어갑니다. 같은 시각, 두 강의실 안에서는, 초등학생 못지않은 대학생들이 교수 없다고 잠을 자거나 떠들며 난리 치고 있습니다. 요컨대 학교에서 연구비 등 조직적 지원을 해주지 않더라도 교수들끼리 호기심이 발동하고, 관심 분야에 대한 궁합이 잘 맞으면 '바텀-업'으로 쭉쭉 올라가게 됩니다. 자발적으로 말이에요. 이게 상당히 중요한 겁니다. 자발성 혹은 자의성, 순수성, 그리고 진정성. 이것들이 있으면 자연스레 모티베이션되다 보니 옆에서 뭐라 떠들건 간에 어느 정도 추진이 됩니다. 바로 이런 걸 찾아 서포팅해 줘야지요. 그러면 탄력이 붙잖아요. 트렌드가 어떻건, 정부의 정책이 어떻건, 스스로 알아서 잘 돌아가는 것들을 잘 찾아내는 게 중요합니다. 이 대목에서도 딜레탕트, 오타쿠 내음이 풍기지 않나요? (웃음)

이 혁　저번에 말씀하셨잖아요? 업무 시간에 놀아도 되는 회사 제니퍼소프트. 사실은 일반 회사 업무도 그렇고 음악도 그렇고 중요한 결정이 술자리에서 이루어지는 경우가 많아요. 골프장도 그렇고요. 놀이 문화종류가 너무 없기 때문에 선택의 폭이 좁거든요. 술이나 골프를 즐기지 않는 사람들도 많으니까요. 이런 면에서 즐길 수 있는 종류가 더 다양해져야 할 것 같아요. 그리고 아이디어가 떠오를 때 효과적으로 저장할 수 있는 방법이 필요할 것 같아요. 방금 예로 드신 교수님 두 분이 담배 피우실 때 어떤 얘기가 나왔다 한다면 그것을 저장하고 실행하는 후속 행동이 뒤따라야 해요. '제 연구실로 가서 얘기를 좀 더 합시다'라고 했을 때부터가 시작되는 거죠. 대개 '좋은 생각인데 언제 한번 날 잡아서 얘기해 봅시다'에서 끝나는 경우가 많아요.

이석준 맞아요. 생각났을 때 즉시 실천하지 않으면 아이디어도 그렇고 의욕도 그렇고 순식간에 휘발돼버리고 말죠.

이 혁 그리고 연주의 맥락에 있어 자유롭게 쉬는 시간은 연주 중 나오는 쉼표라고 할 수 있는데요. 연주와 쉼 둘 다 중요하지만 굳이 하나를 고른다면 쉼표가 있는 부분, 즉 연주를 안 하는 순간이 더 중요해요. 그 순간은 단지 쉬는 게 아니라 공백을 에너지로 꽉 채우는 것이거든요.

이석준 지금 말씀하신 내용을 전반적으로도 공감하는 게, 우리가 일을 하는 이유는 무언가 짜릿한 걸 만들어 내기 위함이라고 볼 수 있잖아요? 누군가 그것을 이용하며 쾌락을 느끼기 위함이고, 창작자 관점에서 보자면 창작 과정에서 좌충우돌하는 쾌락은 물론 사람들이 그 결과물을 만끽하는 것을 보고 뿌듯함과 자긍심을 느끼기 위함이에요. 결국 양쪽 다 즐김을 통해 공히 행복해질 수 있는 포인트를 추구하는 건데, 그런 합목적적 결과가 나오기 위해서는 심각하게 고민하는 것과 땡까땡까 노는 게 적절히 섞여야 한다는 말씀으로 와 닿습니다. 그렇다면 여기서 시스템 문제를 거론하지 않을 수 없는 게, 모든 것을 시스템화, 체계화하는 그 자체에만 신경 쓰다 보니 정작 이러한 추구 포인트는 망각하게 된다는.

이 혁 요리로 치면 즐거움과 짜릿함이 재료로 들어가 있어야 한다는 것인데……. 회사에서 열심히 일하는 모습을 보여야 바람직한 것 같지만 여백을 두어서 보다 창조적인 아이디어를 낼 수 있는 시간을 갖는 게 더 중요한 것 같아요. 그런데 요즘 회사 같은 경우는 월차도 있고 주 20시간 연장근무제도 지켜야 하지 않나요? 마음만 먹으면 즐길 수 있는 시간은 충분히 많다고 얘기할 수 있을 것 같은데.

이석준 대외적으로는 그렇게 보여질 수 있지만 실상은 그렇지 않아요. 웬만한 대기업이면 연·월차, 여름 휴가 등을 포함해서 총 휴가 일수가 약 15~20일 정도 되는데, 대다수 사람들이 그걸 다 못써요. 하지만 회사 그룹웨어에는 다 소진한 걸로 나오죠. 회사에서 그렇게 입력하라고 암묵적으로 시키기 때문입니다. 안 그러면 돈으로 보상해야 하고, 그러다 보면 수익성에 영향을 미치니까요. 컨설팅의 경우는 '가동률'이라는 지표를 중시하거든요. 용어 자체에서 느껴지듯 사람을 비인간화, 자원화시킨 표현이에요. 가령 가동률이 60%라면 워킹working 데이의 60% 동안 프로젝트에 투입됐고 나머지 40%는 놀았다는 의미입니다. 사실 놀았다는 것도 논 게 아니죠. 프로젝트에 투입되지 않았다뿐이지, 제안서를 썼건 리서치를 했건 대부분의 시간은 사무실에서 무언가 하며 보냅니다. 여하튼 컨설팅 도메인도 점차 획일화되다 보니 브랜드를 제외하고는 업체 간 차별화가 많이 희석됐어요. 당연히 가격 경쟁이 심해졌고, 그 결과 저가 수주 게임을 벌이고 있습니다. 그 와중에 대부분의 펌들이 마치 선심 쓰는 양 컨설턴트들을 필요 이상으로 마구 투입하죠. 회사의 가동률 관리 시스템에는 5명만 투입한 것으로 나와도 실제로는 8명 투입했다든가, 또 투입한 8명의 면면을 보면 핵심 인력 1~2명을 제외하고는, 프로젝트 성격에 부합하는 친구들이 들어간 게 아니에요. 회사에서 좀 걸리적거리는 친구들이 들어간 겁니다. 본사에서 조용히 앉아 눈치 보고 있는 친구들이 있으면 담당 파트너가 아무 데나 막 박아 버리거든요. 그런데 이런 식으로 개나 소나 다 투입시키면 프로젝트를 리딩하고 관리하는 PM은 여러모로 골치 아플 수밖에 없습니다. 역량 안 되는 친구 개인 교습도 해야지, 투입 인력이 계획보다 많아지면 그만큼 경비가 많이 나갈 거 아니에요? 저가 수주라 기본적으로 컨설팅 피fee가 적은 반면 인력은 초과 투입됐으니 수익성은 악화되고, 게다가 서툰 친구들이 대다수라 산출물의 질도 떨어지고, 덩달아 고객의 신뢰도도 떨어지고, 애들은 애들대로 날밤 까며 고생하고, 아…….

이　혁　관리 시스템이 너무 허술해서 실직적인 효과를 기대하기 힘들겠네요.

이석준　누누이 말씀드리지만 컨설팅을 해온 지난 시절을 회상해 보면, 스펙은 화려해도 일 못하는 친구들이 꽤 많아요. 창의력이야 본디 컨설턴트의 역량과는 먼 이야기니 그렇다 쳐도 논리력도 떨어지는 경우가 허다하거든요. 물론 모든 분야가 다 그렇듯 평균적 기운이 암울하다 해도 우수한 사람들이 아주 없는 건 아니에요. 하지만 우리 동네의 희망인 그 우수한 사람들 중 대다수도 기업의 고질적 문제를 해결함으로써 직접 느끼게 되는 짜릿함보다는 더 많은 연봉과 더 높은 직책, 대기업 임원으로의 스카우트, 그리고 그로 인해 형성될 수 있는 사회적 평판, 명성, 위신, 권력, 이런 데에 혈안돼 있어요. 그러니까 우리가 늘 얘기하는 진정성과는 꽤 큰 괴리가 있는 셈이죠. 산출물도 사회적으로, 아니 솔직히 그건 언감생심이고, 전사적으로 유의미하게 나오지 않습니다. 프로젝트의 발주자인 고객사 임원, 그 양반의 생각과 입맛을 벗어나지 못해요. 컨설턴트끼리는 '대서방'이라고 자조하는데요, 그저 코드 맞춰가며 그 양반의 말씀을 적어 줄 뿐입니다. 물론 '쌩얼'은 곤란하니까, 너무 티 나지 않게 군데군데 '뽀샵질'을 해요. 좀더 있어 보이게, 좀 더 어필할 수 있게끔. 그리고 클라이언트의 창의성과 수준 자체가 그리 높지 않은 판국에 전적으로 그의 의견을 따라 준다면, 그 아웃풋이 어떻게 나올지 명약관화하겠죠? 이렇듯 전체적인 사명감은 없고 개인적인 욕심, 소위 출세욕만 있을 뿐입니다. 존 스튜어트 밀이 자신의 대표작 『자유론』을 통해 이런 주장을 했어요.

'자유는 무조건 지켜주어야 한다. 타인에게 해를 끼치지 않는다는 전제하에서.' 그리고 이에 앞서 자유에 대한 정의를 내렸죠. '내가 원하는 바를 행동으로 옮기는 것.' 이 말을 빌려 설명하자면 일부의 뛰어난 컨설턴트들은 자기 자신이 판단하는 바대로 산출물을 내는 사람이 아니에요. 그저 돈 주는 클라이언트가 원하는 대로 산출물을 만들어 주는 사람에 불과합니다. 뭐, 클라이언트가 마치 신처럼 전지전능하다든가, 아니면 강력한 사명감과 주인의식, 도덕성으로 똘똘 뭉쳐 있다면 상관없어요. 하지만 이 양반 역시 자기 상사가 출근하지 않는 날은 어린이날이라고 여기는 그저 그런 어린아이일 뿐입니다. 오로지 돈과 CEO 자리라는 초콜릿에만 집착하는. 이러한 연관 관계가 자연스레 형성돼 있다 보니 이쪽으로 기여하는 것도 한계가 있을 수밖에요. 제아무리 소신 있고 우수한 컨설턴트였다 해도, 이런 경험이 5년, 10년 지속되다 보면 핵심 역량이 완전히 그쪽으로 쏠리게 됩니다. 즉, 섬씽 뉴 창출에 도전하겠다는 열망은 행방불명되고, 창의성이야 뭐 누구이 말했듯 원래 없었고, 반면 커뮤니케이션 스킬만큼은 아주 화려해지죠. 프리젠테이션, 쇼잉, 죄다 훌륭해져요. 문제는 바로 그겁니다. 사회 전반에 대한 쾌락이라든가 개인의 자긍심이라는 측면에서 본다면 모순도 이런 모순이 없어요.

이　혁　그럼 현재 우리나라 시스템 안에서는 개선될 여지가 없어 보인다는 말씀이죠?

이석준　이게 뿌리부터 건드려야 할 사안이라서 무척 힘들 것 같아요. 관련될 만한 예 하나 들어 보겠습니다. 얼마 전, 제가 잘 아는 교수님이 모 그룹 계열사의 CEO로 재직하고 있는 부회장을 만나셨어요. 만나기 며칠 전에 제게 급히 연락하셨더라고요. '소통, 혁신, 안전 경영이라는 키워드로 모 그룹 아무개 부회장과 논의하기로 했는데 좋은 아이디어 좀 없니?'라는 질문을 담아 말입니다. 순간 제 뇌리를 스친 생각은, '안전'이란 말은 세월호 사건이 터지면서 국가적 화두가 돼버렸잖아요? 따라서 어떻게 보면 이건 트렌디한 토픽이라고 볼 수 있어요. '혁신'도 마찬가지예요. 몇 년 전부터 지금까지 계속 키워드로 자리매김한 채, 어느 보고서를 보거나 회의 자리에 가도 항상 빠지지 않는 주제입니다. 경영 혁신, 프로세스 혁신, 가치 혁신, 혁신 학교 등등, 귀가 따가울 정도죠. '소통'도 인문학 득세와 더불어 함께 부각됐으니 역시나 말할 나위가 없습니다. 그래서 교수님께 이렇게 제언 드렸죠. '그 세 가지 주제어들을 보니 한 가지 뿌리로부터 비롯된 것 같다. 바로 주체성이다.' 본인이 발 담근 업의 특성상, 사건, 사고가 터지면 그 여파가 클 수밖에 없기에 상시 안전에 만전을 기해야 한다는 철학을 갖고 있던 건지 아니면 유행어가 됐기에 관심을 갖게 된 건지, 주체성 유무의 문제로 볼 수 있습니다. 마찬가지로 혁신도 수년 전부터 여기저기서 계속 듣다 보니 은연 중에 고민하게 된 건지 아니면 사회적 쾌락 파이를 확장한다든가 혹은 그룹의 성과를 제고하기 위해 고민하는 건지, 주체성 유무의 문제로 볼 수 있어요. 마지막으로 소통. 소통 이야기를 꺼내면 다들 이럽니다. 부회장이란 직급을 전제로 한다면, 자기 밑에 사장도 있고 부사장도 있고, 전무, 상무 등 여러 임직원들이 있을 거잖아요? 그렇다면 주된 관심이 '이 부하들을 어떻게 잘 다독이고 구슬려서 내게 편히 이야기할 수 있도록 분위기를 조성할 것인가?' 즉, 아래로의 소통에만 쏠립니다. 저는 반대 방향의 이야기를 꺼낸 거예요. 직급만 따지자면 그분 위에는 그룹 총수인 회장만 있거든요. '당신이 과연 회장과 제대로 소통하고 있는가? 당신만의 메시지가 있어, 소위 오너에게 제대로 된 제언을 할 수 있는가?' 보시다시피 이 역시 주체성의 문제로 귀결됩니다. 여하튼 이렇게 침 튀기며 열변을 토했건만 미팅 하고 돌아오셔서는, '첫 만남이었기에 그런 질문들은 할 수 없었다'라고 하시더라고요. (웃음)

이　혁　하하하.

이석준　두 번째 대담 말미에 이런 이야기를 했었잖아요? '진정한 혁신 서비스가 나오기 위해서는 회사의 실질적 주인이라고 할 수 있는 사람이 미쳐야 한다.' 그런 양반이 그 일에 미쳐서 고민도 가장 많이 하고 '나를 따르라'라고 외쳐야지, 가끔씩 나타나서는 '이 분야 한 번 해보소' 이렇게 벙벙하게 숙제나 던져 주면 아무런 의미도 없다고 말이에요. 바로 이 같은 맥락에서 제언을 드렸던 셈이죠.

이　혁　대표나 임원진들의 생각이 갑자기 바뀌지 않는 이상 힘들겠네요.

이석준　하지만 아무리 급하다 해도 허겁지겁 푸시하는 '탑-다운' 방식으로 하면 안 될 거예요. 아까 말했듯 교수들이 우연히 함께 담배를 피우다가 필 받는 경우는 진도가 나갈 수 있지만, 'A부서, B부서, C부서 모여! 힘을 합해 이 문제 한 번 해결해 봐!' 이런 식으로 몰아붙이면 십중팔구 '이런, 된장', 이렇게 돼 버리죠. 역시나 관련된 좋은 예가 하나 있습니다. 2008년 초, 모 그룹의 SI(System Integration) 업체와 통신사가 거대한 협업 프로젝트를 진행한 적이 있어요. 예전에는 '통신=전화'였다가 스마트폰이 대중화되면서 통신이 곧 IT의 집결지가 돼버렸잖아요? 망 장사만 하던 통신업체가, 이제는 망을 기반으로 커넥티드, 즉 늘 연결된 IT 서비스를 제공하는 회사로 리포지션했습니다. 그런데 통신사를 머금고 있는 LG, SK를 보면 SI 계열사들 또한 거느리고 있어요. 들어 보셨을 거예요. LG CNS니 SK C&C니 하는 업체들 말입니다. 이들은 IT를 키워드로 하는 온갖 잡다한 일들을 다 합니다. 따라서 통신과 SI가 공히 성장을 모색하다 보면 언젠가는 만나게 돼 있어요. 여하튼 이런 상황에서 모 통신사 CEO가 같은 그룹의 SI 업체 CEO에게 제안을 했어요. '우리 회사나 너네 회사나 모두 IT 서비스를 다룬다. 그렇다면 지금처럼 따로따로 놀지 말고 협업해서 시너지 좀 내보는 게 좋지 않겠니? (회장님께 칭찬도 받을 수 있고 말이야.)' 양사 CEO끼리 만났습니다. 그래서 아주 큰 협업 프로젝트를 추진하다…… 결국엔 뭐, 나가리 됐죠. 처음에 CEO들끼리 다짐하고 나서는 TFT에 사람들을 막 찍어 넣었어요. '야, 아무개 상무들어가고 아무개 부장도 들어가!' TFT 멤버로 지정된 사람들이 하나같이 이러는 겁니다. '아, 똥 밟았다. 이거 아웃풋이 뭐가 될지도 모르는 건데, 벤치마킹할 데도 없는데, 괜히 욕만 왕창 먹는 거 아냐?' 제대로 시작도 안 했건만 패배주의적 기운이 감돌았지요. 그리고 그 통신사와 SI 업체 간에는 전통적인 갑, 을 관계가 형성돼 있었습니다. 후자가 전자의 각종 IT 시스템을 구축, 운영해주면서 먹고 사는 구조라서, 전자는 갑, 후자는 을이었어요. 그러니까 통신사는 SI 업체를 동등한 협업 파트너로 보지 않고 자기의 영원한 '을놈'으로 간주했고, 반면 SI 업체는 맨날 험담하면서도 통신사를 '갑님'으로 생각한겁니다. 그래서 본격 협업에 앞서 SI 업체 내부적으로 프로젝트를 준비할 때 이런 갈등이 발생했어요. '당연히 그들이 요구하는 대로 해줘야 해' 이런 주장이 대세였는데, 극소수가 두 가지 이유를 들며 반대했죠. '이번엔 기존과는 차원이 다르다. 먼저, 이번 건은 통신사 CEO가 아쉬워 우리 CEO에게 요청한 거다. 따라서 전형적인 프로젝트의 갑을 관계 맥락에서 일해서는 안 된다. 둘째, 맨날 망만 만지작거리다가 뒤늦게 IT에 기웃거리는 놈들이 뭘 안다고 요구하겠냐? IT란 키워드로 보자면 경험도 일천하고, 우리보다 역량이 한참 떨어지는 것들이다. 거기에 B2B까지 고려한다면 말할 나위도 없다. 이번엔 우리 주도로 자신감 있게 밀어붙여야 한다.' 하지만 이건 소수 의견인 고로 역시나 묵살됐고, 통신사는 여전히 갑인 양 SI 업체 위에서 군림하려 들었습니다. 습관이란 게 참 무섭더군요. 회의할 때도 팔짱 끼고 뻐 딱한 자세로 앉은 채, '그래, 뭘 고민해 왔는지 어디 한 번 들어 봅시 다. 말씀해 보소' 이러니 말이죠. 이런 구도하에 아웃풋이 수차례 왔 다 갔다 하는데, 그 중간 산출물을 보면 정말 수준 이하였어요. 제가 상세히 들여다봤기에 아직도 기억이 생생한데, 바로 여기에 우리가 논의하는 문제들이 응축돼 있습니다. 먼저, PM 역할을 맡은 임원들 이나 프로젝트 스폰서 역할을 하는 CEO들이나 다들 아무 생각이 없 어요. 언제나 그렇듯 푸시$_{push}$나 하고 보고만 받으려 듭니다. 그렇다 면 그 아래 사람들은 어떻게 접근하느냐? '요즘 이런 기술이 뜬다더 라' 싶으면 그냥 어디서 긁어와요. 이후 '이걸 갖고 뭘 할 수 있을까?' 아이디어를 내려 끙끙거립니다. 그러는 와중에 '해외 사례에 이런 게 있네? 그런데 새로운 시도라 수익을 낼 수 있을지 잘 모르겠어. 그래 도 이 기술하고 저 비즈니스 모델하고 대충 연결은 되는 것 같으니 이 거 중심으로 정리하자' 이런 식으로 돌아갑니다. 사실 이 프로젝트에 서는 통신사 역시 SI 업체와 동등한 자격으로 임한 만큼, 함께 모여 브레인스토밍도 하고 발전적인 아이디어도 짜내고 그래야 하는데 전 혀 그러지 않았습니다. SI 업체가 아이디어를 제시하면, 자기들은 고 민한 게 하나도 없으면서 '이건 이래서 안 되고 저건 저래서 안 되고' 이렇게 갑질하기에 바빴습니다. 그러다가 외줄 타기처럼 위태로웠던 이 프로젝트가 어떻게 파국을 맞이했는가 하면, 그래도 몇 개월간 진 행하다 보니 정리는 되더군요. 메시지가 주옥 같건, 거지 깡깡이 같건 여하튼 정리는 됐기에, 양 사의 CEO, 임원진들이 한자리에 모였습니 다. 서로 간에 영혼 없는 인사를 나누고 나서 SI 업체의 전문위원이

프리젠테이션을 시작했죠. 그러자 얼마 안 돼 통신사 사장이 한숨을 내쉬면서 자신의 좌우에 앉은 상무 두 명에게 교대로 질문했어요. '저게 말이 되는 소린가?', 그러자 '말은 되지만, 이미 다 알고 있는 진부한 내용이다' 양쪽에서 이렇게 대답했습니다. 기다렸다는 듯 통신사 사장이 SI 업체 사장에게 호통을 쳤어요. '봐라. 당신네는 이게 문제다. 예전부터 뭐 해오라고 하면 진부한 것들만 갖고 오니 우리가 어떻게 신뢰할 수 있겠나?' 그러자 SI 업체 사장이 속된 말로 빡친 겁니다. 테이블을 박차고 일어나 '우리도 당신들이 가치를 못 느낀다면 같이 일할 생각 없다.' 그러고는 회의장 밖으로 나가 버렸어요. 이제 SI 업체 진영은 부사장과 상무 몇 명, 그리고 전문 위원만 남은 겁니다. 어떻게 됐겠어요? 통신사 진영엔 여전히 사장이 남아 있었으니 더 심하게 깨지기 시작했죠. 아무튼 협업 구도 자체도 해괴망측했을뿐더러 이런 식으로 '회장님께' 대충 쇼잉만 하다 허무하게 끝나 버렸습니다. 이 사례에서 우리가 주목해야 할 포인트는 최고 권력자가 직접 리딩해야 한다는 것과 푸시 식의 협업은 무의미하다는 것 외에도, 기본적으로 협업할 만한 역량을 갖고 있어야 한다는 것, 그리고 갑을 관계 같은 관성과 문화, 인습, 이런 것들 때문에 협업을 그르치는 경우가 허다하다는 거예요. 고자세는 늘 고자세, 저자세는 늘 저자세. 진정성은 말할 나위도 없고요.

이 혁 해낼 수 있는 사람이 있더라도 실력 발휘를 못 하겠네요.

이석준 그렇죠. 아까 말했듯 그 SI 업체에 100명이 있다고 가정하면, 대개 1~2명 정도의 사람만 소신 발언을 하거든요. '이번 프로젝트는 통신사가 아쉬워 제안한 것이니만큼 어깨 펴고 임해야 한다.' 그러나 이

1~2명도 상황 판단에 대한 소신은 갖고 있지만, 그들이 투입됐다고 해서 늘 대박 아웃풋이 나올 거라는 보장은 없어요. 눈치채셨겠지만 사실 제가 그 극소수 중 한 명이었는데, (웃음) 여하튼 잘 알지도 못하고, 실력도 없고, 같이 부딪치면 기존 관계라는 게 고착돼 있어 그걸 깨는 설득 작업이 쉽지 않습니다. 논리만으로 해결할 수 있는 게 아니니까요. 이 사례가 먼 훗날 사내에 회자된다면 아마 이런 상황이 벌어질 겁니다. 사실 프로젝트가 망해도, 직후 그 근본 원인을 잘 캐치-업한다면 그나마 개선의 가능성이 있는 겁니다. '프로젝트 테마 자체에 문제가 있었던 게 아니라 우리의 운영에 있어 이러 저러한 문제가 발생했던 만큼, 향후 유사 프로젝트를 수행할 때는 운영 측면에 있어 이렇게 저렇게 개선해서 성공 가능성을 높이자' 이렇게 준비할 수 있어요. 하지만 문제가 발발하면 그런 고민과 시도는 전혀 하지 않고 오로지 욕을 덜 먹고자 대충 수습만 하려 들기 때문에 십중팔구 이런 일이 벌어질 겁니다. '예전에 그런 거 한 번 하긴 했어. 근데 망했거든? 그러니까 우린 이런 거 하면 안 돼. 때려죽여도 절대로 다시 해서는 안 된다고. 그러니 다시는 입 밖으로 꺼내지 마!'

이 혁 처음부터 세팅을 잘하고 시작했어야 했는데…….

이석준 맞아요. 세팅을 제대로 해야 합니다. 세팅이라는 게 그렇잖아요. 보통 어떤 과업을 하게 되면 과업을 하는 순간$_{on}$과 과업 전$_{pre}$ 준비 철저, 이렇게들 생각하는데, 사실 과업 이후$_{post}$도 꽤 중요합니다. 과업이 성공했나? 그렇다면 왜? 실패했나? 그렇다면 왜? 이렇게 pre-on-post 관점에서 잘 헤아려야 해요.

4. 그 리어왕도 광대를 끼고 있었다

이 혁　옛날 유럽 왕실에는 바보가 있었대요. 눈에 보이는 대로 말하고 정치적 상황을 생각하지 않고 솔직했기 때문에 곁에 두었다는군요. 다른 경우지만 예술가를 회사 내에 있게 하는 효과도 이와 비슷할 것 같아요. 직원의 역할을 수행하는 게 아니라 뇌를 환기시키고 새로운 아이템과 창작 욕구가 발현될 수 있도록, 주변에 에너지를 줄 수 있을 것 같아요.

이석준　구체적 'how-to?'가 수반돼야 하겠지만 저 역시 바람직하고 재미있는 시도라고 생각합니다. 어떻게 보면 CSR을 실천하는 한 예가 될 수도 있거든요. 말씀하신 바를 예술가 몇몇에게 적용한다면, 작게는 일종의 금전적, 공간적 후원이 됩니다. 회사 안에 예술가의 창작실을 마련해 주는 거니까요. 그것도 무료로 말이에요. 사람들은 오가면서 그녀들과 커뮤니케이션할 수도 있고, 그녀들의 창작 활동을 무심코 구경할 수도 있겠지요. 또한 어떤 정책이든지 새로운 것을 적용할 때는 과도기가 존재하듯 시행 초기에는 '저것들은 대체 뭐 하는 쩌리들인데 저리 놀고 앉아 있냐?'는 시각도 팽배할 겁니다. 자신의 업무가 빡세다고 생각하는 사람들은 불만을 더 가질 수 있겠죠. 그런데 그건 필수불가결한 통과의례인 거고, 흔들림 없이 뚝심 있게 추진한다면 그 창작의 기운과 에너지가 회사 전반의 문화나 무드로 확산될 수 있고, 그들의 창작물은 기업의 서비스로 거듭날 수 있어요. 어디 그뿐이겠어요? 그 창작물이 아무런 추가 가공 없이 있는 그대로 사회에 직접 노출될 수도 있습니다. 그렇다면 서비스 레벨을 넘어 사회의 전반적인 문화, 쾌락의 확장에 기여할 수 있고, 동시에 기업 후원으로 나온 산실인 만큼 자연스레 기업의 사회적 책임을 실현한 셈이 됩니다. 당연히 기업 브랜드 이미지 제고에도 도움 되겠죠.

이 혁 존재만으로도 회사에 도움 될 것 같고, 예술가 입장에서도 보다 좋은 작품을 만들 수 있을 것 같아요. 순수 예술가 입장에서는 장소 제공만 으로도 고마울 수 있거든요. 이건 정책이라기보다는 가볍게 예술 지원이라는 명목하에 진행해도 좋을 것 같아요. 실제로는 큰 일이지만 다른 사람들이 받아들이기 쉽게요.

이석준 조금 전에 유럽 왕실 말씀하신 거요, 그 얘길 듣는 순간 셰익스피어의 『리어왕』이 떠올랐어요. 그 책을 보면 계속 왕을 쫓아다니면서 아리송한 이야기만 해대는 광대가 나오거든요. 왕으로부터 나름 존중을 받는. 그리고 좀 더 생각해보면 우리가 여러 차례 이야기 나누었던 니체의 '사람 층위 구분' 있잖아요? 낙타 같은, 사자 같은, 어린애 같은. 이중 '어린애 같은'과도 연결됩니다. 천진난만하고, 즉흥적이고, 직설적이고, 뒤끝 없고, 창의적이고, 존재적 세계와 인식적 세계가 뒤섞인 이야기를 해대고.

이 혁 그런 사람이 아이디어가 많을 수 있어요. 전부 좋은 아이디어가 아니더라도 이런저런 상상을 얘기하다 보면 현실성 있는 것도 많을 것이고, 그것을 오너나 CEO가 듣고 실행했을 때 좋은 결과가 나올 수 있지요. 그러한 역할을 예술가가 해 준다면 많은 부분에 있어 도움이 될 거예요. 사회적 기업이 문화적으로 풍성해지면 굉장히 많은 사람이 영향을 받을 수 있다는 거죠. 하지만 예술가를 예술 활동에 전념하게 놔둬야지, 회사 입장에서 아이디어를 요구해서는 안 돼요. 그렇기 때문에 겉으로는 예술 지원이라고 하자는 거죠. 회사 건물 안에 좋은 그림을 걸어 놓거나 멋진 음악을 틀어 놓는다는 마음으로요.

이석준 맞습니다. 그냥 놔둬야죠. '가이아 이론'으로 유명한 제임스 러블록이라는 영국의 과학자도 어찌 보면 이와 궤를 같이하는 이야기를 한 겁니다. '국가 과학 예산의 1%를 약간 이상한 사람들에게 주시오. 그리고 이래라저래라 간섭하지 말고 알아서 하게끔 내버려 두시오. 그러면 뭔가 가치 있는 것이 나오리라.' 저 역시 '약간 이상한 사람들'이라는 키워드에 대해 동의합니다. 더불어 그 양반이 이야기한 시점에서의 영국 과학 예산의 1%가 정확히 어느 정도인지는 몰라도 아무튼 막대한 규모일 것 같으니 이 역시 동의합니다. 하지만 '약간 이상한 사람들'의 범위를 과학자로만 한정 지어서는 혁신적인 게 나오기 어렵다고 생각해요. 예술가는 물론, 저같이 이것저것 뒤섞여 지금의 잣대로는 정체성이 모호한 학제적 딜레탕트 또한 포함시켜야 한다고 강력히 주장하는 바입니다. (웃음)

5. 오너가 미치자 섬씽 뉴가 싹텄다

이석준 지난주에 모 핀테크 업체 사장과 점심을 했는데, 이런 이야기를 하더군요. '2008년부터 너무너무 하고 싶었던 서비스가 있는데, 그것에 대해 이야기를 나누고 싶다.' 사람들이 모바일 교통 카드로 대중교통도 이용하고, 편의점도 이용하고 그러면 특정 사람이 언제 어디를 돌아다녔는지에 대한 데이터가 자연스레 쌓이잖아요? 일종의 개인 동선 데이터라 할 수 있는데, 이 데이터가 형성하는 무작위 패턴으로 비주얼 아트를 하고 싶다는 게 골자였죠. 최근에 이 바람을 몇몇 지인들에게 이야기했답니다. 그랬더니 십중팔구는 부정적 피드백을 주었다네요. 이유는 이랬습니다. 첫째는 데이터 소유, 접근, 활용 권한에 관한 것이고, 둘째는 수익 모델에 관한 거였어요. 그런데 저는 다른 분들과 달리 그 아이디어가 단번에 와 닿았습니다. 그래서 즉흥적으로 떠오른 두 가지 긍정적 코멘트와 한 가지 유의 사항으로 답해주었지요. 누누이 말씀드렸듯 '어떤 회사가 혁신적인 서비스를 제공하기 위해서는 해당 조직에서 가장 큰 책임과 권한을 갖고 있는 사람이 서비스 개발에 미쳐야 한다. 이때 콘셉트만 설명한 후 무작정 임직원들에게 떠넘기고 보고만 받으려 해서는 절대 안 되며, 구현 과정에 있어 자신이 직접 리딩해야 한다. 이게 말이 되는 비즈니스냐의 여부는 그다음 문제다. 당신이 미쳐 있다면 이미 절반은 먹고 들어간 셈이다', 이게 첫 번째 메시지였고, 두 번째는 이래요. 서비스에 대한 설명을 듣는 순간 갑자기 '지문指紋'이 팍 하고 떠올랐어요. 지문의 속성은 이렇잖아요? 나와 남을 구분해 주는 세상 유일무이한 것, 내 의지와 무관하게 수동적으로 부모에게 부여 받은 것, 육체의 구성 요소인 손가락 안에 존재하는 아날로그적인 것, 고정적인 것. 반면, 이 동선 데이터에 기반한 디지털 지문은 정반대의 특성으로 설명할 수 있습니다. 내가 언제 어디를 어떻게 돌아다녔는가에 따라 형성되는, 내 발품에 입각한 능동적 지문이에요. 더불어 내 신체가 세상과 상호작용하면서 신체 밖에 그려 놓는 외재적 지문이죠. 또한, 나의 움직임에 따라 지속적으로 변하는 가변적 지문이기도 합니다. '지문의 〈지指〉자는 손가락을 의미하는데 뭔 소리냐?'라는 시비는 걸지 마세요. (웃음) 아무튼 이렇게 적극성을 보이다 보니 저도 모르게 TFT 멤버처럼 돼버렸어요. 그래서 이 이야기를 지인들에게 전했더니, '이런 조언 해주고 얼마 받냐?'고 묻더군요. 전 '컨설팅 의뢰를 받은 게 아니라 재미를 느꼈기에 그냥 내 아이디어를 이야기한 것뿐이다'라고 답했죠. 그러면서 또 새로운 생각을 하게 됐습니다. 다시금 꼬리에 꼬리를 무는 이런 생각 말이에요. 제 컨설팅 철학 중 하나가 '선 가치-후 보상'인데, 일단 재미가 됐건, 즐거움이 됐건 쾌락 혹은 가치 요소가 분명하면 일단 그걸로 지른다는 거죠. 그렇게 재미있게 진행하다 보면 제아무리 거부한다 해도 돈이란 녀석은 알아서 따라올 거라는 긍정적인, 낙관적인 마인드로 임하는 건데, 제도권 컨설팅은 사실 반대로 돌아가거든요. 물론 대기업도 마찬가지고요. '돈이 될 것 같니? 그렇다면 마진은 얼마나 될 거며, 이 견조한 성장은 어느 정도 지속될 것 같아?' 이게 비즈니스 모델링 스토리의 시작이 됩니다.

이　혁　가치가 우선시되는 게 맞는 것 같아요. 어떤 일이든지 굴곡이 있기 마련인데, 돈이 우선시된다면 과정을 버티기 힘들고 쾌락적 에너지도 빠진다고 생각해요. 어떤 물건을 만들었을 때 가치가 있으면 오히려 돈 주는 쪽에서 더 많이 주고 싶어 할 거예요. 돈에 흔들린다면 재미가 없다는 뜻이기 때문에 즐거움이 사라질 것 같아요. 특히나 창작적인 부분에서는 더 그렇죠.

이석준　그렇죠. 오너라는 사람들도 그렇고 임직원들도 그렇고, 그런 식의 마인드를 가지면 좀 더 혁신적이거나 쾌락적인 게 나올 수 있을 텐데, 실제로는 그 반대 행보를 보이는 케이스들이 훨씬 많아요. 모든 스토리를 돈부터 시작하는 게 사회의 표준처럼 돼 있죠. 따라서 여기서 벗어나는 이야기를 하면 '너 약 처먹었냐?', '어디 아프냐?', 이런 얘기 듣기 십상이에요. 그 사장도 지인들에게 이야기기했다가 십중팔구 부정적인 피드백을 들었다고 말했잖아요?

이 혁 그런데 패턴을 디자인해서 어떤 걸 만드신다는 거죠?

이석준 일단 데이터 시각화를 통해 형성된 패턴 디자인을 전시하는 게 그 양반의 바람이고,

이 혁 디자인만을요? 데이터를 활용하는 게 아니고요? 예를 들면 많은 사람이 중복되는 라인이 생기면 그곳에 광고를 한다든지.

이석준 음, 그런 부분들은 비즈니스 하는 사람들에게 본능적으로 떠오르는 당연한 생각이에요. 하지만 그 양반은 그런 건 아직 공표하고 있진 않아요.

이 혁 순수하게 작품으로만요? 그럼 미술 작품처럼 보이게 되는 거죠?

이석준 예, 그렇게 시작하고 싶은 거예요. 이 양반이 한국에서 학부 과정을 마치고 프랑스로 유학 갔었는데, 아마 거기서 석사 학위를 두 개 받았을 겁니다. 요즘도 홍대 미대에서 동양 미술 최고위 과정인가? 그런 거 수강하고 있어요. 나름 예술을 좋아하는 사람인데 이런 이야기도 했어요. 프랑스의 미술관에서 '대한민국 시민들이 무의식적으로 만든 활동 데이터 디자인' 전시회 같은 걸 하고 싶다는 거예요. 그것도 일리 있다고 본 게 이런 점입니다. 아까 말씀드렸다시피 대한민국의 표준적 기업이라면 누가 뭐래도 비즈니스 설계의 스토리가 돈으로 시작됩니다. 만일 그것으로 시작하지 않고 마무리에서조차 등장하지 않으면 '정신 나간 거 아니냐?' 이렇게 수모를 당하기 때문에 늘 수익 모델을 고민해야 하죠. 비즈니스 모델을 그리는 내내 돈 벌 구석을 생

각해야만 한다는 거예요. 하지만 사람의 인지적 용량은 제한돼 있기에 이 생각 저 생각 뒤섞이다 보면 진도를 잘 뽑을 수 없어요. 그래서 일견 이 양반이 스스로를 세뇌시킨 것 같기도 합니다. '일단은 순수한 바람부터 지르고 돈은 나중에'라는 식으로요.

이 혁 그게 맞는 것 같아요. 백남준 씨의 미디어 아트도 처음 접했을 때는 'TV를 저렇게 쌓아 놓는 것이 뭔 예술인가?' 싶었는데, 상징적인 부분에서 예술이 될 수 있는 거잖아요? 마찬가지로 말씀하신 작품도 사람들이 봤을 때 '저런 아이디어도 있구나!'라고 생각할 수 있을 것 같아요. 좋은 작품은 금전적 가치로만 평가할 수 없고, 회사 이미지에도 좋은 영향을 미칠 수 있을 거예요. 예를 들어 백남준 씨가 삼성에서 지원하는 아티스트였다면 삼성의 이미지도 같이 올라갈 수 있었을 걸요? 돈벌이만을 추구하는 기업이 아니라 예술을 아는 기업으로 인식하게 되는 거죠. 영화 「혹성탈출」을 보면, 인간이 멸망하게 된 계기를 바이러스로 간주하고 이의 이동 경로를 그려서 홍보 디자인으로 사용했어요. 언뜻 보기에는 복잡한 전기선 같지만 감염 경로에 대한 이해가 이미지로 들어오면서 나름 작품이 될 수 있었죠.

이석준 사실 단순한 기호거든요. 의미를 어떻게 넣느냐에 따라 다양한 해석이 가능해지죠.

이 혁 맞아요.

이석준 저는 그 사장의 데이터 시각화 아트에 '디지털 지문'이라는 의미를 개입시킨 셈입니다.

이 혁 재밌을 것 같아요. 그리고 의미를 떠나 패턴 자체만으로도 작품성이 있으면 좋을 것 같아요.

이석준 확실히 센세이션을 불러일으킬 겁니다. 이를 얼마나 유지하고 증폭시키느냐가 새로운 도메인 창출을 위한 핵심 관건이 되겠죠. 그리고 아까 두 가지 측면의 긍정적인 코멘트를 했고, 여기에 플러스 알파로 경고도 한마디했다고 말씀드렸잖아요? 그 경고가 뭔가 하면, 확증 편향 confirmation bias이라는 게 있습니다. 인지심리학이나 인지과학에서 나오는 개념인데, 사람들은 자기가 어떤 견해를 갖고 있으면 그 견해를 입증하기 위한 증거만 찾으려는 성향을 갖고 있어요. 그런데 올바른 의사결정을 내리기 위해서는 자기 견해를 기각시킬 수 있는 그런 증거들도 함께 찾아야 합니다. 왜냐하면 지금까지 10번 맞았다 하더라도 추후 반증할 수 있는 단 1개만 튀어나오면 공든 탑이 와르르 무너져 버리게 되거든요. 그 양반에게 이렇게 이야기했습니다. '나야 이쪽으로 필이 꽂힌 십중이일에 속하는 사람이니 긍정적 이야기로 심화시킨 거고, 십중팔구에 해당하는 사람들의 쓴소리도 반드시 경청해야 한다. 관성에 찌들었기에 그런 건지 아니면 정말 우려돼 그런 건지. 후자라면 나름의 논거가 있을 거다. 이런 점을 절대 간과해선 안 된다. 하지만 그 얘기만 주야장천 경청하면 처음부터 의욕이 상실될 테니, 일단 긍정적인 걸로 자신의 중심을 잡은 후에 귀담아들어 실패의 확률을 최소화시키는 게 좋겠다.' 좀 전에 확증 편향도 언급했지만, 그 양반도 프랑스 유학 시절 인지과학을 접했기 때문에 포퍼의 '반증주의' 같은 과학철학 이야기도 나눌 수 있었어요. 반증주의가 이런 거거든요. 반례의 맹렬한 포화 속에서 잘 버텨 살아남으면 그 과학 이론은 계속 갈 수 있습니다. 그러지 못하면 당연히 사라지고요. 이 관점에서 보면 우리가 진리인 양 받아들이는 그 어떤 것도 사실 한시적 진리일 뿐이죠. 한시적 진리라. 말이 좀 이상한데? 아무튼 기습적으로 침투하는 반례에 맞대응하지 못한다면, '깨갱' 하고 찌그러지며 새로운 무언가에 자리를 내줘야만 한다······. 포퍼는 제가 그다지 좋아하는 철학자가 아니지만 지금만큼은 반증주의가 딱 맞는 상황인 거죠. 이런 생각도 해봤어요. 일단 이게 직접적으로 돈 냄새가 나지 않더라도 사람들의 호기심과 이목을 끌 수 있다면 자연스레 집객이 이루어질 겁니다. 그러면 광고는 물론, 여타 다양한 파생 아이디어들도 마구 쏟아질 수 있어요. 심지어 뜻밖의 사람들이, 생각지도 못했던 수익 모델 보따리를 잔뜩 들고 나타날 수도 있습니다. '우리 제휴합시다!'라고 사정사정하면서.

이 혁　그런 식으로 진행되면 정말 좋은 아이디어가 나올 것 같네요.

이석준　이러한 데이터 시각화 아트처럼 창의적 비즈니스는 인간의 삶에 있어 필수가 아닌 선택적 사안에서 비롯되는 것 같아요. 이익 마진도 그쪽이 훨씬 더 큰 것 같고요. 우리가 유사 이래로 지금까지 쭉 이용해 온 서비스나 상품을 생각해 보면, 최초에는 필수재에서 시작됐잖아요. 일단 먹고, 자고, 싸야 생존할 수 있기에 기본적 욕구와 연결되는 것 중심으로 전개돼 오다가, 세월이 흐르고 계층 간 구분이 이루어지면서 이용 서비스들도 세분화, 차등화됐죠. 가령 '먹는다'는 것을 생각해 보자고요. 먹는다는 '행동' 관점에서 보면 단일하지만, 여기에 선택적 요건들이 가미되면서 무궁무진한 자유도가 발생하죠. 부가가치도 덩달아 널뛰게 되고요. 얼마나 분위기 좋은 곳에서, 얼마나 고급스러운 재료가 들어간, 얼마나 뛰어난 요리사가 만든 요리를 먹을 것인가. 모든 요건이 하이 퀄리티와 매핑되는 최고로 비싼 음식은 소득 최상위 계층에서 소비할 겁니다. 말씀드렸듯 그런 식으로 먹지 않아도 생존에 전혀 지장이 없고, 맛이 그저 그렇다 해도 말이죠. 남들은 하고 싶어도 할 수 없고 오로지 나만 할 수 있기에 다들 우러러보는 그것, 소위 '포지션 서비스' 소비를 통해 얻을 수 있는 뿌듯함의 쾌락. 이런 것도 하나의 예가 될 수 있을 듯해요. 좌우지간 혁신적인 비즈니스 아이템은 삶의 필수로부터 점점 더 멀어지는 선택적 서비스나 상품에서 형성될 겁니다.

6. 우리들의 일그러진 인간

이 혁 회사에 예술가를 유치하는 거 말인데요. 많은 전쟁을 치르고 나서야 뛰어난 인물로 인정받을 수 있었던 제갈공명이나 사마의처럼, 처음 도입했을 때는 별로 필요 없는 존재라고 생각할 거예요. 하지만 나중에는 전쟁에서의 모사 이상으로 회사에서 중요한 인물이 될 수도 있을 것 같아요.

이석준 그게 필요해요. 조직의 생리상, 객관적으로 보기에 출중한 사람이 들어오면 기존 멤버들이 경계하며 촉각을 곤두세울 겁니다. 존재감을 지닌 사람이 들어오면 자연스레 그런 반작용이 일어나겠죠. 하지만 있는 듯 없는 듯 묘한 존재감을 지닌 사람은 눈에 잘 띄지 않을뿐더러, 설사 띈다 하더라도 경계심 대신 호기심을 갖고 대하게 되니 이런 점을 감안해야 합니다. 원의 *끄트머리*에서부터 존재감을 형성해 점차 중심으로 확산시켜 나가는, 이런 식으로 포지셔닝하는 게 좋지 않을까 싶어요.

이 혁   지금 우리나라 상황에서는 이런 방법들이 최선이지 않을까요? 시스템을 붕괴하는 것은 혁명이 일어나지 않는 이상 힘들고, 설사 혁명이 일어난다 하더라도 우리나라의 인적자원이 깨어 있지 못하다 보니, 우선 짜릿함이 있는 사람들을 섞이게 하는 게 좋을 것 같아요. 그리고, 예술가들 중에서도 돈을 위해 하는 사람들이 많으니 순수 예술하는 사람들에 대한 선별도 필요할 것 같고요. 순수 예술 쪽 사람들은 돈을 벌려는 목적보다는 좋아서 시작했고, 또 돈이 잘 안 벌려도 계속하는 사람들이거든요. 그런 사람들이 오히려 인적자원이 돼야 할 것 같아요.

이석준   무의식적으로 쓴 것 같긴 합니다만, 지금 '인적자원'이라는 말이 두 번 나왔어요. 제가 경영학, 그리고 대기업 비즈니스에 있어 비판하는 것들 중 하나가 인적자원이란 표현이거든요. 물적 자원이란 말에는 전혀 태클 걸 이유가 없는데, 인간에게 자원이란 말을 붙이면 바로 문제가 발생합니다. 컨베이어에 계속 부품을 올려놓고 조이는, 이런 관점에서 본다면 거의 기계와 동등한 레벨이기에 안타깝지만 자원으로 간주해도 어쩔 수 없죠. 하지만 두 가지 측면에서 본다면 자원이란 표현은 부적절합니다. 하나는 '인간은 창의성이 가미된 서비스를 만드는 주체다'라는 관점이고요, 다른 하나는 인간애, 박애 관점이에요. 자원이라 일컬으면, 알게 모르게 인간이 물건, 물품과 동일시되거든요. 그러면 영혼, 정신, 의식, 이런 면들은 상대적으로 폄하될 수밖에 없어요. 『21세기 자본』으로 깜짝 스타가 된 토마 피케티도 비슷한 말을 했죠. '인적 자본'이란 말을 내뱉자마자 바로 뒤에 '유감스런 명명'이라는 부연을 달았더라고요. 관련해서 경영학에서도 정신 차려야 할 교과명이 있어요. '인적자원관리'라는 나름 핵심 과목인데, 자원이란 말에서도 거부감이 드는데, 창의성을 좀 먹는 '관리'라는 말까지 들어 가니 그 거부감이 이루 말할 수 없을 정도입니다.

이 혁 시스템 안에서 부속품처럼 된다는 거죠?

이석준 물론 인간 존중 관점만을 고수하며 A부터 Z까지 죄다 실행할 수는 없을 거예요. 돈으로 시작해서 돈으로 끝나는 자본주의 패러다임이 꽤 오래갈 테니까요. 따라서 현 상황하에서 돈과 인간 존중 간에 충돌이 난다면 당연히 돈이 우선시되겠죠.

지난주에는 모 교통카드 업체의 전前 사장님을 만났어요. 그분과 대화를 나누는 도중에도 비슷한 화제가 나왔습니다. 수일 전에 인적자원관리 외부 특강을 들었다고 하시더군요. 역시나 '자원'이라는 거슬리는 표현이 나왔기에, 무슨 말씀을 하시나 귀를 기울였죠. 강사는 모 대학의 경영학과 교수라는데, 인적자원에 대한 혁신적 성과 평가에 관한 강의였답니다. 주요 내용인즉슨 '우리나라의 대기업들은 대부분 성과 평가 스코어링에 포커싱하는데 그게 중요한 게 아니다. (1) 인간에 대한 정의를 내리고, (2) 인간으로서 임직원들은 과연 어떠한 니즈를 갖고 있는가에 대해 파악해야 하며, (3) 그 니즈를 충족시키고 모티베이션을 촉발하기 위해 어떤 보상 방안을 마련해야 할 것인가를 고민하고, (4) 마지막으로 수단 차원에서 평가를 공정하게 해야 하는데 구체적으로 어떻게 해야 할 것인가. 바로 이러한 종합적 관점을 견지하는 게 중요함에도 불구하고, 대다수 기업들은 1, 2, 3단계를 간과한 채 오로지 4단계만 신경쓴다'였답니다. 그분은 괜찮은 강의였다고 생각한다면서 제 의견을 물어보셨어요. 웃으며 대답했죠. '지극히 상식적이고 평범한 이야기인데, 무엇보다 그 교수가 모순된 사람으로 보인다.' 그랬더니 그게 무슨 말이냐고 반문하셨어요. 제 대답은 이랬습니다. '그 교수가 인적자원에 대한 혁신적 평가를 주제로 강연한 게 아니냐? 이렇게 인적자원 관리라는 말을 아무렇지도 않게 쓰는 사람이 그런 식의 얘기를 한다는 자체가 내게는 모순을 넘어 가증으로 보인다.' 그랬더니 사장님이 '그러고 보니 키워드가 인적자원 관리가 아니었던 것 같다. 그냥 그 말이 익숙하다 보니 나도 모르게 그렇게 내뱉은 것 같다'라며 번복하시더군요. (웃음) 여하튼 그 교수님이 어떻게 이야기했건 간에 학계와 재계에 있어 그런 시각이 여전히 팽배한 게 사실입니다. 그런데 그 사장님이야 제도권 대기업에서 오랫동안 임원으로 재직하셨던 분이니 그럴 수 있다 쳐도, 자유로운 영혼의 대명사 이혁 씨마저 그런 표현을 쓴다는 건 의아한데요?

이 혁 저도 마찬가지로 그렇게 많이 들어왔으니까, 표현을 생각 없이 한 것 같아요. 인간을 부속으로 폄하한다는 생각을 가지고 쓴 게 아니라, 익숙해서 쓴 거죠. 굳이 바꾼다면 '구성원의 가치 정리'라고 하면 어떨까요? 같이 일하는 팀 구성원의 가치에 대한 배열이라든지. 음악으로 얘기하면 편곡이라 할 수 있고요.

이석준 그런 걸 잘하는 국내 회사가 우리가 몇 차례 언급했던 제니퍼소프트예요. 그들은 속된 말로 돈만으로 쇼부 치지 않습니다. 놀탱놀탱 놀 수 있는 거리를 회사 내에 많이 마련해 놓았다는 게 중요해요. 그때도 말했듯 이런 면이 진정성의 발로인지 아닌지는 알 수 없지만……. 진정성의 속성이 그렇잖아요? 제아무리 주체가 지니고 있어도, 외부에서 특수 안경을 낀 채 삐딱한 시선으로 바라보면 극복하기 쉽지 않거든요. 아무튼 그 차원인 것 같고, 제니퍼소프트 이야기가 나올 때마다 구글 이야기를 꺼내는 기업들이 많은데 사실 그것도 좀 짜증 납니다.

■ 이혁의 물리치료실 내 작업실

'우리 회사의 업무 환경을 전사적으로 한 번에 구글처럼 변경할 수 없으니 조금씩 조금씩 바꿔 나가자.' 철학 없이 껍데기만 그렇게 따라하는 회사가 뭘 할 수 있겠어요?

이 혁　좋지 않을 것 같아요. 나라별, 시대별로 환경이 다르거든요. 예를 들어 북유럽 디자인이 유행한다고 해도, 우리나라에 맞게 해석해서 적용해야 해요. 나라마다 기후와 환경이 다 다르니까요. 참고하는 건 괜찮아도 그대로 옮겨오면 안 될 것 같아요.

회사 내 놀이 문화에 대해 예를 들면 제가 병원에서 2시까지 일하다가 최근 들어 5시 30분까지 일하게 됐거든요. 물리치료 일을 하는 이유는 음악을 더 잘하기 위해서였는데, 일하는 시간이 길어져 버리면 시간적으로 잃는 부분이 많다는 생각이 들어서 물리치료실을 아예 작업실로 만들었어요. 어떤 상황에서도 음악을 할 수 있게 해놓아야 한다고 생각했거든요. 제니퍼소프트가 회사 내에 수영장을 만들어 놓고 일하게 했다는 것처럼, 회사 내에 자신이 좋아하는 것이 공존한다면 굳이 회사를 벗어날 필요가 없기 때문에 퇴근할 이유도 없어지고 일을 더 긍정적으로 하게 돼요. 회사라는 공간이 지겨운 일을 해야 하는 곳이 아니라 자기의 놀이터인 셈이니까 즐겁고 행복하다고 느끼게 되죠.

7. 회사가 놀이터로 변하는 기적

이석준   그 말씀도 새로운 사고가 모락모락 피어오르게 만드네요. (웃음) 듣는 순간 또 두 가지가 떠올랐어요. 물리치료실을 작업실로 만들었다는 이야기를 들으니 『나발한자』의 2장 어딘가가 생각납니다. 그 부분을 보면 이런 장면이 나와요. 대중탕에서 목욕하고 있던 주인공에게 한 가지 아이디어가 떠올랐습니다. 하지만 목욕탕 안에서 발가벗고 있고, 당연히 필기구도 갖고 있지 않기에 메모할 수 없었죠. 주인공은 메모할 여건이 안 되니 집에 돌아가 써야겠다고 마음먹었습니다. 그런데 그 순간 문득 사드가 떠오른 거예요. 그 책에서도 언급했지만 사드는 변태스러운 이야기를 워낙 많이 쓴 관계로 정신 병원에 수시로 끌려갔었습니다. 감금돼서도 계속 그런 류의 글들을 써대니까 종이와 펜까지 압수당했고, 마침내 먹다 남은 닭의 뼈를 와인에 찍어 침대 보와 베개 위에 글을 썼죠.

이 혁   그곳이 감옥 아니었나요? 병원이었어요?

이석준   그게 그거예요. 17세기에 설립된 '비세트르'라는 정신 병원이 있는데, 사드가 거기에 입원하면서부터 정신 병원과 감옥이 사실상 등가가 됐거든요. 그건 그렇고 다시 돌아가자면, 벽에 똥칠도 하고 피칠도 하고 뭐 이런 식으로 글을 썼습니다. 아무튼, 사드를 보면 알 수 있듯 '어떤 상황에서도 열정과 능력만 있으면 뭐든지 할 수 있다' 이게 딱 떠오른 겁니다. 그리고 같이 떠오른 생각은 이런 거예요. 우리가 제니퍼소프트 이야기를 하면서 놀이거리, 취미거리, 이런 것들을 사내에 마련해 놓으면 직원들이 밖에서 배회하지 않을 거라고 이야기를 나눴잖아요? 물론 예전 어르신들은 '일과 놀이는 선이 분명해야 한다'고 말씀하시지만, 융·복합해야 할 대상을 일과 놀이, 이 상반되는 두 가지로도 볼 수 있다는 점을 간과해서는 안 될 것 같아요. 회사 내에 놀이와 취미거리를 마련해 놓으면 사내에 있는 시간도 많아지고 여러모로 좋지 않을까라는 생각인데, 대기업들의 실사례들을 보면 창의적이거나 펀더멘털한 대화를 나누고자 할 때엔 가급적 회사에서 멀리 떨어지려는 시도들을 많이 하거든요. 왜, 연수도 가고 워크숍도 가고 그러잖아요? 경우에 따라서는 시설 좋은 리조트나 호텔이 아닌 시골구석에 처박힌 펜션에 가기도 하는데, 그 이유가 뭐냐 하면 본사에서 윗사람이 수시로 전화해대기 때문이에요. '너 교육 중이지? 워크숍 중이지? 빨리 복귀해. 지금 엄청 바쁘거든. 이번에 교육 이수 처리 안 되면 다음에 다시 가면 되잖아? 내 흔쾌히 결제해줄게' 그런 걸 미연에 방지하기 위해 일부러 멀리, 구석진 곳으로 가는 거죠.

이 혁   회사 일을 억지로 하기 때문에 그런 것 같아요. 저와 같이 일하시던 선생님께서도 '더운 여름에 일 없으면 물리치료실 나와서 쉬세요. 물리치료실은 에어컨을 강하게 틀어서 시원하니까'라고 말씀드린 적이 있는데, 일을 안 해도 병원 안에 있는 것 자체가 일하는 것 같고 싫다는 거예요. 저 같은 경우는 물리치료실에 있는 것이 더 좋거든요. 업무시간 후에 손 아프면 치료기로 치료도 하고, 누워 있기도 하고, 멍하게 있기도 하고, 혼자 있는 시간을 즐기는 편이죠. 혼자 누워 있다가 원장님이 책상 좀 같이 옮기자고 부르면, 그게 일이 아니라 친구랑 뭘 같이하는 기분이 들어요. '업무 시간이 끝났는데 내가 왜 책상을 날라야 하지?' 이런 생각이 안 들어요.

이석준 그런 마음이나 생각은 대관절 어떻게 해야 형성되는 걸까요? 보편적으로는 '사무실 안에 있다는 사실만으로도 답답하다', 윗사람이 정말 아무 뜻 없이 가볍게 '이것 좀 도와줘'라고 해도 자기에게 돈 주는 사람이 시키는 일이기에 부담을 느끼게 되거든요. 그럼에도 불구하고 그 반대적인 생각을 할 수 있다는 건,

이 혁 회사를 놀이터로 생각하느냐 일터로 생각하느냐의 차이인 것 같아요.

이석준 지금 말씀하신 건 너무나 일반적인 이야기고요, 제가 물어본 건 이혁 씨가 근무하는 병원의 특수성을 전제로 하는 겁니다.

이 혁 저 같은 경우는 어떤 상황에서도 음악이 주라고 생각해요. 풀full 타임으로 일하게 되었지만 지인들에게 말할 땐 아르바이트 하고 있다고 얘기하거든요. 다른 사람이 보기에는 '음악이 취미고 병원이 직업이네?'라고 생각할 수 있지만 마인드의 차이죠. 음악을 위해서라면 얼마든지 그만둘 수 있다는 마음이요. 일반 회사원들한테 적용시키자면, 비록 취미에 불과할지라도 취미를 위해 다니는 게 회사라고 생각하는 거죠.

이석준 오너나 CEO 입장에서 생각해보면 이럴 수 있을 것 같아요. '월급은 꾸역꾸역 받아 가면서, 회사 일을 메인으로 생각하지 않고 단지 취미로만 생각한다? 괘씸한 녀석.' 아직은 이런 유형의 사람들이 거의 없

고 돈의 노예들만 넘쳐나긴 합니다만, 다가오는 시대에 있어 이 괘씸한 직원들이 회사 성과에 지대한 영향을 미치게 된다면 얄밉긴 해도 계속 있어달라고 사정할 수밖에 없을 거예요.

이 혁 성과가 오를 수 있으니까요. 만일 제가 뮤지션이 아니라 일반 직장인이었다면 월급이 6개월 밀렸을 때 그만뒀을 거예요. 실제로 저만 남고 다 그만두셨고요. 원장님이 오전뿐 아니라 오후 5시 30분까지 일을 시키면서 저에게 이런 말씀을 하셨어요. '가족도 있고 연봉도 높아지고 그러니 음악은 취미로 생각하고 여기에 몰두하는 게 낫지 않냐?' 그 말씀에 저는 '사실 요즘 죽는 생각을 많이 했다. 결혼하면서 과도기가 있었는데, 가족을 책임져야 하는 부담감과 이렇게 되면 음악을 못하게 되네? 그럼 삶의 의미가 뭐지? 좋아하는 걸 못하고 짜릿함을 주는 것을 가족 안에서만 찾아야 한다면 고등학교 때부터 음악만 해오던 내가 버틸 수 있을까? 나에게 음악적 죽음과 삶의 죽음이 다른 게 뭘까?'라는 생각을 하게 되었다고 대답했어요. 제 인생은 음악을 빼놓고는 아무것도 생각할 수 없다고 말이죠. 원장님 입장에서는 아까 말씀하신 대로 괘씸하게 생각하실 수 있지만, 제가 남지 않았다면 물리치료실은 문을 닫아야 했을 거예요. 그런 면에서는 굉장히 도움을 많이 준 직원인 거죠.

이석준 그러니까 원장님이랑 편하게 소통한다는 거잖아요? 대개의 경우, 월급을 주고받는 수직적 관계에 있어서는 그렇지 못한데 말이에요. 그럴 수 있었던 원동력은 따지고 보면 이런 게 아닐까 싶어요. 취미라는 말보다는 더욱 강력한 말을 써야 할 것 같은데, 음악이라는 내 목숨까지 바칠 수 있는 게 있으니까. 거기서 파생되는 자신감도 있고요. 아무튼 이런 식으로 주체성 측면에서 생각해 볼 수 있고, 이런 요건들이 기본적으로 충족돼야 소통도 잘 될뿐더러 창의력도 발산될 수 있을 것 같습니다. 최초에 쾌락을 거론하면서 이런 말을 했었죠? '자기가 살아가거나 혹은 죽어가는 과정이 유일하게 주체성을 발휘할 수 있고, 개성이 발현될 수 있는 기회다. 따라서 이때 최대한 자기답게 살 수 있는, 자기가 꿈꾸고 원하는 것이 무엇인지 알고 이에 준해 행동하는 게 중요하다.' 이런 맥락으로 여러 가지 스토리가 나오다가 쾌락거리 창출을 통한 사회적 쾌락 파이의 확장이라는 이야기까지 나온 건데, 이처럼 창의성을 매개로 쾌락을 자극하는 경로도 있지만, 지금의 말씀은 아무런 매개 없이 쾌락과 직접 연결되는 메시지 같습니다. 그러니까, 이건 '내가 정말 죽었다 깨어나도 하고 싶은 게 명확하냐 그렇지 않냐'에 따라 불거져 나올 수 있는 포인트거든요. 동료 물리치료사 같은 경우는 '병원 밖에서나 누릴 수 있지, 병원 안에서는 절대로 누릴 수 없다'는 생각을 갖고 있는데, 사실 이런 게 일반 직장인들의 공통된 생각이잖아요. 그들에게 회사란 출근과 동시에 퇴근 시간을 헤아리게 되는, 단지 돈벌이만을 위해 억지로 다녀야만 하는 곳일 뿐입니다. 당연히 모티베이션될 수 없어요. 좀 힘든 상황이 도래하면 뛰쳐나가고 싶고요. 하지만 이미 노예화돼 버렸기 때문에, 더불어 딱히 달리 할 줄 아는 게 없기 때문에 벗어나지 못합니다. 비참함에 고착돼 버린 거죠. 그러니 불평불만은 나날이 쌓여만 가고, 과감하지 못하고, 용기는 없고, 맨날 그렇고 그런 쳇바퀴만 반복되다가 초라하게 사라지는 거예요. 이 현상을 사람이 아닌 서비스나 기업 관점으로 치환해 보면 늘 그렇고 그런 몰개성적인 서비스만 양산하는 것으로 볼 수 있습니다. 보신주의, 복지부동, 안전주의, 이런 키워드들이 상존할 수밖에 없어요.

이 혁   맞아요. 그것으로 인해 좋지 않은 현상이 파생되는 거죠. 그렇다 보니 계산적인 관점에서만 득실을 따지게 되고요. 그런 분위기를 역이용하는 방법은 자신이 조금 손해 보는 방향으로 가는 거예요. 그렇게 되면 마음이 편해지고 더 여유로워지거든요.

이석준 아, 제가 잘 아는 철학과 교수님의 강의 레퍼토리 중에도 비슷한 게 있습니다. '누군가 당신을 찾아왔다. 당신에겐 두 가지의 선택 대안이 있다. 하나는 당신이 상대보다 이득을 많이 볼 수 있는 대안이고, 다른 하나는 상대보다 이득을 적게 보는 대안이다. 그렇다면 당신은 어떤 대안을 택해야 하는가?' 교수님이 생각하는 정답은 '자신이 이득을 덜 보는 대안을 택하라'는 겁니다. 그래야 상대방이 고마운 마음을 품게 되고, '다음에도 이 친구랑 관계를 맺어야겠다'는 생각을 할 거라는 거예요. 그러면 중장기적으로 훨씬 더 도움이 될 수 있고…….
현실과 동떨어져 보면 맞는 말씀 같은데, 워낙 거지 깡깡이 같은 놈들이 판치는 세상이어서요. 한 번 양보해 주면 그걸 고맙게 느끼기는커녕, 호구로 생각하고 계속 등쳐먹으려는 자들이 대다수잖아요?

이 혁 맞아요. 그런 경우가 많아요. 그래서 자신이 이득을 덜 보는 대안을 택하려면 심성이 착한 사람에게 그래야 해요. 심성이 나쁘고 사리사욕에 밝고 너무 계산적인 사람들한테는 정중히 거절하는 쪽을 택하는 거죠.

이석준 지금 말씀하신 대로, 전제 조건을 명확히 해야 할 것 같아요. 착하거나 중간적인 사람들은 그렇게 대해줘도 괜찮아요. 하지만 잔머리 굴리고 교활한 사람들, 그런 사람들한테까지 그렇게 해주면 오히려 독이 되죠. 그런데 처음 접한 사람의 경우는 좋은 사람인지, 나쁜 사람인지 가늠하기가 쉽지 않으니…….

이 혁 억울한 마음에 자다가 일어나는 상황이 연출되는 거죠.

이석준 우리가 심심하면 불러낸 철학자들 중에 니체가 있잖아요? 이 니체 얘기 중에서도 지겹게 언급한 게 낙타, 사자 얘기였고요. 기업에 있다 보면 그런 모습을 정말 자주 목격할 수 있거든요. 부사장이 됐건, 전무가 됐건, 상무가 됐건, 부장이 됐건, 차장이 됐건, 과장이 됐건, 그 위에 누군가 있기 마련입니다. 아래도 마찬가지고요. 위를 바라볼 때엔 다들 낙타예요. 반면, 아래를 바라볼 때엔 사자로 변신하죠. 이게 너무나도 일반적인 모습인데, 어찌 보면 이런 근성이 창의성이나 쾌락을 좀 먹는 최악의 해충이 아닌가 싶어요.

이 혁 사자인 사람들의 부하 직원들을 보면, 겉으로는 사자를 따르는 것 같지만 실제로는 따르는 게 아니더라고요. 그런 척만 하고, 실질적으로는 그 사람을 끌어내릴 수 있는 상황만 엿보거든요. 늙거나 다친 사자가 되면 확 끌어 내려지니까 사자는 항상 불안할 것 같아요.

8. 이봐요, 중요한 건 짜릿함이에요

이석준 무슨 얘기를 하다가 여기까지 흘러왔죠? 사드에 대한 이야기도 했던 것 같고…… 병원 내 작업실 이야기하다 나온 거죠?

이 혁 네, 맞아요. 작업실을 물리치료실에 만든 거요. 물리치료실에 원장님이 보실 수 있는 CCTV가 있어요. 사실 진료실에서 확인할 수 있는 CCTV를 물리치료실에 설치했다고 하면 물리치료사들이 싫어하거든요? 환자들을 지켜보다가 문제가 생기면 케어하기 위한 용도지만,

직원이 열심히 일하고 있는지 아닌지 감시하고 있다는 뜻도 될 수 있으니까요. 하지만 전 그런 부분에 대해서는 의식을 안 해요. 그리고 저희 원장님도 그걸 보시는 것 같지 않아요.

이석준 그렇게 명확하게 얘기할 수 있다는 건 신뢰감이 있으니까 가능하지 않을까 싶은데.

이 혁 그렇죠. 제가 병원에 오래 있게 된 건 원장님을 인간적으로 존중해서예요. 기존 의료 시스템을 벗어나 환자들에게 진정성으로 다가가려 노력하는 과정에서 좌절을 겪고 힘들어하시는 상황이기 때문에, 음악으로 말하면 언더그라운드 뮤지션 같은 느낌을 받았어요. 실제로 록 음악을 좋아하시고, 지나치게 착한 나머지 경제 상황까지 힘들어진 경우라 제가 겪었던 다른 의사분들과는 많이 달라요.

이석준 언더그라운드 뮤지션 같다는 게 무슨 뜻이죠? 음악적으로는 알겠는데, 인성적으로 그렇다는 건 이해가 잘 안 돼서요.

이 혁 진정성을 갖고 열심히 하지만, 상업적인 감각이 떨어지거나 실력이 있고 없고와는 별개로 대중적인 인정을 못 받은 분위기요. 그러다 보니 사회에 불만이 많고 반항적이에요.

이석준 딜레탕트적인 면을 갖고 계시진 않나요?

이 혁 네, 그런 면은 없는 것 같아요.

이석준 이혁 씨는 '음악이 아니면 난 죽을 텐데 어떡하지?' 이런 생각도 하셨다고 그랬는데, 그분은 이혁 씨에게 있어 음악 같은, '때려 죽여도 난 이것만큼은 하고 싶다', 이런 걸 갖고 계시진 않나 보네요.

이　혁　대화해 본 바로는, 학생 때는 공부하느라고 바쁘셨고 졸업 후에는 의사 면허 따느라 바쁘셨던 것 같아요. 환자 치료에 진정성을 갖고 임하려 해도 의료 시스템이 그러기 힘든 시스템이다 보니 적응도 잘 못하시고요.

이석준　의대는 왜 들어가신 거래요? 대한민국에서 의사란 직업이 예나 지금이나 선망의 대상이고, 그래서 성적 좀 나오면 입학해서 돈 긁어모으고, 사회적으로 존경받기 위해,

이　혁　요즘은 그렇지도 않은가 봐요. 운영이 어려운 병원도 많고, 소신을 갖고 진료하는 분들이 없어서인지 의사 수가 많아져서인지 몰라도 예전처럼 존경받지도 못하고요. 저희 원장님 같은 경우는 통증 주사를 많이 놓으면 돈을 많이 벌 수 있지만, 환자에게 좋지 않기 때문에 잘 안 놔주시는 편이에요. 그래서 한번은 제가 '원장님이 안 놓아 주셔도 환자가 다른 병원에 가서 맞는다. 그러니 그냥 놔주고 돈 버시는 게 낫다'라고 말씀드린 적도 있는데, 꼭 필요한 경우가 아니면 과잉 진료를 안 하겠다는 소신을 갖고 계세요.

이석준　그러고 보면 그분은 '짜릿함'이라는 코어만 빼고 나머진 다 갖춘 셈이군요. 언더그라운드 뮤지션으로 치자면, 자기가 진정 추구하고 싶은 음악 세계에 대한 이미지를 형상화시키려는, 그런 부분을 빼놓고는 다 갖추고 있는 거잖아요? 반골 기질에다 주류에서 벗어나고, 진정성 있고, 웬만한 건 다 갖추고 계세요. 하지만 정작 가장 중요한 코어가

빠졌다는 거, 코어가. 그게 있었더라면 아까 말씀하신 대로 꽤 매력적일 수 있었을 텐데.

이 혁 맞아요. 그 부분이 추가된다면 진짜 멋있는 분인 거죠.

이석준 굳이 서열을 매겨 보면 존중 위에 매력이 있죠.

이 혁 선망의 대상이 될 수도 있고, 존경으로 이어질 것 같아요. 저에게 있어 존중은 기본으로 생각하고 있지만 존경하게 되는 경우는 많지 않거든요. 그리고 사회에 너무 찌들어 있는 사람과는 만나지 않는 편이에요. 뮤지션의 좋은 점들 중 하나가 존중할 수 있는 사람들과만 어울려도 된다는 거죠.

이석준 비즈니스 가이와 아티스트의 차이점이군요.

이 혁 네, 제가 좋아하는 사람들만 만날 수 있으니까 스트레스도 적고 기분도 좋아요. 상업 예술은 대중에 포커스를 맞추고 따라가거나 어떻게 하면 많이 팔 수 있을까를 고민해야 하기 때문에 싫어도 해야 하는 것들이 있어요. 자신이 추구하지 않는 것도 해야 하죠. 반면, 순수 예술은 일단 내가 맛있고 보자는 주의이고 그다음이 대중이 알아주면 고마운 상황이기 때문에, 진정성이 있는 대신 돈이 안 돼 힘든 경우가 많아요.

이석준 창조 경제도 그렇고 문화 예술, 창의성에 대한 것들도 그렇고, 정부가 정책을 발표하기 전에 알게 모르게 컨설팅을 거치고, 이후 결과물이 나오면 대통령이나 장관, 이런 사람들이 한마디 하고 곧바로 기사화

되잖아요. 기사를 읽어 보면 컨설팅 받았다 싶은 게 너무 많아요. '이게 대체 뭔 소리인가? 언제나 그렇듯 책상 위에서 페이퍼 워크만 죽어라 했구면. 이상적이지도 않고, 그렇다고 해서 현실적이지도 않고.' 2년 남짓한 짧은 기간이지만 제도권 밖에서 창작자로 생활하다 보니 그간 느끼지 못했던 많은 것들을 체감할 수 있더라고요. 우리나라에서 창의성을 꽃 피우기 위해, 문화를 꽃피우기 위해 기획했다는 정책들을 보면, 대다수 혜택이 중소기업이나 대학에게 쏠려 있는 것 같아요. 제 생각에는 그러한 조직 레벨에 몰빵 하면 안 되고, 구체적 선정을 어떻게 하건 간에 개인 레벨로 분산시켜야 하지 않을까 싶거든요. 가령, 재야에 숨어 있는 딜레탕트 혹은 오타쿠들 말입니다. 이런 사람들은 지원책이 있다는 것도 잘 몰라요. 설사 안다 해도 어떤 과정을 거쳐야 혜택을 받을 수 있는지 통 감이 없고요. 기본적으로 절차니 체계니 이런 걸 꽤나 부담스러워 합니다. 이러다 보니 수혜에 있어서도 부익부 빈익빈 현상이 발생하는 것 같아요. 물론 진정성 있는 예술가라 해도 100원보다는 200원을, 200원보다는 300원을 더 반기기야 하겠지만, 창작에 불편함을 느끼지 않을 정도의 생활비, 그리고 작업 공간만 있다면 별문제 될 게 없는데…….

이 혁 맞아요. 하지만 순수 예술가에 대한 기준을 정하기 힘든 부분도 있어요. 생활 보호 대상자 지원 제도마저도 편법을 이용해 혜택받는 사람들이 많은데, 백수냐, 순수 예술가냐, 상업 예술가냐 기준을 정하기는 더 힘들 것 같아요.

이석준 맞는 말씀인데 이게 비단 예술에만 국한되는 것 같진 않아요. 각계각층에 편재하는 부작용 같습니다. '대한민국에는 진짜 좋은 게 없는 거냐?' 이런 하소연도 많이 했지만, 이것도 좀 짚고 넘어갈 게 있어요.

무슨 말인가 하면, 좋은 취지에서 비롯됐다 하더라도 모든 새로운 일에는 항상 겪어야만 하는 통과의례가 있다는 거예요. 말씀하신 대로 취지가 제아무리 좋아도 편법이 난무할 수 있잖아요? '과도기적 문제이기에 일정 기간만 감내하면 자연스레 해결될 수 있다', '아니다. 국민성이 개판이기 때문에 때려죽여도 안 된다', 모든 게 항상 이런 딜레마에 봉착하는 것 같아요. 컨설팅이나 비즈니스 도메인에서도 늘 그런 문제들이 비롯되고 있고, 정책 세우는 동네라고 해서 다를 건 없겠죠. 대안별 장단점을 파악한 후, 단점 대비 장점이 가장 큰 것 같아 어떤 대안을 선택하면, 다른 대안이 선택돼야 혜택을 볼 수 있는 사람들이 역공하며 발악하죠. 자기 진영을 부각시키기 위한 수단들을 총동원하면서 말입니다. 이러니 늘 왔다 갔다 왔다 갔다……

이 혁 맞아요. 주 40시간만 일해야 한다는 고용노동법도 서류상으로만 존재할 뿐, 실제로는 이리저리 피해가며 지켜지지 않는 경우가 허다하니, 아무리 좋은 제도라 하더라도 의식이 변하지 않으면 소용없는 것 같아요.

9. 내 즉흥성의 원천은 말이죠

이석준 다시 '내귀'의 창작 이야기로 돌아오도록 하겠습니다. 곡을 잘 만들고 가사를 잘 쓰고 그런 것들과 마찬가지로, 퍼포먼스, 공연 등 표현에서의 창의성도 꽤 중요하잖아요?

이 혁 그런 부분에 있어서는 환경적인 것을 먼저 생각해요. 큰 무대에서는 동작을 크게 한다든지 무대가 낮은 클럽에서는 손동작을 가슴 위쪽으로 해서 잘 보이게 한다든지 하는 식으로요. 내적인 부분에서는 명상적인 것이 주예요. 받아들일 수 있는 문이 없는 관객들에게는 문을 만들어 주고 문이 있는 분들과는 문을 통해 에너지를 교류한다는 의미로요.

이석준 문이란 항상 열려 있는 게 아니잖아요? 열었다, 닫았다 할 수 있는.

이 혁 네, 그런데 아예 벽만 있는 사람도 있으니까요.

이석준 그렇다면 경우의 수가 3개 있을 수 있네요. 지금 말씀하신 것처럼 완전히 막힌 벽, 열었다 닫았다 취사선택할 수 있는 문, 아무런 울타리 없이 늘 열려 있는 공간. 그중에서 문이라는 단어를 선택하신 이유는 취사선택적인 측면을 강조하신 건가요?

이 혁 문이라는 개념도 좋지만 그것보다는 필터가 더 맞을 것 같아요. 가치관의 필터링은 있되 받아들일 수 있는 자세, 그리고 필터링 과정에 걸려도 '그럴 수도 있겠다'라는 정도로 받아들일 수 있는 자세를 말하는 거예요. 사람들이 저희 공연을 보고 '저렇게도 표현 가능하구나' 또는 '충격적이다'라는 느낌을 받아서, '내가 생각해 오던 것과 뭔가 다른 게 있는데, 내 삶을 한번 돌아볼까?'라는 생각을 갖게 만드는 것을 좋아해요. 저희 공연을 보신 후 인생의 전환점이 되었다거나 세상을 새롭게 보게 되었다는 말을 들을 때 가장 기분이 좋아요.

이석준 사례 하나만 들어 주실 수 있을까요?

이 혁 자신이 좋아하는 그림을 계속 그릴까 아니면 성향에 맞지 않는 디자인 회사에 취직할까 갈등하다가 계속 그림 그리는 것을 선택했다거나, 사랑하는 사람이 있고 돈 많은 사람이 있는데 사랑하는 사람한테 갔다거나, 부모님의 반대로 좋아하는 음악이나 미술을 하지 못하고 있었는데 우리 공연을 보고 자기가 원하는 곳으로 결정해 대학에 갔다는 것 등을 들 수 있어요. 힘들었던 시절에 저희 음악을 통해서 위로받았다는 얘기도 좋아해요.

이석준 기본적으로 자기가 뭘 하고 싶은지 알고 있는 사람들이로군요.

이 혁 현실과 꿈 사이의 갈등 속에서 올바른 선택을 하게 되는 경우가 많았던 것 같아요.

이석준 주체성, 주인 의식 이런 키워드들과도 연결되는 것 같습니다.

이 혁 그런 말을 들었을 때, '내가 어떤 한 사람의 인생에 좋은 쪽으로 영향을 끼쳤구나'라는 생각이 들면서 기분이 좋아져요.

이석준 혹시 반대 사례는 없었나요? 클레임이 들어왔다든지.

이 혁 이런 케이스가 있었어요. 두 분 다 팬이셨는데, 저희 공연에서 만나 결혼하셨죠. 가끔 여자 분이 저에게 생일 축하 쪽지를 보내면 답해주고 그런 정도였는데, 어느 날 남편분이 질투하셨는지 '앞으로 공연도 안 갈 예정이지만 쪽지에 대한 답도 안 했으면 좋겠다'는 메일을 보내왔어요. 팬을 둘이나 잃은 상황이 된 거죠. (웃음). 그렇지만 저희 공연에서 짝을 만났으니까 좋게 생각했었어요.

이석준 조금 전에 공연장의 규모에 따라 취할 수 있는 방향과 대안이 다르다고 말씀하셨는데, 이 말은 어떻게 보면 분석적, 논리적 접근과 궤를 같이하잖아요. 환경에 맞게끔 '이건 이러하니 요렇게 대처해야 하겠다'라는 식의. 그런 측면을 기본 베이스로 갖고 가되, 공연하는 와중에 느껴지는 열기랄까? 그 에너지를 통해 즉흥적으로 취하는 것들도 있지 않나요?

이 혁 즉흥적인 게 대부분이고, 계산은 아주 기본적인 것만 하게 돼요. 좀 전에 말씀드린 무대 크기, 날씨, 바람의 방향이라든지, 어느 선은 건드리면 안 되고, 물을 뿌려도 모니터에 들어가게 하면 안 되고 하는 것들이요. 예전에는 모르고 막 했어요. 그래서 악기 팀한테 욕을 먹은 적도 있었죠. '물 뿌리시면 안 됩니다', '마이크 내 던지시면 안 됩니다.'(웃음)

이석준 「탑 밴드」할 때는 그런 일이 없었나요?

이 혁 「탑 밴드」에서는 그런 일 없었어요. 밴드 초기에 그랬었고 최근에는 계산할 필요도 없이 몸에 뱄어요. 가끔 그런 일이 생겨 저에게 뭐라 하시더라도 웃으면서 사과하는 정도고 서로 예의를 갖추는 분위기예요. 스태프분들 중에도 음악을 좋아하시거나 음악을 하시던 분들이 많거든요.

이석준 일종의 노하우라고 할 수 있겠네요.

이 혁 경험을 하다 보니 저절로 알게 되는 것 같아요. 예를 들면 옛날에는 무대 위에서 너무 뛴 나머지 숨이 차서 노래를 못 불렀다면, 지금은 가만히 서서 가벼운 동작과 자세만 취하기 때문에 노래도 제대로 부를 수 있고 더 큰 효과를 줄 수 있어요. 얼마 전 비바람이 몰아치는 상황에서 공연을 한 적이 있었는데, 저 자신이 비바람 속의 검객이 되었다는 상상을 하며 퍼포먼스를 했었어요. 그런 식으로 즉흥적으로 즐길 수 있게 된 것 같아요.

■ 클럽 공연 중 머리에 물을 뿌리는 이혁

이석준 저는 동영상을 통해 '내귀' 공연을 많이 봤어요. 주로 클럽 동영상들이었는데, 지금 말씀하신 것과 연결되는 장면들이 꽤 많더라고요. 클럽이 좁고 폐쇄적이어서 그런지 상반신 위주의 비교적 정적인 퍼포먼스가 주였죠. 손가락을 흐물흐물 움직인다든지, 물을 머리 위에 뿌린다든지 하는. 기본적으로 퍼포먼스 전략이 이런 거죠? 공연 환경과 곡의 특성, 분위기, 이런 것들을 베이스로 설정해놓고, 공연 직전에 혹은 노래하는 순간 연상되는 느낌 같은 것들을 즉흥적으로 가미하고, 거기에 또 관객과의 주고 받음을 통해 전혀 생각지 못했던 것들이 막 터져 나오고.

이 혁 네, 그런 식이에요. 즉흥성에 매력을 느끼고 있고, 계산은 공연이 진행되기 위한 최소한의 것들을 생각하는 거죠. 즉흥적 에너지의 파동이랄까? 예술가들이 토속 신앙이라든지 과학적으로 증명되지 않은 것들에 대해 매력을 느끼는 것처럼, 관객들과 저의 에너지 커뮤니케이션도 있고, 음악의 에너지 흐름에 따라 몸을 움직여요. 그렇게 자연스럽게 움직였을 때 더 기분이 좋고 관객분들의 반응도 더 좋더라고요.

이석준 즉흥성에도 소스가 있다고 한다면, 아까 언급했던 검객 영화, 이것도 어떻게 보면 경험의 소산이잖아요? 단 하나의 사례이기에 과일반화의 오류를 범하는 것일 수도 있습니다만, 다양한 경험들이 차곡차곡 쌓인 후, 본인이 의도적으로 연출하면 그건 전략적이다, 계산적이다 이렇게 칭할 수 있고, 반면 무의식 중에 표출되면 즉흥적이라고 할 수 있는데, 의도를 했건 안 했건 간에 결국 본인이 갖추고 있는 소양이나 자원들이 풍부해야 한다는 얘기로 귀결되는 것 같습니다.

이 혁 아, 그러네요.

이석준 그렇다면 이혁이라는 록커를 구성하는 소양, 재료, 자원들에는 어떤 것들이 있을까요?

이 혁 유전적 요인도 있을 수 있지만, 말씀드린 대로 문이 있어서 새로움을 언제든지 받아들일 수 있는 준비가 돼 있다는 부분이 큰 것 같아요.

이석준 원칙 있는 유연함이겠죠. 문을 열고 닫는 주체는 본인이니까.

이 혁 네, 맞아요. 전에 말씀드렸듯이 문으로 표현하긴 했지만 그물이라고도 할 수 있을 것 같아요. 대부분 통과되지만 그물에 걸린 의견이라도 '그럴 수도 있구나, 저렇게 생각할 수도 있구나'라고 받아들이는 거죠.

이석준 상당히 중요한 포인트네요. 호기심과 더불어 학제적, 융·복합적 접근에 있어 가장 중요한 것이 열린 사고, 열린 마음인데, 소위 나 잘났다는 교수들이나 프로페셔널들을 보면 그런 류의 이야기들을 많이 하면서도 정작 실천은 안 합니다. 자신보다 하수라고 여기는 대다수 사람의 의견은 모두 저열하다고 무시해 받아들이지 않고, 동등하다고 느끼는 자의 의견은 경쟁심 때문에 폄하하죠. 본인은 죽어도 인정하지 않으려 하지만 위에 있다고 평가받는 사람의 의견은 시기심 때문에 역시나…….

이 혁 그렇게 되면 발전이 안 될 것 같아요. 고인 물과 같아서 썩게 되죠.

이석준 자기 혁신 노력을 안 하니까.

이 혁 재미도 없고요. 제가 어울리기 가장 힘든 분들이 혼자만 얘기하시는 분들이에요. 주거니 받거니 식의 대화가 아니라 상대방이 어떤 말을 하건 간에 본인 얘기만 하는 분들이요. 그런 분들이 의외로 많아서 안타까워요.

이석준 열린 사고나 문, 거름종이 메타포, DNA, 가치관 등에 대해 말씀해주셨는데,

이 혁 DNA를 말하자면 일단 조상님들까지 다 찾아봐야 하지 않나요?

이석준 그럴까요? 그럼 어떤 조상님들을? 제 기억에 있는 건 어머니가 맨날 이혁 씨 뒤통수를 때리셨다는. (웃음)

이 혁 (웃음) 자식 교육에 대한 열의에서 그러신 거였고, 또 저를 잘 키우시려는 사랑이 포함된 것이었기 때문에, 그 당시엔 힘들었어도 지금은 이해해요. 저의 조상님들에 대한 기억은······ 외할아버지께서 한번은 산에 가셨다가 며칠간 돌아오지 않으셔서 동네 사람들이 횃불 들고 찾아다녔는데, 바위 위에서 가부좌한 채 눈을 감고 계셨대요. 식구들과 동네 사람들은 도깨비에게 홀렸다고 생각했지만 제 생각에는 명상을 하셨던 것 같아요. 외할아버지는 한의사는 아니셨지만 침을 잘 놓으셔서 유명하셨대요. 그리고 돌아가실 날도 몇 년 전부터 미리 식구들한테 알려주셨다는 걸 보면, 명상으로 인해 생기는 능력 중에 사람들을 치유하거나 예지력을 갖게 되는 경우가 있는데, 아마 그러셨던 것 같아요.

이석준 구당 선생인가? 뜸 시술 잘하는 분 계시잖아요? 제도권 사람이 아니다 보니, 주류 한의학계에서 공격하고 그래서 한동안 시끌벅적했던 기억이 있는데, 그쪽에 가까운?

이 혁 조선 시대에서 식민지 시대로 넘어온 상황이었고, 특별한 교육 기관 없이 전수를 받아 약방을 차린 분들이 의술을 행하던 시대였으니 그런 분들이 계셨던 것 같아요. 친할아버지께서는 일본으로 건축 설계 유학도 다녀오시고 부유하게 사셨는데, 6·25 때 북한군에게 당한 고문 후유증으로 고생하다가 돌아가셨대요.

이석준 부르주아로 분류되셨나 보네요.

이　혁　네, 그러셨던 것 같아요. 그래서 제 유전적인 부분을 생각해보면 외할아버지의 명상과 치료에 대한 부분을 물려받았을지도 모른다는 생각이 들어요. 물리치료도 하고 있지만 음악도 명상과 동시에 영적 치료를 생각하면서 하고 있거든요. 현재 미신이나 초능력으로 치부되는 것들의 실체가 몇십 년 후에 과학을 통해서 밝혀지면, 명상의 깨달음을 과학으로 증명해 낼 수 있을 것 같아요.

이석준　강 인공지능 관점에서 우주를 다시 디자인하는. (웃음)

이　혁　며칠 전 운전하다가 모기에게 다리를 물렸어요. 모기를 잡으려는 순간 이런 생각이 들었죠. 인공지능을 제대로 구현하려면 외부적 요인도 프로그램화해야 하는데, 모기 때문에 사고를 당할 수도 있고 죽을 수도 있으니까 그것도 포함해야 하는 거잖아요. '모기까지도 프로그래밍해야 하기 때문에 이건 너무 방대하다. 이런 신적인 영역에 도전하는 건 힘들지 않나?'라는 생각이 들었어요. 그래서 '작가님도 인공지능을 컴퓨터든 양자 컴퓨터든 무엇을 통해서라도 구현하셔야 한다면 자신이 그렇게 돼 봐야 그걸 프로그램화할 수 있지 않나?'라는 생각이 들면서 '어쩌면 작가님은 부처님처럼 깨달음을 얻어야만 신이 될 수 있지 않을까? 그래야 완벽한 인공지능이 가능해지지 않을까?'라는 결론에 도달했어요.

이석준　신에 필적하고 싶어 '참 인공지능'을 구현하려는 건데, 참 인공지능을 구현하려면 먼저 신에 필적할 수 있어야 한다? 인과관계가 역전된 게, 어째 참 인공지능의 구현은 불가능하다는 소리로 들리네요. 쩝. 신을 바라보는 관점 중에 '이신론deism'이라는 게 있습니다. 신이 세상을 창조한 이후 한낱 미물에게까지도 디테일한 관심을 보이겠느냐?

인간에 있어 계층을 나누기 좀 그렇습니다만, 하류 생활을 하는 인간들이 구석탱이에서 벌이는 비양심적인 몸짓 하나하나까지에도 다 신경 쓰겠느냐? 그렇지 않다는 거예요. 뭔지는 몰라도 일단 자기가 하고파서 피조물을 만들고 퍼뜨려 놓은 거지, 즉 초기 세팅만 해 놓은 거지, 이후에는 피조물들이 뭘 하건 간에 아무런 관심도 없다는 거죠. 왜냐하면 신은 샘솟는 창작 욕구와 쾌락으로 인해 또 다른 걸 만들어야 하기 때문입니다. 세팅된 이후의 생활은 규정된 법칙, 질서에 따라 피조물 너희들끼리 알아서 하라고 맡겨 놓고 쿨하게 떠나가는 거예요. 운영은 아웃 오브 안중이고, 오로지 구축에만 관심 있을 뿐입니다. 어찌 보면 그게 바로 창작자, 창조주의 성향 아니겠어요?

이 혁 그럼 중간중간 버그에 대해서만 업데이트하면 되겠네요?

이석준 신은 전지전능하고, 또 그에겐 시간이라는 개념이 없으니 버그나 업데이트의 여지가 없겠죠. 하지만 재미 삼아 의도적으로 버그를 심어 놓았다면, 뭐 땡길 때나 체크하지 않을까요? 관심 없으면 프로그램이 개판 되건 망하건 간에 아무런 신경도 안 쓰고 말죠. 바이러스가 창궐하고 캐릭터가 다 죽어도 신경 안 쓴다고요. 자기 마음인걸요? (웃음) 저는 아주 섬세한 레벨까지 내려가 수많은 개체들을 죄다 헤아리는 정도까지 고려하진 않아요. 가령 아까 말했던 차 안의 모기처럼 말이죠. 제 바람은 단 하나의 캐릭터를 만들더라도 자의식이 있는, 정말이지 스스로 느낄 수 있는 인간스러운 걸 만드는 겁니다. 프로그램이란 말을 하면 계산이라는 얘기가 나오지 않을 수 없어요. 하지만 계산으로는 그 바람을 관철시킬 수 없을 것 같아서, 그 포인트를 근원적 문제로 챌린지하는 거고요. 그리고 그렇게 된 원인들 중 하나로 '분석'을 꼽았던 겁니다. 분석은 잘게 나누고 쪼갬을 의미하는데, 인간사라는 건 쪼개서 파악할 수 있는 게 절대 아니잖아요? 비즈니스 쪽에서 자주 인용하는 '매슬로의 욕구 5단계'라고 있어요. 전 예전에 그걸 보면서 콧방귀를 뀌었습니다. 물론 일리는 있어요. 자아실현, 꿈, 소속, 안전, 생존 모두 중요하죠. 하지만 문제는 사람의 욕구라는 게 1단계가 충족되면 '아, 2단계로 가야지' 이렇게 단계적으로 발동하는 게 아니거든요. 동시 발동도 가능하고, 경우에 따라 선, 후행 단계가 뒤바뀌기도 하고 다분히 동적이에요. 그런데 그걸 다 쪼개서 1단계 충족되면 2단계, 2단계 충족되면 3단계, 이런 식의 이론을 설파하고……. 물론 심리학계 내부적으로는 그런 원천적인 문제들에 대한 비판이 있었어요. 하지만 무지몽매하면서도 영악한 비즈니스계에서는 여전히 갖다 쓰고 있습니다. 왜? 있어 보이긴 하거든요. 이 동네에서는 그게 가장 중요합니다. 이곳이 원체 논리와 절차, 가오, 이런 것들을 좋아하니까요. 파워포인트에 열심히 그리죠. 그러면 삽입하지 않은 경우보다 있어 보이기는 합니다. '오~ 제법인데? 학술적 이론에 기반을 뒀구먼? 백그라운드가 튼튼해. 단순 장돌뱅이가 아니었네.' 하지만 정작 기업들이 사회에 기여해야 할 핵심 포인트는 이거잖아요. 상품이 됐건 서비스가 됐건 결과물이 사람들에게 진정한 가치를 줄 수 있을 것인가. 매슬로고 뭐고 다 필요 없어요. 그런 걸 곁들이면 커뮤니케이션하는 사람들 간에는 지적 포만감이 충족될 수 있겠지만, 진정한 혁신 서비스를 만드는 데에는 아무런 도움이 되지 못합니다. 왜냐? 홀리스틱하게 한 방에 팍 다가오는 그런 느낌을 표현할 길이 없으니까. 스텝 바이 스텝, 절차, 논리, 분석으로 모든 걸 설명하려들면 아름다운 아웃풋은 절대로 탄생할 수 없어요. 신이 전지전능하다면 그에게는 과거-현재-미래가 있을 수 없습니다. 그저 하나예요. 그리고 시간 구분이 무의미해지니 발전이란 개념도 있을 수 없어요. 단지 정적인 하나의 상태만 있을 뿐입니다. 단계, 절차, 논리를 따지는 인간들이지만 어쩌면 지금 말씀드린 이러한 신의 면모가 일견 반영된 게 아닐까요? 그래서 세상이 이렇게 생겨 먹은 것 같긴 합니다.

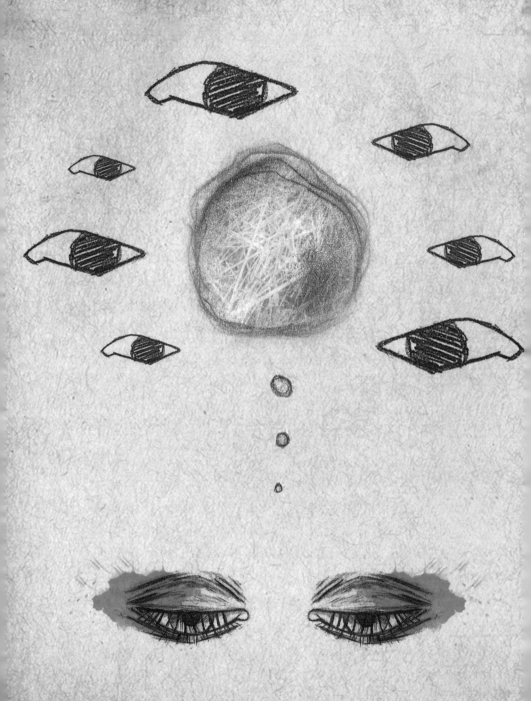

5장

소통, 공감, 그리고 진정성

1. 혁신도 소통이 되나요?

이석준 오늘은 소통과, 원활한 소통을 위한 전제 조건으로서의 진정성에 대해 말씀 나눠 볼까요?

이 혁 저번에 자기 얘기만 하고 남의 얘기를 안 듣는 분들이 은근히 많다고 했었잖아요? 저는 현실에 찌든 분들만 그러신 줄 알았어요. 그런데 의외로 많은 사람이 그렇더라고요. 젊은 사람 중에도 많고 예술 분야에 종사하는 사람 중에도 많아요. 그런 사람들은 자신의 생각을 너무 많이 말하고 싶어 하다 보니까, 다른 사람의 얘기를 단어 몇 개만 듣는다거나 말을 끊거나 자신이 할 얘기만 생각해요.

이석준 저 역시 찔리는데요? (웃음) 회의할 때 그런 적 많은데…….

이 혁 작가님 같은 경우는 하고 싶은 얘기를 기억하고 있으려다 보니 그러신 것 같아요.

이석준 나이가 들수록 그렇게 되더군요. 하려던 말을 자꾸 까먹으니 남의 말을 들으면서 마음속으로 늘 되새김질하게 됩니다.

이 혁 남의 얘기가 끝날 때까지 기다리고 경청한다는 뜻이니까 다른 경우일 수 있어요. 경청하고 있지 않으면 상대방의 말을 끊게 되거든요. '그런데 나는' 하면서 본인의 얘기로 화제를 바꿔요. 가령 어떤 사람이 자신의 여자 친구에 대한 고민을 얘기하고 있는데, 그 친구의 상황에 맞게 답하는 게 아니라 '나도 그런 적이 있다'며 자신의 과거 얘기로 돌려버리는 것처럼요.

이석준   이런 사람들도 많잖아요? 남이 무슨 얘기를 했을 때 '그렇지. 나도 그
말에 동의해. 그런데……' 혹은 '하지만……' 이러는 사람들. 이게 정
반합적으로 좋은 결론을 이끌어내려는 취지면 좋은데, 그냥 뒤통수
치는 경우가 허다하거든요. 상대방 의견에 동의하는 척하면서 실은
부정하고 자기주장을 관철시키려 하는.

이 혁   네, 의견을 내세우는 것까지는 좋은데, 의견 제시가 아닌 본인의 경험
담이 주를 이루는 경우가 많은 것 같아요. 그리고 대화의 방법을 잘
알고 잘하는 사람들도 상대방이 어떤 사람인가에 따라서 대화가 잘
되기도 하고 안 되기도 하는 것 같고요.

이석준   그건 자연스러운 현상 아닌가요? 저도 6살짜리 딸하고는 괴델에 관한
대화를 깊이 나누지 못합니다만. (웃음)

이 혁   (웃음) 아, 그렇게 되는군요.

이석준   소통을 창작과 붙여 놓고 볼 경우, 딜레마를 느끼게 됩니다. 주류의
표준에 부합하고 많은 이들이 열광할 수 있는 콘텐츠를 만들어 트렌
디하게 표현하면, 절대 다수와 편안하게 소통할 수 있거든요. 반면,
문화의 극단, 첨단을 달리며 사람들이 경험하지 못했던 독특하고 새
로운 무언가를 시도하면, 거기서의 소통엔 한계가 있을 수밖에 없습
니다. 따라서, 소통의 가치를 양적인 커버리지로 판단해서는 안 될 것
같아요. 창조적인 제품, 그것도 그냥 창조적인 게 아니라 굉장히 혁신
적인 섬씽 뉴가 나왔다. 사람들이 깜짝 놀란다. 어머나, 세상에 이런
게 다 있었네? 사람들은 왜, 경험해보지 못한 낯선 것을 동경하거나
호기심 어린 눈으로 바라보기도 하지만, 더불어 두려움이나 불안감

도 느끼잖아요. 진가眞價를 미리 알기도 어렵고요. 이런 이유들로 인해 받아들이지 않는 경우가 허다합니다. 창작자가 계속 커뮤니케이션을 시도해도 보수성으로 담을 쌓고 마음의 문을 열지 않으려 하기 때문에, 어떻게 보면 혁신적인 서비스, 예술품, 창작물에 대해서는 사전 소통이 어려울 수밖에 없다는 생각이 들어요. 오피니언 리더급의 선각자가 도와주지 않는 한 말이에요. 그리고 대우 명제가 아니라 역의 명제이긴 합니다만, '소통이 어려운 게 혁신적인 것이다'라는 근거가 될 수 있지 않을까라는 생각도 해 봤습니다. 자, 이러한 의견에 대해서는 어떻게 생각하세요?

이 혁 혁신적이면서도 대중화를 동시에 이루어내려면, 창작물의 완성도, 작품을 발굴해 회사나 투자자와 연결시킬 수 있는 매니저, 그리고 마케팅과 시대적 배경 등이 고루 갖추어져야 하는 것 같아요. 그래서 이런 경우가 드문 거겠죠. 회사가 환경 조성을 잘 하면 도움 될 것 같아요. 어떤 것에 대해 쾌락적인 느낌과 장인 정신을 갖고 만드는 사람들이 다양하게 연구 및 창작할 수 있게 하고, 회사가 그중 상품화가 용이한 것들을 선택하는 시스템 말이에요. 그런데 지금 그렇게 하고 있지 않나요?

이석준 긍정적 의미의 '느슨함'이 느껴지는 말씀인데, 그런 회사들은 거의 없어요. 물론 그들이 만드는 문서상에는 그러한 생각해 봄 직한 말들이 널려 있어요. 하지만 실제로는 그렇지 않습니다. 제가 제대로 이해했다면 이혁 씨 말씀은 이런 의미인 것 같아요. R&D 조직원들에게 자율성을 대폭 부여해서 별도의 지침 없이 이것저것 원하는 대로 만들게 하고, 의사결정자는 이런 식으로 형성된 풀pool 안에서 그때그때 필이 꽂히는 것을 선택하면 되지 않겠냐는.

이 혁 네. 예전의 음악 시스템이 그랬었거든요. 영화 「도어즈」에 나온 것처럼 기획자가 여기저기 공연장을 돌아다니다가 괜찮은 뮤지션을 발굴해서 대중화시키는 단계를 거쳐요. 원석을 가공하듯 프로듀싱을 통해 대중과 좀 더 가까운 모습으로 다듬는 거죠.

이석준 대부분의 기업들은 그렇게 하지 않습니다. 물론 R&D 조직이 있긴 있어요. 하지만 감탄을 불러일으킬 만한 혁신적인 것들이 도통 나오지 않아요. 그냥 기존 서비스나 제품의 소소한 개선 정도만 이루어질 뿐이죠. 그리고 조금 전 언급했던 '문서상에는 존재하지만, 실제 기업 활동에서는 이루어지지 않는다'는 말은 이런 의미예요. 국내외의 다양한 보고서들을 들여다보면 관련된 많은 이야기들이 나와요. 왜, 에코시스템이라는 단어, 많이 접해 보셨잖아요? 어떤 대기업이 있다고 칩시다. 그러면 그 대기업만 바라보며 살아가는 군소 업체들이 여럿 있기 마련이거든요. 이때 제대로 된 에코시스템이라면 힘 있는 자가, 똘똘하지만 힘이 부치는 파트너들을 케어해 줘야 하는데 그렇지 않습니다. 갑질하기 바빠요. 사실 이래야 정상이거든요. '우리 회사는 이러이러한 미래 비전을 갖고 있어. 남들처럼 글로벌 탑 3니, 매출 20조 달성이니 그런 하나마나 한 결과론적 슬로건이 아니라, 구체적 서비스에 입각한 영양가 있는 비전이라고. 그런데 사회 문화적 수용도나 필요 요소 기술의 발전 추이 등을 헤아려 보니, 이를 달성하려면 아무래도 10년은 족히 걸릴 것 같아. 그렇다고 해서 손가락 빨며 10년을 기다릴 수는 없는 노릇이고, 이를 바라보고 단기, 중기적으로 만들어 낼 수 있는 서비스들을 먼저 론칭하는 게 바람직할 거야. 그래서 우리가 조사해 봤어. 이러이러한 요소 기술들이 필요하더라고. 또 조사해 봤지. 어떤 업체가 주요 요소 기술들을 보유하고 있는지, 그리고 현재의 스테이터스status가 어떠한지. 개념화 단계인지, 조사 단계인지, 연구 단계인지, 시제품 개발 단계인지, 아니면 양산 단계인지 말이야. 알아보니, 너네 회사가 요소 기술 B를 보유하고 있더라? 이미 진도도 많이 나간 상태고. 그래서 말인데, 우리 협업해 보지 않으련? 물론 너네 회사의 경영상의 난점 해결이나 관련 기술 고도화를 위해 우리도 투자해 가며 도와줄게.' 좋은 말이죠. 하지만 이런 식의 움직임은 전무합니다. 시작점이라 할 수 있는 비전부터가 감나무 밑에서 입 벌리고 있는 식이니, 뒤는 말할 필요도 없어요.

오픈 이노베이션open innovation, 크라우드 소싱crowd sourcing이라고 있거든요. 이게 뭔가 하면, 회사 밖 전문가 혹은 일반인들과 계속 인터랙션해 가면서 서비스 아이디어를 캐치하고 구체화하는 겁니다. 2011년 초쯤에 제가 주요 대기업 계열사들을 대상으로 순회 강의한 적이 있어요. 「2013년 마케팅 트렌드 예측」이란 주제였는데, 방금 언급했던 이야기들이 나옵니다. '앞으로는 크라우드 소싱, 오픈 이노베이션 등이 절실해질 수밖에 없다.' 이 말을 이해하려면 밸류 체인value chain, 즉 기업들이 무언가 만들어 판매하는 일련의 과정을 알아야 하는데요, 이는 보통 다섯 단계로 구성됩니다. 첫 번째 단계가 플랜plan, 기획하는 단계, 그다음 단계가 바이buy, 필요한 부품이나 자재들을 조달하는 단계예요. 세 번째 단계는 제조, 양산하는 메이크make, 그다음이 무브move, 물류나 유통으로 보시면 됩니다. 마지막으로 다섯 번째 단계는 셀sell, 즉 제품을 판매하고 A/S 해주는 단계예요.

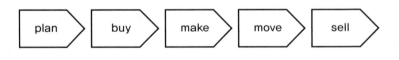

밸류 체인

고전적, 전통적 관점에서 보자면, 마케팅은 판매 및 A/S 단계에 올인돼 있어요. 그러니까 플랜, 바이, 메이크, 무브, 셀의 5단계 중, 제일 후단에 집중돼 있다는 말이죠. 이처럼 마케팅의 무게 중심이 아랫단에 있기 때문에, 저는 이를 '하류 마케팅'이라고 칭하는데요. 이제 무게 중심을 윗단, 즉 상류로 끌어올려야 하는 시대가 도래한 것 같습니다. '만들어진 서비스나 상품을 어떻게 잘 팔 것인가?'보다는 '소비자들에게 어필할 수 있는 서비스나 상품을 사전에 어떻게 잘 고안해 만들어 낼 것인가?'가 핵심이 돼야 한다는 거예요. 논리적으로 따져 봐도, 잘 먹힐 만한 서비스나 상품을 만들어 내면 후단에서 들여야 할 시간이나 돈을 한결 줄일 수 있잖아요. 반면 후단에만 계속 집착하다 보면 허접쓰레기 같은 상품이 만들어져도 억지로 푸시해 밀어내야 합니다. 이 와중에 진정성이 파괴될 가능성이 농후하죠.

이 혁   정작 상품은 소비자들이 구매할 만한 가치가 없는데 홍보와 A/S를 통해 신뢰 효과에만 신경을 쓰는…….

이석준   그런 경우가 많아요. 하지만 미래로 가면 갈수록 잘 먹힐 만한 서비스가 무엇인지 고민하는 게 점점 더 중요해지고, 그 와중에 일반 대중의 아이디어가 적잖은 도움이 될 겁니다. 후단 쪽, 그러니까 소비자들이 판매 단에 도움을 주는 것은 지금도 만연해 있어요. 홈쇼핑이나 인터넷 쇼핑몰 사이트에 가 보면 구매 후기들이 좌악 달려 있잖아요. 일반 대중이 이런 형태로 참여하는 겁니다. 그렇다면 앞 단에서는 어떤 형태로 참여하게 되느냐? 서비스 아이디어나 콘셉트를 제시하는 게 하나의 예가 될 수 있겠죠.

그런데 사실, 제가 방금 이야기했던 건 주류 경영학이나 컨설턴트 관점에 입각한 거고요. 아시다시피 제도권을 벗어난 요즘에는 아예 차원이 다른 고민을 하고 있답니다. '그래 봤자 도긴개긴이다. 진정 중요한 건 오너가 미치는 것이다' 등과 같은…….

2. 사회적 쾌락 파이 확장을 위한 기본 토대

이 혁 최고의 성공 방법은 자기가 좋아하는 일을 하는 것이라는 사실을 깨달은 친구가 있다고 말씀드린 적 있죠? 자기가 좋아하는 일은 누가 시키지 않아도 즐기며 하게 되는데, 이런 분위기를 기업에서 잘 흡수해야 하지 않을까요? 상업성 짙은 제품을 만들어 팔 궁리만 하는 게 아니라, 대표부터 말단 직원들까지 모두 즐기면서 일할 수 있을 때 가치가 형성될 테니까요. 개인도 마찬가지예요. 경제적 손실을 어느 정도 감수하면서 행복할 수 있는 방법을 찾을 수 있고, 기업도 자기 배만 채우며 대대손손 물려줄 게 아니라 인류에게 좋은 에너지로 환원시키겠다는 목표하에 사원들을 즐겁게 해주는 시스템을 도입한다든지 하는 방법이 있을 수 있겠죠. 한 번에 시스템을 뒤엎을 수는 없어도, 저번에 대화했던 여러 가지 방법들을 고안해서 조금씩 변화시킬 수는 있을 것 같아요.

이석준 그게 참, 말은 쉬운데 좀처럼 실천하기가……. 막연한 말 잔치보다는 한두 개의 구체적 대안 제시가 필요한 상황이에요. 이 맥락에서 보자면 우리 주장들 중 하나가 예술가를 사내로 끌어들이자는 건데, 오너나 CEO들이 어떻게 받아들일지 몰라도 전 의미 있는 시도라고 생각합니다.

이 혁 실행에 어려움이 있을 것 같지만 어떤 방식으로든 실행된다면 좋을 것 같아요. 유럽의 중산층 기준이 연봉보다 연주할 수 있는 악기의 개수인 것처럼 우리나라에도 삶의 질을 중시하는 시대가 다가오고 있다고 생각하거든요.

이석준 맞아요. 이건 충분히 제언할 만하다고 보여집니다. 예술가들이 회사에 들어오면서 특유의 분위기를 조성해 주는 것도 있고, 직원들이 그들과 소통하면서 배우는 것도 있고, 『리어왕』의 광대처럼 회사 경영에는 깊이 관여하지 않더라도 오염되지 않은 시각으로 철없이 한두 마디 던져주는 것도 분명 의미 있죠. 특히 이런 데에 효과가 있을 것 같습니다. 고정 관념에 사로잡혀 있는 사람들의 골을 '때앵~' 하고 울리게 해 주는 것. 일전에도 말했듯, 안 했던 것을 최초로 시작하는 것이기 때문에 분명 과도기를 겪을 겁니다. 그렇다고 해서 한두 번 시도해 보고 내팽개쳐서는 안 되고 계속 발전시켜 나아가야겠죠. 그리고 이 주장을 이렇게까지 확장시킬 수도 있을 것 같아요. '예술가를 심어 놓아라'는 메시지와 더불어 '모든 사람은 자기만의 무언가를 표현해야 한다'라고. 보통 이런 이야기들 많이 하잖아요? '주인 된 삶을 살아라', '개성적인 삶을 살아라' 흔하디흔해 빠졌습니다. 고로 여기서 약간 더 나아가야 우리만의 메시지, 즉 차별화 포인트가 되는 겁니다. 아, 차별화 이야기가 나온 김에 한 말씀드릴게요. 대개, 기업 전략 혹은 사업 전략 수립에 있어 중요한 개념이 차별화예요. 쉽게 말해 '남들은 안 하거나 못하는 것을 우리가 해서 좀 튀어 보자'는 건데, 이것만으로는 불충분합니다. 완벽한 차별화의 조건은 이래요. 인간이기에 공히 기대하게 되는 사안들은 기본적으로 다 충족시킬 수 있어야 합니다. 그리고 거기에 나만의 것이 추가돼야 하죠. 하지만 이게 끝이 아니에요. 문제는 '나만의 것'이라는 건데, 그게 나 혼자 좋다고 떠든다고 되는 게 아닙니다. 그 가치를 체감할 사회 저변이 필히 있어야 해요. 즉 사회적 유의미성이 있어야 한다는 말씀이죠. 표준 충족, 나만의 것, 그리고 나만의 것에 대한 사회적 호응, 이렇게 삼박자를 갖춰야 비로소 차별화가 의미 있는 거지, 경영학 교과서에 나오듯, 남들이 안 하는 걸 해야 한다? 이런 생각은 문제가 있습니다. 그런데, 사실 이 견해는 저의 다른 주장과 모순되는 면이 없지 않아 있어요. 그래서 좀 찝찝하긴 한데 그게 뭔가 하면, 이런 얘기한 적이 있을 겁니다. 혁신적 서비스를 론칭하기 위해서는, 트렌드가 어떻건 간에 고객이 뭐라 하건 간에 오너가 미쳐야 한다고. 자기가 정말이지 안 하고는 견딜 수 없는 그런 아이템을 갖고 가장 많은 고민을 해서 임직원들의 움직임을 이끌어내야 한다고. 이 주장과 좀 전에 설명했던 차별화 사이에 간극이 보이죠? 차별화란 표현에는 나와 타자를 비교한다는 전제가 깔려 있기 때문이에요. 물론 시간의 흐름에 따른 개인 내 차별화라는 개념을 상정할 수 있긴 합니다. 어제의 나, 오늘의 나, 그리고 내일의 나를 각기 다른 존재자로 간주하고 비교하는 거죠. 이 역시 타당한 접근이긴 하나, 아직 광범하게 통용되지 않아서요.

이 혁　어쩌면 차별화를 뛰어넘을 수 있는 것이 진정성일 수 있어요. 다른 제품과 차별적이지 않아도 훌륭할 수 있고, 반대로 차별적이어도 수준이 낮을 수 있으니까요. 진정성 있는 요리사는 일단 자기가 맛있고 보거든요. 자기가 맛있어야 '이걸 팔아 볼까?'라는 생각도 할 수 있기 때문이죠. '사람들한테 어필이 될까?'는 그다음인데 많은 사람이 1단계에서 멈춰요. 어떤 사람이 어떤 작품이나 아이디어를 내놓고 거기서 쾌락을 느낀다고 했을 때, 공감하지 않는 사람들이 많을 수도 있거든요. 하지만 진정성을 갖고 행동하는 사람들이 많으면 전체적인 분위기가 쾌락적일 거고, 그 와중에 잘 만들어진 제품이나 작품에 많은 사람이 공감했을 때 파급 효과가 생길 수 있다는 거죠. 그렇기 때문에 진정성은 작품성, 대중성과 별개의 문제이고, 단지 기본적으로 갖추어야 할 1단계인 것 같아요.

이석준 진정성, 공감이라는 화두가 드디어 등장했는데, 이런 것들은 어디서 비롯되는 걸까요?

이 혁 자기 자신에 대한 자연스러움과 솔직함 아닐까요? 단순하게 얘기하면 돈을 벌고 싶거나 사람들한테 인정받고 싶거나 하는 외부적 이유가 아니라, 순수하게 자신이 표현하고 싶고 사람들한테 얘기해 주고 싶어 하는 마음이요. 예를 들어 할아버지가 아이들을 모아 놓고 이야기를 해주는데 아이들의 말똥말똥한 눈을 보는 게 좋아서 그러는 거라면 진정성이 있는 거고, '어떻게 하면 아이들이 내가 말하는 것을 보러 더 많은 입장료를 내고 들어올까?'라고 생각한다면 그 반대겠죠.

이석준 제 컨설팅 지론인 '선 가치-후 보상'과도 궤를 같이하는 말씀 같습니다. 그런데 한편으로는 표리부동 관점에서도 이야기할 수 있지 않을까요? 가령, 실질적으로는 돈을 밝혀요. 돈을 밝히는데 겉으로는 돈을 안 밝히는 척한다면 진정성이 없는 거고, 반면 실제로 돈을 밝히기에 대놓고 밝힌다고 이야기한다면 그건 표리가 일치하는 거잖아요?

이 혁 돈을 많이 벌고 싶어 하는 것에 대한 솔직함을 따지자면 진정성이 있는 거지만, 일에 있어 돈을 최우선으로 하게 되면 그 일이 싫어도 억지로 해야 하잖아요. 그렇다면 즐거움과 쾌락을 느낄 수 없으니 진정성이 없다고 봐야겠죠.

이석준 오르테가 이 가세트의 『대중의 반역』이란 책에서도 언급됐듯, 이미 대중들은 많이 똑똑해졌습니다. 게다가 근래 들어 SNS, 스마트 디바이스들이 넘쳐나기 때문에 돈을 밝히면서 그렇지 않은 척 위장하는 건 불가능하죠. 무언가 꾸민 게 있다면 당장은 아니더라도 빠른 시간 내에 다 드러나 입소문 타게 됩니다. 그런데 지금 말씀드린 건 비즈니스 도메인에 있어서의 한 가지 작은 예에 불과한 거고요, 우리 논의의 맥락에서 진정성을 고민한다 함은 이런 겁니다. '사회의 쾌락 파이를 꾸준히 키우기 위해서는 나, 그리고 나와 함께 으쌰으쌰 하면서 쾌락거리를 만드는 사람들뿐 아니라 반대편에서 그 거리를 만끽할 사람들도 손을 맞잡고 호응해야 하는데, 이때 트리거 포인트 혹은 에너지원으로 작용하는 것이 바로 진정성이 아닐까?'

이 혁 '진정성을 갖고 사람들을 대했을 때 많은 사람이 알아주게 되고 쾌락을 느낄 수 있을 것이다'라는 말씀으로 들리는데, 그렇지 않은 경우도 있는 것 같아요.

이석준 그러니까 오늘 논의 초반에도 말씀드렸듯, 그런 면이 딜레마라는 겁니다. 제아무리 진정성을 담고 있어도, 그것이 지나치게 새롭거나 독특하거나 첨단을 달린다면 많은 이의 공감을 얻어 낼 수 없다는……. 게다가 사람마다 기호나 취향이라는 것도 갖고 있으니까요.

이 혁 순수 예술을 하는 사람들이 대중에게 외면 받는 경우가 많거든요. 죽은 다음에 인정 받은 경우도 많았고, 순수하지만 작품성이 떨어지는 예술에 일생을 바친 사람도 있었어요. 이런 점에서 볼 때 진정성을 갖고 만든 작품을 대중이 받아들이고 안 받아들이고는 다른 애기인 것 같아요. 진정성은 단지 베이스라고 보는 게 맞을 거예요. 오히려 인정 받지 못하는 경우가 더 많은 것 같아요. 예를 들어 삼성에서 아이폰을 카피하지 않고 자체 연구를 통해 핸드폰을 만들어냈다면, 이렇게까지 성공하지 못했을 것 같아요. 카피를 했기 때문에 성공한 거죠. 진정성 없는 작품은 사람들에게 해를 끼치는 경우가 많아요. 갤럭시 시리즈도 국가에 경제적 이득을 가져다주었을지는 몰라도 창의력 떨어지는 나라라는 걸 전 세계에 널리 알리는 계기가 된 셈이에요. 그리고 그 핸드폰을 쓰는 국민들에게도 자부심보다는 어떤 분야든 돈이 최고라는 생각을 심어줌으로써 장인 정신, 진정성, 순수성과 멀어지게 됐어요.

이석준 당초, 쾌락의 시발점이자 이를 잘 마무리 짓기 위한 중요 요소로 진정성을 생각했었는데, 과연 그게 맞는 건지 의문이 들어요. 그러니까 진정성이 넘친다면 사회적 쾌락 파이도 덩달아 커지되, 그 쾌락거리를 창조한 사람이 숨 쉬고 있는 그 시대에 커져야 모티베이션이 촉진될 거 아닙니까? 죽고 나서 200년, 300년 뒤에나 효과가 나타난다면 그의 진정성에 영향을 끼칠 수 있는 게 전혀 없잖아요. 무언가 긍정의 피드백들이 있어야 흔들리지 않을 텐데. 그렇다고 해서 진정성과 쾌락은 아예 무관한 사이인 거냐? 이 역시 아닌 것 같고.

이 혁 사회 전반이 쾌락과 진정성을 추구하다 보면 경제 발전과 별개로 행복하고 친절한 분위기가 될 것 같고요. 효과를 바란다면 우선 자신의 삶이 아름답고 충만해진다는 데 의미가 있고, 후세에 영향을 미친다면 그 또한 의미가 클 것 같아요.

이석준 그러니까 진정성이 쾌락 파이 확장에 직접적으로 영향을 준다기보다는, 이를 위한 인프라 혹은 기본 토대로서 필요하다는 말씀인가요?

이 혁　네, 10명의 아티스트가 있으면 그중 1명만 많은 사람에게 영향을 줄 수 있고 나머지 9명은 혼자 즐기다 말 수 있어요. 혼자 즐기더라도 즐겼다는 점에서 충분히 가치가 있는 거고, 전반적인 분위기가 그렇게 조성된다면 분명히 그중에서 대중을 만족시킬 수 있는 작품이 나올 거예요. 그렇게 되면 세상에는 진정성 있는 작품들이 넘쳐나고 전반적인 사회 분위기도 행복해질 것 같다는 생각이 들어요. 놀더라도 자기가 하고 싶은 걸 했을 때 기분 좋고 친절하게 되니까요. 우리나라에는 불친절한 사람들이 너무 많아요. 하기 싫은 일을 억지로 하다 보니 그렇게 된 것 같아요.

이석준　진정성이 파탄 나면 창작에 몰두할 수 있는 여건조차 갖춰질 수 없다?

이 혁　꼭 창작과 관련된 일이 아니더라도 중요한 것 같아요.

3. '그냥'의 힘

이석준　제 주변에도 '내귀' 팬들이 몇 분 계십니다. 열혈 팬인 선배 누나가 최근 SNS에 올린 공연 후기를 보니 몇 가지 생각이 들더군요. 지방 공연 관람이라는 단 한 번도 경험하지 않았던 강행군을 연달아 했음에도 불구하고, 피로감을 느끼기는커녕 오히려 에너지가 마구 솟구친 것 같았어요. 게다가 그 넘치는 에너지를 SNS를 통해 표현하니까, 긍정적인 기운이 주변 사람들에게까지 마구 퍼져 나가는 듯 느껴졌습니다. 콩닥콩닥하는 이 느낌이 희미해질까 두려워 얼른 선배에게 말을 걸었죠. '아무래도 누나를 한 번 인터뷰해야 할 것 같다', '갑자기 뭔 소리냐?', '요즘 쾌락에 대해 고민하고 있는데, 쾌락을 혼자 만끽하는 데에 그치지 않고 다른 사람들에게까지 적극 전파해 주는 긍정적 사례의 주인공으로 소개해야 할 것 같다. 그렇게 부지런하지도 않고 소극적인 사람이 적극적인 수준을 넘어, 아니 상식 수준을 넘어 록밴드의 공연을 보겠다고 시도 때도 없이 이 지방 저 지방 막 돌아다니고, 후유증을 앓아야 함에도 불구하고 되레 힘이 넘쳐나는 것 같다. 대관절 이 힘이 어디서 비롯되는지 무척 궁금하다.' 그랬더니 좋아하더라고요. 한 번 찾아가겠다고 얘기했는데 정말 궁금했습니다. 그게 바로 쾌락적 삶의 한 예가 될 수 있거든요. 원래 약골인 데다 직장 일을 힘들어하던 사람인데, 몰두할 무언가가 생기니까 요즘은 그 일마저도 즐겁게 하고 있어요. 게다가 긍정의 기운을 다른 사람들에게까지 전파해주고 있고요. 취미라는 것을 새삼 다시 보게 되더군요. 하찮게 여길 게 아니라는 생각이 들었습니다.

이혁이라는 핵을 중심으로 이혁을 둘러싼 세 명의 멤버들, 물론 베이시스트 관점에서는 자신이 핵이고 나머지 멤버들이 그를 둘러싼 거겠죠, 그리고 그 외곽에서 궤도를 형성하고 있는 팬들. 이 소우주만 세심히 관찰해도, 쾌락부터 진정성까지 많은 메시지를 끌어낼 수 있을 것 같아요. 그렇지 않을까요?

이 혁 그렇죠. 창작하는 사람들은 어떤 방식으로든 다른 사람들과 공유하는 걸 좋아하고 영향 줄 수 있기를 바라요. 그렇다 보니 다른 분야보다 더 순수해야 할 것 같아요.

이석준 이걸 토대로, 한 가지 생각을 덧붙여 봤는데 주요 골자는 이렇습니다. 음악을 만드는 사람은 '팬들이 이런 걸 좋아하니 맞춰 줘야지' 이래서는 안 되고, 철저하게 본인이 주인이 되어 만들어야 한다. 여기서 유의해야 할 점은, 주인이 되어 만든다는 말이 팬들의 의견을 묵살한다는 게 아니에요. 내가 주어가 되는 아이디어를 먼저 다져 놓고 그다음에 팬들의 목소리를 경청해야 한다는 겁니다. VOCVoice Of Customer라는 게 있어요. 자기 중심 잡기에는 별 신경을 쓰지 않은 채, 그저 '고객이 이런 말씀을 하셨거든? 그러니까 무조건적으로 받아들여야 해. 고객은 왕이니까, 아니 신이니까', 많은 기업이 이런 데에 귀를 쫑긋 세우며 집착하거든요. 그러면 십중팔구 휘둘리다가 마침내 개판 치게 되죠. 주지했듯, 제 주장은 이와 달라요. 자기 색과 생각을 확실히 갖고 가되, 귀와 마음을 열어 타자의 의견 중 필요한 부분을 선택적으로 받아들여야 한다는 겁니다. 동시에, 본인이 최대한 즐거울 수 있는, 미쳐버릴 수 있는 방향으로 무언가 만들어 낸다면, 아마 무관심할 사람도 있고 관심을 갖되 부정적으로 보는 사람도 있을 겁니다. 좋아하는 사람도 있을 거고요. 아무튼 이때 그 좋아하는 사람이 누군가 시켜서 혹은 이게 대세여서 막무가내로 '좋아해야지'라고 마음먹는 게 아니라 스스로 짜릿함을 느껴 그런 거라면, 이게 바로 신이 내려준 매치 메이킹이 아닐까 싶어요. 아무런 의식이나 의도, 목적, 사심 없이 자연스럽게 자기가 좋아하는 걸 추구하다 보니 절로 맺어져 버린 관계는 누가 봐도 진정성 넘치는 관계가 될 것이고, 속된 말로 약발이 오래갈 수 있을 겁니다. 그러면 창작이라는 행위 덕분에 창작의 주체는 창조의 쾌락을 느낄 수 있어 좋고 만끽의 주체는 감상의 쾌락을 느낄 수 있어 좋고, 사회적 관점에서 보자면 일석이조가 아닐까요? (웃음)

이 혁   네, 그러네요. 장인 정신을 주제로 한 영화나 다큐를 보면, 그들이 만든 작품이 의도한 대로 바르게 쓰이고 있는지에 대해 관심을 갖게 돼요. 현실에서, 원하는 만큼 또는 그 이상의 효과를 봤을 때 기분이 좋아지죠. 몇 달 전, 저희 동네에 '곽지원 빵공방'이라는 빵집이 오픈했는데, 닫혀 있을 때가 많아요. 종류도 몇 개 없고 비싸죠. 그런데 사장님이 직접 빵에 들어가는 재료를 농사 짓고, 빵을 발효시켜 화덕에 굽는다고 하시더라고요. 제가 작업이 늦어져 새벽 3시쯤 지나가다가 본 적이 있는데, 그 시간에 출근해서 빵을 만들고 계시더라

■ 양수리의 곽지원 빵공방

고요. 문 앞에 '준비 중'이라고 쓰여 있으면 안 파는 거고 '영업 중'이라고 써 있으면 파는 거니까 정확히 언제 여는지 알 수 없어요. 그리고, 소량의 빵만 만들기 때문에 금방 다 팔리죠.

이석준　그분 꼭 록커 같은데요?

이 혁　네, 신문 기사를 보니까 원래는 서울에서 제과점을 크게 하셨었는데 힘드셨나 봐요. 그래서 양수리에서 작게 하시면서 나중에 아들에게 물려주고 부인과 세계 여행 가는 게 꿈이라고 하시더라고요. 정말 즐겁게 일하시는 게 느껴져요. 가족들이 도와주는데 아들의 친절하고 맑은 눈빛은 지금도 기억이 날 정도예요. 보통 사람들 같으면 빵을 대량 생산한다든가 확장을 생각하겠지만, 그분은 정말 좋아서 하는 것이기 때문에 소수의 사람들이 자신의 빵을 알아주고 사주는 게 행복한 거죠. 이런 관점에서 볼 때 양수리 빵집 아저씨 같은 그런 분위기가 사회 전반에 넘치면 좋겠어요.

이석준 좋은 말씀입니다. 이 말씀을 들으니 저도 한 가지 사례가 떠오르네요. 잘 아는 컴퓨터과학 교수님 한 분이 얼마 전에 학교를 그만두셨어요. 무슨 사고를 치신 것도 아니고, 정년도 안 됐는데 말이죠. 댁으로 찾아가 말씀 좀 나눴습니다. 조기 퇴직 이유는 간단했어요. '더 이상 망설였다가는 내가 즐길 수 있을 때를 놓칠 것 같다. 이젠 정말이지 내가 가장 하고픈 것을 하며 살고 싶다.' 그분의 바람은 거제도 바닷가에 컨테이너 집을 짓고 그곳을 거점 삼아 요트로 해외 여행하는 거예요. 색소폰 등 악기 연주에도 심취하긴 했는데, 그건 교수들 사이에서 흔한 거니 당신만의 개성이라고 하긴 뭐하죠. 지금도 열심히 실천하고 계십니다. 그러고 보니 컨테이너 집도 많이 지어졌을 것 같네요. 참, 이분 역시 개인 블로그를 통해, 지인은 물론 불특정 다수들에게 이 기운을 공유하고 계세요. 이렇게 빵집 사장님이나 교수님처럼 진정성 있게 원하는 대로 행동하는 사람들은 긍정적 상승 작용을 불러일으키는 데에 반해, 진정성 없이 트렌드에 기웃거리는 대다수 사람들은 매너리즘에 빠져 세상 눈치 보기에 급급하죠.

이 혁 맞아요. 진정성이 있으면, 예를 들어 그 아저씨가 빵을 만들어 파는 데 잘 안 팔려도 계속 끌고 나갈 수 있는 에너지가 있을 것이고, 더 잘 만들고 싶어 하는 마음이 생기겠죠. 자기가 하고 있는 일을 더 잘하고 싶고 더 즐거움을 느끼기 위해서 노력하는 거지, 돈이 1차 목적은 아닐 거예요.

이석준 기업으로 치면 그런 게 바로 제대로 된 R&D 아니겠습니까? 제 경우도 비슷해요. 이전 책이 얼마나 팔렸는지 잘 모르겠는데, '다음 번엔 2쇄, 3쇄에 빨리 들어갈 수 있는 그런 류의 책을 써야지'라는 식의 생각…… 추호도 안 합니다. 출판사가 싫어하려나요? (웃음) 그저 제가 내뱉고 싶은 메시지를, 제가 표현하고 싶은 스타일대로 표출하려 할 뿐입니다. 물론 재야 어딘가에 묻혀 있는 학제적 개인 혹은 딜레탕트와 소통할 수 있는 매개가 될 수 있다면 금상첨화겠지만.

이 혁 그런 마음이 중요한 것 같아요. 많이 팔리면 고마운 것이지, 목적은 아닌 거죠.

이석준 판매량이 긍정적 판단의 잣대가 될 수 없어요. 얼마 전에 책 한 권을 샀어요. 『The Most Dangerous Book』이라고, 제임스 조이스의 『율리시스』 출간과 관련된 내막을 다룬 책입니다. 아무래도 우리나라에 번역본이 안 나올 것 같아서, 아마존에 나오자마자 그냥 질러 버렸죠. 잘 아는 출판사에도 권유했어요. '이러 이러한 책이 나왔는데 김종건 교수님 모셔다가 번역본 출간하는 게 어떻겠냐?'고. 아직 피드백이 없습니다만, 여하튼 그 책에 나온 제임스 조이스가 했다는 말 중에 와 닿는 게 있었어요. '나는 100만 명이 읽는 책을 쓰고 싶진 않고, 누군가 한 명이 100만 번 읽는 책을 쓰고 싶다' (웃음) 보자마자 밑줄을 그었습니다. 공감됐거든요. 그 양반이 좀 고약한 구석이 있긴 있는게, 『율리시스』를 써 놓고선 이런 얘기를 했어요. 너무나도 유명한 말인데, '『율리시스』에 엄청나게 많은 수수께끼를 숨겨 두었기에 수 세기 동안 대학교수들은 그게 뭔지 갑론을박하기에 분주할걸?' 자기는 그걸 목표로 한 것도 없지는 않다고.

이 혁 괴짜시네요.

이석준 제가 『나발한자』를 쓸 때, 조이스 같은 생각까지 했던 건 아닙니다만, 이런 고민은 참 많이 했어요. 사고나 사유를 텍스트로 표현함에 있어 가장 인간다운 것은 어떤 걸까? 우리는 글을 쓸 때 논리정연하려고 노력하잖아요? 하지만 아무도 들여다볼 수 없는 자기 머릿속으로 생각할 때는 논리 따위에 연연하지 않아요. 이 생각했다가 저 생각했다가. 그리고 도덕적이고 우아한 생각만 하지도 않거든요. 추잡하고 좀스럽고 유치한 생각도 많이 합니다. 때때로 위험한 생각도 많이 하죠. 또, 뭔가 선·후행 관계가 분명해 꼬리에 꼬리를 물고 유기적으로, 인과적으로만 생각하는 게 아니라, 물론 그런 부분도 없지 않아 있긴 합니다만, 뜬금없이 갑자기 툭 튀어나오는 생각도 있어요. 이러한 특징들을 망라해 책 한 권에 압축해 담은 건데, 사람들이 통상적으로 생각하는 책의 전형에서 볼 때는 해괴했던 것 같습니다. 뭔가 장章도 여러 개 있고 논리 정연한 스토리라인을 생각했건만 '뭐야 이거?' 하지만 말씀드렸듯 사고나 사유의 맥락에 있어 가장 자연스럽게 표현하고 싶어 굳이 그렇게 했던 거고요. 반면 이번 대담집은 그런 의도로 쓰는 게 아니니 합슴의도적인 형식으로 써야겠죠. (웃음) 사실 이런 것도 일종의 진정성인데 말입니다.

이 혁　영화로 말하자면 작자 본인에게 연상되는 여러 가지 이미지들이 스크린 위에 일관성 없이 나열되는 거니까, 관객들 입장에서는 의도 파악이 어려웠겠군요.

이석준　저는 이런 게 너무나 재미있더라고요. '사고의 발산', '의식의 흐름', '초점의 전이'. 이런 것들이 잘 촉발될 수 있다면 창의적, 창발적 사고에 도움이 될 거라는 생각이 들어요. 서비스 기획이나 마케팅 관점에서 보면, 마음속에 숨어 있는 인사이트를 캐치한다는 점에서 이보다 좋은 게 없을 것 같고요. 그러니까 이런 거죠. 이게 돌이라고 가정하면, '돌이군', '돌이 있군' 하고 끝나는 게 아니라, 이 돌을 시작점으로 해서 생각의 분기가 연쇄적으로 마구 일어나는 거예요. 이 돌을 통해 연상되는 여러 가지 것들. 어떤 게 파생적으로 연상됐으면 그걸 중심으로 다시 또 새로운 것들이 연상되고, 이렇게 되풀이되면서 무한으로 퍼져 나가는. 제가 이런 성향이라 그런지 제임스 조이스와 궁합이 잘 맞는 것 같아요. 『율리시스』는 뭐……. 아, 말 나온 김에 이거 한 번 보여 드릴게요. (스마트폰을 만지작거리다 건넨다.) 어떤 지인이 의식의 흐름 소설이 지루하고 재미없다고 하길래 그 양반을 위해 즉석에서 끄적여서 준 거거든요.

클라이언트들에게 자주 말한다. 새로운 시대가 당신에게 요구하는 것은 소설가적 기질을 갖추는 것을 넘어 소설가가 되는 것이라고, 연역적 지식의 축적보다 귀납적 경험 다원화에 더 신경 써야 한다고. 고로 늦은 감이 없진 않으나, 이제부터라도 허울 좋은 경영서 따위는 쓰레기통에 집어 던지고 부디 소설을 많이, 그리고 제대로 읽으라고. 특히 두 개의 서브 장르를 권한다. 하나는 기술 집약적 혁신 비전 수립에 도움 될 만한 Sci-Fi 소설이고, 다른 하나는 마음의 메커니즘에 대한 경험 축적을 위한 의식의 흐름 소설이다. 마음의 메커니즘을 언급한 이유는 경영자들 스스로 늘 강조하는 고객 니즈니 인사이트니 하는 것들은 결국 복잡다단하고 무작위적 패턴을 띠는 마음에서 비롯되기 때문이다.

* * *

주변 사람들에게 제임스 조이스의 의식의 흐름을 경험해 보라고 자주, 그리고 많이 권한다. 이때, 그네들의 직관적 이해를 돕기 위해 성문사의 영어 참고서 시리즈를 메타포로 활용한다. 그녀에게 미안하지만 버지니아 울프의 작품들도 슬며시 끌어들이기도 한다. 반면 『더블린 사람들』은 더블린 냄새는 물씬 풍겨도, 조이스 냄새는 그다지 풍기지 않기에 제껴 버린다. 메타포는 이러하다. 『델러웨이 부인』은 『성문 기초영문법』, 『젊은 예술가의 초상』은 『성문 기본영어』(『등대로』 같은 경우는 『성문 기초영문법』과 『성문 기본영어』 사이인 듯한데, 그에 해당하는 성문 시리즈가 없어 매핑하지 못했다. 맨투맨 시리즈도 딱히……), 『율리시스』는 『성문 종합영어』(『피네간의 경야』는 완독하지 않았기에 함부로 지껄이진 않는다).

내가 생각하기에 의식의 흐름 소설을 만끽하기 위한 최고의 방법은 존재적 세계와 인식적 세계를 구분하는 데에서 비롯된다. 즉, 객관적이고 주로 주인공의 머리 밖에서 벌어지는 일이 대다수인 존재적 세계와 주관적이며 주인공의 머릿속에서 벌어지는 일이 전부인 인식적 세계를 구분하는 게 첫걸음이다. 그래서 객관적이며 개연성이 있기에 비교적 공감이 쉬운 존재적 세계를 받아들인 후, 거기에 담긴 핵심 메시지나 매개체, 사건 등을 봐가며 독자 스스로 사고의 수렴 및 발산을 일으키면 된다.

긴말 말고 『율리시스』를 한번 보자. 가령, 주인공 리오폴드 블룸이 샌드마운트 해변을 걷는 장면이 묘사된다면, 블룸 자리에 독자 자신을 대입한다. '날씨는 이렇게 상정해 볼까나? 거기엔 이런 돌이 있을 거야. 모래사장의 촉감은 이렇겠지? 파도는 저런 상태일 거고, 바다색은 어떨 거고, 이것들이 총체적으로 어우러진다면 내겐 이런 추억이 떠오르겠지? 더불어 이런 미래가 그려지겠지? 아니면 그냥 그렇게 아무 느낌도 없겠지?' 등등. 이렇게 철저하게 읽는 자의 주관하에 중심을 잡고, 존재적 세계에서 잉태된 나의 인식적 세계와 그의 인식적 세계를 비교해 보는 것이다. '그래, (지금까지 이러한 것들을 공부하고 생각하고 경험하고 살아온) 내 경우 이런 연상이 자연스레 이루어지는데(고로 자동기술법이란 표현은 의식의 흐름과 자주 붙어 다닐 수밖에 없다), 조이스 선생은 어떻게 사고 혹은 사유하고 놀았는지 한번 비교해 볼까나?' 자, 이렇게만 한다면 절대로 두려워할 이유가 없다. 길도 잃지 않을뿐더러 되레 의식의 흐름 고유의 굉장한 재미를 만끽할 수 있다.

물론 선행 지식이 요구되는 부분까지 모두 다 커버할 수 있다고 떠벌린다면 그건 사기다. 사고, 사유하면서 주체성을 유지한다 하더라도, 웬만해선 아일랜드의 역사 및 20세기 초·중반 정치 상황, 셰익스피어의 문학 세계, 신학 등등까지 꿰뚫을 수는 없는 노릇이니 말이다. 반면 실망할 수도 있다. 이 역시 선행 지식과 관련되는데, 여기서는 주체와 객체가 뒤바뀐다. 그러니까 이런 경우다. 독자 자신이 조이스보다 상대적으로 정통한 분야가 다루어질 때. 내 경우는 '이타카'라 불리는 끝에서 두 번째 장이 가장 재미있었는데, 아마 조이스 대비 지적 우위를 확연히 느낄 수 있는 장이기 때문일 수도 있다('일 수도 있다'라 함은 100%가 절대 아님을 의미한다).

자, 요약해 보면 이러하다.

1. 세계를 구분하라. 하나의 존재적 세계와 다수의 인식적 세계 '들'로.

2. 존재적 세계를 제대로 이해하라.

3. 머릿속에 나의 인식적 세계를 그려 보라(그 세계가 유일무이하다면 나의가 아닌 나'만'의가 된다).

4. 나의 인식적 세계와 작가의 인식적 세계를 비교해 보라. 이때 나의 주관으로 철저히 중심을 잡아야 한다. 까딱 잘못했다가는 그의 인식적 세계에 종속될 수 있고, 그러면 완전히 망쳐 길을 잃거나 주저앉게 된다.

5. 4단계까지 무리 없이 통과했나? 그렇다면 다 됐다. 만끽하라.

독자의 관점에서 보자면, 아마 의식의 흐름 소설처럼 주체성을 요하는 장르는 없을 거예요.

이 혁 (웃음) 재밌네요. 저 역시 아이디어나 멜로디가, 의도할 때보다 갑자기 생각 나는 경우가 더 많은 것 같아요.

이석준 그렇다니까요? (웃음) 그런데 그런 것들은 제3자가 와서 '왜 그렇게 되는 건지 기제를 설명해 주세요'라고 요청하면 답답해지잖아요. 여러 가지 이유가 있을 수 있는데 나 또한 잘 몰라서 그럴 때도 있지만, 'why?'라는 말을 남발하는 이 사회도 좀 그래요. 창의성을 좀 먹는 수많은 것들 중에 'why?', 'so what?' 같은 질문들이 포함돼 있다고 생각하거든요. 그냥 그런 건데 말이에요. 이런 태클적 질문들이 창의적인 생각을 품고 있는 누군가의 입과 손을 막아 버리는 것 같아요.

이 혁 맞아요. 창의적인 부분에서는 육하원칙을 적용하기 힘든 부분이 있어요. 기억해 내기도 힘들고요.

이석준 인간의 사고라는 관점에서 볼 경우, 전혀 자연스럽지 않죠. 물론 어떤 결과가 나온 후에 그 원인을 추론하거나 제3자에게 설명할 때는 좋을 수 있어요. 일목요연한 사후 정리 차원에서 말이죠. 그런데 이게 무언가를 고안하거나 생성할 때는 오히려 아이디어를 좀 먹습니다. 이른바 사고의 감옥이 돼 버리는 거예요. 가는 길을 한정 짓잖아요? 사실 무언가 참신한 걸 뽑아내려면 사고란 놈이 여기도 부딪혔다가 저기도 부딪혔다가 이리저리 왔다 갔다 월담도 하고 물에도 뛰어들고 하늘로 솟구쳐 오르기도 하고 땅도 파고 그래야 하건만, 6면을 다 막아 놓고는 '사고 네 이놈, 이 안에서만 움직여!' 이러고들 있죠.

이　혁　　일반 사람들도 평상시에는 그런 식으로 생각하지 않잖아요?

이석준　　편안한 일상에서는 그렇지 않죠. 무엇이든 자유분방하게 합니다. 하지만 중요한 프로젝트라든가 이런 빡빡한 상황에서는, 논리니, 선후행 관계니, 인과 관계니 하는 것들을 의식하게 됩니다.

그리고 아이디어나 창의성은 일탈과 흐트러진 일상 및 정신 집중을 요하는 정리 정돈된 일상, 그 사이를 왔다 갔다 진동하면서 발현되는 게 아닐까 싶어요. 이혁 씨도 이런 말씀을 하신 적이 있었죠. 걸어갈 때, 산책할 때 아이디어가 떠오르는 경우가 많다고. 저 역시 마찬가지고요. 뛰어난 업적을 보였던 과학자들의 이야기를 살펴봐도, 걸어가다가 느닷없이 아이디어가 떠올랐다는 경우가 많았죠. 연구실에 앉아 '오늘은 이 토픽을 연구하는 것으로 계획돼 있으니, 이 시각부터 저 시각까지는 아티클 보면서 요런 아이디어를 내야지.' 아이디어가 이런다고 해서 형성되는 건 아니잖아요? 요컨대, 후단의 정리란, 걸어 다니거나 샤워하거나 혹은 똥 싸면서 생성된 사고의 편린들을 엮어, 좀 더 그럴싸하게 만듦으로써 타자를 설득, 이해시키기 위해 하는 겁니다. 그리고 떠오른 수많은 아이디어들을 정리, 심화하기 위한 공간이 창작실, 작업실, 연구실, 뭐 이런 것들이 되는 거고요. 사실 즉흥적인 부분들이,

이　혁　　제가 음악을 하게 된 원동력이 무엇이었나 생각해보면 즉흥적이고 산발적인 아이디어들에 대해 바로 실천하는 것이었던 것 같아요. 예를 들어 누구를 만나야겠다고 생각이 드는 순간, 바로 전화를 하는 거죠. 공연에서 가발을 가위로 자르는 퍼포먼스를 생각했다면 바로 스타일리스트한테 전화해서 '가발 준비해 줄 수 있니?'라는 식으로 실천하고 움직이는 것에 대한 즐거움이 있어요. 상상력을 현실화시킬 수 있는 원동력이죠.

이석준 정말 중요한 말씀이네요. 출간을 염두에 두고 시작한 건 아니지만, 요즘 버스 안에서 「7011」이라는 단편 소설을 쓰고 있어요. 대개의 경우, 아이디어가 있어 글을 쓰게 되지만, 글을 쓰면서 아이디어가 샘솟는 경우도 적지 않거든요. 인과관계가 뒤집힌 셈이죠. 그런데 버스 안은 아무래도 좁고, 타자들과 밀착해 있고, 시끄럽고, 흔들리고, 경우에 따라 퀴퀴한 냄새도 나고, 아무튼 안락과는 거리가 먼 폐쇄적 공간이다 보니, 글을 쓰려다가도 '에이, 키워드만 대충 정리했다가 오늘 밤 집에서 마무리해야지' 이렇게 변덕을 부리게 됩니다. 하지만 이러면 말짱 꽝이에요. 밤이라는 시간과 집이라는 공간이 만나면 '오후의 버스 안'이라는 특유의 무드가 죄다 날아가 버리거든요. 그러면 쓰고자 하는 에너지가 쑤욱 사그라지고 관심도 줄어들어 안 쓰게 되죠. 쓴다 해도 영 마음에 들지 않는 결과가 나오고요. 즉시성, 즉흥성도 정말 중요해요.

이 혁 즉시성도 중요하고 세팅도 중요한 것 같아요. 움직일 수 있게 세팅해 놓는 거요. 약속을 잡을 수도 있고요. 예를 들어 노래를 잘 부르기 위해서는 매일 운동을 해야 하는데, 귀찮잖아요. 그럴 땐 운동 안 하면 잠이 잘 안 온다든지 하는 식으로 습관을 만들어 놓는 방법이 있어요. 컴퓨터의 프로그램 설정처럼 만들어 버리는 거죠.

이석준 분위기라는 게 참 중요해요. 분위기, 맥락, 상황, 이런 것들.

이 혁 네, 분위기도 중요하고 기분도 포함되는 것 같아요. 유쾌한 느낌인데, 약간의 긴장감이 있는 상태에서 무언가 하고 싶다는 생각이 들면 좋은 아이디어가 나오는 것 같아요.

4. 그러나 실제로는 쉽지 않은 그것, 협업

이석준 이런 얘기도 했었잖아요? 곡에 대한 아이디어가 떠오르면 멤버들에게, 뭐였더라? 비에 맞은 이런 느낌으로 연주 좀 해 줘라…….

이 혁 아…… 안개 속에서 희미한 빛을 보는 사운드?

이석준 예. 멤버들이 '뭔 소리야? 코드로 이야기해'라고 욕했다던.

이 혁 네, 차라리 뭐 좀 우울한 사운드 이렇게 말하는 게, 더 잘 전달됐을 거예요. 그 당시에 저는 더 정밀하게 표현하겠다고 이미지로 설명했는데 멤버들이 그게 뭐냐고 화냈었어요.

이석준 이 경우는 소통 중에서도 창작을 위한 소통을 시도한 거잖아요? 창작이라는 게 단지 곡을 쓰고 가사를 입히는 데에 한정되지 않고 연주까지 이어져야 하니까요. 더 나아가면 공연까지 연장되고요. 물론 그 전에 편곡이 있을 수도 있고.

이 혁 저는 각자 떠올린 이미지가 반영돼야 한다고 생각했어요. 가령, 제가 안개 속에서 희미하게 빛이 보여 그걸 잡았는데 물컹한 느낌이 들었어요. 그렇다면 마찬가지로 다른 멤버들도 각자의 느낌이나 해석을 상이하게 표현할 수 있는 거잖아요. 제가 생각한 물컹함이랑 기타리스트가 생각한 물컹함이랑 같으면서도 다르게 해석하는 부분이 있을 수 있으니, 기타로 표현한 것을 듣고 서로의 느낌을 섞으면서 사운드가 나올 때 재미있을 거라 기대했었거든요. 단순하게 그냥 코드로 얘기한다든지 울렁거림으로 전달한다든지 하면 너무 표현이 뭉뚱그려져 버리니까요.

이석준   그런 식으로 소통하는 밴드들도 있나요?

이 혁   다른 팀은 어떻게 하는지 모르겠어요. 그래도 최근에는 어느 정도 통하는 것 같아요. 같이 많이 하면서 자연스러워졌어요.

이석준   처음에는 주관적, 감성적 커뮤니케이션을 시도했지만, 지금은 코드를 매개로 객관적, 이성적인 면을 대폭 강화해 커뮤니케이션한다는 말씀으로 들리는데요.

이 혁   가미했지만 지금은 서로 중화되어 가는 상황인 것 같아요.

이석준   어떻게 보면 감성과 이성 간의 융·복합으로 볼 수도 있고,

이 혁   그런 상황이에요. 사실은 좀 더 이미지적으로 소통하고 싶어요.

이석준   코드를 통해 이야기하면 편하고 명확할 순 있겠죠. 하지만 그 경우, 멤버들이 단순한 음악 메신저로 전락하지 않을까 우려됩니다. 그러니까 메타포 기반의 소통을 한다면, '내가 원래 의도했던 색과 달라져도 네가 살아온 삶과 철학이 담겨 있으니 그게 더 유의미하지 않겠냐?'라는 식의 생각도 할 수 있을 것 같아요.

이 혁   가령 아버지가 돌아가셨어도 사람마다 느낌이 다 다를 수 있잖아요. 우울하지만 조금씩 다른 그 느낌들을 각자 표현하고 섞었을 때 멋진 음악이 나오는 것 같아요.

이석준   여러 해석이 가능하기에 소통이 어려울 수도 있습니다만, 창작에 관

한 한 큰 도움이 될 것 같습니다. 그러고 보니 소통이 명확하게 잘 된다고 해서 무조건 장땡이라고 할 순 없겠는데요? 역시나 상황에 따라 다른 걸까요? 아니면 여기에서도 메타 레벨을 고려해야 할까요?

이 혁 저는 우울함을 느린 템포로 생각했는데, 다른 친구는 격렬함으로 받아들일 수 있잖아요. 그러면 오히려 더 재미있을 수 있어요. 주제에서 벗어나지 않으면서 어울리기만 한다면요. 같이 여행을 해도 느낀 게 다를 수 있듯이, 안개 속에서 잡은 물컹함이 다른 느낌과 합쳐졌을 때 묘한 사운드가 만들어진다고 생각해요.

이석준 최소한 창작을 위한 협업의 맥락에서는 바람직한 접근 같습니다. 그런데 이런 시도가 잘 안 통해서 어쩔 수 없이 절충안을 찾게 됐다는 말씀인데,

이 혁 네, 커뮤니케이션에 있어 서로의 스타일을 존중하는 방향으로 절충된 것 같아요.

이석준 그렇다면 감성 커뮤니케이션을 위해 먼저 곡 전체적으로 한번 짚어 주고 그다음에 개별적인 터치를 한 건가요, 아니면 소절을 하나씩 하나씩 던져가면서,

이 혁 주로 주제를 정해 놓고 소절을 하나씩 만들어가면서 함께 작업했어요.

이석준 작사, 작곡을 한 사람으로서, '전체적으로 어떤 이미지를 연상하면서 어떤 감성에 몰입해서 이 곡을 만들었다'라고 설명한 후, '따라서 이 중 두 번째 소절은 이런 면이 많이 살아나도록 해야 하고……'라는

식으로 커뮤니케이션하면 멤버들의 수용도가 좀 높아지지 않을까요? 그러니까 일단 전체적인 큰 그림을 보여주고 이후 디테일로 넘어가는 그런 접근 말입니다.

이　혁　그런 경우도 있긴 있었어요.

이석준　잘 안 됐나요?

이　혁　잘 될 때도 있고 잘 안 될 때도 있어요. 다양한 방법이 있지만, 방법보다는 그때그때 멤버들의 기분이 중요한 것 같아요.

이석준　아, 이 대목도 중요하네요. 방식이 중요한 게 아니라 사람, 특히 사람의 마음가짐, 느낌이 중요하다는 건데, 일상생활도 그렇고 기업 활동도 그렇고 예술 행위도 그렇고, 이 부분을 어떻게 활용하느냐에 따라 더 좋은 메시지들이 많이 나올 수 있을 것 같아요. 그런데 문제는 멤버 각자의 기분, 느낌, 이런 것들을 내 맘대로 통제할 수 없다 보니……

이　혁　원래는 멤버들끼리 외적으로도 그렇고 정신적인 부분에 있어, 형제 이상으로 통하길 원했어요. 하지만 중간에 좌절도 하고 저 자신에게 실망도 하고 타협도 하면서 보이지 않는 규칙이 생겨난 것 같아요. 마찬가지로 회사 구성원도 각자 추구하는 바가 다르고 이런저런 사람들이 많이 섞여 있기 때문에 잘 맞아서 굴러가기가 쉽지 않을 것 같거든요. 그럴 때는 적절한 타협이 필요해요.

이석준　'내귀' 같은 경우는 이런 거죠. 보컬, 기타, 드럼, 베이스, 이렇게 4인

4색으로 가는 건 맞다 이겁니다. 기본적으로 다양성을 추구하니까 말이에요. 하지만 간과해선 안 될 게 있어요. 가령 이혁 씨가 '안개 속 물컹……' 이런 이야기를 꺼냈다면, 그걸 테마로 해서 각자 느끼는, 연상하는 부분을 쏟아내야 한다는 겁니다. 그러니까 네 명이 서로 다른 상상을 하더라도, 능동적으로 거기에 자기의 경험과 감정을 쏟아내고자 하는 시도들을 해야 한다는 거예요. 사실, 진정성 있는 록 밴드라면 기본적으로 다 갖고 있어야 하는 속성 아닌가요?

이 혁 그 점이 아쉽기는 한데 서로서로 이해하려는 방향에서 비슷하게 흘러가고 있기는 해요.

이석준 거기서 도출되는 시사점은 일반화할 수도 있겠네요. 협업을 통해 뭔가 짜릿하고 재미있고 신선한 게 나오기 위해서는, 구성원 각자 나름의 뷰포인트를 갖고 인터랙션해야 합니다. 무언가를 객관적으로 통용되는 표준 언어 속에 담는 건 한계가 자명해요. 가령, 일종의 표준 언어라고 할 수 있는 코드 기반으로 소통한다면, 연주자는 강약, 고저, 장단 등에 있어서만 차이를 줘 가며 자신의 느낌을 표현할 수 있겠죠. 하지만 코드가 아닌 '안개 속 물컹'이라는 것처럼 느낌이랄까 감각적 메타포로써 소통한다면, 표현의 폭이 한층 넓어질 수 있어요. 각 연주자는 먼저, '안개 속 물컹'이라는 말을 듣고 지금 이 순간 떠오르는 이미지라든가 촉각이라든가 맛이라든가 냄새라든가 기분에 입각해 코드를 선택하고, 이후 선택한 코드에 의거해 강약, 고저, 장단 등을 추가 선택하게 되니까요. 그러니까 전자가 정해진 코드 내에서 표현상의 자유도를 극대화하는 것임에 반해, 후자의 경우는 거기에 코드 선택의 자유도까지 결합됐으니 표현에 있어 훨씬 더 높은 참여도와 자유도를 갖게 되는 셈입니다. 다양성 측면에서도 바람직하고요.

이 혁 사실 설명하기 힘든 그런 부분들이 많아요. 그러니까 단순하게 우울함이라든지, 아니면 즐겁고 밝은 분위기라든지 하는 것만으로 표현하면 부족하기 때문에 이미지 연상을 살리고 싶어 하는 거거든요. '좀 황당하게 생각되더라도 멤버들이 긍정적으로 받아주면 좋을 텐데……'라는 아쉬움은 있었어요. 하지만 지금은 아까 말씀드린 대로 서로 많이 이해해주는 편이에요.

이석준 대기업들도 마찬가지이긴 해요. 브레인스토밍할 때 소위 '쌩어', 일상어로 이야기하거나 감성적인 표현을 섞으면 욕부터 먹어요. 업무 맥락에서 쓰는 프로토콜 범위 내에서 용어들을 구사해야 합니다. 부자연스럽죠. '무조건 단순 명확하게 해', '다의적 해석이 나올 만한 표현은 피하라고', '그래서 뭘 어쩌자는 거야?', '쉬운 용어로 표현해', '객관적인 표현을 쓰라고!', '누가 회의할 때 그따위로 이야기하냐?', '장표를 그런 식으로 그리면 쓰나?' 이런 식으로 몰아붙이니까 여간해서 좋은 아이디어가 나오지 않아요. 평상시와 다른 갑갑하고도 경직된 '톤 & 매너'로 임하게 되고, 어색하고, 진지하고, 무미건조해지고, 그러다 보니 맨날 피상적이고, 똑같은 얘기만 되풀이되는 겁니다. 우리 아까 분위기의 중요성에 대해서도 이야기했었잖아요? 사실 저도 이런 측면에 있어서는 그렇게 떳떳한 입장은 못 됩니다. 저희 회사 임직원들의 보고서를 리뷰할 때 항상 'what?', 'why?', 'how-to?' 관점에서 이야기했거든요. 일단 '네 주장이 뭐냐', 'what?'에 해당하는 거죠. 그다음 '네 주장을 뒷받침할 수 있는 논리적 근거가 뭐냐', 이 질문이 바로 'why?'에 해당하는 겁니다. 마지막으로, '네 주장을 관철시키기 위해서는 구체적으로 어떻게 해야 하냐', 즉 'how-to?'예요. 이런 접근이 제 몸에 배어 있습니다. 그리고 컨설팅을 하다 보면 화장실에서 소변볼 때도 그렇고 별의 별 상황에서 고객사 의사결정자와 맞닥뜨리게 되거든요. 따라서 유연성 있게 커뮤니케이션하는 게 아주 중요합니다. 가령 엘리베이터 안에서 우연히 만난 의사결정자가 프로젝트 진행 경과에 대해 질문한다면, 짧은 시간 안에 일목요연하게 설명할 수 있어야 해요. 이때는 당연히 두괄식으로 결론부터 이야기해야 합니다. '지금까지의 잠정적 권고안은 다음과 같습니다. 이렇게 해야 합니다, 왜냐하면……, 이렇게 하기 위해서는……' 이런 순서로 이야기해야 해요. 그런데 제도권 컨설팅계를 떠나 낯설게 보면서 깨달은 바가 뭔고 하니, '이게 효율성을 높이기 위한, 기존 비즈니스를 약간 업그레이드하는 상황에서는 적절한 접근일 수 있다. 하지만 획기적인 무언가를 창출할 때는 오히려 아이디어를 좀 먹는 것 같다'라는 사실입니다. 얼마 전, 저에게 이런 말씀하신 적 있었죠? 운전하다가 모기를 잡으면서 '진정 신이 되려면 먼저 부처님처럼 깨달음을 향해 다가가야 한다'고. 정말이지 프로젝트라는 늪에 빠져 허구한 날 새벽 3~4시까지 일하고 주말에도 출근하면서 컨설팅할 때 미처 발견하지 못한 것들을 지금은 많이 깨닫고 있습니다. 하지만 그 깨달음을 공유하고자 기업 현장에 있는 지인들에게 말해 주면 전혀 먹히지 않아요. 오히려 이런 식으로 반응합니다. '왜 그러는데?' 아마 주어가 바로 자기 자신인 '깨달음'과 타자인 '가르침' 간의 차이가 아닐까 싶어요. 어찌 보면 가르침이란 것도 깨달음에 도달하기 위한 '원 오브 뎀' 수단인데 말이죠. 궁극은 깨달음입니다. 주어가 나 자신이고 근거 따위는 없는. 사람은 자기 스스로 느껴야 진정으로 변해요.

이 혁 예, 맞아요. 그러니까 소통 부분에서 고민해 볼 수밖에 없는 게, 우리가 소통해야 할 사람들 중에 마음의 문이 닫혀 있는 사람들이 많거든요. 그 부분부터 개선돼야 하는데, 그러려면 소수 마니아적인 문화도 받아들이려 하고, 이럴 수도 있고 저럴 수도 있구나 하는 여유가 늘어나야 할 것 같아요.

이석준 그게 큰 일이건 작은 일이건 말처럼 쉽지 않습니다. 오늘은 제 필feel 이 많이 꽂히는 게, '내귀' 멤버들 간의 소통 쪽인 것 같네요. (웃음) 떠오르는 악상을 코드에 담아 표현한다. 뭐, 명확하고 심플한 건 좋습니다. 하지만 이면裏面의 분위기라든가 뉘앙스라든가 하는 것들은 죄 다 소실돼요. 더불어 능동적 참여도 차단됩니다. 가령 연주자들의 스킬이 유사하다는 전제하에 'A-'로 하라고 지정해 주면 이에 준해 연주가 이루어지니까, 홍길동이라는 녀석이 'A-'를 연주하건 이몽룡이라는 녀석이 그렇게 하건 박혁거세라는 녀석이 그렇게 하건 상대적으로 큰 차이가 발생하지 않는다는 말이에요.

이 혁 결국엔 소통과 마인드의 문제인 거죠.

이석준 밴드 내 누군가가 자기 머릿속에 있는 아이디어를 표출할 때, 첫 번째 협업 파트너가 되는 사람들은 멤버들이죠. 작가의 경우에는 편집자가 되는 거고요. '현실 타협적이고 객관적인 매개를 통해 한 발 뒤로 물러나 소통할 것인가, 아니면 모호하고 기복이 있다 해도 내가 표현하고자 한 바에 최대한 근접하게 표현할 것인가, 그리고 그 파트너들은 각자 나름대로 해석을 가하면서 내 아이디어에 부응할 것인가' 이런 분위기 속에서 창조적 협업이 이루어지는 것 같습니다.

이 혁 좋은 곡이 나오면 기분이 좋고 오랜 시간 같이하다 보니 서로를 잘 알아 자연스러운 분위기도 있기는 한데, 아직도 곡을 쓸 때는 스트레스를 많이 받아요. 멤버들과 욕하고 싸우는 건 아니지만 작업할 때 서로 예민해지기도 하고…… 좋은 멜로디가 안 나오거나 서로 의견이 다를 때 힘든 부분이 있어요.

이석준   그러니까 코드 베이스로 소통을 하다 보면, 극단적으로 말해 밴드의 의미가 퇴색될 수 있을 것 같아요. 그냥 객원 세션 불러서 '이 코드대로 해 주세요'라고 해도 되는 거잖아요. 아니면 김수철처럼 원맨 밴드를 한다거나. 밴드라는 건 기본적으로 소통과 능동적 협업을 전제로 하는 건데.

이 혁   그렇죠.

이석준   밴드를 진정 갈구하고 좋아하는 멤버들이라면 연주할 때 자신의 철학이나 감성을 스며들게 해, 아이디어 낸 사람이 당초에 생각지도 못했던 것까지 만들어 내려 하잖아요?

이 혁   사실, 저의 상상력을 방해하는 가장 큰 적은 부정적인 사람이에요. 부정적인 사람의 부정적인 말투와 불친절한 언어들은 상상력을 저하시키고 굉장한 스트레스를 줘요.

이석준   맞아요. 그런데 부정적인 사람은 곳곳에 편재합니다. 기업도 예외가 아니죠. 그런 사람이 직급마저 높으면 큰 문제가 돼요. 아까도 말했듯, 브레인스토밍은 개소리도 용인해주는 자리가 돼야 하는데, 개소리가 아니라 반인반견 소리만 나와도 그 발언의 주체는 발언권을 박탈당합니다. 아이디어 소스가 하나 떨어져 나가는 셈이죠. 저도 브레인스토밍을 참 많이 해 봤지만, 정말 말도 안 되는 진짜 때리고 싶은 소리를 하는 녀석들도 간혹 있긴 하거든요. '저 녀석은 어떻게 회사에 들어올 수 있었을까?'라고 생각되는 사람들도 수두룩해요. 그래도 꾸욱 참고 일단 끝까지 들어 봅니다. 아이러니한 건, 다짜고짜 깨고 보는 양반들의 대다수는 본인 역시 아이디어를 전혀 갖고 있지 않다는 사실이에요. 그냥 꼰대인 거죠. 창작가적 기질은 희박하고 평론가적 기질만 넘쳐나는, 그것도 to-be의 개략적 방향조차 제시하지 못하는 불량스런 의사擬似 평론가 말이에요. 대기업에는 그런 사람들이 득시글거립니다.

이 혁 그때도 말했지만 평론은 창작에 별 도움이 안 돼요. 소스를 만들 때 분석은 필요해도 평론은 무의미한 것 같아요. 제가 얼마 전에 지나가다가 우연히 밴드 경연을 보게 됐어요. 이후 심사위원들과 뒤풀이를 같이 가게 됐는데, 원래 규칙은 관객 점수와 심사위원 점수를 합산해서 평가하는 거였는데, 결국은 무의미해졌어요.

이석준 어, 왜요?

이 혁 말빨 좋은 기자겸 음악 평론가가 혼자 다 평가해 놓았거든요. 그래서 다른 심사위원들이 반대 의견을 말할 수 없는 분위기가 되어 버렸어요. 사실 음악에 점수를 매긴다는 건 아이러니거든요. 얼마나 음정, 박자를 잘 맞추었는지 컴퓨터로 확인할 수도 없고, 개인 취향과 주관적 느낌으로 결정되는 거라서 심사한다는 자체가 무의미한 건데, 심사한 것조차도 한 사람의 생각과 말로 순위를 바꿔 버리고……. 한 시간 정도 후에 스태프들이 관객 점수를 가져왔는데, '다 정해졌어. 필요 없어'라고 말하더라고요. 이건 아니라는 생각이 들었었어요.

이석준 「탑 밴드」 같은 경우엔 어땠는데요?

이 혁 공정하게 하든 안 하든 의미 없다고 생각했었어요. 단지 저희 음악을 좋아하는 사람들이 더 있을 수 있다는 생각에 출현한 거죠. 마찬가지로 다른 팀도 방송을 통해 자신의 음악을 알리고 싶었던 거지, 서바이 벌이라는 형식을 인정하고 받아들이는 뮤지션은 없었을 거예요.

이석준 '내귀'도 그렇고 다른 밴드들도 그렇고 결국 소통과 공감 확대를 위한 시도였군요. 아무튼 이런 오디션 프로그램들이 범람하니까 몇 가지 생각이 들었습니다. 이 현상을 탈권위적 징후로 해석할 수 있지 않을 까라는 생각과, 소위 프로페셔널, 딜레탕트, 그리고 아마추어, 아, 제 가 의미하는 딜레탕트와 아마추어는 다릅니다. 전자에게 주체성, 철 학, 열정, 신선한 시각과 프로페셔널 못지않은 스킬이 있다면, 후자 는 그저 짬 날 때 잠깐잠깐 즐기는 애호가에 불과하니까요. 이들은 대 체로 어설프게 프로페셔널을 따라 하죠. 각설하고, 어떤 도메인에 관 여하는 사람들을 이렇게 3개 부류로 구분할 경우, 딜레탕트를 이 탈 권위의 선구자로 볼 수 있지 않을까라는 생각 말입니다. '딜레탕트의 능동적 참여 없이 프로페셔널의 기획만으로 획기적 섬씽 뉴를 만들어 낼 수 있을까?' 뭐, 만들어 낼 수도 있겠지만 아무래도 신선도는 떨어 질 거예요. 제대로 된 프로라면 이래야겠죠. 시스템에 익숙하지 않은 때 묻지 않은 누군가가, 원시적이고 야수적인 날모습으로 무언가 터 뜨리면 다듬어주고 개성을 살려주는 식으로 가야지, 제 잘났다고 독 야청청해서는 안 됩니다. 앞으로의 세상은 아마 이렇게 될 것 같아요. 프로페셔널과 딜레탕트, 기득권층과 피지배층 간에 존재하는 수직적 상-하 관계 구조가 축은 유지한 채 단순히 위-아래, 자리바꿈하는 게 아니라, 그 수직축이 90도 회전한 수평적 관계 구조로 변할 거예요. 많은 분야에 있어 말입니다. 그렇다면 이른바 상보적 구조가 형성되 는 셈이죠.

이 혁 그런 관점으로 생각할 수도 있겠네요.

이석준 멤버들 간의 소통 이야기를 하다가 여기까지 흘러 왔네요. 요즘 여러 모로 '블루 오션'이라는 말이 흔해졌잖아요? 블루 오션을, 여러 도메인의 다양한 측면에 있어 자유롭게 적용해도 좋다면, 소통상에서의 블루 오션은 지금 말한 이런 측면에 있지 않을까 싶어요. 여지껏 당연시됐던 단순 명확하고 논리적이고 객관적인 표현, 물론 그게 필요한 경우도 많긴 합니다만, 소통에 있어서의 블루 오션은 그 외적인 부분이라는 생각이 들어요. 그러니까 오늘 대담에 있어 많은 시간을 할애했던 '안개 속 희미한 빛……' 그런 것도 하나의 예가 될 수 있겠죠. 그 가사 한 줄을 들여다보고 있는 사람이 10명 있다고 가정하면, 그걸 십인십색으로 설명할 때, 그러면서 그것을 한 점안에 응집시키려 할 때 발생하는 에너지는 장난이 아닐 것 같거든요. 아닌가? 되려 블랙홀이 생기려나? (웃음)

이 혁 저도 그런 작업을 좋아해요.

이석준 그 10명의 해석도 고정돼 있지 않아야 합니다. 가변성의 근인은 물리적 상황이 될 수도 있고 심리적 상황이 될 수도 있어요. 가령 같은 홍길동이라고 해도 한 시간 전에 엄마랑 대판 싸우고 온 홍길동과, 새로 사귄 여자 친구의 어깨에 처음으로 손을 올린 그 두근거림의 순간을 가슴에 담고 온 홍길동은 판이하게 다른 홍길동입니다. 멤버 중 누군가가 '야, 안개 속에 빛 어쩌고'라고 공히 던져도, 와 닿는 느낌은 상황에 따라 사뭇 다를 거란 말이에요. 설사 동일한 사람이라 하더라도 같은 표현에 대해 갖게 되는 느낌이 달라질 수 있어요. 어찌 보면 이건 상황의 마술이 만들어 내는 것으로 볼 수 있는데, 이런 점을 잘 살려 이것저것 가미해 만든 창작물, 이게 큰 가치가 있을 것 같습니다.

이 혁   그리고 방법도 잘 생각해 봐야 할 것 같아요. 창작에 관심이 있는 사람들은, 고정된 형식에 따르는 걸 불편해해요. 예를 들어 제가 무언가를 기획하기 위해 10명을 모아 놓고, '오늘 우리가 아이디어를 짜기 위해 몇 시부터 몇 시까지 영화를 보고 도서관에 있다가 밥 먹을 계획이고……'라고 얘기하면, '아……. 또 맞춰야 하네?' 이런 생각을 하는 사람들이 많아요. 그래서 분위기를 잘 잡아야 해요. '오고 싶으면 오고 편한 대로 하되, 우리는 어떤 걸 만들어 볼 생각이다. 재미있게 해 볼 생각이다' 정도의 분위기로요. 강요하고 프로그램화하면 재미있는 MT조차도 싫어지거든요. 최소한의 계획하에 구성원 모두가 능동적으로 움직일 수 있도록 동의를 구한 후 움직이는 분위기가 돼야 해요. 좋아하는 동호회의 번개 모임에 나온 것 같은 느낌을 줘야 창조적인 에너지가 잘 나올 수 있어요.

이석준   오늘 대담의 시작 부분에서 '느슨함'이라는 말을 했었는데, 그것과 일맥상통하는 얘기 같아요. 게으름, 지루함과도 궤를 같이하는 듯하고요. 느슨한 관계라? …… 소위 아웃사이더들에게는 '모 아니면 도' 같은 기질이 있습니다. 무슨 말인가 하면, 자기가 중심이 되면 상당히 헌신적으로 능동적으로 열심히 일해요. 하지만 2인자 아래로 내려가거나 중심에서 멀어지면 방관자가 돼버리거나 아예 다른 집단으로 가버리죠. 창작가들이 이런 아웃사이더 기질을 갖고 있지 않을까,

이 혁   네, 그래서 구성원 모두가 같이 이끌어 간다는 분위기를 만드는 게 중요한 것 같아요. 그리고 동아리 번개 모임 분위기를 만들어도 그중 몇 명은 능동적이지 않을 거예요. 그렇더라도 70% 이상이 능동적이라면 성공적이라고 할 수 있고, 리더도 일을 조금 더 많이 해서 고마운 사람으로 생각될 수 있도록 해야 할 것 같아요.

이석준　쉽지 않은 일이죠.

이　혁　네, 쉽지는 않지만 온라인 동호회에서 정모 하는 분위기를 생각해 보면 의외로 쉽게 이루어질 수도 있어요. 쾌락적인 사람들은 제도화된 시스템 안에서 틀을 잡아주면 불편해하거든요.

이석준　그렇죠. 답답해하죠. 그리고 방법론이니 프레임워크니 하는 것들은 문외한이나 신참, 그리고 수준 낮은 사람들을 단기간에 중간 정도로 끌어올릴 때는 도움될 수 있어요. 하지만 상위 수준을 넘어서는 능력이나 열정을 가진 사람들에게는 오히려 족쇄가 되죠.

이　혁　그런 점 때문에 노는 것조차도, 회사 일이라고 생각하면 일반 업무보다 더 힘들게 느껴지는 거예요.

이석준　말씀을 들어보니 대학원 후배들이 절 싫어했을 수도 있을 것 같네요. 제가 인지과학 1기 졸업생이다 보니 학과에 대한 애착이 유별나긴 하거든요. 그래서 졸업 후에도 관여를 많이 했어요. 주요 행사인 워크숍도 예외가 아니었는데 '우리의 워크숍은 플레이숍이 되어서는 안 된다'라는 일념하에, 제가 직접 철두철미하게 플랜을 다 짰어요. 심지어 사전 숙제까지도 내줬죠. 매사에 있어 그렇지만 전 예습을 중시하거든요. (웃음) 몇 가지 질문들을 던져주고는 다 채워 오라고 했습니다. 일정도 아주 빽빽했어요. 브레인스토밍이나 디스커션이 주였습니다. 저보다 나이 많은 후배들도 꽤 많았지만 몇 년 동안 묵묵히 잘 따라주었죠. 제가 얼마만큼 간섭이 심했냐 하면, 석사 졸업하고 벤처 사업할 때도 학교를 주당 3일이나 나갔으니까요. 학과 홈페이지도 만들어 주고 우유 팩 차기도 하며 여러 후배들과 친해지다 보니 워크숍 프로그램 짜는 일에도 관여하게 됐어요. 그러던 어느 날, 5년 후배 녀석이 처음으로 반기를 든 거예요. '형, 졸업 하신 분이 늘 참석하시는 것도 부담스러운데 이렇게 플랜까지 다 짜 오시고, 게다가 플랜도 자꾸 공부하는 분위기로만 잡으시면 어떡합니까?' 순간 골이 띵했습니다. '아, 그럴 수도 있겠구나. 내가 오버했구나'라는 각성의 띵이 아니라, '뭐 저런 새끼가 다 있나?'라는 짜증의 띵이었죠. (웃음) 지금 생각해 보니, 그 후배 입장에서는 '아주 아주 피곤한 시어머니 잔소리처럼 들렸을 수도 있겠구나'라는 생각이 들긴 하는데, 저로선 그 순간 분기탱천했습니다.

이 혁 MT도 친구들하고 놀러 간 것처럼 등산할 사람은 등산하고 족구 할 사람은 족구 하고 따로따로 놀아야 좋지 않을까라는 생각이 들어요. 예전에 뮤지컬할 때 MT를 간 적이 있었는데 운동 좋아하는 선배가 스케줄을 짰어요. 낮엔 축구하고 저녁에는 발야구 하고 밤에는 공부하고 개그 발표회도 하고 그래야 했는데, '그렇게 하는 것이 결속력을 높여 주느냐' 아니면 '놀 사람은 놀고 혼자 있을 사람은 혼자 있다가 자연스럽게 친해지는 게 더 좋은 것이냐'라고 물어본다면, 제가 볼 땐 후자가 더 효과적인 것 같아요. 억지로 친해지려다 보면 일 때문에 다시 모였을 때 더 따로 노는 분위기가 형성될 수 있거든요.

6장

반추 혹은 잉여

1. 쾌락에 대한 사유가 필요한 시대

이석준 어느덧 마무리 시점이 다가왔군요. 어찌 보면 길고 어찌 보면 짧다 할 수 있는 기간이었는데요. 정리도 할 겸 빼먹은 것 추가도 할 겸 지난 3개월을 되돌아보도록 하죠. 우리 논의의 시발점은 쾌락이었습니다. 그간 쾌락에 대한 일반적 선입견과 무관하게 나름 유니크하게 조망해 봤어요. '개인적 쾌락 vs 사회적 쾌락', '정적·수동적 쾌락 vs 동적·능동적 쾌락', '삶은 태어남, 죽음과 달리 유일하게 주체의 개성이 꽃 필 수 있는 구간', '개성이란 이 세상에 내가 없다면 존재할 수 없는 쾌락거리의 씨앗', '낡아 빠지고 남루한 쾌락거리의 과포화 시대에 대한 개탄 및 돌파구 찾기' 등등이 그거죠. 최근엔 한 가지 꼭지를 더 생각해 보았어요. 왜, 서구의 과학적 세계관을 들여다보면, 물질의 근원에 대해 꽤 많은 고민을 해왔음을 알 수 있잖아요. 그러면서 그들이 지금까지 내린 결론은 모든 물질의 근원은 양성자, 중성자, 전자의 어울림이라는 겁니다. 쪼개고 쪼개고 또 쪼갰으나 더 이상 쪼갤 수 없는 상태. 어때요. 그네들의 역사와 전통을 자랑하는 분석 습성이 적나라하게 드러나지 않습니까? 아, 쿼크니 끈 이론이니 하는 것들은 논외로 하겠습니다. 제가 속속들이 잘 아는 개념도 아니거니와, 부연 설명을 달아야 할 것들도 너무 많아지니까요. 그리고 시간이 흘러가면 언제나 그래 왔듯 또 반증될 수 있고요. 자, 그런데 여기서 그 대상을 물질에서 마음으로 바꾼다면 과연 어떤 것이 소립자의 자리를 대체할 수 있을까요? 가령, '내 꿈은 정주영 같은 대기업 창업주이자 오너가 되는 거야'라고 이야기하는 친구가 있다 합시다. 그러면 이런 질문을 던져 볼 수 있겠죠. '왜?' 아마 그 친구는 이렇게 대답할 겁니다. '돈 열라 많이 벌 수 있잖아.' 또 물어봅니다. '왜?' 표는 안내지만 친구가 살짝 귀찮아 하는 것 같습니다. '뭐? 돈이 많으면 할 수 있는 것 또한 많아지잖아.' 미안하지만 또 물어봅니다. '어떤 것들이 있을 수 있지?' 그 친구 짜증이 좀 날 거예요. 하지만 아직까지는 신사적으로 잘 대답해 줍니다. '임직원들 앞에서 왕처럼 군림할 수도 있고, 궁궐 같은 집에 살 수도 있고, 명품 옷도 입을 수 있고, 빽가는 외제 차도 몇 개씩 몰 수 있고, 이 나라 저 나라 해외 여행도 마구 다닐 수 있고, 이 모든 것들을 자식에게 고스란히 물려줄 수도 있고, 애인도 세계 도처에 여러 명 만들어 놓을 수 있고, 뭐 이런 것들 아니겠어?' 사실 저도 지겹지만 또 물어봅니다. '그래? 그런 것들을 대체 왜 하려는 거지?' 결국 녀석은 화를 냅니다. '뭐 이런 거지 같은 질문을 하고 있어? 하고 싶어서 그런다, 좋아서 그런다. 왜? 네가 뭐 보태준 거 있어?' 바로 이거예요. '좋아서 그런다.' 무엇이 됐건 '왜?'라는 질문이 수차례 반복되다 보면 종국에는 '좋아서', '하고 싶어서', '그냥', 다 이런 식의 대답으로 귀결됩니다. 더 이상의 질문이 있을 수 없으니, 당연히 대답도 부재하겠죠. 이게 바로 쾌락입니다. 마인드 측면에서 파고들어 갈래야 더 이상 파고들어 갈 수 없는 근원. 우리는 쾌락을 사람이 누릴 수 있는 심적 측면의 최기저로 간주하고 여기서부터 고민했던 거예요.

이 혁 그것과 연관되는 이야기들 중에 불가의 '십우도十牛圖'라는 게 있어요. 소 그림에 비유해서 깨우침의 단계를 표현한 그림이거든요. 마지막 열 번째 단계가 큰 포대를 들고 사람 많은 곳으로 가는 그림인데, 중생을 제도한다는 해석

■ '십우도' 중 '입전수수入廛垂手'
http://c013.danah.kr

도 있고, 깨우친 상태에서 삶을 관조적으로 즐긴다는 해석도 있어요. 이 내용과 연관 지어 생각해보면, 쾌락적인 삶을 살기 위해서는 자기 삶에 대해 관조적이어야 할 것 같아요. 어떤 상황에서도 자신을 지켜보고 나쁜 일이건 좋은 일이건 아등바등하는 게 아니라 관조적으로 즐기는 거죠. 그렇지 못하는 사람들은 기쁠 때는 기쁨이 없어질까 봐 힘들어하고 슬플 때는 슬픈 대로 힘들어하기 때문에 삶 자체를 부정적으로 보게 되거든요. 이런 맥락에서 진정으로 자신이 하고 싶은 것을 찾으려면 그냥 가만히 있으라고 말하고 싶어요. 아무것도 안 하고 가만히 있으라는 게 아니라 편안한 마음을 갖고 자신을 주시하다 보면 하고 싶은 게 저절로 떠오르는데, 자연에 대한 수동적인 움직임이라고도 할 수 있어요. 동시에 강한 능동이기도 하고요. 구름이 기후나 바람에 의해 움직여지듯, 자기가 정말 하고 싶은 게 뭔지 알려면 편한 마음으로 흐름에 맡겨야 해요. 무엇이든 욕심을 부리거나 억지로 하려 들면 성취감을 얻을진 몰라도 쾌락을 얻을 수는 없을 거예요.

이석준 십우도 이야기를 듣자니 '자연스러움'과 '소통'이 떠오르네요. 다소 특이한 점은, 깨달음이라 하면 대개 한적한 어딘가에 홀로 있다가 불현듯 무언가 느끼는 모습이 연상되는데, '사람 많은 곳'이란 왁자지껄 소란스러운 일상을 의미하잖아요. 즉, 십우도의 열 번째 공간이 일상에서 벗어나 혼자 수도하는 그런 곳이 아니라, 돈, 물품, 흥정, 대화가 오고 가는 치열한 삶의 현장이라는 사실이 재미있습니다. 그러니까 깨달음이란 그 주체가 어딘가에 고립된 채로 천상천하 유아독존 단계에 다다르는 게 아니라 사람들과 호흡하며 평범한 일상 속에서 이루어지는 거다, 뭐 이런 식의 해석도 내릴 수 있지 않을까 싶네요.

이 혁 네, 그리고 어떤 분야건 정점에 다다르면 서로 만난다고 했듯이, 한 분야의 경지에 도달한 사람을 보면 깨달음을 얻은 분위기가 난다고 하거든요.

이석준 맞아요. 그래서 게리 스나이더란 시인이 이런 말을 한 거예요. '탁월한 시인이 되고 싶다면 대가가 아닌 어중간한 시인을 찾아가는 것보다 정비나 요리의 대가를 찾아가 공부하는 게 훨씬 낫다'고. 대가들은 서로 통한다고 하죠.

이 혁 네, 공감되는 말이네요. 자신이 좋아하는 분야에 매진하다 보면 어느 순간 삶에 대해서도 깨닫는 바가 있죠. 그 깨달음이라는 게 대단한 것이라기보다는 삶을 관조적으로 즐길 수 있는 일종의 여유라 할 수 있는데요, 그래서 관조적이면 지속적인 쾌락을 유지할 수 있겠다는 생각을 하게 됐어요. 많은 책과 영화의 메시지가 어디서 태어나서 어디로 가는지 모르지만 확실한 건 지금의 삶 자체를 소중히 하고 즐겨야 한다고 얘기하거든요. 영화 「제로의 법칙」에도 이런 메시지가 담겨 있긴 한데, 어쩌면 결국은 어디서 와서 어디로 가는지 모르니까 하는 말일 수도 있어요.

이석준 「제로의 법칙」 좋은 영화죠. 덕분에 저도 잘 봤습니다. 얼마 전 ICT 대기업에만 오랫동안 근무해 왔던 지인에게 그 영화를 추천해 줬어요. 요즘 퇴사할까 말까 갈등하고 있는 양반인데, 80년대 후반 학번이다 보니 임원으로 올라서지 못하면 천덕꾸러기 신세가 될 나이가 됐거든요.

이 혁 네, 누구에게나 추천하고 싶은 영화예요. 그 영화뿐 아니라 삶에 대한 메시지를 담고 있는 대부분의 영화나 책에서는 삶을 긍정적으로 묘사하는 경향이 있어요. 물론 내포되어 있는 메시지가 많지만 외적인 단순한 결론은 '우리가 해야 할 일은 지금을 열심히 사는 것이다'라고 요약할 수 있는데, 미래를 알 수 없으니 저렇게밖에 할 말이 없겠구나 싶기도 해요. 그리고 또 한편으로는 '어차피 죽을 거고 어떻게 될지 알 수 없는 상황에서 그냥 내 마음대로 죽어도 되고 내 마음대로 못 살아도 되지 않나? 그냥 뭐 즐기지 않고 게으르게 살면 어떤가? 남들한테 욕도 먹고 막살면 뭐가 크게 달라지나?'라는 생각도 들어요.

이석준 마치 선배 세대 록커 분들처럼 말이죠?

이 혁 그분들은 막살았다기보다는, 그때그때 삶을 즐겼다고 할 수 있어요. 일반적으로는 미래에 자신이 어떻게 될까 걱정하고 유념하고 행동하는데, 록커들 중에 몇몇 분들은 내일이고 뭐고 일단 지금이 좋으면 된다는 식으로 살아가고 있어요. 그러다가 정말로 나중에 힘들어지고 안 좋은 일이 생길 수도 있을 것 같은데, 나중에 보면 그렇지 않더군요. 선배들을 보면 나이가 들어 에너지가 좀 줄어 들었을 뿐이지, 하고 싶은 대로 충실하게 사셨기 때문에 그런 면에서 아름답게 보여요. 자유롭게 살았던 날들은 다시 오지 않을 날들이기 때문에 부럽기도 하고요.

이석준 일전에 잠깐 언급했듯 존 스튜어트 밀의 주장이 바로 그거잖아요. '인간은 자유로워야 하고 최대한 자신이 원하는 대로 살아가야 한다. 단, 다른 사람이나 사회에 해악을 끼치지 않는다는 전제하에.' 그런데 우리가 문제시하는 건 보다 근원적이에요. 다른 사람에게 해악을 끼치고 안 끼치고의 여부는 그다음이고, 진정 자기가 하고 싶은 것을 깨달아 매진하는 경우가 극히 드물다는 사실. 표준과 프레임이 떡하니 자리 잡고 있으면 생각 없이 다 거기에 맞춰 살려고들 하니까요.

그리고 한편으로는 록커들에 대해 이런 생각도 하게 됩니다. '자유주의자적인 면모도 갖고 있지만, 진정성과 별상관없는 반골 기질, 삐딱한 기질도 갖고 있는 게 아닌가'라는. 그러니까 '시스템의 표준이 이러한데 그게 맞건 틀리건 나는 무조건 반대로 해야지. 내가 동의한 게 아니니까', 이런 면도 있는 것 같아요.

이 혁 사춘기 때의 반항 기질이 남아 있는 걸 수도 있는데, 유행하면 무조건 피하거나 반대로 하는 것도 유행을 따라가는 것과 차이가 없는 객기라고 생각해요. 제가 고등학교 때 남들이 청바지 찢고 다니면 꿰매고 다녔던 것처럼요. '난 다르다'는 겉멋이 들어 있는 것이기도 하거든요. 반골 기질이 있더라도 내적으로 주체성을 동반한 자신만의 스타일이 있어야 해요. 록커답게 자유롭게 살아감에 있어 가장 유념해야 할 점은 자신의 말과 행동이 다른 사람에게 해를 끼칠 수도 있다고 의식하는 거예요. 해를 끼치지 않으려고 노력하며 살아도 어쩔 수 없는 상황들이 많이 일어나는데, 그걸 유념하지 않고 행동하는 사람들이 간혹 있거든요. 그런 부분들은 조심해야 할 것 같아요. 피해의 강도나 선이 어디까지인지 정하기 모호하긴 하지만요.

이석준 그런 모호한 것을 견디지 못하는 서구 세계다 보니 정량에의 집착이 유독 심한 것 같습니다. 그건 그렇고, 지금 말씀하신 맥락에서 가장 비극적인 상황은 이런 게 아닐까 싶어요. 단지 존재한다는 이유만으로 인간이 인간의 혐오 대상이 되는 경우 말입니다. 신영복의 『감옥으로부터의 사색』을 보면 이런 유명한 대목이 있어요. '여름 징역은 자기 바로 옆 사람을 증오하게 한다.' 너무나도 더워 쪄 죽겠는데 내 몸과 37도의 열 덩어리가 밀착할 수밖에 없으니, 곁에 있다는 그 자체만으로 누군가를 혐오하게 되는 거예요. 사실 타인에게 해를 끼치느냐 마느냐의 문제를 아주 심플하고 명쾌하게 판단할 수 있다면, 철학이 윤리학이라는 서브 장르를 굳이 갖고 있을 이유는 없겠죠.

2. 프로페셔널 도미네?

이석준   모호함이란 화두로 이런 생각도 해봤어요. 소위 전문가에 관한 거예요. 무언가 나 혼자는 잘 모르겠고 헷갈리고 불안해서 만나는 사람이 전문가인데, 그런 상황에서는 그네들 역시 헷갈리는 대답을 왕왕 날린다는 문제가 있어요. 왜 그렇잖아요? 스스로 완벽하게 이해하고 판단하고 이야기할 수 있다면 전문가를 굳이 왜 찾겠어요? 의사들이 대표적 케이스가 될 수 있는데, 병원 가서 아주 간단한 질문만 해도, 가령 '이 버짐이 왜 생긴 걸까요?'라고 물어보면, 답은 여타 질문들을 할 때와 다르지 않습니다. '뚜렷하게 이거라고 말씀은 못 드리겠는데요, 좌우지간 손 자주 씻으시고, 커피 줄이시고, 과로하지 마시고, 충분히 수면을 취하시고, 스트레스 받지 마시고, 술·담배 하지 마시고' 뭐, 이런 답이 거의 답니다. 수 시간을 기다렸어도 약 2분 안에 끝나죠. 얼마 전에 피부과에 간 적이 있어요. 귀찮아서 지난 몇 년 간 방치해 두었던, 병명도 까먹었네? 하여간 등 쪽에 좁쌀 같은 게 몇 개 났거든요. 병원에 가서 이게 뭐냐고 물어봤더니 '이건 뭐다'라고 시원하게 답을 해주었어요. 그런데 정작 궁금한 건 따로 있었습니다.

이　혁　왜 생겼냐?

이석준　예. '병명은 잘 알겠는데 왜 하필 이 부위에만 나는 거냐?' '습관적으로 만지고 긁는 부위라서 그렇다'는 대답을 하더군요. 그래서 또 물었습니다. '내가 습관적으로 만지고 긁는 데가 여기만 있는 게 아닌데 왜 하필 이곳에 집중돼 있는 거냐?' 그랬더니 대답을 못해요.

이　혁　못하죠. 여드름이 났는데 여드름이 왜 여기 나는 거냐고 물어보는 거랑 똑같잖아요. 여기 날 수도 있고 저기 날 수도 있는데.

이석준　구체적인 하나의 예를 들었던 건데, 여하튼 이 전문가들은 대개 결정적일 때는 별 도움이 안 돼요. 사실 제가 의도적으로 딜레탕트 얘기를 꺼내려고 오버하는 면도 있습니다만, (웃음) 전문가들에게 여러모로 문제가 많습니다(진정성 있는 소수의 전문가분들, 죄송합니다). 쾌락이라는 키워드와 결부시켜도 마찬가지예요. '과연 많은 전문가들이 진정성을 갖고 움직이는 걸까?'라는 의문이 들 때가 많습니다. 물론, 최초 문외한 시절에는 열정을 갖고 프로 세계에 뛰어들었을지 모르지만, 하루 이틀, 한 달 두 달, 일 년 이년이 지남에 따라 전문성과 더불어 야금야금 피어오르는 싫증, 매너리즘을 털어낸다는 게 쉬운 일은 아니거든요? 그리고 맨날 만나는 사람들도 그 나물에 그 밥이에요. 학회를 봐도 알 수 있잖아요? 학회가 열리면 늘 만나는 교수들끼리 또 만나게 됩니다. 물론 신입들이 수혈되기는 해요. 신입 교수들이 들어오긴 하는데, 그들은 별 영향력이 없죠. 고참 교수들이 '내가 이전에 저 친구 석사 과정 지도 교수였어' 이러면서 어린아이 취급하고, 그러면 무시당한 그 젊은 교수는 속으로 부글부글 끓지만 저 양반이 자기의 인사권을 쥐고 있고, 또 학회에서도 파워가 대단하니 씁쓸한 미소만 지으며 자기도 모르게 서서히 물들어 갈 뿐이죠. 이러다 보니 새로운 피가 제아무리 수혈돼도, 변화가 거의 없습니다. 또, 사람들이 교수들을 비난하는 것들 중에 이런 것도 있잖아요? 10년 전 강의 노트와 5년 전 강의 노트가 거의 똑같다는 거. 설사 업데이트됐다 하더라도, 그가 현상을 보는 관점이자 생각하는 방식인 프레임워크, 방법론 등은 거의 바뀌지 않습니다. 그렇기 때문에 항상 '1234567'이라는 식으로 접근해 왔던 양반은, '87531'과 같은 식으로 접근한 연구는 전혀 받아들이지 않아요. 사실, '저런 체계를 뭐하러 고수해? 〈ㄱ, ㄴ〉 식으로 바꿔, 아니면 〈A, B〉 식으로 바꾸든가, 〈#$&_+\〉 식은 어떨까?' 이렇게 기존 접근 체계를 허물기도 해야 혁신적이고 매혹적인 무언가가 나올 수 있음에도 불구하고, 허구한 날 앵커링돼 있는 한 가지 방법만 고수하니, 원……. 수정한다 해도 마이너한 체인지만 이루어질 뿐이고요. 그리고 그놈의 학연 때문에 형편없는 연구 결과가 나와도 자기 선배가 그런 거라면 '어우, 아닙니다. 좋습니다'라 칭송하고, 후배가 그랬다면 좀 처지는 사람이라 하더라도 '저 녀석 뚝심 있는 게, 나중에 내 라인의 핵심이 될 놈인데 키워줘야지'라면서 챙겨준다든가 이러고들 있습니다. 비단 학계만 그런 게 아니라 기업도 마찬가지죠. 뭐, 음악이나 문화 예술 쪽도 결국 사람들이 뭉치는 곳이기에 매한가지일 것 같습니다만. 어때요. 제 생각이 맞나요?

이 혁 그렇죠. 어떤 분야든지 돈에 의한 이해관계가 들어가는 순간 그렇게 되는 것 같아요.

이석준 돈이 개입되지 않아도 그런 문제는 발생하지 않을까요?

이　혁　그런가요?

이석준　돈은 그런 문제를 가속화시킬 뿐이지, 문제 발생 자체를 좌지우지할 것 같진 않거든요. 그리고 돈이 결부된다면 자유도가 한정되기 때문에, 문제가 발생해도 어디로 튈지 예측은 가능할 것 같습니다.

이　혁　돈이 결부되지 않으면 마음에 드는 쪽이나 유리한 쪽으로 가지 않을까요? 자기가 잘할 수 있는 방향으로, 인맥 안에서 자기가 더 편해질 수 있는 쪽으로요.

이석준　음악계도 이럴 것 같아요. 간만에 획기적이고 창조적인 음악을 하는 후배가 나타나면, 선배들의 반응은 이렇게 구분될 수 있을 것 같습니다. 잘 케어해 주면서 적극적으로 스폰서십을 펼쳐주거나, 조만간 자신의 위치를 침범하지는 않을까 노심초사하며 태클 걸거나, 아니면 '그 음악은 좀 아닌 것 같으니 이런 식으로 해봐'라고 조언해 주면서 고정 관념에 사로잡힌 자기의 프레임워크를 강요하거나 하는 다양한 경우의 수가 있을 것 같아요.

이　혁　음악계에서 혁신적이고 실력 있는 사람이 나오면 좋게 생각하게 돼요. 경쟁 구도가 될 수 없는 게, 그 사람이 없다고 해서 내가 좋은 음악을 만들 수 있는 것도 아니고 오히려 천재가 나오면 대중들이 음악에 더 관심을 갖게 되니까 좋은 일이죠.

이석준　잘하는 것과 진정성 간의 상관관계는 어떻게 될까요. 정비례의 관계일까요? '타고난다'라는 표현을 많이 쓰긴 합니다만, 정말 실력이 부족해도 그 분야가 너무 좋아서 진정성 있게 자신을 바쳐 매진한다면…….

이 혁 좋아해도 잘하지 못하는 경우가 많아요. 물론 노력이 기본이겠지만 아무래도 기술이 아니라 예술이다 보니 타고나는 게 중요한 것 같아요. 철학자 디드로가 '천재란 노력의 산물과는 구분되는 것'이라고 말했듯, 예술 분야에는 노력만으로 넘어설 수 없는 선이 있는 것 같아요.

3. 제 버릇 개 잘 주던데요?

이석준 그렇다면 쾌락치가 극대인 경우는 자기가 좋아 열심히 하면서도, 타고난 게 있어 잘하기까지 하는 경우겠군요? 2차원 매트릭스로 표현하자면 대략 이런 구도가 될 것 같습니다. 가로축은 좋아하는 정도. '좋아한다'와 '그저 그렇다.' 세로축은 잘하는 정도. '잘한다'와 '그저 그렇다.' 당연히 금상첨화의 경우는 좋아하면서도 잘하는 경우고, 설상가상의 경우는 그다지 좋아하지 않는데 못하기까지 하는 경우일 거예요. 하지만 서글프게도 대기업에 다니는 대다수 사람들이 바로 이 영역 위에 놓여 있습니다. 많은 월급쟁이들이 그렇잖아요? 하고 싶지도 않고 열정도 없고 잘하지도 못하지만, 단지 그놈의 돈과 안정성 때문에 쉽사리 놓지 못하는.

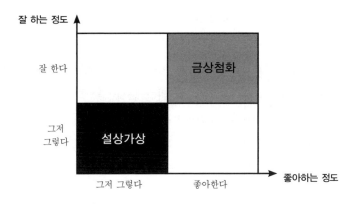

선호 및 역량에 따른 쾌락 체감 가능 수준

이 혁　많지는 않겠지만 열정을 갖고 회사에 다니시는 분들도 있지 않나요?

이석준　그럼요. 당연히 있죠. 제가 말씀드린 건 모든 월급쟁이가 다 그렇다는 게 아니에요. 서울시 대중교통 환승 시스템 개발에 참여했던 어떤 양반은 당시 엄청난 짜릿함을 느꼈다 그랬어요. 4차 대담 때 예로 들었던 핀테크 업체 사장 기억하시죠? 개개인의 동선 데이터 패턴을 시각화해 전시하고 싶어 한다는. 그 사장이 바로 주인공이에요. 2004년 우여곡절 끝에 환승 시스템이 실행됐을 때 엄청난 희열을 느꼈고, 또 죽어도 여한이 없다는 생각이 들었다 하더라고요. 이 양반도 당시에는 대기업 가이였거든요. 하지만 이런 사람들이 과연 얼마나 있겠습니까? 극소수예요. 비즈니스계에 있어 탑 티어 중 하나가 컨설팅인데, 이 도메인에서도 좀 전에 얘기했던 매트릭스의 금상첨화 셀에 존재하는 친구는 소수예요. 아, 그리고 보니 데자뷰 같기도 한 게, 자연스럽게 수미 쌍관 구조로 가는 느낌이 듭니다. 첫 미팅 때, 우리나라 컨설턴트들의 문제점을 몇 가지 지적했었잖아요? 그 얘기를 자연스레 다시 꺼내게 되네요. 국내외 소위 명문대 출신들이 널려 있는 도메인이지만, 이 친구들이 일을 잘하느냐. 아니더라. 그러면서 이렇게 첨언했었죠. 컨설턴트에게 강력하게 요구되는 첫 번째 역량은 주지했다시피 현실 세계에 가려져 있는 크리티컬 문제들을 발견할 수 있는 능력입니다. 그런데 우리나라 친구들은 그런 능력이 부족해요. 반면, 누군가 문제를 정의해 알려주면 효율적으로 답을 잘 찾죠. 그게 창의력을 요하는 게 아니라면 말입니다. 왜, 관련된 미국 대학 실험도 말씀드렸었잖아요?

이 혁 네, 저번에 말씀하셨어요.

이석준 문제를 주고 답을 빨리 찾는 과제에서는 한국 유학생들이 단연 탑이었는데, 아무런 문제도 주지 않고 상황만을 중립적으로 기술했을 때는 가장 형편없는 점수를 받았다. 그대로 적용됩니다.

이 혁 제 생각에는 영화든 음악이든 여행이든 일반적인 문화도 접하지 못한 채, 영어, 수학 공부만 했기 때문에, 사고가 얕고 시야도 좁아서 그런 것 같아요. 책에서 얻는 지식 이외의 것을 표현하지 못한다면, 답을 구할 순 있어도 창조적 발상은 약할 수밖에요.

이석준 그나마 보는 책도 한정돼 있어요. 다양한 장르의 책을 읽는 게 아니라 트렌디한 것들만 보죠. 그것도 수박 겉핥기 수준으로만 말이에요. 좋은 말씀해 주셨는데, 세 번째 대담에서 비슷한 이야기를 나눴던 것 같네요. 서랍의 메타포를 들었었잖아요. 다양한 서랍 속에 많은 구슬들이 있어 그것들을 이렇게 조합해 보고 저렇게 조합해 보고 이런 내적 행위들이 누적되면서 새로운 것들이 창출될 수 있는데, 소위 스펙 좋다는 애들은 한정된 과목 내에서 교과서와……

이 혁 그래도 신문은 많이 읽지 않나요? 사설을 읽어야 논술에 도움이 되니까.

이석준 지금은 그런 것 같은데 예전 우리가 고등학교 다닐 때는 논술이 없었죠. 학력고사 340점 만점에 20점이 체력장이고, 나머지 320점이 필기시험……

각설하고, 이런 생각을 해 봤습니다. 부동심의 경지, 무념 무탈, '누가 나를 해치지 않았으면, 건강하고 편안하게 살다가 죽음을 맞이할 수 있으면 좋겠어요'를 넘어 동적인 쾌락을 추구한다면, 그것이 사회에 영향을 미치건 단지 개인적 자족에 그치건 간에 필히 무언가를 창의적으로, 개성 있게 만들어 내야 한다는 생각을요. 그러기 위해서는 아까 말했던 것처럼 접할 수 있는 모든 분야에 있어 극한까지 경험해 보는 게 좋을 것 같아요. 경우에 따라 윤리적으로 핀잔받을 수 있는 것이라 해도 말입니다.

이 혁 네, 그런데 여행을 주된 업으로 삼고 있는 분들을 만나 보면, '여행을 하면서 쌓인 경험이 많다 보니 좋은 인품이 생기는구나'라고 느껴지는 분이 계신 반면, '그렇게 많은 경험을 했는데 왜 찌든 사람들보다도 더 막혀 있지?'라는 생각이 드는 분도 있어요.

이석준 그런 사람들은 왜 그렇게 여러 곳에서 다양한 경험을 했음도 불구하고 환영받지 못하는 걸까요?

이 혁　많은 경험이나 문화를 접하는 것도 중요하지만, 받아들일 수 있는 문이 있어야 계속 발전할 수 있어요. 그게 없는 상태에서는 아무리 여행을 많이 다녀도 그냥 스쳐 갈 뿐, 쌓이는 게 없죠. 많은 대화를 한 것 같아도 결국 자기 말만 한 사람이 있듯이 그런 식의 경험을 했을 거라는 생각이 들어요.

이석준　그렇다면 섬씽 뉴 창출의 핵심 요소로 판단하시는 게, 다양한 경험 외에도 오픈 마인드나 타인의 견해를 경청할 수 있는 마음가짐 그런 것들?

이 혁　그게 굉장히 중요하죠. 그런 문을 갖고 있다면 평생 좁은 동네에만 있었다고 하더라도 받아들일 수 있는 것들이 무수히 많은 반면, 그렇지 못한 사람은 독방에 가만히 있는 사람보다 못할 수 있어요. 그리고 모든 정보들을 왜곡하고 합리화해, 편협된 사고로 갖고 있다면 더 큰 문제고요.

이석준　스펀지처럼 무언가를 쫙 빨아들일 수 있는 흡입력, 이런 것들이 결여돼 있겠죠.

이 혁　네, 맞아요.

이석준　진정성, 주체성 측면에서도 해석할 수 있을 것 같습니다. 세계 일주 여행을 하면 좀 있어 보인다든지, '세계 여행이 유행이래. 안 하거나 못 하는 놈은 병신이래', 이런 분위기가 형성되면 '헉, 그래? 그럼 나도 얼른 가야겠네. 돈을 꿔서라도 말이야'라는 식의 진정한 바람과 무관하게 남의 이목을 신경 쓰며 트렌드를 좇는 경우가 있을 수 있고, 또 진정성이 있어도 수동적인 경우를 생각해 볼 수 있어요. 서랍 속 구슬들을 제대로 조합하기 위해서는 오감을 넘어설 수 있어야 하는데, 지각知覺의 문을 꽉 닫아 놓고 안주하는 것.

이 혁 오감이 발동돼야 스펀지가 될 수 있을 것 같아요.

이석준 이런 이유들 때문에 경우에 따라서는 태국 방콕을 경험하는 것보다 안방 방콕을 경험하는 게 더 유의미할 수도 있어요. (웃음)

이 혁 네, 그런 분들이 선입견과 편협된 사고를 갖고 있는 경우가 많아요. 예를 들어 '흑인들은 어떻다, 게이는 성적으로 난잡하다'는 식으로요.

이석준 그게 참 심각합니다. 그런데 선입견이나 편견을 가진 사람들이 대체로 전문가 집단에 많아요. 학계나 비즈니스계를 보면 전문가라 불리는 순간부터 벽을 점점 높이, 그리고 견고하게 쌓더라고요. 나는 이 분야의 최고고 너는 좀 아닌 것 같고. 그러다 보니 자신이 전문가라고 인정받는 분야가 수명을 다해도 소위 똥고집 피우는 경우가 허다합니다. 벽을 허물고 옆에 있는 동료와 함께 새로운 건물을 지을 때가 왔음에도 불구하고 말이에요. 그런 한계에서 자유로운 사람이 바로 딜레탕트죠. 그러니까 딜레탕트는 기본적으로 돈이니 기득권이니 하는 데에 큰 욕심이 없어요. 그저 자연스레 자기가 원하는 바를 깨달아 뛰어들죠. 누군가 와서는 '야, 앞으로는 이게 대세야. 이거 꼭 해야 해'라고 조언한다 해서 임하는 게 아니라 스스로 어딘가에 미쳐 계속 파고들어 가는.

이　혁　그런 면에서 보자면 '저를 가만히 놔뒀으면 좋겠다'라는 의미가 정적인 삶을 살겠다는 것이 아니라, 뭘 억지로 하려고 하지 않겠다는 뜻이에요. 구름은 자기가 억지로 움직이는 게 아니라 환경에 따라 움직여지고 자기도 모르게 가야 할 방향으로 가는 거거든요. 그래야 자기가 정말 가고자 하는 길을 갈 수 있을 것 같아요.

이석준　어떻게 보면 생명체의 디폴트 상태는 '정靜'이' 아니라 '동動'인 것 같습니다. 그러니까 활발하게 움직이는 게 삶의 기본이고, 밤에 잠을 자거나 가만히 앉아 휴식을 취하는 것은 이 같은 움직임을 충전해 주기 위한 수단이라는 말이죠.
그건 그렇고, 구름은 바람이 시작된 곳의 반대 방향으로 흘러가잖아요? 그렇다면 엄마가 바람이고 자식이 구름이라면, 엄마가 공부하라고 막 때리면 공부를 열심히 하는 게 자연스러운 건가요, 아니면 안 하고 대드는 게 자연스러운 건가요? (웃음)

이　혁　운명론 관점으로 보자면, 모든 건 이미 정해져 있기 때문에 하려고 해도 안 하게 되고 안 하려 해도 하게 되는 것 같아요. 환경이나 상황에 의해서요.

이석준　너무 진지하고 선문답스럽게 답하시네요. 왜, 첫 번째 대담 때 공부하다 졸면 엄마가 뒤통수 때리셨다는 얘기를 했었잖아요. 그러니까 이혁 씨가 구름이면 어머니가 바람…….

이　혁　아, 그렇게 되네요. 군대 가기 전에 태권도를 배워 놓으면 좋다고 해서 고등학교 때 배운 적이 있었어요. 그때 도장에 소방관 한 분이 계셨는데, 어느 날 이러시는 거예요. '어른들이 학교 졸업하면 더 힘들다고 말하지? 그런데 공부할 때가 제일 힘든 거야'라고요. 그땐 잘 몰랐어요. '졸업하면 돈도 벌어야 하고 책임감도 있어야 하고 어른이 되면 힘든 거라고 들었는데 왜 이 형은 이렇게 얘기하지?'라고 생각했는데, 진짜 졸업하고 보니 학교 다닐 때가 제일 힘들었던 것 같아요. 공부해야 한다는 강박 관념 때문에 공부를 못함에도 불구하고 매 시험마다 스트레스가 너무 많았었어요. 그 당시에는 원래 이렇게 사는 건가 보다 했는데, 나중에 졸업하고 보니 굉장히 힘들었던 거예요. 그래서 그 소방관님 생각이…….

이석준 한국의 순위 매기기 식 공부란 게 그렇죠. 잘하면 잘하는 대로 못 하면 못 하는 대로 힘들어요. 고등학교에서 전교 1, 2등 하는 애들 중에서도 자살하는 경우가 적지 않잖아요? 명문대에 입학해서도 그런 학생들이 있고.

이 혁 그러니까요. 돈도 마찬가지예요. 로또에 당첨된 사람들 대부분이 불행하게 살고 있다고 하잖아요. 물론 갑자기 많은 돈이 들어와 감당이 안 돼서 불행해졌을 수도 있지만, 일단 돈이 많으면 행복해지는 데 있어 유리하긴 해도 절대적이지는 않거든요?

이석준 복권 이야기가 나와서 하는 말인데, 이건 정말이지 매우 불공정하고 나쁜 겁니다. 로또 사는 사람들의 생활 수준을 보자고요. 돈이 넘치는 사람들? 안 사거든요. 죄다 서민들, 돈이 넉넉지 않은 사람들뿐이에요. 그러니까 로또의 취지는 돈 없는 다수 사람들의 돈을 긁어모아 돈 없는 한두 명에게 몰아주겠다는 겁니다. 즉, 단순한 분배 관점에서 보자면, 넉넉한 사람들로부터 자발적 기부를 받아 공정한 원칙하에 상대적으로 돈 없는 사람들에게 고루 나눠 주는 게 이상적인 그림이건만, 이 로또라는 건 사람들의 혹시나 하는 사행심을 조장하고 수많은 없는 사람들을 쪽쪽 빨아, 극소수 없는 사람들에게 선심 쓰는 척하며 결국 시행 업체의 배만 불리는 아주 안 좋은 짓거리죠.

이　혁　세금 많이 걷으려는 속셈이고 당첨된 사람까지도 불행하게 만드는, 국가적으로 운영하는 도박장이죠.

이석준　그런 식으로 접근하자면 사실 군대도 국가가 용인하는 최고의 폭력 집단입니다.

이　혁　(웃음) 그러네요.

이석준　정부도 그런 관점에서 볼 수 있어요. 그게 좌파건 우파건 중도건 간에 별 가치 체감도 되지 않는 잡다한 서비스 포트폴리오를 잔뜩 벌여 놓고 완전 독점 사업을 펼치잖아요. 공공성이라는 미명하에 돈도 걷어 갑니다. 세금 말이에요.

이　혁　조선 시대를 배경으로 한 드라마를 보면, 세금을 징수하는 과정에서 고을 사또들이 횡령하는 게 나오잖아요. 아무래도 뿌리가 깊은 것 같아요.

이석준　사회적 쾌락이라는 게 이렇듯 '공평함'의 문제도 안고 있기에, 참으로 어려운 것 같아요. 그래도 쇼는 계속 되어야 하듯 쾌락 파이는 부단히 커져야 하고, 그러기 위한 최적 방안은 창의성을 기반으로 꾸준하게 쾌락거리들을 창출하는 겁니다.

4. 어느 삼류 교수의 경제학 사용법

이 혁　얼마 전 궁금한 게 있어 검색해 봤어요. 북유럽 국가가 잘 사는 이유가 뭔지. 기본적으로 자원이 풍부하다고 하더라고요. 과거에 혼란의 시기도 있었지만 현재는 안정되었고, 무엇보다 사회 보장이 잘 돼 있어서 뭘 하든 다 비슷한 수준의 삶을 산대요. 직업에 따른 연봉 차이가 크지 않기 때문에, 빈부 격차도 심하지 않다 하고요. 수입이 많은 기업은 그만큼 세금을 많이 내고, 미래에 대해 경제적인 면으로는 별 걱정이 없다 보니 자기가 하고 싶은 걸 저절로 찾게 된대요. 그 결과 창조적인 생각을 많이 하게 돼서 모든 분야가 골고루 발전하고 있다고 하더라고요. 자원만 본다면 남미나 아프리카 국가들도 많은데 말이에요.

이석준　사회 보장 제도도 잘 돼 있고, 여타 다른 방식으로 국가가 많이 개입하고 있죠. 『장하준의 경제학 강의』란 책을 보면 관련된 많은 내용들을 접하실 수 있을 겁니다. 장하준 교수가 '일반적으로 사람들은 경제학을 두려워한다. 그러다 보니 경제학 프로페셔널들만 경제 문제에 대해 떠들고 보통 사람들을 소외시키면서 자기들 입김에 놀아나게 만들었다. 이제 여러분은 더 이상 좌시해서는 안 된다. 당당히 목소리를 내야 한다'라는 취지하에 대중을 겨냥해 쓴 책이에요. 저도 얼마 전에 읽어봤는데, 재미있더군요. 하지만 아쉬운 점도 좀 있었어요. 장 교수의 이전 책들과 달리 그 책에서는 자꾸만 과학을 언급하더라고요. 제가 경영학을 비판하는 이유들 중 하나가 어설프게 과학을 추구하기 때문이라고 말씀드렸잖아요? 장 교수는 경제학에 대해 유사한 비판을 가합니다. '경제학자들은 경제학을 과학에 상당히 가깝거나 아니면 과학 그 자체라고 생각한다'는 뉘앙스로 말이죠. 엘론 머스크와 더불어 요즘 잘나가는 돼지띠들 중 한 명인 토마 피케티도 『21세기 자본』을 통해 비슷한 지적을 했어요. 경제학이 수학, 과학에 대한 유치한 열정을 극복하지 못한다는 거예요. 그러면서 역사학을 중심으로 한 여타 사회 과학과 경제학 간의 협업 필요성을 강조합니다. 아무튼 장 교수가 비판하는 학파는 널리 알려진 대로 신고전주의 학파예요. 현재 전 세계의 경제를 좌지우지하는 힘 센 자들이죠. 그런데 그 책에서 살짝 아쉬웠던 건, 과학에 대한 장 교수의 생각이었습니다. 되풀이되는 내용 중에 '과학은 정량적'이라는 이야기도 나오지만, '가치 중립적이다'라는 얘기 또한 많이 등장하거든요. '가치 중립적이다'라는 표현을 직접 쓰진 않았지만 '정치적으로 이게 좋고 이게 나쁘고 이런 게 아니라 딱 중립적인 걸 지키는 게 과학이다'라고 주장하는데, 그건 고정관념이 아닌가 싶어요. 그러니까 최근 들어, 아니 최근이 아니지, 몇십 년 전부터 과학계에서도, '과학이 왜 가치 중립적이어야 하는가, 과학에도 가치가 개입될 수밖에 없다'는 생각들을 해오고 있거든요. 클리퍼드 코너의 『과학의 민중사』가 대표적인 책이에요. 일전에 언급했던 야마모토 요시타카의 『과학의 탄생』이나 『16세기 문화혁명』도 이와 궤를 같이하고요. 자, 한번 보자고요. 가치 중립적이라면, 일단 먼저 자리 잡은 기득권층이 유리할 수밖에 없거든요. 가치중립은 색으로 표현하자면 무색투명이에요. 따라서 기득권이 빨간색으로 칠해져 있다면, 그 위에 과학을 겹겹이 얹어 놓아도 빨간색이 그대로 유지됩니다. 기득권층이야 자신들의 색을 유지코자 무색투명을 환영하겠죠. 하지만 피지배층의 입장은 어떻겠어요. 기득권의 빨간색이 지속되는 걸 원치 않을 겁니다. 자기들 색이 조금이라도 물들게 만들고 싶어 할 거예요. 따라서 그들의 입장에서는 과학이 무색투명이어선 안 됩니다. 물론 기득권 편향 색을 갖고 있다면 더더욱 안 된다는 건 말할 나위도 없고요. '못 가진 자, 굴욕적 지배를 당하는 자, 이런 그룹들을 대변할 수 있는 과학도 얼마든지 가치를 지닐 수 있다', 이런 맥락에서 대안적 과학 이야기가 꽤 많이 나옵니다. 하지만 장 교수는 이런 점을 간과한 것 같아요.

철학적인 내용도 여러 번 언급하는데 이 역시 좀 아쉽더라고요. 그래서 이렇게 정리해 봤습니다. '이번 책은 전작들과 달리 장 교수가 펀더멘털로서의 철학과 과학에 얼마나 천착하고 있는지 잘 알 수 있었다. 하지만 천착한 만큼 그것들을 자유자재로 다루지는 못했다는 생각이 든다.' 재미있는 건 장하준 교수의 친동생이 과학철학자 장하석이라는 겁니다. 과학철학자는 제가 지금 말씀드렸던 사안들을 고민하고 연구하는 사람이거든요. 게다가 장하석 교수는 대안적, 상보적 과학을 주창하는 양반이에요. 따라서 장 교수가 이 책 초고를 갖고 동생과 디스커션을 몇 차례 한 후 그 결과를 반영해 출간했더라면 보다 좋은 책이 되지 않았을까라는 생각이 들었습니다.

이 혁 어쩌면 동생분을 만나서 대화는 했지만 서로 바빠서 깊은 대화는 못하신 게 아닐까요?

이석준 그렇다면 결과적으로 안 하니만 못한 대화가 된 셈인 거죠. 제가 문제 시한 것들이 그대로 남아 있다면, 경제와 철학의 만남에 있어 아무런 효과도 없었다는 거잖아요. 무언가 시도했다는 티도 전혀 나지 않았어요. 아무튼 그 양반의 주장은 이렇습니다. 장 교수는 신고전주의 경제학자가 아니에요. 말씀드렸다시피 신고전주의가 계속 주류 자리를 지키고 있는데 그 외곽에서 계속 공격을 가하는 사람입니다. 그 양반이 주장하는 바는 소위 칵테일론이에요. 그의 구분에 따르면 경제학 도메인에는 9개 정도의 분파가 있습니다. 그들 중 나머지를 압도하는 '더 원The One'이 존재하지 않기에 칵테일처럼 그것들을 섞어 써야 한다는 게 그 양반의 견해죠. 잘 섞어서 어떨 때는 이거, 또 다른 어떨 때는 저거를 상황에 맞게 꺼내는 구조로 가야 한다고 역설합니다. 제가 아까 철학적인 면을 느꼈다는 게 바로 이점이에요. '어떤 상황이 들이닥쳐도 신고전주의는 항상 옳다'고 외치는 것은 절대주의적, 이상주의적, 실재론적 주장입니다. 반면 '그때그때 달라요'라는 입장은 상대주의적이거나 실존주의적, 반실재론적이죠. 케이스에 따라 상황에 따라 적용해야 할 이론이 달라진다는. 바로 여기에서 제가 철학을 느낀 거예요. 그렇다면 그 절대성과 상대성 혹은 실존성에 대한 언급을 약간만 더 했더라면 좋았을 텐데 쌀 듯 말듯 안 싸니 그게 좀 답답했던 겁니다. 사실 이것도 장하석 교수의 도움을 얻을 수 있는 부분이거든요. 장하석 교수는 '다원주의'라는 것을 강조합니다. 절대주의에 대비되는 개념인데, 제가 말하는 상대주의와 같은 의미죠. 참고로, 이 양반은 상대주의를 절대주의와 더불어 극복해야 할 대상으로 봅니다. 그러니까 주장의 내용은 저와 유사한데, 구사하는 용어에 있어 괴리가 있는 셈이에요.

이 혁   쉽게 쓰려고 하다 보니 그런 건 아닐까요?

이석준   쉽게 쓰기 위한 방법이 누락이어선 곤란하죠. 솔직히 지금 말씀드린 그 수준 정도만 터치해도 좋았을 텐데, 운만 띄우고 빠지니 아쉽더라고요. 그리고 장 교수가 말한 9개 학파 중 인지과학에 아주 가까운 학파가 있습니다. 행동경제학파예요. 이 학파 멤버들 중 노벨 경제학상을 받은 사람이 두 명 있어요. 허버트 사이먼과 대니얼 카너먼이 그들인데, 엄밀히 따지면 그 양반들은 경제학자가 아니라 심리학자예요. 아, 카너먼 이야기가 나온 김에 잠깐 다른 말씀 좀 드려 볼게요. 사실, 지난번에도 얘기하려다 말았는데, 전 카너먼만 보면 '역시 사람은 오래 살고 볼 일'이라는 생각을 하게 돼요. 아모스 트버스키라는 인지심리학자 때문인데요, 카너먼에게 노벨상을 안겨준 수많은 논문들에 있어 제1차 저자the 1st author가 바로 트버스키였어요. 제 석사 학위 논문 주제가 「동적 상황에서 발생하는 의사결정 휴리스틱」이라서 이 양반들 논문을 꽤 많이 살펴봤었거든요. 하지만 이 분은 1996년에 돌아가셨고, 그러다 보니 카너먼만 노벨상을 수상하게 된 겁니다. 왜 사람들 습성이 그렇잖아요? 특히 한국은 그 정도가 더 심한데, 노벨 경제학상 수상자라니까 다들 빠느라 난리였습니다. 대다수 사람들의 추앙이 카너먼에게만 쏠린 거죠. 고故 트버스키가 그 관심을 같이 받아야 함에도 불구하고 말이에요. 물론 카너먼은 수상 후 많은 공을 트버스키에게 돌렸습니다만, 그런 것들은 원체 휘발성이 강하니까요. 사실 연구라는 게 누군가에게 칭송받기 위해 하는 건 아니어도 이런 현상을 보면 참 씁쓸합니다. 아, 죄송해요. 카너먼 이야기만 나오면 항상 이 생각이 따라다녀서리.

다시 본론으로 돌아와서…… 좀 전에 사이먼과 카너먼 이야기를 하다 말았죠? 이들의 공통된 주장은 이렇습니다. 먼저 신고전주의의 견해는 쉽게 말해 '인간은 지극히 합리적이다. 따라서 자기에게 가장 효용이 있거나 있을 거라고 확신하는 것을 선택하기 마련'이라는 거예요. 그러니까 '인간은 이성적 동물이고 효용에 따라 행동한다. 고로 정부는 제발이지 시장에 간섭 좀 하지 마라.' 반면 인지과학에 가까운 행동주의 경제학은 '인간은 합리적이긴 하다. 그런데 그 합리성이 제한돼 있다'라고 주장합니다. 객관적, 이성적 관점을 견지할 경우, 최적화된 대안을 찾고자 해야 함에도 불구하고 엉뚱한 대안을 찾아 나설 때도 많다는 거죠. 자기도 모르는 사이에. 즉, 최적화를 위해 요모조모 분석하고 대안을 찾는 게 아니라 그냥 대충 어림짐작으로 처리하는 경우가 꽤 많다는 게 골자예요. 일명 '휴리스틱heuristic' 혹은 '룰

오브 썸rule of thumb'이라고도 하는데, 기업 의사결정처럼 아주 굵직한 사안에서만큼은 예외가 아니겠냐고 생각들을 하지만 실상은 그렇지 않아요.

이 혁   무정부 상태에서 자율성을 부여하는 데에 있어 불안한 점은, 인간이 자기중심적 사고를 많이 하기 때문이 아닐까 싶어요.

이석준   신고전주의의 약점 중 하나가 그겁니다. '인간은 자기에게 유리한 대로 한다.' 그 기저엔 이기심이 있어요. '제각기 이기적으로 행동하면 알아서 잘 될 터이니 그냥 놔둬라', 이런 주장이거든요. 그리고 왜 고전주의 앞에 굳이 '신'자를 붙였나 하면, '정부가 간섭해서는 안 된다'라는 점에서는 고전주의와 궤를 같이합니다만 명백한 차이가 있기 때문이에요. 즉, 고전주의가 주로 공급자 중심의 관점을 견지했다면, 이 신고전주의는 수요자 중심의 관점을 견지한다고 이해하시면 됩니다. '수요자는 기쁨을 추구하는 기계로, 최대의 기쁨과 최소한의 고통을 누리기 위해 합리적으로 최선을 다한다.' 어때요? 이 한 문장만 봐도 제러미 벤담의 쾌락 철학부터 컨설팅 및 대기업의 표준적 접근까지의 냄새가 물씬 풍기지 않나요? 인공지능이 떠오르기도 하고요. (웃음) 여하튼 장하준은 이러한 신고전주의를 비판하는 입장이라서 정부의 개입을 주장합니다. 그러나 대한민국의 현 정권에 우호적이지는 않아요. 소위 좌파에 가깝긴 한데, 정부가 개입해야 한다고 하면서 예로 든 게 바로 북유럽입니다. 더불어 싱가포르도 같이 언급하죠. 싱가포르에 대해 많은 사람이 오해하는 것들, 대개 싱가포르의 경제에 대해 좋은 이미지를 갖고 있잖아요?

이 혁   실제로는 안 그래요?

이석준 개인적으로는, 싱가포르 여행 때 택시 기사에게 사기당한 적이 있어 부정적인 이미지를 갖고 있지만…… 지금 싱가포르 험담을 하려는 건 아니고요. (웃음) 중요한 건 이렇습니다. 실제로 싱가포르의 대다수 땅은 정부 소유예요. 장 교수에 따르면, 주택의 85%가량이 정부 소유의 주택개발위원회를 통해 공급되거든요. 그러니까 자유 시장의 첨단을 달리는 국가로 느껴지지만, 알고 보면 사회주의적 요소가 꽤 많이 들어간 나라가 바로 싱가포르입니다.

이 혁 북유럽도 그런가요?

이석준 사회 보장 제도가 많이 발달한 나라라면 아무래도 국가 입김이 상당히 많이 작용하겠죠. 반면 영국이나 미국은 신고전주의입니다.

이 혁 국가의 입김이 세다면 국가를 운영하는 분들이 제대로여야 한다는 당위성이 더 중요해지겠군요. 반대로 부정부패를 일삼는다면 국민들이 너무 힘들어지겠네요.

이석준 우리가 예전에 IMF 사태도 겪었지만, 제가 볼 때는 거기에 우리나라의 약한 국력뿐 아니라 사대주의적 벤치마킹 근성 또한 작용한 것 같아요. 그러니까 우리나라의 현 정책 당국도 따지고 보면 신고전주의 쪽인데, 당연하겠죠? 경제계 각료들이나 명문대 교수들 중에 신고전주의 학파가 넘쳐나니까. 그러고 보니 장하준 교수와 관련된 일화 중에 이런 쓰라린 것도 있습니다. 그 양반이 서울대 경제학과를 나와 케임브리지대학교에서 석, 박사를 마치고, 지금은 같은 대학에서 교수로 재직하고 있어요. 그런데 모교인 서울대에 지원할 때마다 계속 떨어진 거예요. 아마 3타수 무안타일 겁니다. 이유인 즉슨, 서울대 경제학과의 주류인 미국 유학파에 신고전주의 계열이 아니니까. 모 일간지에 나왔는데, 서울대 경제학과의 어떤 교수는 이런 얘기까지 했답니다. '케임브리지 경제학논집 같은 삼류 에디터가 무슨…….'

이 혁 실력이 있음에도 불구하고요?

이석준 예, 실력이 있음에도 불구하고요. 참 맹점들이 많죠. 아까 이혁 씨가 십우도 언급할 때 나왔던 얘긴데, 자신이 속한 시스템을 좀 낯설게 객관적으로 볼 수 있는 시각, 어찌 보면 장하준 교수도 그 얘기를 한 거거든요. 경제학자가 경제학 안에만 갇혀 경제학을 본다면 늘 접촉하는 그 내부만 경험할 수 있을 뿐입니다. 과감히 그 밖으로 나와 저만치 떨어져 바라봐야 비로소 시스템 전체를 볼 수 있어요. 이른바 메타적 시각이죠. 장 교수는 책을 통해 이와 같은 주장을 한 것 같습니다. 그래서 그런지 영어 제목이 한국어 제목보다 더 와 닿아요. 한국판 제목이 『장하준의 경제학 강의』고, 영어판 제목은 『Economics: The User's Guide』거든요. 분량이 한 500페이지 근처인 걸로 기억하는데 좀 두껍긴 해도 평이한 편이니, 틈틈이 보시면 북유럽에 대한 궁금증도 사라질 수 있을 거고 또 우리 대담에도 도움될 것 같아요. 아, 그런데 오늘이 마지막이군요. (웃음)

이 혁 네, 알겠어요. 찾아볼게요. 그러면 북유럽 같은 경우는 시스템이 잘 갖춰져 있기 때문에 행복한 분위기가 형성된 거라고 할 수 있나요?

이석준 시스템은 미국이나 영국도 잘 갖춰져 있죠. 그들은 어디서 베낀 게 아니라 나름대로 마스터플랜도 세우고 수많은 시행착오를 겪어 오면서,

자기네 철학대로, 소신대로 정착시킨 거예요. 물론 북유럽도 마찬가지고요. 하지만 우리나라는 '아니올시다'예요.

5. 설국열차가 떠오르는 밤

이　혁　우리나라는 상황에 맞게 변형해 적용한 것이 아니라 무조건 도입한 거로군요.

이석준　그렇죠. 역시나 카피죠. 이렇듯, 우리나라의 펀더멘털을 책임지는 학계가 그렇다 보니, 이를 응용하는 재계 역시 미국 사대주의에 흠뻑 젖어 있을 수밖에요. 그래도 미국은 욕을 먹든 안 먹든 깊은 내면부터 좌충우돌하고 다듬어 오면서 오늘날 정착된 거지만, 한국은 전혀 그렇지 않습니다. 오랜 시간 동안 내면에서 축적된 유니크한 경험은 거의 없고, 단지 다른 나라에서 결과로 가시화된 것만 그대로 갖다 쓰다 보니 공동화 현상이 일어난 거예요. 사실 우리 사회의 전 분야가 고루 그렇게 돼 있는 것 같아요. 그러니 전문가가 '좆문가'라는 비아냥을 듣는 거겠죠. 실질적인 서랍이나 구슬이 거의 전무한 상황. 요컨대, 최종 아웃풋이 기반 없이 붕 떠 있고, 창의성 촉발에 도움 되기는커녕 오히려 방해만 되고 있어요.

이　혁　건물이나 다리가 무너지는 사고가 많은 데에 그런 이유도 있겠네요.

이석준　속보다 겉모습을 떠받들고, 무조건적인 '빨리빨리'를 강요하고, '진짜 있음'과 상관없이 '있어 보임'만을 중시하죠. 책도 마찬가지예요. 제가 지난번에 집필할 때, 지인들이 이렇게 조언들을 했어요. '최대한 쉽게 써야 한다', '요즘 인문학이 유행이니 인문학 쪽으로 쓰는 게 좋겠다', '일반 대중들의 눈높이를 맞춰줘야 한다', '가벼워야 한다.' 그런데 솔직히 인문학과 '쉽게 써야 한다'는 게 과연 궤를 같이 할 수 있는 것인지 의구심이 들어요. 같이 할 수 있다면 이런 경우겠죠. 현학적인 표현은 삼가고, 최대한 일상과 맞닿아 있는 구체적 예를 들어 주는 것. 이런 건 당연히 오케이입니다. 하지만 장章을 잘게 쪼개 일관된 다수 섹션으로 구조화하고, 한 섹션 당 2페이지 이내로 해서 있어 보이는 잠언이나 명언 같은 것들로 떡칠해 놓는, 유명한 철학자들이 떠든 이야기나 들려주고 거기에 약간의 시사점을 덧붙이는, 이렇게 함으로써 지하철 안에서 읽기 쉽게 해 주는, 이런 게 과연 유의미한 '쉬움'인 거냐? 전 그렇지 않다고 생각해요.

이　혁　그렇게 되면 진정성이 결여된 상태에서 대중적이고 쉽게 된다는 말씀이죠?

이석준　그렇죠. 돈이건 공간이건 시간이건 프로페셔널 학자만큼 연구할 여유도 없는 사람이 제대로 된 학제적 책을 쓰려면, 해당 분야들에 있어 최소 10년 이상을 꾸준하게 날밤 까다시피 해야 하거든요. 다른 도메인의 다른 직업을 갖고 있다 보니, 둘을 동시에 진행하려면 장난이 아닙니다. 사실 24시간도 태부족이에요. 다른 일에 종사하면서도 수많은 책들을 독학하며 축적한 자산들인데, 그것을 불과 3~4시간 만에 다 깨우치도록 해달라? 이런 생각 자체가 도둑놈 심보가 아니냐는 겁니다. 과장을 보태자면 지금의 우주를 탄생 시점인 특이점으로 거슬러 올라가 압축시키라는 것과 같습니다. 그렇다면 시공간이 소멸돼 볼 것 자체가 아예 없어지는 건데 말이죠. 좀 벅차고 버겁더라도 관련된 이런 논문, 저런 책, 요런 기사 등을 찾아가면서 능동적으로 독파해야 하건만, 이건 뭐 밑에 있거나 거쳐 가야 하는 과정들은 죄다 뺑뺑 차 버리고 오로지 수면 위로 드러난 폼 나는 결과들만 신경 쓰니, 원……

이 혁 출판 업계도 돈을 벌려면 그렇게 추천하겠네요. 음악계도 마찬가지예요. 기획사에서 팝송을 표절하거나 검증된 음악을 하라는 주문을 많이 해요.

이석준 사실 그렇잖아요. 상업적으로 이미 검증됐고, 따라서 우리가 벤치마킹하고 표준으로 삼아야 하는 게, 가령 짐바브웨 민속 음악, 이런 건 아닐 거 아니에요? 소위 선진국이라는 데에서 영향력을 행사하는 그런 음악들, 제3세계라면 영향력 있는 일부 음악가들이 추구하는 것들을 샘플링한다든지 해서 살짝 바꾸는.

이 혁 그런 식의 문화가 주가 되다 보니 대중들이 진정성 없는 문화에 길들여진 것 같아요. 음식으로 치면 라면이나 짜장면만 주로 먹다 보니 조미료 맛에 익숙해져, 자극적이지 않은 음식은 입맛에 안 맞게 된 거죠. 그 결과 진정성 있는 것들이 점점 더 외면당하게 된 것 같아요. 몸과 정신에 도움 되는 맛을 아는 사람들이 많아질 때 진정성 있는 작품들이 대중화될 것이고, 출판계나 음악계에서도 순수하고 진정성 있는 작품을 원하게 될 텐데, 아직은 조미료 시대예요.

이석준 음식 말씀을 하시니까 배가 슬슬 고픈 게 평양냉면이 떠오릅니다. (웃음) 평양냉면을 제대로 먹어 본 적 없는 사람을 '을밀대' 같은 곳에 데려가면 처음엔 다 부정적인 반응을 보여요. '맹숭맹숭하고 이게 뭐야!' 어떤 친구는 심지어 이런 얘기까지 하더군요. '대걸레 빤 듯한 국물에다 면도 꼭 대걸레 같은데, 넌 대체 이런 걸 왜 좋아하냐?'라고. 저 같은 평양냉면 마니아들은 이렇게 대답합니다. '앞으로 두세 번만 더 와봐.' 조언대로 몇 차례 더 찾게 되면, 그 친구는 그제서야, 개안開眼, 아니 개설開舌하게 됩니다. 마치 깨달음의 섬광처럼 순식간에 말입니다. '아니 내가 왜 여태껏 이 맛을 몰랐을까?' 자극적이고 조미료 듬뿍 들어간 음식에 익숙한 사람들에게 신선하고 새로운 걸 제시하면 처음엔 십중팔구 밋밋함을 느낍니다. 익숙하지 않기 때문이죠. 그런데 그것을 두 번, 세 번 경험하고 그 경험의 과정을 잘 감내한다면, 마침내 단 한 번도 느껴 보지 못했던 짜릿한 맛의 쾌락을 체감할 수 있습니다. 일종의 과도기를 잘 버텨낸 보상이죠. 좋은 책이라든가 음악, 영화도 마찬가지가 아닐까 싶어요. 그러니까 고진감래苦盡甘來적인 측면도 있어야 할 거고, 우리가 '경험을 능동적으로, 온 감각을 곤두세워, 최대한 많이 하는 게 좋다. 꾸준히', 이런 말씀도 나눴었는데, 그게 어떻게 보면 기회비용이자 리스크-테이킹일 수 있거든요. 한 번도 해보지 않았던 것, 남들이 가보지 않았던 길에 대한 최초 시도이자 탐색이니까요. 그런데 어느 정도 버텨내고 밀어붙이면, 정말이지 황홀함을 느낄 수 있는 이른바 '경이적 모멘트'가 올 겁니다.

이 혁 게임에서조차도 모험을 해야 더 새롭고 좋은 아이템을 얻을 수 있거든요. 삶이 너무 일상적이라거나 다람쥐 쳇바퀴 돌 듯 살고 있다는 생각이 들면 무언가 새로운 것을 시도해 보는 게 좋을 것 같아요.

6. 오직 록뿐인 나를

이석준 일상이라…… 역시나 일상을 말씀하시니 또다시 사고의 발산이 이루어집니다. (웃음) 우리가 논의할 때마다 등장하는 인물이 '내귀' 팬인 제 선배잖아요. 그 양반이 직장에서 하는 일은 진짜 쳇바퀴 도는 일입니다. 무료할 거예요. 물론 안정적이긴 하죠. 망할 염려도 없고, 월급도 꼬박꼬박 잘 나오고, 거의 매일 같이 칼퇴근하고, 아주 가끔 야근하지만 그 시간이 그리 길지도 않고. 그런 게 정말 따분한 일인데, 전혀 동적이지 않은데, 그럼에도 불구하고 그 양반이 즐겁게 생활할 수 있다는 건 이와 상보적 관계를 맺을 수 있는 그 무언가가 있기 때문이 아닐까 싶어요.

이 혁 어쩌면 평범한 삶을 사시는 분들이 저희 음악에 더 빠지실 수 있을 거 같아요.

이석준 그것도 아주 긍정적인 겁니다. 어떻게 보면 삶의 포트폴리오라고 볼 수 있죠. 한쪽이 짜릿하고 광분할 수 있는 광기 어린 느낌이 드는 거라면, 다른 한쪽은 정적이며 되풀이되는. 그 상반된 두 개가 공존하기에 그 양반은 나름 행복한 삶을 살 수 있는 것 같아요. 저는 모험만 걸며 살고 있는데……. (웃음) 사실 이혁 씨의 경우도 지금 시점에서 본다면 병원의 체불 임금 문제도 해결됐으니, 부지런하고 규칙적인 삶을 누리기 위한 안정적 세계와 개인이 추구하는 음악적 삶, 짜릿한 삶이 공존하는 거잖아요.

이 혁   저도 외적으로는 그렇지만 좀 다른 것 같아요. 최근에서야 일을 길게 하게 된 거지 녹음할 때나 공연할 때가 많아서 알바 식으로 하다 안 하다 했기 때문에, 10년 정도는 물리치료 일을 하지 않은 셈이에요. 음악을 20년 했다면 물리치료를 같이 한 시간은 10년 정도인 것 같아요. 기본적으로 물리치료를 하게 된 계기가 음악과 연결된 인체에 대한 관심과 음악을 더 잘하고 싶어 부지런해지기 위한 것이었고, 음악을 위해서라면 언제든지 그만둘 준비가 돼 있어요. 양수리에 오게 된 것도 여행을 갈까 아니면 양수리에서 여행 온 것처럼 일을 할까 고민하다가 정착하게 된 거거든요. 만일 면접 봐서 안 됐으면 저는 여행을 떠났을 거예요. 4집 음반 활동이 마무리되던 시점이었거든요.

이석준   해외 여행을 가려고 했던 거죠?

이 혁   네, 유럽, 네팔, 인도를 생각했었어요. 길게 간다면 같이 갈 사람도 없고 혼자 가보고 싶었어요. 여행을 갔어도 좋았겠지만 물리치료를 하는 것도 음악하는 데 도움이 많이 돼요. 일단 음악보다 재미없으니까 음악의 소중함을 새삼 느끼게 해 주고, 일하면서 남는 시간이나 반복적인 일을 해야 할 때 가사를 외우거나 쓰면 잘 되거든요. 멜로디도 잘 나올 때가 많고요. 그리고 아침 일찍부터 깨어 있다 보니 생산적인 생각들을 많이 하게 돼요. 최근에는 혼자 일하고 있으니까 음악적인 시간들을 더 많이 갖게 돼요. 알바 안 하고 집에 있으면 빨리 일어나도 10시고, 정신 차리고 밥 먹고 소화시키다 보면 오후가 되는데, 그때부터 일과가 시작돼요. 계좌 이체 하나만 해도 오늘 큰 일을 했다는 생각이 들죠.

이석준 제 주말의 삶이 그렇거든요. 토요일에 별다른 일정이 없으면 토요일 새벽 한 3시까지 잠을 잘 수 없어요. 너무나도 소중한 나만의 자유 시간이잖아요. 감히 어떻게 눈을 붙이겠습니까? 그런데, 오전 9시쯤 되면 애들이 저를 깨우죠. 10시쯤 밥을 먹고 설거지하고 어쩌다 보면 '엥? 벌써 12시네?' 이렇게 됩니다.

이 혁 그렇죠. 하루가 금방 가죠.

이석준 예, 하루가 너무 아까운 거예요. 그럼 일요일 역시 그냥 잠자리에 들 수 없어요. 또 새벽 3시까지. 그래서 제일 힘든 때가 월요일 아침입니다. 월요일 새벽 3시가 돼서야 자고, 6시 57분에 일어나는데 중간에 여러 가지 이유로 계속 깨니까……. 제가 꽤 예민하거든요. 그만큼 맛이 가고 다크 서클도 심해집니다.

이 혁 피곤하면 좋아하는 일도 못 할 수 있어요. 그리고 무조건 열심히 일해야만 풍요롭게 살고 잘 돌아가는 건 아니라는 생각이 들어요. 적정량의 일을 하면서 사색을 동반한 창의성이 발현된다면, 단순히 열심히 사는 삶보다 풍요로울 수 있다고 봐요.

이석준 그게 바로 버트런드 러셀이 『게으름을 위한 찬양』에서 한 말이에요. 그리고, 우리 이런 얘기도 했었죠. '대한민국 이야기를 꺼내면 주야장천 안 좋은 말만 하게 되는데, 정말 좋은 게 하나도 없는 거냐?' 그래서 억지로 좋은 얘기 좀 하려 해도 금세 좋지 않은 얘기로 회귀해 버렸던. 비슷한 맥락으로 다른 생각을 해 보면, 가령, '이혁이라는 사람이 있는데 음악을 하지 않았다. 여느 학생들처럼 공부하다 졸았고, 졸면 엄마가 자꾸 머리를 때리는 바람에 어찌어찌하다 보니 대학도 졸업하고, 주변의 평균적 친구들처럼 대기업의 직장인이 되었다.' 그렇다면 지금 어떻게 돼 있을까요? 심리 상태나 사회적 포지션에 있어서.

이 혁 글쎄요, 어떻게 돼 있을까?

이석준 어쩌면 정신 병원에 가 있을 수도 있어요.

이 혁 제가 음악을 하면서 생각의 변화를 갖게 된 건, 무언가 억압에서 풀려나고 싶은 마음이 있었기 때문인 것 같아요. 단순하게 말하면 사춘기적, 반항적 느낌인데, 그게 이유 없는 반항이 아니라 '뭔가 잘못되어 있다, 이건 아닌 것 같다. 바꾸고 싶다'라는 마음에서 비롯된 것이기 때문에 책을 보는 와중에도 록적인 글들이 마음에 와 닿았고, 또 음악에 관심 있는 친구들이 주변에 있다 보니 '이런 기분을 해소시켜 줄 수 있는 대안이 음악이다'라고 생각하게 된 거죠. 만약 다른 길을 걸었다면 지금과 달리 현실에 찌들어 살았을 수도 있어요.

이석준 그러네요. 그런 삶에도 잘 적응하고 살았을 것 같아요. 즉흥성, 감성, 광기와 관련된 도메인에 사는 사람이지만, 규칙성, 이성, 계획성에 밀착된 도메인과도 잘 타협하고 지내는 성격이니까. 나태해지기 싫어서, 규칙적인 생활을 하고 싶어서 병원에 다닌다는 말을 했었잖아요? 이런 성향을 갖고 있으니 어떻게든 그쪽에 맞춰서 계속 살아왔을 수 있겠다는 생각도 듭니다.

이　혁　나태해지기 싫은 마음의 발로는 음악을 잘하고 싶어서였어요. 음악을 더 잘하고 싶다면 연습을 많이 해야 하는데, 게으른 제 모습을 보니 실망스러웠거든요.

이석준　그건 언제쯤이에요? 게을러서 실망하게 됐다는 거.

이　혁　군대 제대하고였던 것 같아요. 군대 가기 전에는 열정이 너무 강했기 때문에 그런 생각을 할 겨를도 없었어요. 고등학교 시절에는 새벽 6시에 한강 고수부지에서 노래 연습을 했고, 집에 있을 때는 PVC 파이프 통을 잘라 비닐 댄 것을 이불장에 밀착하면 소리가 밖으로 덜 나간다고 해서 그런 방법으로 연습하기도 했어요. 집 지하실을 작업실로 만든다고 혼자 공사도 하고 아무튼 열정이 대단했었죠.

이석준　와~ 정말 엄청난 열정이었네요. 마치 21세기 한국판 『달과 6펜스』를 보는 느낌이에요.

이　혁　그랬어요. 그 시절에는 메탈을 좋아했었기 때문에 의상이나 신발도 록커처럼 하고 다녀서 학교나 집에서 많이 혼났었어요. 아무튼 군대 제대하고 나서 음악을 잘하고는 싶은데 나태해지는 모습이 자꾸 보이니까 이런 생각이 들었어요. '어떻게 살아도 자기 선택이다. 거지가 될 수도 있고 부자가 될 수도 있지만, 나는 음악을 선택했다. 그리고 삶도 음악처럼 잘 만들어 가고 싶다'라고요. 이런 마음은 생겼는데 의지가 약해 잘 안 되니까 우선 시간적인 제어 장치들을 마련했어요. 대단한 건 아니고, 약속을 잡거나 일을 한다거나 학원에 다닌다거나 하는 것들이요. 그런데 학원 같은 경우는 내 돈 주고 다니는 곳이다 보니 가지 않아도 욕을 안 먹어서 통제력이 약한 편인 거예요. 하지만 아르바이트를 하기로 했다면 새벽 6시더라도 무조건 가야 하거든요. 돈 받고 하는 일인데 늦으면 너무 미안하고 욕먹고 그러니까요. 이런 제약 사항들을 일부러 만들어 놓았어요. 그러다 보니 '돈도 벌고 여러 가지로 좋네?'라는 생각이 들었고, 그래서 책도 볼 수 있고 가사도 쓸 수 있고 음악도 들을 수 있는 여유로운 알바 자리를 찾게 됐어요. 말씀하셨듯 음악을 안 했다면 착실하게 현실적으로만 생각하는 사람이 됐을 수도 있지만, 어쩌면 좋아하는 게 있기 때문에 착실한 분위기가 된 걸 수도 있어요.

이석준   그렇죠. 그 인과관계가 뒤바뀌었을 수도 있고, 음악이 아닌 다른 장르에 빠졌을 수도 있고.

이 혁   네. 좋아하는 게 다른 거였을 수도 있겠네요.

7. 그것만이 내 세상

이석준   저도 회고해 보자면, 일전에 말씀드렸듯 일찌감치 신이 돼야 한다는 생각을 갖고 있었어요. 그런데 참 웃긴 게, 나름 강력한 의지가 있었다고 생각했건만 어느 날 별로 친하지도 않은 선배가 '야, 형이 기가 막힌 아이디어 하나 갖고 있는데 같이 일하자. 네가 예전부터 좋아했다던 하늘색 아디다스 잠바 사줄게', 이런 감언이설에 홀라당 넘어간 겁니다. 아무래도 이혁 씨의 음악에 대한 열정과는 비교조차 할 수 없는 얕은 수준이었던 것 같은데요. 좌우지간 석사 졸업식 다음 날 바로 조인했습니다. 첫 월급은 80만 원이었어요.

이 혁 적은 거죠?

이석준 그럼요. 굉장히 적은 액수죠. 그 무렵엔 금융권 인기가 꽤 높았는데, 특히 장기신용은행이 국내 업체들 중에서 연봉이 가장 셌어요. 학사 졸업은 3천, 석사 졸업은 4천 정도였던 것 같습니다. 제 월급이 80만 원이었으니까 연봉으로 환산하면 960만 원이었던 셈이네요. 그러고 보니 연봉이 1,000만 원도 안 됐군요. 솔직히 아디다스 잠바에 혹해서 들어가긴 했지만, 그 당시에는 사무실에 머무는 시간이 너무나도 행복했습니다. 조그마한 서초동 창업보육센터 사무실에서 살다시피 했어요. 제가 직접 수행했던 일들은, 임직원이라고 해 봤자 사장과 저 이렇게 달랑 둘밖에 없었으니, 자금 문제로 보증보험에도 가고, 등기소에도 가고, 손님 오면 커피도 타서 대접하고, 프로그래밍도 하고, DB 핸들링도 하고, 기획서도 만들고, 마케팅도 하고, 포토샵 만지면서 제품 디자인도 하고, 재무관리 관련 칼럼도 쓰고, 공부도 하고 그랬습니다. 와우! 지금 생각해 보니 정말 많은 다양한 일들을 했네요. (웃음) 그런데 이 모든 것들이 너무나도 재미있는 거예요. 거기에 빠져 열과 성을 다했는데, 그 덕분이었는지 클라이언트들이 빠르게 늘어나더라고요. 그러다 보니 매출도 늘어나고, 투자를 희망하는 사람들도 늘어나고, 자연스레 증자도 하게 됐습니다. 그런데 그때부터 사장이 돌변하기 시작했어요. 자기와 제 사이에 여러 계층을 두면서 간극을 점차 넓히려 한 거죠. 최초에는 각각 사번 1, 2번이었음에도 불구하고, 한 명은 오너 겸 CEO로서 자리를 공고히 다지고, 다른 한 명은 말단 근방에서만 계속 맴돌게 된 겁니다. 결국 주식이고 뭐고 참다 참다 때려치웠습니다. 이후 다른 선배와 비즈니스 인큐베이팅 및 컨설팅을 하겠다고 깝죽거리다 말아먹고, 그다음에 외국계 컨설팅 펌으로 가서 소위 제도권 컨설팅을 본격적으로 시작했어요. 물론 그 전에 했던 일도 컨설팅이긴 했지만, 대기업 대상이 아니라 중견 기업 대상이었으니 많이 달랐죠. 혹시 바른손 기억나세요? 팬시, 문구 만드는 회사 바른손.

이 혁   예, 알아요. 요즘엔 안 나오나요?

이석준   요즘에는 잘 모르겠는데, 여하튼 바른손, 영진닷컴, 이런 규모의 회사들을 대상으로 전략 컨설팅을 했습니다. 그 무렵 제가 석사 졸업의 사회 경력 3년 차였어요. 그런데 그렇게 경험이 일천한 제가 우리 회사 전 임직원을 통틀어 사회 경력이 가장 풍부한 사람이었지 뭡니까? 당연히 조직의 영업력이 형편없었죠. 사실 여타 역량 또한 내세울 것도 없었고요. 그러다 보니 사업 개시하고 약 12개월 정도 지났을까? 그 무렵부터 영업이 제대로 이루어지지 않았고, 결국 수개월 동안 체불 임금만 쌓이다가 마침내 문을 닫고 말았습니다. 그래서 아까 말씀드린 것처럼 외국계 컨설팅 펌에 조인했고, 거기서 부활의 날갯짓이랄까? 컨설팅의 매력에 푹 빠지게 된 거죠. 그런데 시간이 흐르면 흐를수록 컨설팅의 맹점, 컨설팅이 빨대 꽂고 쭉쭉 빨아 먹는 대기업의 맹점, 그리고 컨설팅과 대기업의 펀더멘털 역할을 해주는 경영학의 맹점이 선명하게 보이기 시작하더라고요. 그리고 외국계 컨설팅 펌 재직 이후에는 국내 모 대기업 계열의 컨설팅 조직 두 군데에 있다가, 활동 범위 제약 때문에 답답하기도 하고 소위 '윗 대가리'들의 간섭이 짜증 나기도 해서, 아예 돈을 직접 때려 박아 컨설팅 펌을 차렸어요.

그게 바로 직전 회사죠. 정말이지 당찬 포부를 갖고 시작했는데 너무 아쉽습니다. 경영학에 기반을 두기보다는 인지과학의 응용에 주안점을 두리라 마음먹고 구체적 비전까지 다 그려 놓았었는데……. 어떠한 현실적 제약에 부딪혔냐 하면, 우리 대담에서 여러 차례 회자됐던 글로벌 전략 펌들 있잖아요? 그들이 알게 모르게 만들어 놓은 업의 표준이 있어요. 자, 한번 생각해 보세요. 대한민국은 전 지구적 관점에서 보면 시골 촌구석과 다름없습니다. 그런 촌구석에 있는 어떤 촌놈 하나가 갑자기 나타나서 표준과 동떨어진 얘기를 해댄다면 어떻겠어요? 사회는 절대 인정해 주지 않습니다. 그 판단의 주체가 기득권층이건 피지배층이건 마찬가지죠. 보수건 진보건 중도건 똑같아요. 예전부터 제가 늘 주창했던 것들 중 하나가 이런 겁니다. 분석 및 논리의 한계. 그런데 분석과 논리가 현 컨설팅 핵심 역량의 거진 다거든요. 제 눈에는 그게 너무 확연하게 보이니까, 이를 근본적으로 고쳐 기업의 제반 문제들을 '명목적'이 아닌 '실질적'으로 해결할 수 있는 방향으로 컨설팅하겠다고 마음먹은 겁니다. 자, 그런데 우리 사회의 고질적인 배타성이나 사대주의 잘 아시잖아요. 회사를 세우자마자 업계에 그런 선언을 하면, 뭐 알려지지도 않겠지만 설사 알려진다 해도 무시당할 게 뻔합니다. 아까 말씀드렸듯 '웬 듣보잡들이 튀고 싶어 헛소리하는구먼!' 진정성이 있고 없고를 떠나 전혀 먹힐 것 같지 않기에 2~3년 동안은 관련된 R&D에 소리 없이 집중하는 것으로 가닥을 잡았어요. 즉, 내부 R&D가 어느 정도 이루어질 때까지는, 소위 글로벌 스탠다드를 따르며 업계의 인정을 받은 후 나의 야심을 터뜨리겠노라 마음먹은 거죠. 마치 엘론 머스크가 '우주 여행'이라는 황당한 자기 꿈을 공표하기에 앞서 '결제'라는 평범한 도메인에서 검증받았던 것처럼 말이에요. 하지만 그 2년을,

이 혁 못 견디신 거예요?

이석준 예. 조금 더 버텨냈어야 했는데……. 저는 대기업에서도 한 8년 정도 근무했었어요. 그 기간 내내 컨설팅 조직에 있었죠. 그렇게 경험을 해보니 저절로 느껴지는 게 있었습니다. 전통적 의미에서의 대기업과 나는 파동이 잘 안 맞는다. 주변 사람들도 비슷하게 얘기들을 했고요. 대기업은 방대함이라는 특성상 불가피하게 표준과 프로세스에 의거하여 운영하고 관리할 수밖에 없거든요. 따라서 거기에 소속된 사람이라면 필히 표준을 따라야 해요. 표준에는 공식적 표준도 있고 암묵적 표준도 있는데, 암묵적 표준의 대표적 예가 흔히 말하는 정치예요. 자기가 목숨을 바쳐야 할 상사를 찾았으면 거기에 찰싹 붙어 있어야 합니다. 가령 제가 과장이고 그 사람이 부장이라면, 그 사람이 상무 될 때 저는 차장이 되고, 그 사람이 전무나 부사장이 될 때 저를 상무로 끌어 줄 수 있거든요. 그러니까 줄을 잘 잡는 게 아주 중요한 일이 됩니다. '저 양반이 우리 회사의 성장에 정말 도움이 될까?' 혹은 '정말 많은 사람이 감탄할 만한 서비스를 만들어 낼 능력이 있을까?', 이런 물음들은 뒷전이고, '어떻게 하면 저 사람이 날 계속 예뻐할까?' 더불어 '어떻게 하면 저 사람이 저 사람의 윗사람에게 계속 예쁨 받을 수 있을까?'라는 것들이 최우선적으로 고민해야 할 핵심 사안이 되는 거예요. 그래야만 그 사람도 올라가고 나도 올라갈 수 있으니까. 이런 판국이니 스스로 볼 때도 그렇고 지인들이 바라볼 때도 그렇고, 전 대기업에 그다지 적절한 사람이 아닌 셈이죠. 제가 원체 라인에 집착하지 않다 보니, 라인을 만들고 싶다는 생각 또한 갖고 있지 않아요. 그리고 제가 하고 싶은 f-business를 전개해 나가다가 운 좋게 대박 난다 해도 수천 명, 수만 명 이렇게 고용하고 싶지도 않습니다. 공식 프로세스 없이 그냥 좋은 게 좋은 거다 이렇게 으쌰으쌰 하면서 전 직원들의 얼굴과 그들의 가족 사항까지도 상세히 기억할 수 있는 그 한도 내에서만 규모를 키우고 싶어요. 마치 가정 생활처럼 말이에요.

이 혁 좋을 것 같은데요.

이석준 사무실 규모도 같은 맥락에서 생각하고 있어요. 일단 마당이 있어야 하고, 건물은 한 3층 정도의 높이, 구성원 수는 한 12명 내외? 이 정도 규모면 제가 직접 다 케어할 수 있을 것 같아요.

이 혁 여기 연남동에 그런 분위기의 회사들이 좀 있는 것 같아요.

이석준 그렇죠. 『나발한자』에도 관련된 이야기가 나와요. 3장에 기술된 인식적 세계를 보면, 한국 본사는 서교동의 3층짜리 마당 있는 집이고, 미국 지사는 뉴욕 고층 빌딩의 펜트하우스 층이죠. 그런데 사무실은 나중에 고민해도 되는 거고, 급선무는 고객과 상호작용하며 체감 가치를 제공할 수 있는 서비스를 빨리 만드는 거죠.

이 혁 그 부분이 중요하네요.

이석준 제 쾌락을 실현할 수 있는 장도, 비즈니스를 이행할 장과 마찬가지로 존재적 세계와 인식적 세계로 구분할 수 있는데, 저는 이 또한 인식적 세계에 초점을 맞추고 있어요. 이건 객관적으로 어떤 게 더 타당하네 마네 왈가왈부할 수 있는 사안이 아니에요. 저의 진정 어린 꼴림의 발로니까. (웃음) 저라는 사람은 우리나라 인구가 100명이라고 치면

100명 다 사랑할 수 있는 그런 사람이 아니에요. 쓰레기 같은 사람은 혐오하고 교양 없고 속물 같은 사람도 싫어하죠. 사실 국가의 지도자가 되려면 이런 부류의 사람들을 사랑까진 못하더라도 최소한 감내할 수 있는 포용력만큼은 가져야 하는데, 제 경우는 이마저도 역부족인 것 같아요. 바로 이런 맥락에서라도 제게 어울리는 세계는 그런 사람들과도 부대껴야 하는 존재적 세계가 아니라 인식적 세계인 거예요. 그러다 보니 서비스 아이디어도 계속 인식적인 것으로 고민하게 되는 것 같고요.

이 혁   뇌를 치료하는 방법으로 전기 자극이 효과적이라는 이야기를 들었어요. 하지만 위험성 때문에 실험을 못 하게 하고 반대 여론도 많아 발전이 안 된 부분들이 있다더군요. 실제로 뇌의 어느 부분에 자극을 주면 치료 효과도 좋고 없던 기억도 만들어 낼 수 있다고 하는데, 이런 것도 인식적 쾌락의 한 부류로 생각할 수 있을 것 같아요.

이석준   맞습니다. 수일 전엔 짬이 난 김에 서점에 갔다가 『1.4킬로그램의 우주, 뇌』라는 책을 훑어 봤어요. 뇌과학, 신경과학과 관련된 장을 중심으로 봤는데, 역시나 일반 대중을 대상으로 한 강의집이기에 아까 소개했던 『장하준의 경제학 강의』처럼 쉽게 읽을 수 있었어요. 특별히 관심 가는 내용이 있는 건 아니지만, 뇌 자극과 관련된 이야기가 나옵니다. 아까 경제학 이야기도 좀 나눴잖아요? 이 책에서도 경제학을 꽤 많이 언급합니다. 그중에서도 인간의 합리성을 전제로 하는 신고전주의 경제학을 비판하는 내용을 많이 실었죠. 당연히 그럴 수밖에 없는 게 이 책의 저자도 뇌과학을 연구하는 양반이거든요. 뇌과학과 거의 사촌에 가까운 분야가 인지과학이고, 경제학 내에서 인지과학의 친척뻘이라 할 수 있는 학파가 행동경제학파이기 때문이에요. 기억하시죠? 인간의 합리성은 제한돼 있다.

8. 우린 그저 경계선 위를 어슬렁거릴 뿐

이석준   많은 지인들이 저를 만나면 한숨을 크게 쉽니다. 제가 쿡쿡 찌르며 자꾸 자극하거든요. '날 봐라. 얼마나 자유로운 영혼이냐', 이런 식의 자극이 아니라, '아니, 우리 아무개 박사님은 물리학이라는 매혹적인 분야를 공부했으면 인류에 보탬이 될 만한 그런 연구를 계속해야지, 왜 이런 쓸데없는 데에 가서 노예 생활을 하고 계십니까?' 그러면 이렇게 대답합니다. '글쎄요, 제가 왜 그랬을까요?'

이 혁   그러게요.

이석준   왜 과학고를 가고 왜 MIT에서 물리학 박사 학위를 받고 오냐는 말입니다. 그런 데 나와서 루틴한 분야의 컨설턴트나 연구원 하는 게 대체 무슨 가치가 있냐고요. 독창적 아이디어를 낼 수 있는 것도 아니고 자기가 하고픈 일을 할 수 있는 것도 아니고, 그러니 '대체 내가 지금 뭐 하고 있는 건가. 통신장비 재고 개수나 세려고 스탠퍼드에서 박사 학위까지 받고 온 건가?', 이런 방황을 하는 겁니다. 자, 과연 그런 상황, 그런 사람들에게서 창조적인 게 나올 수 있을까요? 베끼는 거야 기계적으로, 자동적으로, 감각적으로 잘할 수 있겠죠. '우리보다 수십 년 선행한다는 미국, 십수 년 선행한다는 일본에서 이런 트렌드가 형성됐사옵니다. 대한민국은 항상 그들을 따라왔기에 머지않아 이런 게 붐업될 것으로 사료되옵나이다. 고로 이쪽을 추진하심이 좋을 줄로 아뢰오', 기껏해야 이런 일들만 발생하지 않을까 싶어요.

이혁 씨에게 제 책을 선물했던 자리에서 길거리 마케팅의 구체적 액션에 대해 얘기를 나눴었잖아요. 그때 오고 간 이야기 중에서 제게 긍정적으로 와 닿았던 건 이런 겁니다. 논리, 분석 기반의 비즈니스는

'무엇을 해야 합니다', '어떤 방향으로 가야 합니다'라는 상위 수준의 방향 잡는 것까지는 잘해요. 그 점은 정말 비난할 수 없는데, '오케이, 그럼 당신이 말한 그 방향하에서 구체적 실체와 방법을 얘기해 봐'라고 하면 갑자기 꿀 먹은 벙어리로 변합니다. 구체적으로 와 닿는 무언가를 도통 만들 줄도 모르고, 설사 만든다 해도 이미 나와 있는 것, 혹은 남들이 다 하는 것을 살짝 바꾼 것에 불과해요. 좋은 시의 요건을 청산유수처럼 이야기하지만, 유명한 시라고 불리는 것들을 좔좔 외고 패러디 하기는 잘하지만, 정작 자기만의 시는 쓰지 못하는 거예요. 그런데 그때 길거리 마케팅 이야기는 그런 진부함에서 한결 벗어나 있었거든요. 어디서 들어 보지 못한 참신한 내용이었어요. 전략이 할 수 있는 거라고는 그저 '길거리 마케팅을 해야 합니다', '디지털 마케팅을 해야 합니다', '입소문 마케팅을 해야 합니다', '어떤 계층에게 어떤 매체로 어필해야 합니다', '다른 채널과 어떻게 연계해야 합니다', 딱 거기까지거든요. 그러면서 액션 플랜 혹은 프랙티스 플랜이라고 해서 '몇 월 며칠에서 몇 월 며칠까지는 팀을 꾸려야 하고요, 그다음에 팀 내 R&R을 확정 짓고, 이후 각자 어떤 조사를 통해, 어떤 방안을 마련해서, 컨센서스 미팅을 하고, 몇 월 며칠부터는 결과가 만족스럽건 아니건 간에 액션을 취해야 합니다', 이런 것들이나 끄적거리는 거죠. 참신한 아이템 그 자체는 여간해서 만들어내지 못해요.

이 혁 반면, 음악계 사람들은 오히려 그런 부분이 아쉽긴 해요. 실행하고 정리하는 것이 체계적이지 않고 주먹구구식으로 진행되다 보니, 답답한 부분들이 많거든요. 그래서 체계적인 말을 들으면 '와~, 저렇게 해야 하는데'라는 생각이 들어요.

이석준 바로 그 점입니다. 그래서 우리 두 영역의 만남이 융·복합, 학제의 모범 사례가 될 수 있다는 거죠. 상반된 두 도메인이기에 강·약점이 상호 간에 정반대일 수 있어요. 이쪽의 강점이 저쪽한테는 약점이고, 마찬가지로 이쪽의 약점이 저쪽에서는 강점으로 둔갑하는.

이 혁 그 부분에서 긍정적인 분위기를 유도하려면, 말씀드렸다시피 서로 존중하고 문을 열어야 한다는 두 가지 전제가 필요할 것 같아요.

이석준 오늘 대담 초기에 말씀 나눴듯이, 경험을 많이 했다 하더라도 문을 꼬옥 닫아 놓은 사람들의 경험이라면 오히려 꼰대성을 강화시켜 줄 뿐이죠.

이 혁 네, 그런 분들부터 선별해서 제외시켜야 할 것 같아요.

이석준 그간 학제나 융·복합을 주제로 수많은 책들이 나왔습니다. 근래 들어 TV 방송도 꽤 많았던 것 같고요. 그런데 그 면면을 살펴 보면, 소위 자연과학자 대 인문학자의 구도, 결국 아카데미 테두리 내에서만 이루어졌어요. 즉, 그들의 공통점은 프로페셔널 아카데미에 있는 사람들이라는 것이고, 차이점이라고 해 봤자 전통적인 영역 구분에 있어 한쪽은 인문학 사이드이고 다른 한쪽은 자연과학 사이드라는 거예요. 거기서 또 다른 작은 공통점을 찾자면, 진정성의 발로인지는 잘 모르겠으나 여하튼 겉보기에는 그래도 오픈된 사람들이라는 겁니다. 참고로 비즈니스계의 경우를 보자면, 가령 통신과 금융이 만나 아이디어를 짠다든가 하는, 이들의 만남엔 진정성이 없다는 사실을 제가 잘 압니다. 오랜 기간 동안 몸소 경험해 왔으니까요. 이는 비단 저만의 경험이 아니라 수많은 동료, 선후배들의 경험이기도 하니, 이는 분명 과일반화의 오류가 아닐 겁니다. 그리고 아직까지는 반증주의에 입각한 반례라고 할 만한 게 튀어나오지도 않았어요. 이들은 공식 석상에서는 하얀 이를 드러내며 대승적 차원에서 많은 부분을 양보한 척하지만, 각자 자기 회사로 돌아와서는 '흐흐흐' 음흉한 미소를 짓습니다. '우리가 지분을 얼마나 더 차지할 수 있겠군.' 이래서는 안 되거든요. 잠깐 다른 얘기를 했는데요, 아무튼 아직까지는 상위 도메인이 같은 이질적 주체 간에 융·복합이나 학제를 논한 게 거진 다예요. 제가 계속 떠들어 대는 인지과학도, 언어학, 철학, 심리학, 컴퓨터과학, 논리학, 신경과학 등 아카데미 월드 내에서만 왔다 갔다 하죠. 요컨대, 우리 둘의 대담처럼 상위 도메인 자체가 이질적인 경우는 흔치 않습니다. 지금 떠오르는 건 부분적이긴 한데요, 애덤 블라이가 기획한 『사이언스 이즈 컬처』가 유일한 것 같습니다. 그 책을 보면 한때 음악계에 몸담았던 신경과학자 대니얼 레비틴과, 어쩌면 이혁 씨도 잘 알고 계실 '토킹 헤즈'의 리드 보컬 데이비드 번이 '소리, 뇌, 음악'에 대해 대담하는 게 나옵니다. 20여 개 장章들 중 하나니까 분량은 꽤 짧죠. 국내 쪽은 아마 사례가 거의 없는 것 같습니다. 한쪽은 문화, 예술 계통의 언더그라운드고 다른 한쪽은 제도권 비즈니스.

9. 일상과 일탈의 달콤한 동침

이석준 불현듯 이런 생각이 다시금 떠오르네요. 개인적 쾌락을 넘어 사회적 쾌락까지 동반 확장하기 위해서는 사람들 모두가 창작가가 돼야 한다는. 여기서 창작이란 일전에 정의 내렸듯, 콘텐츠를 자기 머릿속에 생성하는 아이데이션과 이를 외부로 형상화하는 표현 간의 결합으로 설명할 수 있습니다. 물론 창의성은 아이데이션과 표현 모두에 요구되며 누구나 다 창작가가 될 수 있는 잠재력을 갖고 있죠. 무엇이든 사람들에게 새로운 경험 기회를 제공해 준다면 그게 바로 창작이 아닐까 싶어요. 일상 속의 소박한 예를 들어 볼까요? 조그마한 스시집 사장님이 여태껏 사람들이 단 한 번도 경험하지 못한 맛의 쾌락을 선사하기 위해 신메뉴 개발에 매진하는 것도 일종의 창작 활동입니다. 「안녕 자두야」란 어린이 만화 영화 아시는지 모르겠어요. 어떤 에피소드를 보면, '방애자'라는 전학생이 친구들에게 라면을 끓여 주는데 다들 먹어 보곤 감탄합니다. '태어나서 단 한 번도 경험하지 못한 엄청난 맛이야'라고요. 유행이나 표준을 따라가지 않고 자신만의 헤어스타일이나 옷차림을 연출하는 것 역시 마찬가지예요. 이 경우는 주로 표현상의 창조라고 할 수 있겠죠. 하지만 이 정도로는 사회적 쾌락을 확장하는 데에 한계가 있을 수밖에 없어요. 그러니까 자기 스스로 개성 어린 목적을 세팅하고 이를 끊임없이 실현시키려고 해야 쾌락거리도 나오고 사회적 쾌락도 커질 수 있습니다. 아까 말했던 구도대로 뮤지션 사이드에서 취할 수 있는 방식도 있고 팬 사이드에서 취할 수 있는 방식도 있어요. 물론 파급력 측면에 있어 양자 간의 격차는 크겠지만.

이 혁 파급력이라는 게 영향을 크게 미치고 약하게 미치고의 관점에서 본다면 중요할 수 있지만, 개개인이 모여 사회가 형성되고 또 개개인을 우주와 연결돼 있는 소우주라고 봤을 때는 그렇게 중요하지 않아요. 혼자 음악을 즐기면서 그 즐거움 자체가 주변 사람들에게 영향을 줄 수 있듯이, 진정성도 그렇고 쾌락의 추구도 그렇고 전체적인 기류 형성이 가장 중요하다고 생각하거든요. 모든 사람이 굉장한 파급력을 가질 필요도 없고 가질 수도 없어요. 중요한 건 전반적으로 그런 분위기가 조성되면 즐거워진다는 거죠. 이렇게 되면 교육부터 시작해서 다른 문제들도 해결할 수 있을 것 같아요. 이를 위한 작은 시작이 휴식과 취미를 직업보다 더 중요하게 여기는 분위기일 것 같고요.

이석준 딜레탕트 이야기도 자연스럽게 꺼낼 수 있을 것 같습니다. 지금 말씀하신 맥락도 그런 거고요. 자신의 직업에 흠뻑 빠져 사회적 가치 창출에 이바지할 수도 있지만, 설사 지겹고 재미를 느끼지 못한다 하더라도 몰입할 수 있는 취미를 갖고 있다면 거기서도 충분히 활력을 얻을 수 있겠죠. 그렇게 된다면 전반적으로 창작 의지 같은 게 꽃 필 수 있는 기류가 형성될 텐데…….

이 혁 그리고 유념해야 할 게 있는데, 지난번에도 말씀드렸듯이 취미 생활이 자기 과시의 장이 된다거나 트렌드를 쫓아간다거나 승진을 위해 상사의 주말 등산을 억지로 같이 간다거나 해서는 안 되고, 자기가 정말 관심 있고 좋아하는 것이어야 해요. 등산이 유행이라고 해서 비싼 장비 사다가 다른 사람들과 비교하려 한다면 그런 취미는 안 갖느니만 못한 것이고요. 정말 하고 싶은 그런 걸 찾아야 해요.

이석준 그런 건 어떻게 깨달을 수 있을까요? 자연스럽게 어떤 흐름에 맡기면 나올 수 있다고 말씀하셨는데.

이 혁 현실에 찌들고 안절부절못하는 상태에서는 부자연스러운 것을 선택하게 돼요. 제가 추천하는 방법은 일반적이지 않은 특이한 걸 해 보라는 거예요. 만약 주변 사람들이 골프를 치고 있다면 일부러 다른, 일반적이지 않으면서 관심이 가는 것을 찾는 것도 좋을 것 같아요. 자우림 노래 「일탈」 중에 '신도림역 안에서 스트립쇼를'이라는 대목이 있는데, 어떤 즉흥적이거나 의외의 행동을 함으로써 일상에서 벗어나

보자는 의미거든요. 일반적이지 않지만 이상하게 관심이 가는 것을 찾거나, 안 가본 곳을 가거나, 안 보던 영화를 보거나, 안 보던 연극이라든지 공연을 보거나, 안 가본 나라나 안 가본 동네에 가거나, 생소한 동호회 모임 등에 참석하면서 생각의 변화를 꾀하는 거죠.

이석준 예전에 모 업체의 신사업 개발 컨설팅을 할 때 이런 경우가 있었어요. 관련 임원들, 팀장들 다 모아 놓고 논의를 하는데, 자기들은 무조건 '생활 가치 혁신', '생활 밀착', '일상 밀착'을 표방해야 한다는 거예요. 그래서 왜 그래야만 하는지 물어봤습니다. 시간이 흘러도 아무런 답이 나오지 않기에 답답하기도 해서 제가 먼저 입을 열었어요. '솔직히 뚜렷한 목적이나 이유가 있다기보다는, 예전에 직급 높은 누군가가 유행에 편승해 한마디 던진 거 갖고 맹목적으로 따르려는 것 아니냐?' 그랬더니 약간의 침묵이 더 흐른 후 어떤 분이 대답했습니다. '우리의 현 비즈니스 포트폴리오는 생활 밀착형 서비스들로 구성돼 있다. 그러니 이 연장 선상에서 진행하는 게 일관성도 유지할 수 있고 안정적이니 바람직하지 않겠냐?' 사실 그 말이 맞다 해도 따지고 들 게 한두 개가 아닙니다만, 그때는 다른 측면에서 챌린지했습니다. 영어 속담으로 시작했죠. 제 기억이 맞다면 아마 『성문 기본영어』에서 봤던 것 같은데요, 스탠리 큐브릭의 「샤이닝」에서는 잭 니콜슨이 미쳐가는 장면에서 나왔고요. 'All work and no play makes Jack a dull boy. 여러분의 서비스를 이용하는 사람들이 일상에서 진정 쾌락하게 만들어 주고 싶다면, 그 사람이 일상생활에 불편함 없이 보다 몰입할 수 있도록 툴tool을 제공해 주는 것에 그쳐서는 안 된다. 일탈의 짜릿함을 맛볼 수 있는 기회를 제공해주는 것도 중요하다. 즉, 일상 몰입과 일상 탈출이 적당히 섞여야 그 사람의 행복한 삶에 일조할 수 있고, 그래야 사회적 쾌락도 더불어 확장될 수 있다. 따라서 이참에 그간 간과했던 일탈 기회에 대한 고민도 본격적으로 해보도록 하자.' 방금 하신 말씀이 이와 궤를 같이할 수 있다고 봐요. 여하튼 저처럼 룸살롱에 가지 않는 사람이라면 그래도 아주 가끔은 가준다거나 페티시 클럽, 이런 데에도 좀 가면서 극단치도 경험해야 한다는 말씀인 거죠? 그것도 온 감각을 곤추세워 말이에요. 그러다 보면 쾌락도 만끽하고, 덤으로 경험 서랍과 구슬 또한 풍부해질 수 있으니까. (웃음)

이 혁 네, 극단치의 경험도 좋고 의외이거나 특이한 발상도 좋아요.

이석준 그런 곳을 필요에 의해 계획해서 갈 수도 있고, 갑자기 땡겨서 갈 수도 있고.

이 혁 예, 자연스럽게 나올 수도 있고요. 그냥 틀에 박힌 것밖에 생각이 나지 않는 경우에는 일부러 그렇게 해보는 것도 좋을 것 같아요.

이석준 아무튼 자기 삶에 있어 익숙하지 않은 쪽으로의 일탈이 필요하지 않겠냐는 이야기 같습니다. 하지만 기회비용도 있고 관성도 타파해야 하고 두려움도 극복해야 하고, 확실히 쉽지 않은 일이에요.

이 혁 예, 그리고 이건 건전하고 건전하지 않고의 개념이 아니에요. 어떤 사람에게는 도서관에 가는 게 일탈일 수 있고 또 어떤 사람에게는 고아원이나 양로원에 가서 봉사하는 게 일탈일 수 있어요. 좌우지간 해보지 않았던 것들을 해 보는 게 좋을 것 같아요. 여행도 평소에 패키지로 편안하게 갔다 온 사람이라면 사막에서 고생도 해보고요. 스위스를 배경으로 한 영화들을 보면 경제적으로 걱정이 없어서 그런 건지 일상적이고 지루한 삶을 벗어나는 내용들이 많아요. 영화 「리스본행 야간열차」를 보면 학교 선생님이 자살하려던 어떤 여자를 구해줬는데, 그 여자가 흘린 책을 전해주려다가 그러지 못하고 대신 책 안에 있던 기차표를 갖고 무작정 떠나면서 생기는 일들을 다루고 있어요. 순간의 판단으로 새로운 삶을 살 수 있듯이, 작은 일탈적 행동을 통해 살아 있음을 느낄 수 있을 것 같아요.

10. 혁신의 아이콘, 딜레탕트

이석준　제가 최근 딜레탕트에 대해 고민한 것들 중 하나가, '그 기간이 아주 짧더라도 딜레탕트도 결국 프로페셔널이 될 수밖에 없다'는 겁니다. 가령, 누군가가 딜레탕트적 삶을 통해 프로의 찌듦과 관성을 벗어난 획기적이고 참신한 아이디어를 냈어요. 이른바 새로운 도메인, 장르가 형성된 거죠. 그렇다면 그 순간 이 사람은 이 새로운 분야에 있어 유일무이한 프로가 되는 셈이거든요. 본인 의지와 상관없이 저절로 말이에요. 어느 누구도 깃발을 꽂지 않았던 별천지에 깃발을 꽂는 순간, 그 영역에는 그 친구 혼자만 존재하게 되는 거니까 자연스레 유일무이한 전문가가 되는 겁니다. 이후 시간이 좀 흘러도 그 친구는 최초에 깃발 꽂던 그 무렵에 했던 행위들만 반복할지 몰라요. 상황이 큰 변화를 요구하지 않는다면 말이에요. 요컨대 특정 아이템에 국한한다면 딜레탕트에게는 유효 기간이 있기 마련입니다. 만일 그에게 열정과 진정성이 있다면, 유효 기간이 다 돼 갈 즈음 딜레탕트 본연의 기질을 발휘해서 또 다른 세계를 찾아 나서겠죠. 이 포인트를 비즈니스계와 연결 짓자면 블루 오션 이야기를 꺼낼 수 있어요. 김위찬, 르네

마보안 교수의 대표작, 『블루 오션 전략』을 보면 비슷한 메시지가 나와요. 한 번 해병은 영원한 해병일지 몰라도, 소설가 김영하의 말처럼 한 번 작가는 영원한 작가일지 몰라도, 한 번 블루 오션은 영원한 블루 오션이 아니에요. 일단 누군가가 블루 오션을 만들어 놓으면, 경쟁자들이 모방하면서 비슷한 제품들이 우후죽순처럼 쏟아지고 자연스레 그 푸르렀던 바다는 경쟁의 핏빛 바다, 즉 레드 오션으로 변해 버리고 말거든요. 이 책에서 이야기하는 해결책은 이렇습니다. 역시나 경영서이기에 뻔하디뻔하고 두루뭉술한 말만 합니다만, '블루 오션이 레드 오션화되는지 늘 예의주시하고 있다가 그런 징후가 보이면 반드시 새로운 블루 오션을 찾아 떠나가야 한다.' 딜레탕트도 마찬가지예요. 좁아터지고 표준화된 길 안에서 늘 정해진 규칙에 의거해 아전투구 하다 보면, 맨 앞에 있는 가장 센 놈만 계속해서 1등 자리를 독식하게 됩니다. 약한 놈은 항상 꼴찌 부근에서 맴돌 수밖에 없고요. 뭐든 추구하는 바가 똑같아요. 타깃도 똑같고, 방식도 똑같고, 제품 성격도 똑같아요. 블루 오션은 그런 어리석은 이들에게 왜 그와 같은 한심한 짓거리를 하고 앉았냐고 면박을 줍니다. 남들이 좁은 육로를 아등바등하며 비집고 나간다면, 당신은 새로운 육로를 뚫던지, 해로를 개발하던지, 공중으로 날아가던지, 아니면 잠수함 타고 해저로 가든지 하라고 다그치지요. 물론 전략의 태생적 한계에서 벗어나지 못하기에 그저 이렇게 선택지적인 권고만 할 뿐입니다. 구체적 실체에 대한 아이디어가 없어요.

이　혁　네, 실제로 일본의 오타쿠 문화를 봐도 프로페셔널하게 변하는 경우가 많은 것 같아요. 오타쿠와 기업 사이에서 브로커 역할을 하는 사람이 있고, 딜레탕트나 오타쿠들은 자기 공간에서 원래 하던 것만 하죠. 그들은 브로커에게 가끔 연락해서 자기 아이디어를 전달해요. 그러면 그게 기업에 전달돼서 상품화되고요.

이석준　일전에 이야기했던 무기 연구가 메타포가 연상되는군요.

이　혁　네. 마찬가지로 무기 연구가도 회사 내에 포함되지만 상업적인 것에 개의치 않고 좋아서 만드는 건데, 주문하는 사람과 컨트롤하는 사람이 있어요. 컨트롤하는 사람, 즉 브로커는 연구가의 특성과 조직의 특성을 모두 알고 있기 때문에, 이 사람을 어떻게 다뤄야 하고 회사가 제품을 어떻게 가공해야 하는지 잘 판단하죠. 음악으로 말하면 음악을 만들고 하고 싶어 하는 뮤지션이 있고, 프로듀스하고 발굴하는 매니저가 있는 것처럼요.

이석준　그렇다면 '내귀'와 비교해 보면 어떻게 되는 건가요. '내귀'가 무기 연구가가 되는 거고, 기획사 대표 형이라는 그분이 브로커?

이　혁　글쎄요. 저희 같은 경우는 오랫동안 같이하다 보니까 섞여 버린 분위기예요. 단지 서로 하는 일이 다르다 보니 각자의 역할에 충실하려 할 뿐이죠. 저 같은 경우는 기획의 생리를 파악하고 어떻게 해야 한다는 것도 알지만 신경 쓰지 않고 음악에만 몰두하려 하고 있어요. 서로의 입장을 잘 알고 있으니까 부딪히는 경우가 거의 없어요.

이석준　일전에 했던 얘긴데, 기업 입장에서 보자면 그런 게 바로 크라우드 소싱과 오프 이노베이션에 해당하는 예로 볼 수 있어요. 무기 연구가 말씀하실 때, 제가 이런 이야기들을 했었잖아요? 플랜, 바이, 메이크, 무브, 셀이 어떻고, 하류 마케팅을 상류 마케팅으로 끌어올려야 하고, 예전에는 '잘 팔리냐 안 팔리냐와 상관없이 물건을 만들면 어떻게든 잘 팔아라'라는 푸시적 메시지가 마케팅의 핵심 관건이었다면, 지금은 앞 단으로 올라와 '잘 팔릴 만한 물건을 애초에 잘 만드는 쪽으로 드라이브 걸어야 한다. 즉, 현 마케팅에 있어서의 시작점은 판매가 아니라 상품·서비스 기획이 돼야 한다'라는. 그런데 이때, 서비스 기획의 주체를 회사 내부에만 국한할 게 아니라 회사 외부 사람들에게도 눈을 돌려야 해요. 여기서 중요한 건 대상입니다. 몸으로만 때우려 드는, 가치보다는 돈에 눈이 시뻘게지는 그런 노예스러운 하청 업체가 아니라 오타쿠스러운 개인이나 조직들을 찾아 진정성 있게 대해야 해요. 그런 친구들은 끌리는 분야에 관한 한 돈이니 경제적 보상이니, 이런 것들은 뒷전이거든요. 이게 바로 일종의 오픈 이노베이션입니다. 그게 핵심이건 비핵심이건 간에 문을 단단히 잠가 놓은 채 회사 내부에서만 혁신을 도모하는 게 아니라, 과감하게 문을 열어 놓고 외부 파트너들과도 인터랙션해 가며 모색해야 한다는 거예요. 크라우드 소싱도 마찬가지고요.

이 혁 예, 그게 필요할 것 같아요.

이석준 크라우드가 군중이잖아요. 그러니까 '군중으로부터 아이디어를 얻는다'는 뜻입니다. 크라우드 소싱이 됐건 오프 이노베이션이 됐건 좌우지간 이런 것들이 결국은 오타쿠와 연결되지 않을까 싶은데, 이들의 행위는 전형적인 비즈니스라기보다는 예술, 창조에 가깝다는 생각이 들어요. 어떻게 보면 대다수 제도권 사람들은 그 오타쿠들의 활동에 대한 일종의 후단 정리자에 불과할 수 있어요. 아주 뛰어나고 진정성 있는 몇몇을 제외한다면, 뭐 그럴싸하게 케이스를 모으고 논리적으로 말 되는 것처럼 보이게 포장하는 그런 사람들 천지예요. 저는 평균적으로 제도권 그들을 높게 평가하지 않지만, 사람들은 왜 대개 그렇잖아요? 누구나 쉬 포착할 수 있는 현상이라 해도, 그걸 아주 멋진 용어로 정리, 포장해 놓기만 하면 거기에 넘어가거든요. '와~ 대단하다',

'와~ 멋지다' 하지만 그건 쾌락거리 창출에 있어 핵심이 아니에요. 핵심은 오타쿠를 중심으로 행해지는 창의적 활동과 작품인 거고, 제도권 사람들은 단지 그걸 사후에 논리적, 체계적으로 이론화하고 널리 소통할 뿐입니다. 진정성이 의심스럽기도 하죠. 이러한 양태를 제대로 헤아릴 수 있는 그런 성숙한 시각이 필요합니다.

이 혁 맞아요. 그리고 딜레탕트의 가치를 알아보고 기업과 연결시켜주는 브로커도 중요한 것 같아요.

이석준 회사와 오타쿠 사이에 브로커 혹은 매치메이커가 있어야 한다는 말씀이잖아요. 당연히 매치메이커는 오타쿠들이 탐닉하는 콘텐츠에 밝아야 할 거고,

이 혁 네, 그걸 또 상품화시키고 설명할 수 있어야겠죠.

이석준 더불어 비즈니스의 생리에 대해서도 잘 알아야 하고요. 그런데 그런 사람들이 많이 있을까요?

이 혁 많을지는 잘 모르겠어요.

이석준 대기업 내부를 보자면, 저는 그런 사람을 거의 발견하지 못했습니다. 설사 있다 해도 그런 친구들은 표가 잘 나지 않아요. 조직 내에서는 그저 조용히 수동적으로 웅크리고만 있으니까요. 여하튼 나름 유사 부서나 직군을 만들기는 하는데, 뭐 조직을 만들고 업무를 분장한다고 해서 안 되던 일이 갑자기 원활하게 돌아갈 리는 만무하고⋯⋯.

이 혁 양쪽을 다 알고 이해할 수 있어야 하니까, 오타쿠 문화도 경험해 봤고 일반 회사 경험도 있는 사람이어야 할 것 같아요.

이석준 그런데 오타쿠들이 기업과 협업을 잘할 수 있을까요? 저의 선입견일지 모르지만 소위 사회성이 떨어질 것 같은데.

이 혁 협업을 잘하지 못하는 경우가 많으니까 브릿지해 줄 사람이 더 필요한 거예요. 오타쿠들은 몇몇 마음 맞는 사람들끼리만 커뮤니케이션한다고 알고 있어요.

이석준 오타쿠 하면 떠오르는 이미지 중 하나가 외골수 기질인데,

이 혁 그런 이미지가 있죠. 좀 전에 말씀하신 것처럼 실제로 사회성도 없고요. 그래서 혼자 일하는 사람들이 많아요. 적절한 예가 될진 몰라도 킬러가 나오는 영화를 보면, 킬러한테 의뢰하는 사람은 조직에 소속된 사람이지만 대다수 조직원들은 자기들이 의뢰한 킬러가 누군지 모르거든요. 그 킬러는 한 사람만 알아요. 오타쿠와 기업 관계도 그런 식으로 진행될 수 있을 것 같아요.

11. 쾌락혁신의 방점

이석준 『당신 인생의 이야기』라는 책이 있어요. 테드 창이 쓴 Sci-Fi 단편 소설집인데, 그걸 보자마자 팬이 됐거든요. 그래서 오랫동안 신간을 기다리고 있었어요. 그러던 어느 날, 『소프트웨어 객체의 생애 주기』라

는 책이 나온 겁니다. 인공지능 딜레탕트로서 무척 실망스러운 책이었지만 인터뷰 기사를 보고 팬심을 유지하기로 마음먹었지요. 뭐랄까? 진정성이 느껴졌거든요. '당신이 소설가라면 당신 소설을 기다리는 사람은 세상 어디에든 있을 수 있다. 그 수가 많고 적고를 떠나 단한 명이라도 있을 수 있으니, 당신은 자기만의 이야기를 그 단 한 명의 독자를 위해서라도 열심히 써야 한다.' 공감이 많이 됐습니다. 그얘기를 긍정적으로 받아들이자면, 확산, 공유를 위한 소통에 있어 양적 측면보다 질적 측면이 더 중요하다는 건데, 그 핵심은 바로 적나라한 자기다움, 즉 자신에 대한 진정성이 아닐까 싶었어요. 유행 여부와상관없이, 그러니까 중심 잡고 진정성 있게 나아가다 보면 트렌드에부합할 수도 있어요. 이런 걸 '세렌디피티serendipity'라고 하는데, 무조건 유행과 달라야만 개성 있고 진정성 있는 건 아니잖아요. 이혁 씨도1차 대담 때 비슷한 말씀을 하셨었죠. '후배 세대의 일부 밴드들은 음악 활동이 너무너무 좋아서, 가령 월요일이 공연하는 날이면 그날이기다려져 일요일에 잠을 설치기보다는, 그걸 통해 돈을 많이 벌거나유명세를 누리고 싶어 하는 것 같다'라고.

이 혁 네, 가끔 TV를 보면 진정성 없는 분위기를 정당화하는 경우가 많아요. 예를 들면 제가 우연히 본 토크쇼에 모 힙합 뮤지션이 나왔어요. 자기 고민을 얘기하는 과정에서 '이런 프로에 내가 너무 많이 나오다 보니 내가 뮤지션인지 토크쇼 출연이 업인지 헷갈려서 고민한 적이있다. 하지만 지금은 아니다. 돈을 많이 버니까 밀린 외제 차 할부금도 갚을 수 있었고 이제 그런 생각 안 한다.' 이렇게 얘기하는 걸 들으면, '음악을 하고 싶으면 음악을 해야지 돈 때문에 토크쇼에 많이 나오는 게 행복한 건가? 외제 차를 팔고 국산 차를 타더라도 음악을 하는 게 맞지 않나?'라고 질문해야 할 것 같은데 출연자들 모두 '맞는 생각이다, 제대로 된 정신이다'라고 진중하게 위로해 주더라고요. 별로 재미도 없고 웃기지도 않은 얘기를 하루 종일 하면서 인지도가 쌓이고 돈 벌면 좋은 거라고 자기들끼리 박수 쳐 주고 그러는 게 제대로된 건지 싶고, TV가 그렇게 조장하는 걸 수도 있지만 전반적인 사회적 분위기가 그렇다 보니, 불량 식품이 건강 식품인 것처럼 포장되는 것 같아요.

이석준 창작의 연장 선상에서 예술을 정의하자면, 주변이 어떻건 사회가 어떻건 간에, 정말 자기가 하고 싶은 바를 스스로 고민해서, 자기만의 방식대로 표현하고 행동하는 게 아닐까라는 생각이에요. 아까 말씀드렸다시피 그게 트렌드하고 겹칠 수도 있습니다만, 트렌드를 먼저 잘 관찰하고 '아, 이게 대세로구나. 나도 이렇게 해야겠다'라고 생각해서 자기를 연마하기보다, 이와 무관하게 그냥 가슴이 꿈틀거려 거기에 매진하는 것, 그게 결국 예술이라는 생각이 들더라고요. 2차, 4차 대담 때 오너 혹은 CEO가 미칠 수 있는 어떤 아이템이 있어야 혁신적 제품이 나올 수 있다는 주장을 했었잖아요. 그러니까 그 오너가 어딘가에 필이 꽂혀 세상 사람들이 뭐라 하건 간에 진정성 있게 밀어붙일때 혁신적인 서비스가 탄생할 수 있다는 건데, 사실상 그것은 예술 행위에 진배없다 이겁니다. 비즈니스 도메인에서 취할 수 있는 예술의 경지란 바로 이런 게 아닐까 싶어요. 서비스에도 품격이 있다면, 최상위 레벨에 있는 것이 혁신적 서비스고 이를 달리 말하면 예술 작품이라고 할 수 있다는 말이죠. 미술, 음악, 공연, 이런 분야에서만 예술이가능한 건 아니에요. 대기업 오너가 대오 각성하고 변신한다면, 아니, 최소한 오타쿠의 혁신적 아이디어를 뚝심 있게 밀어주는 패트런patron 역할만이라도 해준다면, 우린 그를 가히 예술가라 불러도 좋을 것 같습니다.

이　혁　저번에 말씀드렸던 것처럼 예술가가 조인된다면 제도권에도 예술적인 아이템이 늘어날 수 있을 것 같아요.

이석준　저도 같은 생각이긴 합니다만, 그게 결실을 맺기까지는 시간이 꽤 걸릴 거예요. 가령 삼성이 백남준 씨 같은 분을 영입했다 칩시다. 그런데 그 영입이 진정한 깨달음의 발로였다 해도 지난 수십 년 동안 소비자들에게 각인된 삼성의 이미지가 있기 때문에, 여간해서는 그런 시도를 신뢰 어린 눈초리로 바라보진 않을 거예요. 분명 삐딱한 시선으로 째릴 겁니다. '저걸 또 이용해 먹으려고 지랄하는구나. 저 순수한 예술가 양반은 놀아나고 있고 말이야.' 아니면 이럴 수도 있어요. '알고 보니 저것들 똑같은 놈들이었구먼. 내 사람을 잘못 봤어.' 신뢰성 없고 편가르기만 일삼는 사회의 씁쓸함이죠.

이　혁　아, 그렇겠네요.

이석준　그런 식의 접근은 필히 과도기를 겪을 수밖에 없고, 그 과도기를 견디지 못하고 원상태로 돌아온다면 말짱 도루묵이 되는 겁니다. 노하우고 뭐고 없어요. 관련된 모든 게 금기 사안이 될 거예요. 물론 그 과도기가 길고 감내의 고통이 심하더라도 슬기롭게 이겨낸다면 곧 멋진 신세계가 도래하겠죠. 하지만 그러한 따가운 눈총의 여지가 있을지도 모르는 데에 주력하는 대신 예술의 경지에 다다른 서비스를 내놓는다면, 사람들의 마음은 단숨에 180도 돌아설 수 있습니다. 그럼 그 이후는 뭐, 아주 수월해지겠죠. 기업이란 결국 가치를 담은 매개체, 즉 서비스나 제품으로 승부하지 못하면 있으나 마나 한 존재자니까요. 요컨대 회사의 존재 이유라 할 수 있는 서비스로 승부하지 못하고, 뭐랄까? 보편적 마케팅 캠페인이나 CSR 같은 곁다리를 갖고 들이댄다면 진정성을 의심하는 시선이 곳곳에 형성될 겁니다. 반면, 반할 만한 서비스를 떡하니 내놓으면 '엇, 이런 걸 고안해낸 걸 보니 내가 잘못 알고 있었나 보네?', 이렇게 생각을 단번에 바꿀 수 있어요. 만약 스티브 잡스가 아무런 혁신 상품 없이 그저 빌빌거리는 아웃풋만 지리면서, 예술적이고 획기적인 사람들을 계속 영입하거나 후원했다면 세인의 반응이 어땠을까요. 아마 이러지 않았을까요? '이 자식 튀고 싶어 환장했구먼', 이렇게 조롱거리가 됐거나 아예 관심받지 못했을 수도 있습니다. 하지만 아이폰, 아이팟, 아이패드와 같은 일련의 혁신 제품들을 내놓았기에 팍스콘을 착취했음에도 불구하고 추앙받을 수 있었던 거죠.

이 혁　　그렇다면 지금 제도권 내에서는 방법이 없을까요?

이석준　　그런 것들을 정량적으로 정확하게 어느 정도라고 설명하긴 어렵습니다만, 혜안을 가진 사람들이 아주 없진 않을 거예요. 아까 말씀하신 오타쿠들의 매치메이커 역할을 하는 사람이 그 예가 될 수 있다고 봐요. 제가 그다지 좋아하는 비유는 아닙니다만 르네상스 때를 들여다보면, 메디치 가문 이야기가 자주 나오잖아요. 메디치 가와 미켈란젤로 간의 유명한 일화가 있습니다. 메디치 가의 정원은 늘 개방돼 있었다고 하더군요. '아무나 조각하고 싶으면 와서 해라', 그런 분위기였대요. 그러던 어느 날 대여섯 살쯤 돼 보이는 꼬맹이가 조각을 하는데, 기가 막히게 잘하는 거예요. 마침내 메디치 가의 로렌초 데 메디치가 그 꼬마의 패트런이 돼 주었습니다. 고품격의 개인 교습도 받게 해 주고, 작품 활동도 도와주고, 인적 네트워크도 형성해 주고. 그래서 그 잠재력 있는 꼬마가 역사를 관통하는 대가가 된 거잖아요? 그러니까 속내가 어떠했든 간에 메디치 가문에는 잠재력을 파악할 수 있는 혜안을 가진 사람이 있었던 셈이죠. 아, 그리고 한 가지 재미있는 건 레오나르도 다빈치와 메디치 가 사이의 일화예요. 왜, 다빈치를 대단한 사람으로 생각하는 게 보편적이잖아요? 그런데 메디치 가문에서는 다빈치를 탐탁지 않게 여겼다더군요. '저 인간은 여기저기 집적거리긴 하는데 제대로 마무리하는 게 하나도 없어. 끈기가 없어.' 다른 문헌도 좀 봐가면서 확인할 필요가 있긴 합니다만, 플라톤아카데미에서 활동하는 김상근 교수의 『사람의 마음을 얻는 법』이란 책에는 그렇게 묘사돼 있습니다. 간단히 말해 메디치 가문의 후원의 역사에 관한 책인데, 미켈란젤로는 속된 말로 빨면서 좋게 묘사한 반면, 다빈치는 좀 구리게 썼더라고요.

이 혁 플라톤아카데미를 말씀하시니까 든 생각인데, 과거 삼국시대로 말하자면 전략가들을 양성하는 곳 같네요. 삼국지에 나오는 모사들을 보면 진정성이 있는지 없는지 의심스러운 부분들이 있어요. '진정으로 백성들을 최우선시하는가, 아니면 자신의 명예를 최우선시하는가'라는 점에서요. 본인들은 통일을 해서 백성들을 편안하게 만들어 주고 싶다고 하는데 사실 통일하는 과정에서 많은 사람이 죽고 힘들어 했거든요. 통일과 전쟁 종료만 놓고 본다면 통일을 해야만 전쟁이 끝나는 것도 아니고 양보를 염두에 두고 협상을 진행한다면 전쟁이 빨리 끝날 수도 있는 거잖아요? 그런데 그렇게 하지 않고 어떻게 해서든 이기기 위해 전쟁을 지속한 상황이었기 때문에, 과연 사람을 사랑하는 마음에 진정성이 있었는지 의구심이 들더라고요.

이석준 그 점은 이렇게 봐야 하지 않을까요? 일단 인류애와 국가애를 구분해야 할 듯한데, 이 경우는 국가애가 인류애를 앞선 게 아닌가 싶습니다. 즉, 전쟁을 빨리 끝내 아군이건 적군이건 피해자를 줄인다는 관점보다, 전쟁 기간이 길어져 피해자가 속출한다 하더라도 나중을 위해 자기 나라가 반드시 헤게모니를 쟁취해야 한다는 관점이 우선시된 게 아닐까 싶어요. 왜 다큐멘터리 등을 통해 나라 잃은 민족의 비참함을 종종 볼 수 있잖아요?

이 혁 회사에 인문학 파트가 있다면, 그 인문학이 인류를 위한 것인지 아니면 기업의 이익 창출만을 위한 것인지 고민해 볼 필요가 있을 것 같아요.

이석준 인류를 위한다……. 문득 이런 생각이 드네요. 물론 만화 영화 때문이긴 하지만, 왜, 어린 시절엔 누구나 다 '인류를 위하여!', '지구를 위하여!', '우주 평화를 위하여!'라고 외치며 놀잖아요. 목에 큰 보자기를 묶기도 하고요. 그런데 왜, 한 살, 두 살 먹어 감에 따라 자기 나라만, 자기 회사만, 자기 학교만, 자기 종교만, 자기 가족만, 자기만 위하는 좀생이로 변하는 건지…… 참 씁쓸합니다. 그리고 방금 말씀하셨던 '인류를 위함이냐, 기업을 위함이냐?'라는 질문에 대해서는 깊게 고민할 필요도 없어요. 당연히 후자로 보면 돼요. 국내 스마트폰 제조업체를 예로 들면, 삼성은 계속 시장을 압도하고 싶은 거고 LG는 포션을 조금이라도 더 늘리고 싶어 안간힘 쓰는 형국이잖아요. 그들의 궁극 목적은 방향 없는 돈벌이고요. 사실 인류애의 관점이라면, 삼성이면 어떻고 LG면 어떻습니까. 삼성과 LG가 협업할 수 있겠죠. '우리 이렇게 경쟁할 게 아니라 나름 고급 인력들끼리 뭉쳐 세상 사람들이 정말 혹할 수 있는 섬씽 뉴를 만들어 보자꾸나. 가능한 한 많은 사람이 만끽할 수 있도록 가격도 가급적 싸게 책정하고 말이야' 이렇게 해야 하는데, 어때요, 고개가 끄덕여지나요? 정신 나간 비현실적인 소리로 들리진 않나요?

이 혁   인류애 없이 회사의 이익 창출에만 신경 쓰다 보면 인류에 해악을 끼치는 전략이 나올 수 있기 때문에, 인문학이 기업에 잘못 적용될 경우 사람들에게 악영향을 줄 것 같아요.

이석준   하지만 씁쓸하게도 그게 기업들의 적나라한 모습이에요. 산업 폐기물 불법 투하, 탈세, 부당 상속 등과 같은 문제가 끊임없이 나오는 것만 봐도 잘 알 수 있잖아요.

이 혁   진정성이 결여돼 있는 상태에서 회사 이익 창출만을 추구하는 부작용일 수도 있겠네요.

이석준   사실 진정성도 그렇습니다. 그때 이런 고민도 토로했었잖아요. 진정성에 대한 다양한 정의가 있을 수 있는데, 가령 돈을 밝히는 짓은 진정성에서 어긋나는 것이라는 관점에서 보자면 '가치보다 돈을 우선시하다니 진정성이 없는 녀석이로군'이라 비난할 수 있겠죠. 반면 표리부동을 진정성에서 어긋나는 것으로도 볼 수도 있고요. 마음속으로는 돈벌이에 혈안이 돼 있으면서 겉으로는 돈보다 사회적 가치에 관심 있는 척하는 것, 이런 게 표리부동이잖아요. 여하튼 이러한 정의에만 한정 지어도 정말 다양한 해석이 나올 수 있습니다.

이 혁   솔직함으로서의 진정성이군요.

이석준 예, 떳떳하게 '나 돈 밝히거든?' 이러면 진정성이 있는 걸로 보일 수도 있고, 그러니까 인문학이 됐건 사회과학이 됐건 자연과학이 됐건, 아 여기서 자연과학이란 현대 자연과학을 의미합니다, 만고불변의 진리는 있을 수 없다는 거예요. 절대주의에 빠져서는 안 된다는 말씀이죠. 만일 모든 것에 정답이 있고, 따라서 절대주의가 맞다면, 정치 같은 경우도 여당, 야당이 공존할 이유가 없어요. 단일 당으로 해서 진리에 부합하는 최적화된 방향으로 그냥 밀어붙이면 되는 거니까. 하지만 아등바등해도 정답은 없기 때문에,

이 혁 솔직하게 말한다는 관점에서 진정성을 본다면, 돈을 밝히니까 밝힌다고 얘기하는 것도 맞는 말이지만, 돈을 추구하는 과정에서 여러 가지 속임수를 쓸 수 있기 때문에 바람직하다고 보기 어려워요. 돈이 주가 되는 세상이 되면 하기 싫은 일도 해야 하고 윤리의식도 사라지면서 남에게 피해를 줄 수 있거든요. 그렇다면 결국 쾌락적이거나 행복한 삶과는 거리가 멀어지게 되는 셈이니, 돈을 많이 벌고 싶은 마음을 솔직히 말하는 건 단지 솔직한 것일 뿐이지 진정성이 있다고 말할 수는 없을 것 같아요.

이석준 재미있는 사안들을 생각해볼 수 있는데, '레고$_{Lego}$' 있잖아요. 그 짝퉁이 많이 유통되고 있어요. '레고 키마$_{Chima}$'라는 거 혹시 들어 보셨는지 모르겠네요. '레고 키마'가 인기 있다 싶으면 '레고 킴$_{Chim}$'이라는 게 즉시 나와요. 맨 뒤의 'a' 자를 빼놓은 거요.

이 혁 그렇게 해도 법적으로는 문제가 없는 건가요?

이석준 초등학교 앞 문방구 같은 영세 채널을 통해서만 유통되서 그런 건지

별 이슈는 없는 것 같아요. 블록 형태에 약간의 변형을 가하기도 했고요. 아직 브랜드니 이런 데에 둔감한 아이들에게는 레고에 거의 필적하는 효용을 주면서도 가격이 엄청 싸거든요. 그러니 나름 긍정적인 면이 있다고도 볼 수 있지요. 아, 물론 제품 가격에 대한 민감도는 아이들이 아니라 녀석들의 부모에게 있습니다만, 그래도 가족 전체 관점에서 보면 하나의 주체로 퉁 칠 수 있으니까요. (웃음)

그건 그렇고 진정성과 인문학이라? 저는 이렇게 생각합니다. 어떤 문제에 대한 해결책을 찾기 위해서는 문제의 발발 시점보다 이전 단계로 거슬러 올라가야 한다고. 무슨 말인고 하니, 모름지기 인문학이란 '돈을 밝히면서 사회를 더 위하는 척한다', '돈을 밝히기에 떳떳이 돈을 밝힌다고 토로한다' 이따위 여부를 판단할 게 아니라, 그보다 앞으로 가서 사회 가치라는 걸 먼저 생각하게끔, 양심을 먼저 생각하게끔 인간의 마인드를 개조하거나 최초 세팅하는 데에 영향을 미쳐야 한다는 거예요. 이처럼 보다 근원 가까이에서 생각하게 만드는 것, 인문학의 순기능을 그렇게 봐야 할 것 같아요. 하지만 일전에도 말씀드렸듯 현실의 인문학은 그렇지 못하죠. 인문학을 공부했다는 수많은 사람을 보면, 제가 아직 최고의 반열에 오른 분들을 접하지 못해서 그런지 몰라도 오히려 정반대예요. '이 세상에 잘난 사람은 오직 한 명뿐이다. 바로 나!'라는 사람이 태반이에요. 그런 자들이 비즈니스계 사람들을 만나면 이러더군요. '너희는 삶과 인간에 대해 쥐뿔도 모르지? 그저 아는 거라곤 돈밖에 없지? 나는 우주를 관통하는 방대한 지식을 갖고 있다고. 고로 날 스승으로 모시는 게 좋을 거야. 어이 CEO 나부랭이!' 과장을 좀 보태자면 이런 식이죠. 어떤 인문학자와 자연과학자의 대담 형식으로 구성된 책이 있는데, 거기서 인문학자가 이런 얘기를 해요. '인문학이 정말 필요한 건 소통과 공감 능력을 키워 주기 때문이다.' 그런데 이 책을 읽어 보면 이 말을 했던 장본인이 곳곳에서 반대되는 행위를 일삼아요. 굳이 비유하지 않아도 쉬 이해할 수 있거늘 자꾸만 고전 작품을 언급하며 몰입과 공감을 방해합니다. 더불어 책을 두껍고 무겁고 비싸게 만들죠. 독서의 맥락에서는 몰입이 곧 소통이잖아요. 가령, 이상적 사회의 모습에 대한 부연이 필요 없는 상황이거든요. 하지만 굳이 꾸역꾸역 메타포를 집어넣었더라고요. 일례로 토머스 모어의 『유토피아』를 언급했습니다. '유토피아란 어디에도 없는 곳, 즉 nowhere를 의미한다. 이를 거꾸로 하면 『에리환Erehwon』인데, 이는 새뮤얼 버틀러의 풍자 소설 제목이다. 모든 것이 거꾸로 된 나라 이야기. 그 나라에서는 정직, 근면, 건강, 이 모든 것들이 형벌감, 어쩌고저쩌고……', 이런 얘기를 합니다. 자기 스스로 인문학은 공감과 진정성과 소통이라고 주장했으면서도, 실상은 '나 아는 것 많아. 잘났다고!'라고 한가득 우회 주장한 셈입니다. 물론 '나 잘났다'라는 생각은 일견 좋은 면도 있긴 해요. 자존감이나 모티베이션 제고에 있어 긍정적 영향을 미치니까요. 하지만 그런 생각이 고착되면 큰 문제가 발생합니다. '후후~ 녀석, 너는 하나만 아는데, 나는 그 하나를 포함해 그 뒤를 이을 아홉 개까지도 헤아리거든?' 이른바, 천상천하 유아독존이 되는 거죠. 그러면 귀를 막게 돼요. 꼰대가 돼버려요. 자기만 이야기하려 하고 간혹 누군가 이야기해도 한 귀로 흘리며 도통 경청을 안 하죠. 오픈 마인드는 당연히 물 건너가고 투 웨이가 아닌 원 웨이 소통만 하려 듭니다. 이렇게 되면 사실상 소통이 아닌 거죠.

이 혁   저도 기업에 속한 인문학 파트는 그럴 것 같다는 생각이에요.

이석준   인문학 파트요? 인문학 파트란 말씀을 몇 차례 하셨는데 기업에는 그런 게 없어요. 아까 말씀하신 전략 기능은 웬만하면 다 갖추고 있지만요. 코딱지만 한 회사의 경우는 별도의 전담 조직이 없어도 전략 기능을 갖고 있긴 합니다. 하지만 그런 회사에서의 전략은 사실 아카데미, 즉 경영학에서 말하는 수준에 부합하지 못하고, 반면 대기업은 일정 수준에 도달하긴 했어도 전략이 지닌 태생적 한계 때문에 그 이상으로 뻗어 나가진 못합니다. 아, 물론 M&A 빅딜 같은 것들에는 여전히 도움이 되죠. 그런데 혁신적이고 사람들의 가슴을 진정 두근거리게 만드는 섬씽 뉴 서비스를 개발한다? 이때는 전혀 도움 되지 않습니다. 그런데, 전략 가이들이 소위 인문학적 상상력을 갖고 있다 해도 진정성이나 소양, 이런 것들이 가미되지 않으면, 아까 말씀하셨듯 시정잡배가 되기 딱 좋아요.

이 혁 그래서 인문학도 과학과 마찬가지로 좋지 않게 이용되면 인류에 해악이 될 수 있을 것 같아요. 전쟁을 일으키거나 기업이나 국가 이익만 추구하는…….

이석준 그렇죠. 잔머리 굴려 가면서 언플이나 해대고.

이 혁 말씀하셨듯이 기본적으로 인류애와 인격이 갖춰지는 것이 가장 중요한 것 같아요.

이석준 자연 과학자나 공학자에 해당하는 인물이긴 합니다만 「마징가 제트」의 헬 박사를 한 번 떠올려 보세요. 도덕성은 개차반이어도 다방면에 있어 실력이 출중했어요. 바로 이런 사람이 제일 위험합니다. 제가 『나발한자』의 초고에 썼다가 삭제한 내용 중에 '인간 유형의 3개 차원'이란 게 있어요. 개략적 설명을 드리자면 이렇습니다. 먼저 제일 아래 레벨로 1차원적 인간이 있는데 이는 둘로 구분돼요. 한 유형은 수직적인 스타일로 흔히들 말하는 프로페셔널입니다. 한 분야를 주야장천 깊이 파고들어 가기만 하죠. 인접 분야에서 어떠한 일들이 벌어지고 있는지는 전혀 관심 밖이에요. 물론 진정성 없는 프로는 깊이 파고들어 가려는 시도조차 하지 않아요. 자기 분야를 약간 파다 말았으면서도 깊이 판 양 쇼잉해댈 뿐입니다. 수평적 스타일의 사람은 정반대예요. 다방면을 고루 건드리지만 지극히 피상적이죠. 박학다식한 것 같아도 실상 제대로 아는 건 하나도 없습니다. 따라서 이런 친구들에게 한 수준 더 깊은 질문을 던지면 얼굴이 금세 빨개져요. 이른바 속물 교양에 탐닉하는 사람들이죠. 예전 「퀴즈 아카데미」에 출연했던 대학생 형, 누나들도 마찬가지예요. 어떤 것들을 제대로 심도 있게 아는 게 아니라 상식 수준에서 달달 외워 퀴즈에 참가한 거예요. 바로 이런 유형들을 통칭해 1차원적, 선형 인간이라 합니다. 눈치채셨겠지만, 2차원적 인간은 이 수직, 수평축을 동시에 겸비한 유형입니다. 상당히 깊은 내공을 필요로 해요. 당연히 그럴 수밖에 없겠죠. 다방면을 심도 있게 알아야 하니까. 어쩌면 소수 천재에게만 해당하는 사안일 수도 있는데, 그렇다고 해서 이 2차원적, 면형 인간을 완전체라고 할 수 있느냐? 아닙니다. 그런 친구가 독한 마음이나 나쁜 마음을 품고 움직이면 지구 파괴자 헬 박사가 되는 거니까요. 따라서 세 번째 축으로 윤리를 추가해야 합니다. 모든 분야에 있어 완벽하면서도 윤리적이기까지 한 이런 사람을 전, 3차원적, 체형 인간이라고 부르는데, 이 3차원적 인간이야말로 진정한 완전체입니다. 현실 세계에서 거의 찾을 수 없는 인간상이지만 인류의 지도층이 이런 자들로 구성된다면 더할 나위 없이 좋겠죠. 아무튼, 이런 내용이었는데 막판에 지면 과다 문제로 빼버렸습니다. (웃음) 그땐 몰랐는데 이렇게 써먹을 수 있는 날이 오는군요. 아닌가? 이번에도 편집 과정에서 삭제되려나?

이　혁　좋은 내용인데요.

12. 오타쿠를 위한 행진곡

이석준　그러고 보니 지금 나눈 이야기를 비즈니스 관점에서 보자면, 브로커 혹은 매치메이커의 역할이 상당히 중요할 수밖에 없네요.

이　혁　음악계를 보면 음악을 했던 사람들이 그런 역할을 많이 하죠. 그게 자연스럽고 맞는 것 같아요. 오타쿠가 돼 봤어야 그들을 이해할 수 있으니까요.

이석준　우리가 말하는 오타쿠의 현상적인 속·특성을 생각해 보면, 사회성은 떨어지고 자기만의 세계에 빠져 골똘하게 생각하고 코드 맞는 몇몇 하고만 인터랙션하기 때문에,

이　혁　네, 해본 사람이 가장 잘 이해할 수 있죠.

이석준　그런 오타쿠들을 제도권 비즈니스계로 끌어들이긴 정말 어렵겠죠. 그러니까 그네들을 자신의 동네에서 자유롭게 놀게 하면서 협업하는 게 최선일 것 같아요. 그들의 페인 포인트들을 잘 극복해 줘가면서 말입

니다. 우리가 이야기했던 사무실에 순수 예술가들의 창작실을 마련해 준다든가 하는 것도 비슷한 예가 될 수 있겠죠.

이 혁 오타쿠들 중에 어떤 계기가 있거나 생각이 바뀌어 사회로 진출하는 사람들도 있어요. 보통은 만화를 그리거나 음악을 하다가 경제적으로 힘들고 부모님의 압박에 못 이겨 일반 회사를 기웃거리게 돼요. 이때, 그동안 해왔던 분야와 연결되면 유리하고 대리 만족도 할 수 있기 때문에 선택하는 경우가 많아요. 그 사람들은 각오를 단단히 하고 꿈을 포기한 사람들이기 때문에 없던 사회성도 만들어 내죠.

이석준 흠, 왠지 남 얘기 같지 않은 부분도 있네요. (웃음) 그 반대는 어려울 까요? 그러니까 역으로 비즈니스계에서 경력을 쌓은 다음에 그런 세 계로 뛰어드는.

이 혁 역으로요? 그런 분들도 많아요. 원래 음악을 즐겨 듣고 좋아하시던 분들이 대다수고, 간혹 전혀 관심이 없던 분들도 있긴 해요. 90년대 기획사 매니저분들 중에는 조직 폭력배도 많았대요. 어느 음반 회사 에는 가수를 위협하기 위한 물 고문실도 있었다고 들었어요. 여하튼 전혀 문외한인 경우에는 시간과 노력이 많이 필요하겠죠. 사실 너무 모르면 뮤지션들이 많이 불편해져요. 악기 세팅 등 기술적인 부분도 그렇고 뮤지션으로서의 곡에 대한 자존감 등 섬세한 부분에 대해 배 려하지 못하고 침해하는 경우가 많거든요. 따라서 자신과 같이하는 뮤지션들의 스타일을 파악해 배려하고 대화하는 것이 중요할 것 같아 요. 어느 분야나 마찬가지겠지만요.

이석준 예를 들어 '내귀'의 열혈 팬 중 한 사람이 대기업에 다녀요. 그 양반이 '내귀'를 중심으로, 인디 밴드나 언더그라운드 문화를 비교적 오랜 기간 동안 깊이 열광적으로 받아들여 왔다 이거죠. 그런 사람은 매치메이커로서의 가능성이 좀 있지 않을까요?

이 혁 가능성 있죠. 왜냐하면 관심을 갖고 음악을 들어 왔고 성격을 파악하고 있으니까요. 하지만 이쪽에 대해 전혀 모르면서 갑자기 뛰어들기는 힘든 것 같아요.

이석준 '전혀 모르고 경험 없는 도메인이긴 하지만, 다들 필요할 거라고 얘기하네? 한번 해봐' 그러고 나서 '요이~ 땅!' 하면 십중팔구 삽질하게 되죠. 그런데 우리 대기업들이 그러고 있습니다. 소위 글로벌 선진 기관이라는 곳에서 '2015, 2020 빅 트렌드는 이거야!'라고 외치면, 개나 소나 거기에 다 뛰어드는 것도 이와 유사한 습성 같아요.

이 혁 그렇게 되면 커뮤니케이션이 잘 안 되겠죠. 서로 이해하지 못 하고 답답해할 것 같아요.

이석준 각자 자기에게 익숙한 프레임워크로만 생각하는 거죠. 한편으로는 인내심도 필요할 겁니다. 답답하거나 힘든 순간들을 감내해 가면서 오타쿠의 마음이 열릴 때까지 계속 시도해야 하는데, 그 인내심의 버팀목이 될 수 있는 게 바로 진정성 같아요. 그러니까 '오타쿠들을 데려다 써야 특이한 게 나오고, 특이한 게 나와야 대박 날 것 같아. 그러니 저들에게 잘 접근해야겠지', 이래선 안 되겠죠. 상업 논리가 최우선시되는 거니까.

이　혁　상업적인 능력은 물론 작품을 볼 줄 아는 감각도 있어야 해요. 진정성이 있다고 해서 모든 뮤지션과 오타쿠가 좋은 작품을 만드는 건 아니니 옥석을 가려낼 줄 알아야겠죠.

이석준　사람들이 경험하지 못했던 색다르고 짜릿한 재미를 줄 수 있는, 그럼으로써 사회적 쾌락 파이를 확장하는.

이　혁　예술가에게는 경제적으로 도움을, 대중에게는 좋은 작품을 만끽할 수 있는 기회를 줄 수 있어야겠죠.

이석준　좋은 말씀입니다. 그러고 보니 혁신의 관점에서 보자면 대기업에 3가지 재능이 필요할 것 같아요. 첫째는 비전 역량으로, 자기 회사만의 간판 서비스를 그릴 수 있는 능력입니다. 이건 뭐 대담 내내 떠들어댔던 거니 부연할 것까진 없겠죠? 이른바 디테일을 수반한 창의력이고, 두 번째는 좀 전에 이혁 씨가 '작품성을 가늠할 수 있는 감각'이란 뉘앙스로 말씀하셨는데, 혜안이라고 표현할 수 있겠습니다. 무릇 장자의 말씀은, 말하는 순간 생각하는 순간 의식하는 순간 그 가치가 소멸되기에, 말을 하지도 떠올리지도 않아야 진정 표현할 수 있는 것들이라지만, 이쯤에서 어쩔 수 없이 언급해야 할 것 같네요. 바로 '무용지용無用之用'에 관한 겁니다. 창의성이 꽃피기 위해서는 사회적으로 무용한 일에 몰두하는 이들이 많아야 할 것 같아요.

이　혁　'무용'이요?

이석준　아, 지금 제가 의미하는 '무용'이란 사람들이 쓸모 있다고 생각하는 것을 무조건 피하자는 게 아니에요. 목적, 용도, 쓸모, 이런 것들을 따지기에 앞서, 그저 좋아서, 땡겨서, 재미있어서, 순수한 마음으로 무언가 파고들어야 한다는 겁니다. 그래야 자연스레 개성이니, 다양성이니, 긍정의 에너지니, 동기부여니, 지속성이니 하는 것들이 춤 출 수 있으니까요. 여기서 우리가 떠들었던 서랍의 메타포도 생각할 수 있습니다. 주어를 개인 레벨에서 사회 전체 레벨로 끌어올려 보자고요. 그러면 오타쿠들 개개인이 서랍이 되고, 그들이 만들어 놓은 수많은 무용한 것들 각각이 구슬이 되는 겁니다. 대기업들이 혁신적 서비스를 만들기 위해서는 자신들의 비전을 기준으로 삼아 걸맞은 서랍과 구슬을 선택할 수 있어야 하는데, 이때 필요한 것이 바로 혜안이에요. 어떤 무용한 것들을 선택할 것인지 헤아릴 줄 아는 안목이죠. 세 번째는 선택한 무용한 것들을 비전에 맞추어 유용하게 탈바꿈시키는 응용력 혹은 적용력입니다. 기업 입장에서 보자면 무용한 것을 그냥 그대로 내다 팔아서는 별 재미를 볼 수 없을 겁니다. 물론 세렌디피티라는 게 있습니다만 이건 말 그대로 기적이기 때문에 극히 드물게 일어나죠. 뜻대로 되는 것도 아니고요. 서랍 속 구슬들은 기업의 비전 달성을 위한 하나의 재료일 뿐이지, 서비스 그 자체는 아니거든요. 결국 응용력을 발휘해 무용한 것들을 유용한 것으로 거듭나게 만들어야 그들의 바람이 이루어질 수 있습니다. 그러면 우리 사회의 쾌락 파이 또한 자연스레 확장되겠죠.

이 혁 정말 그럴 수 있겠는데요?

이석준 제가 그나마 할 줄 아는 게 컨설팅이다 보니 비즈니스 관점의 이야기를 많이 나누게 됐는데요, 이렇게 요약할 수 있을 것 같습니다. 기업은 누가 뭐라 해도 사회적 쾌락 파이 확장을 책임져야 할 핵심 중추입니다. 각양각색의 쾌락거리를 형상화해야 할 막중한 미션을 갖고 있죠. 이 역할을 제대로 수행하기 위해서는 혁신적 서비스를 부단히 내놓을 수 있어야 하는데, 이는 삼위일체적 요건을 필요로 합니다.

첫 번째 요건은 개성 어린 디테일한 꿈을 갖고 끝까지 밀어붙일 줄 아는 리더예요. 여기서 유념해야 할 건 그냥 막연한 꿈이 아닙니다. 반드시 '디테일'해야 해요. '구체적' 큰 그림을 갖고 있어야 한다는 말씀입니다. 더불어 '끝까지'란 말도 간과해선 곤란하죠. 그 발원지가 머리가 됐건 가슴이 됐건, 의욕이나 열정이 휘발돼 버리면 말짱 도루묵이거든요. 안 하느니만 못한 짓거리를 한 셈이 되는 거예요. 마지막으로 '밀어 붙일 줄 아는'도 역시나 신경 써야 해요. 부하들에게 맡겨 놓고 자기는 간간이 보고받고 리뷰만 해서는 안 돼요. 본인도 아이디어를 직접 내놓아야만 해요. 만일 이렇게 잘 돌아갈 수만 있다면, 이 과정을 통해 탄생한 결과물은 분명히 해당 기업의 간판 서비스로 자리매김할 수 있을 겁니다.

다음은 재야 세계에 파묻혀 있는 딜레탕트 혹은 오타쿠죠. 기업은 이들을 발견하고 풀pool을 구성해 케어해야 합니다. 관리가 아니라 케어예요. 그러니까, 오너 스스로 간판 서비스 및 그로부터 파생된 서비스들을 이끈다면, 이 재야 고수들과의 협업을 통해서는 그 외 서비스들을 창출함으로써 사회적 쾌락 파이 확장에 이바지하는 거예요.

이 혁 예 하나만 들어 주시면 좋겠는데요?

이석준 가령, 신규 서비스 개발을 위해 크게 2원화된 오타쿠 풀을 구성할 수 있어요. 한쪽에서는 역사, 다른 한쪽에서는 Sci-Fi 소설 및 과학, 이렇게요. 이 맥락하에 교육 사업을 한번 생각해 볼까요? 기업들이 교육 사업에 뛰어들겠다고 마음먹으면, 대개 이런 식의 접근을 취합니다. 먼저 일종의 세그멘테이션segmentation 차원에서 학령 구분을 합니다. 영유아, 청소년, 대학생, 성인, 실버 등등. 그리고는 학령별 시장 규모, 포텐셜, 경쟁 구도, 가치 요소, KSFKey Success Factor 등을 분석해 타깃을 선정하고, 가치 제안value proposition이라는 걸 합니다. 직후 이 시장에 진입하기 위해 어떠한 역량 요소들이 어느 수준으로 필요한지 살펴보고, 자신들의 보유 역량을 평가합니다. 이때 흔히 말하는 '개념의 조작적 정의'가 난무하죠. 5점 척도, 7점 척도 등을 통한 정성적 사안의 정량화 말이에요. 그다음에 필요 역량과 회사 보유 역량 간의 갭gap을 산출합니다. 자연스레 후속 단계에서는 그 갭을 줄이기 위한 대안 선택이 이루어지죠. 이때 'M&A를 할 것인가? 그렇다면 어떤 업체를 얼마에 인수할 것인가?' 등등의 사안이 거론됩니다. 자, 이렇게 천편일률적으로 돌아가고 있어요. 이처럼 차별화 포인트가 전혀 없으니 현 교육 패러다임 내 최적화도 요원하고, 교육 패러다임 시프트는 당연히 언감생심일 수밖에 없겠죠. 사실, 비즈니스 모델링에 있어 이러한 한계 좀 벗어나고자 노력한 사람이 바로 김위찬 교수예요. 'look across'라고 칭하면서, 자기 업의 경계를 넘어 다른 산업도 조망하자는 식의 주장을 피력했죠. 기존 경영학의 관점에서 보자면 쇼킹하긴 한데, 그 대상이 내가 속한 전략집단strategy group*이나 산업을 넘어섰을 뿐, 어찌 보면 이것도 벤치마킹에 지나지 않거든요. 전 여기에 두 가지 메시지를 추가해야 한다고 생각하는데, 이것들이 바로 딜레탕트 혹은 오타쿠와 연결됩니다. 자, 교육 이야기로 돌아가 보죠. 먼저 '오늘날 대학은 왜 이런 형태가 됐는가?'를 고민합니다. 그다음은 근원으로 거슬러 올라가는 거예요. '최초에 대학이 왜, 어떤 모습으로 생겨났는가? 그리고 이후 시간이 흐름에 따라 어떠한 크리티컬

---

* 마이클 포터의 경쟁전략에 소개된 주요 개념 중 하나로, 특정 산업에 있어 동일하거나 유사한 전략을 추구하는 기업들의 집단을 의미한다.

변화 요소들이 발발했으며, 그 결과 오늘날까지 어떤 모습들로 변천해 왔는가?'를 고민하는 거죠. 전 여기에 'back to origin'이란 이름을 붙여 봤는데, 이런 접근에 필요한 사람이 바로 역사 오타쿠입니다. 이들은 역사의 유용, 무용 여부와 상관없이 그 자체가 즐거워 오랜 기간 주경야독하며 독학해 온 사람들이거든요. 바로 이런 사람들의 연합 및 풀을 만들어야 한다는 거예요. 자, 그렇다면 반대편에도 무언가 있겠죠? 여기엔 'forward to future'라는 이름을 붙여 봤는데, 구체적으로 이래요. '교육에 있어 가장 이상적인 모습은 어떠한 것일까?' 기술적 제약이고 뭐고 다 떠나서 일단 이상적인 속성들의 조합을 만들어 보는 겁니다. 자, 다음과 같은 것들을 생각해 볼 수 있지 않을까요? 첫 번째는 양방향이어야 한다는 것이고, 두 번째는 내가 원하는 학습 파트너와 함께해야 한다는 겁니다. 세 번째는 그 파트너가 지금 바로 내 앞에 있는 것으로 와 닿아야 한다는 거고요. 이른바 생생함, 실재감이에요. 네 번째는 내 수준, 상황, 스타일, 컨디션 등에 맞추어 진행돼야 한다는 일명 맞춤화예요. 마지막으로 다섯 번째는 이 모든 것들을 내가 원할 때, 원하는 장소에서 동시에 총체적으로 경험할 수 있어야 한다는 겁니다. 자, 그렇다면 이 모든 요건들을 조합할 경우, 어떤 모습을 떠올릴 수 있을까요?

이 혁 아~ 그게 바로 디지털 프로페서로군요?

이석준 예, 맞아요. 제가 수차례 이야기했던 디지털 프로페서를 생각하시면 되고요, 바로 여기서 다른 한 축의 오타쿠 풀이 도출됩니다. Sci-Fi 소설 및 과학 오타쿠. 여기서 유념할 것은 Sci-Fi와 과학, 이 둘을 동시에 충족해야 한다는 점이에요. 과학기술에 대한 이해 없이 단순히 상상력만 갖고 들이댄다면 공허할 수밖에 없거든요. 즉, 실현 가능성이 현저하게 낮다는 말씀입니다. 따라서 구현을 위한 관련 기술 요소들과 이들의 통합 기제에 대한 아이디어 또한 필히 갖고 있어야 해요. 요컨대 기업은 세상에 존재하지 않던 그 무언가를 만들어 내기 위해, 이렇듯 크게 2개의 오타쿠 풀을 만들어 관계를 갖고 가야 합니다. 그들과 함께 과거-현재-미래를 관통하는 이른바 'timeline trip'을 경험해야 해요. 이게 바로 진정한 오픈 이노베이션이자 크라우드 소싱입니다. 에코시스템이기도 하고요.

자, 지금까지 리더와 외부의 오타쿠에 대해 나름 역설力說했는데, 마지막 요건은 오타쿠 기질이 다분한 내부의 임직원이에요. 이들은 조직의 생리도 잘 알면서 오타쿠 기질도 보유하고 있는 사람들이죠. 따라서 우리가 조금 전 이야기했던 매치메이킹 역할을 제대로 수행할 적임자로 볼 수 있습니다. 이들에게 우선적으로 요구되는 역량은 신선한 아이디어 창출보다는, 적절한 오타쿠를 발견해 이들과 관계를 잘 유지하는 거예요. 여기에 한 가지 더 추가하자면 오타쿠들의 아이디어나 작품에 입각해 통합 서비스를 기획할 수 있는 응용력이라 할 수 있습니다. 분명 쉽지 않은 일이겠으나, 이것들이 망라된다면 금상첨화일 건 자명해요. 그런데 여기서 한 가지 유의할 게 있어요. 조직 문제예요. 오타쿠를 빡빡하게 관리하려 들어서는 절대 안 됩니다. 느슨함을 추구해야 해요. 오타쿠들은 스스로 에너지를 만들고 퍼뜨리는 태양 같은 존재자들이거든요. 따라서 간섭하거나 쪼아서는 안 돼요. 그들의 주체성과 자율성, 자존감을 파괴해서는 안 됩니다. 또한, 그들에게 가장 중요한 건 돈이 아니에요. 관계에 관한 한 해당 기업과 얼마나 재미있게 일할 수 있었는지에 대한 경험과 신뢰감이 가장 중요합니다. 하지만 아무리 그런 그들이라고 해도 '얼마나 싸게 이용해 먹을 수 있을까'라는 식으로 불순하게 접근해선 안 되겠죠? 이건 진정성을 파괴하는 아주 추악한 짓이니까요. 물론, 조직 내부 인력이야 어느 정도 관리가 필요하고 페어 프로세스fair process 문제도 발생할 수 있으니 외부 파트너 대하듯 할 순 없겠지만, 지금처럼 'plan-do-see' 관점에서 타이트하게 쪼아서는 안 될 겁니다. 최대한 느슨한 구조를 갖고 가야 해요.

끝으로 혁신적 서비스 기업이 되기 위한 방점은 현시점에서의 유명세 여부와 상관없이 진정성 있는 예술가들을 발굴, 당연히 이들도 일종의 딜레탕트거나 오타쿠겠죠, 회사 내로 데려와 공간과 돈을 제공해주는 데에 찍힐 수 있습니다. 이렇게 하면서 조직 전체를 창조적 기운으로 가득 채워줌과 동시에 좀 전에 이야기했던 많은 것들, 진정성, 자율성, 주체성, 신뢰성 등이 꽃 필 수 있도록 하고, 더불어 그 예술가가 좋은 작품을 창작하면 그 작품을 있는 그대로 사회에 널리 배포하거나 서비스로 가공해 뿌리는 겁니다. 어때요? 굵직한 수준에서 정리하자면 대략 이렇게 될 것 같습니다만. 제가 제대로 요약한 건지?

이 혁   오~ 좋은데요. 맞아요. 그렇게 정리할 수 있겠네요.

13. 말 할 수 없는 것에 대해서는 침묵해야 하건만

이석준   어느덧 연남동에 새벽이 찾아 왔네요. 이제 우리 대담의 막바지에 임박한 것 같습니다. 이제 다시 우리에 대한 이야기로 돌아오겠습니다. 자, 이혁 씨 본인에게 해당하는 질문을 단도직입적으로 드려 볼게요. '내귀'의 열혈 팬들은 왜 대중적으로 인기 있는 그런 가수들 말고 언더그라운드 인디 밴드를 좋아할까요? 좀 더 나아가 인디를 표방하는 수많은 밴드들이 있건만, 왜 하필 '내귀'에게 필이 꽂혔을까요?

이 혁 일반 대중가요와 다른 분위기를 느껴서 그런 게 아닐까요? 최근 우리
나라 대중가요에서는 가사나 사운드에 있어 트렌드를 따라가려고만
하기 때문에 록 밴드의 구름 속에서 춤추는 것 같은 희열은 느끼실 수
없었을 텐데, 아마 그런 느낌을 받으신 분들이 저희 공연을 좋아해 주
시는 것 같아요.

이석준 이혁 씨도 잘 아시는 어떤 열혈 팬에게 똑같은 질문을 했더니 이런 대
답을 들려주더군요. '내귀'의 존재를 전혀 모르고 있던 어느 날, 그날
도 습관적으로 TV를 틀고 빨래를 개고 있었다 합니다. EBS에서 「공
감」이 방송되고 있었다네요. 그날 무대의 주인공은 다름 아닌 '내귀
에 도청장치'. 노래를 듣는 순간, '어, 이거 범상치 않은걸?' 그러면서
빠져들게 됐답니다. 그때 어떤 노래를 어떤 퍼포먼스를 수반하며 표
출했는지 모르겠습니다만, 거기에 나름의 이유가 숨어 있는 것 같아
요. 추상적일 수도 구체적일 수도 있고, 또 말로 표현 가능할 수도 불
가능할 수도 있겠죠. 아, 그리고 제가 얼마 전에 대학원 후배들과 술
자리를 같이 했는데, 거기서도 '내귀' 팬을 발견할 수 있었어요. 그 양
반은 「탑 밴드 2」 덕에 '내귀'를 좋아하게 됐다 하더군요. 역시나 같은
질문을 했죠. 대관절 형은 왜 '내귀'를 좋아하게 됐냐고. 그냥 여타 밴
드들과 느낌이 달랐다고 대답했어요. 요컨대 선배 누나도 빨래를 정
리하다 우연히 보게 됐지만 보자마자 끌렸고, 그 후배 형도 TV를 보
다가 '어, 저 밴드는 뭔가 다르고 생각과 의식이 있는 것 같군'이라는
느낌이 들면서 끌렸다고 했어요. 자, 그들을 끌어들인 당사자로서, 어
떤 면이 그 양반들을 단숨에 사로잡았다고 생각하시는지요? 마법일
까요? (웃음)

이 혁 TV는 라이브 공연을 직접 보는 것보다 전달이 많이 안 되는 편인데도 그렇게 느끼셨다면 그분들이 준비돼 있었던 것 같아요. 아니면 너무 획일적이고 재미없는 대중문화에 싫증을 느끼던 차에 저희를 보게 된 걸 수도 있고요.

이석준 그 선배 같은 경우는 공연 때문에 비행기 타고 부산에도 내려가고 세찬 비바람에도 맞서 싸웠습니다. 물론 얼마 전에 있었던 5집 릴레이 쇼케이스에도 열 차례 모두 참석했죠. 대체, 그 열정과 에너지는 어디서 비롯됐을까요? 물론 본인도 모르겠다 합니다. 그렇게 육체적으로 고생을 했음에도 불구하고 전혀 힘들지 않고 되레 힘이 솟았다네요.

이 혁 그거 되게 힘든 거예요. 저는 록 공연 한 번 보고 오면 몸살 나거든요.

이석준 그게 참 신비롭다니까요? 희한한 건, 둘 다 그렇게 적극적인 사람이 아니라는 사실이에요. 선배 누나 같은 경우는 잠자고 있던 에너지가 갑자기 폭발적으로 튀어나온 겁니다. 후배 형도 정말 조용하고 자기 목소리를 거의 내지 않는, 매사에 조심성 있는 신중한 분이에요. 단 두 개의 사례만 갖고 일반화하기엔 좀 그렇지만, 공교롭게도 제가 생각하는 이미지와 정반대의 행동들을 하니까 과연 숨어 있는 힘이 뭔지 굉장히 궁금해졌습니다. 어찌 됐건 그게 순기능으로 작용한 건 자명한 사실이잖아요. 그리고 그런 에너지의 정체와 근원을 헤아릴 수 있다면, 아까 이야기했듯 비즈니스와 문화 예술 간의 융합 효과도 기대해 볼 수 있다고 생각합니다.

이 혁 말씀하신 부분도 진정성이 토대가 되는 좋은 효과 중 하나일 수 있어요.

이석준   인지도도 높고 아이돌 스타처럼 되고 싶지만, 외모나 실력이 안 되서 밴드 하는 친구들도 꽤 많다고 말씀하셨잖아요. 반면, 진정성 있게 임하는 친구들도 있긴 할 겁니다. 진정성 있게 활동하면서 '내귀' 정도로 노출된 밴드가 없진 않은데 아니 꽤 많은데, 그 선배 누나와 후배 형은 왜 하필 그중에서도 '내귀'에 빠지게 된 걸까?, 이런 의구심이 드는 거죠.

이 혁   단순히 취향 때문일 수도 있어요. 일본을 보면 굉장히 다양한 장르와 밴드가 있는데, 어느 정도 활동할 수 있는 환경이 되고 공연할 때마다 많은 팬들이 따라다니는 걸 보면, 사람들이 자기 취향에 맞는 것을 찾아다니는 문화가 형성돼 있는 것 같아요.

이석준   그 말씀은 우리나라의 경우, 다양성이 추구되기에 좀 열악한 상황이라는 건가요?

이 혁   네, 우리나라의 경우는 대중문화가 천편일률적이다 보니 대중들이 능동적으로 찾아보기 전에는 편식할 수밖에 없는데, 우연히 저희 팀을 접하게 돼서 자신이 좋아하는 맛과 취향을 알게 되셨을 수 있어요.

이석준   그 답보다 좀 더 구체적일 수는 없을까요? 그러니까 언더그라운드 혹은 인디 밴드 간의 공통성을 넘어 '내귀'만의 개성을 갖고 있을 것 같아요. 과연 그 개성의 실체가 뭐냐는 겁니다. 리버스 엔지니어링reverse engineering이라는 게 있어요. 완성된 시스템과 같은 어떤 결과에서 시작해 근본 원인, 원리를 향해 거슬러 올라가며 그 기제를 추론하는 거죠. 가령, 가시화된 '내귀'의 개성이 무엇인지 알 수 있다면, 이를 시발점으로 창작, 표현, 그리고 아이데이션 등에 대한 단서를 얻을 수 있을 것 같고, 이를 토대로 공감대 형성, 소통 이야기를 거쳐 쾌락까지의 교량 건설이 가능할 듯합니다. 그간 쾌락이라는 포인트에서 시작해서 쭉 내려왔다면, 이제 구체적인 하나의 사례로서 '내귀'를 짚어보며 역주행 좀 해보자는 거죠. 우리나라의 인구가 100명이라면 100명 모두가 아닌 2~3명에게만 해당하는 내용일 수 있습니다만, 과연 '내귀'만이 창출할 수 있는 유일무이한 쾌락 요소는 뭘까요?

이 혁 다른 팀과 확실히 차별되는 부분을 찾는다면, 기본적으로 명상을 기본으로 해서 음악을 만드는 편이고 공연 때는 보이지 않는 에너지나 파장을 중요하게 생각해요. 그래서 공연 때 제 움직임을 보면, 웃기거나 이상하면서도 자연스럽게 보이는 이유가 이런 데 있지 않나 싶어요. 한때는 제가 공옥진 선생님 같다는 얘기도 들었는데, 그분의 춤도 진정성을 기반으로 한 움직임이었기 때문에 인간문화재로 인정받을 수 있었던 거지 테크닉만으로는 표현할 수 없는 것이거든요. 그리고 고등학교 때는 진정성 있는 소리와 움직임에 천착했기 때문에, 음악가들의 라이브 영상을 보면서 나름 진짜 움직임과 가짜 움직임을 구분하기도 했어요.

이석준 예를 들자면 어떤 팀들이 있었나요?

이 혁 중학교 때는 스티비 원더, 오지 오스본, 레드 제플린, 키스, 데이빗 보위 등이 있었고, 그리고 좀 지나서는 라디오헤드, U2 등 굉장히 많은 팀들이 있었죠. 우리나라에는 H_2O, 백두산, 블랙홀, 아발란쉬라는 팀이 있었고요. 지금도 그렇지만 마음에서 우러나온 것인지 여부가 저한테는 굉장히 중요했고 진짜를 듣고 보는 걸 좋아했어요. 예를 들어 이렇게 다리를 조금만 움직여도 겉멋일 수 있고, 반면 헤드뱅을 심하게 해도 진짜일 수 있어요. 중요한 건 그 주체의 마음이죠.

이석준 제가 아까 인용했던 테드 창의 말과 비슷하네요. '독자를 의식하지 않고 당신이 하고 싶은 대로 표현하면 알아주는 사람이 세상 어딘가에 있기 마련이다.'

이 혁 그게 중요해요. 음악적인 부분도 그렇지만 무대에서의 움직임에 대한 부분에서도요. 제가 아는 팀들 중에 거울 보고 연습을 많이 하는 팀이 있었어요. 댄스 뮤직 안무처럼요. 댄스는 안무에 테크닉이 있고 보여 줘야 할 포인트가 설정돼 있어야 하기 때문에 잘 맞아야 보기 좋지만, 록 음악은 그렇지 않아요. 감정과 에너지가 중요하고 그것에 따라 움직임이 나오는 게 자연스러운 것이기 때문에, 멋있게 보이려고 동작을 연습하면 되레 어색해져요. 멋있는 팀들을 보면 몸이 불편해 보이는 동작으로 기타를 친다거나 하는 경우가 있는데, 그래도 진정성에서 나오는 움직임이기 때문에 멋져 보이거든요. 그런 면에서 제가 하는 움직임도 우스꽝스러워 보일 수 있지만 록 공연에 있어 중요한 건 '어떤 동작을 하는가?'가 아니라 '어떤 마음인가?'이니까요.

이석준 일리 있는 말씀 같습니다. 그런데 그 점 역시 '내귀'만의 개성은 아니지 않나요? 다른 밴드들도 진정성을 갖고 있다면 그렇게 할 수 있지 않을까 싶은데……. 그리고 또 한 가지, 솔로가 아니고 밴드잖아요? 이 말은 이혁 씨 외에 나머지 세 분의 임팩트도 있어야 하고, 그리고 멤버 각각의 임팩트도 그렇지만 네 명이 뭉쳤을 때의 네트워크적 파급력, 이런 면에서도 임팩트가 있어야 하는데, 이건 과연 어느 정도며 그 원인은 무얼까라는 궁금증도 있습니다. 사실 제 주변의 '내귀' 팬들과 이야기해 보면, 다들 '내귀'라고 떠들기는 하지만 이혁이라는 개인에게 포커싱돼 있는 경우가 많아요. 그렇다면 이건 밴드의 효과라기보다는 개인의 효과라고 볼 수 있을 것 같습니다.

이 혁 아무래도 음악을 듣거나 공연을 보면 노래가 먼저 들리고 보컬에 조명이 집중되다 보니 그런 것 같아요. 하지만 시간이 흐름에 따라 악기 파트에도 관심을 갖게 되는 경우가 많아요.

그리고 제가 생각하기에 '내귀'의 개성은 명상에 대한 관심에서 비롯되는 차별성과 그로 인한 움직임 같아요. 곡이나 가사에 있어서도 삶을 초월하고 싶어 하는 메시지가 있고요. 심취하지는 않았지만 음악적 명상을 통한 깨달음을 추구하거든요. '내귀'에 관심을 갖는 분들은 자신들도 모르게 음악을 통한 자유와 해탈을 꿈꾸고 있지 않을까요?

이석준 사실 이런 질문을 하면서도 스스로 모순을 느끼게 되는 게, 기억하실지 모르겠지만 창의성과 혁신을 좀 먹는 말들 중 대표적인 것들이 'so what?'과 'why?'라고 주장하는 사람이 바로 저잖아요. 그렇게 주장했음에도 불구하고 정작 지금은 컨설턴트 근성으로 'why?'에 해당하는 질문을 집요하게 날리고 있습니다. (웃음)

이 혁 그러면서 더 생각해 볼 수 있는 기회가 되니까 좋은 것 같아요.

이석준 좋게 해석하면 그럴 수도 있겠죠. 하지만 이게 진정 'why?'라는 질문을 끊임없이 던짐으로써 답을 구할 수 있는 사안일까요? 만일 분석이나 논리나 언어를 초월하는 사안이라면, 전 지금 어리석은 행동을 하고 있는 겁니다. '해소'해야 할 문제를 되레 '해결'하려 드는 셈이니까요. 어린 비트겐슈타인의 말에 충실하자면, 이런 사안에 대해서는 언어를 초월해 침묵으로 교감해야지 말로 떠들어서는 안 되거든요. '아, 그냥 황홀해', '그냥 좋아' 이렇게 느껴야 할 사안을 갖고 '아니야, 말도 안 되는 무책임한 소리야. 고민을 제대로 안 해 그런 거야. 세상에 그냥이라는 말은 있을 수 없다고. 그래서 말인데 우리 그냥이라는 개념이 보다 명징해질 수 있도록 분석을 좀 더 해보자꾸나.' 이러고 앉았으니. (웃음)

이 혁   사실 저도 그런 느낌이 조금 들었어요. 제가 어떤 여자를 좋아하는데, 누군가가 '그 여자가 왜 좋냐?'라고 물으면 몇 가지 답은 할 수 있어도 한계가 있잖아요.

이석준   예, 그것과 비슷한 상황이네요. 이런 말도 있잖아요. '어떤 속성들을 갖고 있기에 누군가를 좋아하는 게 아니라 누군가를 좋아하기에 내재한 속성들을 헤아리고 합리화하게 되는 것'이라는. 한 남자에게 사랑스러운 어떤 여자가 나타나면 그녀의 정수리 지척 머리카락 끝부터 새끼발톱 끝까지 죄다 예뻐 보입니다. 이 경우 아주아주 소심한 사람이 아니라면 친구들에게 자랑하게 되죠. '내 여친은 아주 예쁘고 사랑스럽다'고 추상적으로 이야기합니다. 그러면 친구들이 조바심 내며 다그쳐요. '예쁜 애가 어디 한둘이냐? 좀 더 구체적으로 이야기해봐. 연예인 누구 닮았어, 응?' 물론 인간은 합리화의 동물이기에 구체적인 묘사를 구상하다 보면 그녀만의 차별화 포인트를 지어낼 수 있긴 합니다. 그런데 사랑에 푹 빠져 있는 그 순간만큼은 'why?'에 대해 전혀 인지를 안 하게, 아니 못 하게 돼요. 설사 인지해 그 답을 찾아 표현하려 해도, 사랑에 빠진 그 시점, 아까 모든 일에 있어 타이밍이 중요하다고 그랬잖아요? 그때만큼은 자신이 그녀에 대해 느끼는 바를 전혀 묘사할 수 없습니다. 몰아지경沒我之境에 빠져 있으니까요. 아무 생각 없이 자연스레 근처에 다가갔으나, 의식하고 대상화, 목적화하려는 순간 획 하니 사라지는 도道처럼 말이에요. 요컨대, 제가 집요하게 파고들었던 '진정성 있는 밴드들이 없진 않을 텐데 왜 하필〈내귀〉냐?'라는 질문 자체가 사실 어불성설語不成說일 수 있다는 거예요. 물론 '내귀' 스스로 돌아볼 기회가 돼 자신들을 채찍질해 가며 더 좋은 음악을 만들 수 있겠지만, 창작 그 자체에 직접적으로 영향을 주진 못할 겁니다. 여하튼 이 사안에만 국한시켜 보자면, '저 자식 컨설팅 도메인에서 벗어났다더니 거짓말이었구면'이라는 힐난을 들을 수밖에 없을 것 같네요. (웃음) 물론, 지금의 이 느낌은 의도한 게 아니라 대화 도중 불현듯 다가온 겁니다. 깨달음인 게지요.

바bar **여사장** 이제 영업 끝났습니다.

<u>에필로그</u> 고마움에 대한 명상

　이석준 작가님을 처음 만났을 때 말씀하시는 걸 듣고 '록커 마인드를 갖고 계시구나!'라고 생각했다('소프트 록'이긴 하지만). 그리고 주제도 내가 쓰는 가사에 자주 등장하는 '쾌락'이라는 말을 듣고 대담집을 만들어보자는 제의를 흥미롭게 받아들였던 것 같다.

　처음에는 대담집이라고 해서 단순히 '대화한 것을 옮겨 놓고 정리만 하면 된다'고 생각했었다. 실제로 대화하면서 녹음만 할 때는 잘 통하는 선배와 함께 서울과 양수리 사이의 대화하기 좋은 곳을 찾아다니며 노는 분위기였다. 하지만 대화한 것을 정리하면서부터 '쉽지만은 않다'는 생각이 들었다. 그래도 작업 중반부에 들어서면서는 재미를 느끼며 작업할 수 있었다.

　대화한 것을 정리하고 써 나가는 동안 작가님께 많은 것을 배웠고, 동시에 평소에 내가 갖고 있었던 생각들도 정리해보며 스스로를 성찰하는 기회가 되었다. 그래서인지 마무리 단계에 들어서니 예전보다 마음이 편해졌고 음악과 삶을 대하는 내 마음도 더 뚜렷한 색을 띠게 된 것 같다.

나는 내면의 변화를 즐기며 유연하게 살아가려고 하는 편이다. 그래서 가끔 이렇게 큰 영향을 주는 일들이 생기는 걸 매우 긍정적으로 받아들인다.

정리하면서 최대한 다듬었지만 간혹 몇몇 대화들에 비전문적이고 비난받을 수 있는 요소들도 있을 것이다. 쾌락적으로 살고 싶은 부족한 사람들이 친구에게 전하고 싶은 어설픈 메시지라 생각하고 넓은 문으로 이해해주길 바란다. 대화 형식이다 보니 내면의 깊은 곳을 표현하기에는 적절하지 않았지만, 어쨌든 이번 작업은 새롭고 신선했다.

많은 현인들이 이 시대는 이타성이 절실히 요구되는 시대라고 말한다. 그래야 한 차원 더 높은 단계로 올라갈 수 있다는 것이다. 물론 먹고 사는 문제에 욕심을 내고 이기적이 되는 것은 현재 사회 시스템에선 자연스러운 현상이라고 말할 수도 있다. 하지만 지금의 시스템을 뛰어넘지 않고선 지금 우리가 겪고 있는 여러 문제를 해결하기 쉽지 않을 것이다.

그런데 시스템을 뛰어넘는 것보다 더 자연스러운 게 있다. 바로 자기 스스로를 '삶과 죽음을 초월한 우주의 일부'라고 받아들이는 것이다. 우리는 소중한 존재들로서 모두가 연결되어 있기에 서로를 가두지 말고 아껴야 한다. 큰일을 해야 한다는 것이 아니다. 우선 자신들이 만들어 놓고 환경이 만들어 놓은 답답한 노예 감옥에서 나와 더 편해졌으면 한다. 그래서 지금보다는 더 자연스럽고 아름다운 사람들이 많아졌으면 좋겠다. 그렇게 되면 쾌락적인 삶을 살 수 있을 것이고, 잘못된 시스템 이건 부패한 정치이건 그 영향력은 자연스럽게 소멸될 것이다. 우선 나부터 길을 지나다 멈춰 서서 꽃향기를 느끼듯이 사람들을 대하고 달을 보면서 울고 웃을 수 있는 마음의 여유를 찾아야 할 것이다.

대담집을 준비하며 글을 쓰는 동안 읽는 것과는 또 다른 에너지를 느꼈다. 바라는 게 있다면, 이 대담집이 '내귀에 도청장치' 음악과 공연을 즐기시는 분들에게도, 완벽하진 않지만 우리 음악을 또 다른 시각으로, 또는 더 재밌게 즐길 수 있는 가이드가 되었으면 한다.

모쪼록 대담집을 먼저 제의해주시고 이끌어주신 이석준 작가님께 감사드리고 작가님을 만나게 해 주신 정진경 님께도 감사 인사를 전하고 싶다. 그리고 음지에서 많이 힘써 주신 유태선 편집자님, 윤석전 대표님 등 어문학사 관계자분들과 시간이 부족했음에도 불구하고 흔쾌히 일러스트 작업을 해 주신 유정원 님께도 고마움을 전한다.

2015년 10월
두물머리에서
이혁

래ㄹ독혁신

초판 1쇄 발행일 2015년 11월 19일

지은이 이석준 · 이혁
펴낸이 박영희
책임편집 유태선
디자인 김미령 · 박희경
마케팅 임자연
일러스트 유정원
인쇄 · 제본 태광인쇄
펴낸곳 도서출판 어문학사
　　　　서울특별시 도봉구 쌍문동 523-21 나너울 카운티 1층
　　　　대표전화: 02-998-0094/편집부1: 02-998-2267, 편집부2: 02-998-2269
　　　　홈페이지: www.amhbook.com
　　　　트위터: @with_amhbook
　　　　인스타그램: amhbook
　　　　페이스북 페이지: http://www.facebook.com/amhbook
　　　　네이버 블로그: http://blog.naver.com/amhbook
　　　　다음 블로그: http://blog.daum.net/amhbook
　　　　e-mail: am@amhbook.com
　　　　등록: 2004년 4월 6일 제7-276호

ISBN 978-89-6184-389-8 03100
정가 18,000원

이 도서의 국립중앙도서관 출판예정도서목록(CIP)은 e-CIP홈페이지(http://www.nl.go.kr/ecip)와
국가자료공동목록시스템(http://www.nl.go.kr/kolisnet)에서 이용하실 수 있습니다.
(CIP제어번호: CIP2015029392)

※잘못 만들어진 책은 교환해 드립니다.